高等院校经济管理“十二五”规划教材

管理系列

U0954167

The Principle of Management

管理学原理

|第3版|

主　编◎李东进　秦　勇

副主编◎朴世桓　于　洁

中国发展出版社

CHINA DEVELOPMENT PRESS

图书在版编目（CIP）数据

管理学原理（第 3 版）/李东进，秦勇主编. —北京：中国发展出版社，2014. 8

ISBN 978 - 7 - 5177 - 0193 - 4

Ⅰ. 管… Ⅱ. ①李… ②秦… Ⅲ. 管理学 Ⅳ. C93

中国版本图书馆 CIP 数据核字（2014）第 144996 号

书　　名：管理学原理（第 3 版）
主　　编：李东进　秦　勇
出版发行：中国发展出版社
（北京市西城区百万庄大街 16 号 8 层　100037）
标准书号：ISBN 978 - 7 - 5177 - 0193 - 4
经 销 者：各地新华书店
印 刷 者：三河市东方印刷有限公司
开　　本：787mm × 980mm　1/16
印　　张：25. 75
字　　数：560 千字
版　　次：2014 年 8 月第 1 版
印　　次：2014 年 8 月第 1 次印刷
定　　价：42. 00 元

联系电话：（010）68990642　68990692
购书热线：（010）68990682　68990686
网络订购：http：//zgfzcbs. tmall. com//
网购电话：（010）68990639　88333349
本社网址：http：//www. develpress. com. cn
电子邮件：fazhanreader@ 163. com

第3版前言

本教材第1版、第2版出版后，承蒙读者厚爱，取得了不错的销量和口碑，不少高校将其作为管理学教学的指定教材，这让我们既深受鼓舞又觉重任在肩。唯有不断努力，编写出更高水平的教材，才能不辜负广大读者的期望。因此，从2013年伊始，即本教材第2版正式出版的第三年，我们即着手第3版的编写工作。我们希望本版教材能够得到读者一如既往的支持。

本次修订和再版，我们力求保持前两版的总体风格、特色和体系架构。在保留原书特色的基础上，我们根据自身在教材使用过程中的体会和读者们的反馈意见，对原书内容作了一定的更新和充实。具体的修订内容主要如下。

第一，对篇章结构作了优化调整，增加了组织文化和管理创新两章内容，使整个教材的知识体系更趋完备。

第二，对部分章节主要内容作了较大幅度的修改，如将原书组织变革部分的内容纳入组织设计与组织结构一章；将管理创新单独编写为一章，突出管理创新在当今企业管理中的重要作用；对人力资源管理一章的内容进行了大幅度修改，增加了一些新的知识。新版教材在正文中还增加了不少阅读资料，大大拓展了本书的知识领域。

第三，每一章均增加了开篇案例，并更新了所有章节的讨论案例，同时增加了课后习题的单项选择、多选选择和名词解释题，以利于读者检验、巩固所学知识和方便教师教学。此外，本教材还配套完成了 PPT 学习课件，有需要的读者可向中国发展出版社索取。

新版教材由李东进教授和秦勇副教授主编，杰尔鹏泰电商事业部总经理朴世桓博士和于洁任副主编。具体分工如下：李东进修订第 1、第 11 章；秦勇修订第 2～8 章、第 10、第 12、第 14、第 16 章，并新编了第 9 章（9.4）和第 15 章，同时增加了全书的开篇引例、更新了每章后的讨论案例；博昭编写了第 9 章（9.1、9.2、9.3）；朴世桓、于洁修订了第 13 章。全书由李东进和秦勇总撰、修改和定稿。

在本书修订的过程中，我们参阅了国内外大量的论著、教材和相关网站，因篇幅所限未能在书中一一注出，在此向有关著作者表示真心的感谢，同时也对提出意见和建议的广大读者表示由衷的谢意。

另外，由于编者能力和水平所限，书中不足之处在所难免，我们敬请各位专家学者和广大读者批评指正。

李东进　秦　勇

2014 年 6 月

目　录

第 1 章

管理与管理学

内容提示

管理是人类社会活动和生产活动中普遍存在的社会现象，只要有人群的地方，就会有管理活动的存在。管理在当今社会发展中扮演着极为重要的角色，其与科学技术一道，是驱动社会进步的无可替代的“车轮”。作为全书的开篇章节，本章主要对管理及管理学的基本概况进行介绍，包括管理的定义、管理的职能、管理者的角色和技能以及管理学的研究对象和方法等内容。

【开篇引例】

爱多公司的风雨路

提起广东爱多电器公司（以下简称爱多），无人不晓。爱多从一个名不见经传的手工作坊，在短短两三年的时间内成长为中国家电行业的一名骄子，被媒体称之为“爱多神话”，被管理界喻之为“爱多奇迹”。但爱多公司成功的快，消失的更快。15 年过去，让我们回顾爱多公司的发展历程，也许会参悟出其中的管理道理。

1975 年 7 月 20 日，广东中山爱多电器公司正式成立，胡志标任总经理，他的好友陈天南出任法人代表。在此之前，两人曾一起给人修电视机、做变压器，各出 2000 元办起爱多前身升达电子厂，先做游戏机，后做被中山小霸王上门打假的学习机。按常理，这间小厂会随电子产品的不断转型而转产各类小家电，赚些小钱发点小财，像珠江三角洲地区成千上万的小厂一样，四平八稳地生存或湮灭。但胡志标的胆魄和雄心，使他所投身的企业不可能平庸终极，他选择了当时前程无限的 VCD 项目。

千辛万苦上了 VCD，胡志标就把它做大，但对于一个身处中山东升镇的无名小厂来说，又谈何容易？胡志标选择了一条捷径——依靠高强度的秘籍广告，把“爱多”两个字强行摁进市场和消费者眼中，快速提升品牌和企业的知名度。

1996 年底，在产品投放市场取得不俗收获并薄有积蓄的基础上，胡志标开始向当时一统江山的中央电视台出手。他先花450万元请香港著名影星成龙拍出“爱多VCD，好功夫!”的广告片，又花8200万元投中中央电视台天气预报后的5秒钟广告标版。其后的事实证明，这笔钱花得绝对值：菲利普公司对爱多给予了充裕的机芯供应；各级经销商纷至沓来；销售网络进一步理顺充实，产品供不应求，爱多取得巨大成功。1996年，其产值达到2亿元，1997年猛增至16亿元。爱多VCD真正应验了其广告代理人胡刚的一句话：“登峰一呼，应者云集。”

大手笔的广告制作和抢占中央电视台制高点所带来的企业高速成长，再加上争做VCD品牌龙头老大的雄心，使胡志标在1997年底的中央广告竞标中，放出更大的手笔。他的广告代理公司请来成龙和张艺谋，花费上千万元拍摄了一条“真心英雄”的广告片，尽情诠释和传递出“我们一直在努力”的企业理念。接着在竞标会上，以2.1亿元的标价突破竞争对手的围追堵截，勇夺CCTV1998年标王，爱多的风头一时无二。

1997年与1998年交替之际，爱多在胡志标的率领下，激情四溢地攀上了自身发展的顶点。钱似潮来，又如潮去，没有人能算清爱多赚了多少钱又花了多少钱。太快的成功不免让人浮躁，此时，胡志标的心理不仅仅是浮躁，而是狂妄了。也正是从此时开始，爱多走上了一泻千里的下坡路。

先是爱多为争做行业老大，不惜血本与新科在市场上斗法，结果夺取了新阵地，丢失了老成果，数千万的投入没有带来合理的市场回报和利润回报；接着是为夺回丢失的一线零售市场，铺开了收复失地的拯救行动，结果恰逢VCD行业发生转折，1998年3月前，VCD供不应求，但3月后，供过于求，爱多的拯救行动无疾而终；再接着因拖欠材料供应商的款项太多，一些供应商停止供货，爱多VCD在市场上出现断货现象，爱多公司也开始了债主盈门的日子；其后多元化战略的失败和高层人才的流失，将爱多和胡志标一步步逼上了绝境。

为应付追债的人，爱多开除了空头支票；为躲避追债的人，胡志标很少抛头露面；胡志标未解决困境欲与他人合作经营品牌，爱多另一大股东陈天南声明将不予承认；爱多被多家债权人告上法庭，不同的法院分批查封了爱多的财产……这就是1998年8月以后，胡志标和爱多面对的所有内容。

从创品牌到顶峰，广东爱多用了两年多的时间；从顶峰跌落深渊，只用了一年多的时间。一家年产值曾高达16亿元的企业，兴衰何以至此？大起大落的原因，很少人能看懂……

资料来源：张文昌、曲英艳、庄玉梅：《现代管理学》（案例卷），山东人民出版社2004年版。有删改。

1.1 管理概述

虽然管理理论至今已经十分成熟和系统化，但人们对管理的定义仍未达成统一。由于在不同领域中所从事的管理活动具有明显的差异性，以及管理对象、内外部环境等因素的不同，导致了管理实践的差异，从而导致人们对管理产生不同的理解和认识。所以，无论是从实践还是理论角度，人们都有可能做出不同的解读。

1.1.1 管理的定义

早期的管理学者玛丽·帕克·福莱特（Mary Parker Follet）给管理下了一个经典的定义，她把管理描述为“通过其他人来完成工作的艺术”（Follet，1942）。这个把管理视为一种艺术的定义，强调了人的因素在管理中的重要性，但想要对管理有个更为全面清晰的了解，这一定义显然是不够的。下面，我们引用和借鉴中外管理学研究者所界定的具有重要影响的管理定义，并在此基础上提出本书的管理定义。

著名管理学者哈罗德·孔茨（Harold Koontz）认为，“管理就是为在集体中工作的人员谋划和保持一个能使他们完成预定目标和任务的工作环境”①；亨利·法约尔（Henri Fayol）认为，“管理就是实行计划、组织、指挥、协调和控制”②；赫伯特·A·西蒙（Herbert A. Simon）认为，“管理就是决策”③；约瑟夫·梅西（Joseph Massie）认为，“管理就是通过其他人来完成工作”；小詹姆斯·唐纳利（James H. Donnelly，Jr.）等人认为，“管理是由一个或更多的人来协调他人活动，以便收到个人单独活动所不能收到的效果而进行的各种活动”④；管理大师彼得·德鲁克（Peter F. Drucker）认为，“管理是一种工作，它有自己的技巧、工具和方法；管理一种器官，是赋予组织以生命的、能动的、动态的器官；管理是一门学科，一种系统化的并到处适用的知识；同时管理也是一种文化”⑤。可以看出管理大师彼得·F·德鲁克从多种角度对管理进行了解释，这样有助于我们更清晰地认识管理。

在国内管理研究学者中，徐国华等编著的教材（徐国华等，1998）中对管理的定义是：“通过计划、组织、控制、激励和领导等环节来协调人力、物力和财力资源，以期更好地达成组织目标的过程。”⑥ 这一定义有三层含义：第一层含义说明管理包括几种管理措施（或职能）——计划、组织、控制、激励和领导；第二层含义是第一层的目的，即通过采取上述措施来协调人力、物力和财力资源；第三层含义又是第二层含义的目的，即通过协调人力、物力和财力资源来更好地达到组织目标。可以看出，这三层含义环环相扣，构成一个有机整体。在杨

---

① Hennz Weihrich, and Harold Koontz, *Management*: *A Global Perspective*, tenth edition, McGraw-Hill, Inc., 1993: 4。

② 亨利·法约尔：《工业管理与一般管理》，中国社会科学出版社1985年版，第5页。

③ 赫伯特·西蒙：《管理决策新科学》，中国社会科学出版社1985年版，第33页。

④ James H · Donnelly, Jr., James L. Gibson, and John M. Ivancevich, *Fundamentals of Management*, *8th ed.* Richard D. Irwin, Inc., 1992: 5.

⑤ 彼得·F·德鲁克：《管理——任务、责任、实践》，中国社会科学出版社1987年版，第2~5页。

⑥ 徐国华等：《管理学》，清华大学出版社1998年版。

文士和张雁编著的教材（杨文士、张雁等，1994）中，管理被定义为："组织中的管理者，通过实施计划、组织、人员配备、指导与领导、控制等职能来协调他人的活动，使别人同自己一起实现既定目标的活动过程。"① 该定义与前一定义并没有本质上的区别，只不过是强调了人的作用，而对其他资源的作用有所忽视。

综合和分析前人对管理的研究和界定，不难看出人们对管理的众多解释之间并不矛盾。通过不同的解释，我们可以发现管理的诸多基本点，如管理的目的性、管理的职能，等等。基于前人观点和这些基本点，本书对管理做如下定义：**管理是在特定的组织中，在内外环境的约束下，为了有效利用组织资源和实现组织目标，而进行的计划、组织、协调、控制、激励和领导等工作的总称。**

1.1.2 管理的基本点

通过管理实践和理论研究，管理的几个基本点已经得到共识，通过这几个基本点我们可以全面清晰地把握管理的本质。

（1）组织是管理的载体和管理研究的主要对象。虽然个人对自己的时间和资源的管理也是管理活动，但是管理之所以重要，并不仅仅是为了完成个人目标，更为重要的是通过管理实现组织目标。管理不能脱离组织而存在，同样，组织中必定存在管理。组织是在一个结构体系中共同开展工作的一群人，他们以合作的方式来实现特定的目标。组织存在于日常生活和工作中，并且都具备三个共同的特征：明确的目标、精细的结构和组成人员。组织规模越大，结构就会越复杂，人员的构成就更多元化，对内部分工协作的要求就越强，这就更需要科学的、规范化的、高效的管理，可见管理工作对组织目标的实现具有重要意义。

（2）管理是在特定的组织内外环境约束下进行的。任何组织都存在于一定的内外环境之中，并受到环境的约束。组织通过与外部组织的资源交换和自身的调整来获得发展和实现组织目标。企业通过购买原料，生产和销售来进行经营，它时刻受到顾客、竞争者、政府等多项因素的制约。所以，任何一个组织都必须注重组织的内外环境，从微观和宏观角度进行把握，并不断地适应动态环境，时刻与外部环境进行互动，利用内外部有利因素来获取自我的发展。

（3）管理具有明确的目标。管理活动具有鲜明的目的性，其目的就是实现组织目标。没有明确的目的，管理活动就不存在意义。组织目标对管理活动具有一种牵引作用，使各种管理职能围绕在目标周围，互相协调和平衡。企业的目标包括利用资源创造财富，获取经济效益，开拓市场，促进职员的发展，承担社会责任和促进社会发展等。在任何组织中，都要重视效率和效果两个问题。效率就是以尽可能少的投入获得尽可能多的产出，因为管理者处理的是稀缺的资源，所以必须有效地利用这些资源。效率通常指"正确的做事"，即不浪费资源；效果通常是指"做正确的

---

① 杨文士，张雁等：《管理学原理》，中国人民大学出版社 1994 年版。

事”，即所从事的工作有助于组织实现目标。效率和效果是衡量管理工作的重要标志。

（4）管理需要通过管理职能来实现。管理最终都要落实到计划、决策、组织、激励、控制、领导等一系列职能上来，并通过这些职能来实现组织目标。管理职能是管理者开展管理工作的手段和方法，也是管理工作区别于一般工作的重要标志。管理职能构成了整个管理过程，并且各项职能互相联系、互相促进，使得管理工作得以顺利进行。这些职能是每个管理者在管理中都必须要做的事情，是管理理论和管理实践的重点。

1.2 管理的职能与管理者

本节主要介绍管理的几项重要职能，然后探讨管理者的角色和应具备的技能。

1.2.1 管理的职能

人类的管理活动包含哪些基本的职能？这个问题经过了许多人近百年的研究，至今还是众说纷纭。自从法约尔提出五种管理职能以来，有学者提出六种或七种的，也有学者提出三种或两种的。在 1916 年，法国工业家法约尔提出，所有的管理者都履行五种管理职能（Management functions）：计划（plan）、组织（organize）、指挥（command）、协调（coordinate）和控制（control）。到了 20 世纪 50 年代中期，加利福尼亚大学洛杉矶分校的两位教授哈罗德·孔茨和西里尔·奥唐奈，采用计划、组织、人事、领导和控制五种职能作为管理教科书的框架。到如今，最普及的管理教科书仍按照管理职能来组织内容。不过一般已将这五个职能精简为四个：计划、组织、领导和控制。下面我们具体地阐述一下这四个基本职能的内涵。

（1）计划。计划的任务主要是制定目标及目标的实施途径。帕米拉·S·路易斯，斯蒂芬·H·古德曼和帕特西亚·M·范德特（Pamela S. Lewis，Stephen H. Goodman，Patricia M. Fandit，1998）认为，计划就是“制定目标并确定为达成这些目标所必需的行动”。[①]具体来说，计划工作主要包括：①描述组织未来的发展目标，如利润增长目标、市场份额目标、品牌地位目标等。②有效利用组织的资源实现组织的发展目标，也就是如何利用资源来实现组织目标，并兼顾效率和效果。③为实现目标所要采取的行动。可以看出，计划是管理的首要职能，管理活动从计划工作开始。

（2）组织。组织是指“确定所要完成的任务、由谁来完成以及如何管理和协调这些任务的过程”。[②]要把计划落实到行动中，就必须要有组织工作，组织工作包括分工、构建部门、确定层级和协调等。管理者要根据组织的战略目标来设计组织结构，配备人员和整合组织力量，提

---

①② Pamela S. Lewis, Stephen H. Goodman and Patricia M. Fandit. *Management: Challenges in the* 21st *Century* (*Second Edition*). Illinois: South-Western College Publishing, 1998.

高组织的应变能力，其目的就是构建一种工作关系网络，使得组织成员在这种关系网络中更有效地开展工作。通过有效的组织工作，管理人员可以更好地协调组织中的人力和物力资源，更好地实现组织目标。

（3）领导。领导是指“激励和引导组织成员以使他们为实现组织目标而作贡献”。① 计划和组织工作之后，并不一定保证组织目标能够实现，因为组织目标的实现需要全体成员的努力和合作。由于分工、层级、利益，以及价值观和性格的不同，在相互合作中必然会存在矛盾。因此就需要管理者履行领导职能，在了解个人和组织行为的动态特征的基础上进行协调、沟通、指导和激励，对组织成员施加影响，使他们对组织目标做出贡献。只有通过卓有成效的领导，才能有效地实现组织目标。

（4）控制。控制工作包括衡量组织成员的工作绩效和组织绩效，发现和分析偏差，采取矫正措施，保证工作按照计划要求进行。为了保证目标和计划得以实现，就需要控制职能。控制的实质就是使实践活动符合计划，所以计划是控制的标准。管理者必须对组织的运行状况以及战略计划的实施情况进行监督，并对实际取得的成果和计划所期望的结果之间的偏差进行识别，然后采取纠偏行动。纠偏行动可以是采取强有力的措施以确保原计划的顺利实现，也可以对原计划进行调整以适应环境。控制是管理过程中不可缺少的一个环节，同时它也在不断和其他三项职能进行着信息交换和反馈，以保证计划的顺利实施和组织目标的实现。

计划、组织、领导和控制是最基本的管理职能，但管理职能并不止这四种。作为管理工作的手段和途径，随着管理对象的变化和科学技术的发展，管理职能也在不断地完善和丰富，比如决策（decision making）、指挥（commanding）、指导（directing）、协调（coordinating）、沟通（communicating）、用人（staffing）和创新（innovating）等更为具体的管理职能是对上述四项职能的深化和补充，是管理实践的理论总结。其中决策、沟通和协调职能始终伴随着管理工作的循环过程，并渗透在四项基本管理职能之中。每项管理职能都要从众多方案中进行比较并确定可行的方案，即要形成决策方案。任何一项决策方案都需要组织内部进行沟通和协调，才能形成组织成员的行动。

管理的实际情况并不像我们所描述的管理职能那么简单，现实中不存在简单的、界限清晰的、纯粹的计划、组织、领导和控制的起点和终点。当管理者履行他们的职能的时候，他们会发现他们同时在做计划、组织、领导和控制工作，所以将管理者所履行的职能描述为一种过程的观点更为符合实际情况。管理过程（management process）是一组进行中的决策和工作活动，在这个过程中管理者从事计划、组织、领导和控制。当管理者进行管理时，他们的工作通常以连续的方式也就是以过程的方式体现出来。

---

① Pamela S. Lewis, Stephen H. Goodman and Patricia M. Fandit. *Management: Challenges in the 21st Century (Second Edition)*. Illinois: South-Western College Publishing, 1998.

1.2.2　管理者

管理者在组织中是这样的成员，他们告诉别人该做什么以及怎样去做，他们通过协调其他人的活动，达到与别人一起或者通过别人实现组织目标的目的。

1. 管理者层次

管理者在组织中工作，但并非所有在组织中工作的人都是管理者。为简化起见，我们可以将组织成员划分为两种类型，即操作者和管理者。操作者（operator）是直接从事某项工作或任务，不具有监督其他人的职责的组织成员。例如，汽车装配线上的作业工人，快餐店中的厨师和服务人员等。而管理者（manager）是指挥别人工作的人，他们处于操作者之上的组织层次中，当然管理者也可以承担某些作业职责。在组织中，我们可以将管理者划分为三个层次，即基层管理者、中层管理者和高层管理者。如图1－1所示。

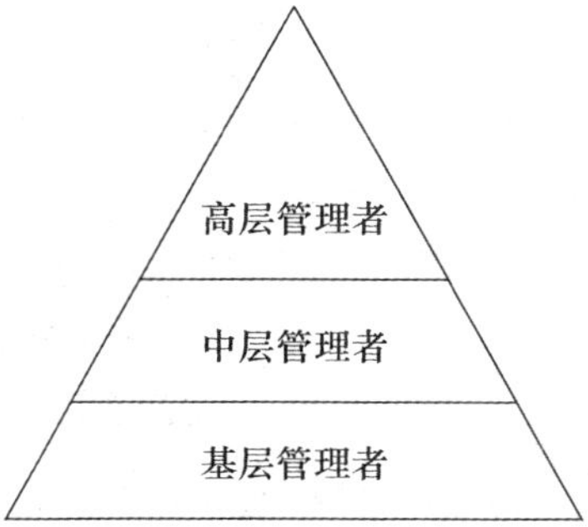

图1－1　管理者层次

在组织中，基层管理者（first-line manager）是最低层的管理人员，他们管理着操作者所从事的工作。在企业中，这样的基层管理者通常被称作领班、主管或工长等。中层管理者（middle manager）包括所有处于基层和高层管理者之间的各个管理层次的管理者，他们管理着基层管理者，可能是部门经理、项目主管、工厂厂长或者事业部经理等。处于或接近组织顶层的是高级管理者（top manager），他们承担着制定广泛的组织决策、为整个组织制定战略计划和目标的责任。他们典型的头衔是执行副总裁、总裁、管理董事、首席运营官或董事会主席等。虽然不是所有的组织都具有这样的结构，为了更全面地讨论和研究，我们以这种典型的金字塔式的组织结构和管理者层次来讨论管理者和组织。

不同组织层次的管理者在管理职能上存在明显的差异。各个层次的管理者都要从事计划、组织、领导和控制职能，但他们在管理职能实践的重点、依据的信息、占用的时间和对组织的影响上都存在差异。图1－2从时间角度描述了这种差异。高层管理人员在计划和控制职能上花的时间要多于基层管理人员，而基层管理人员在领导职能上花的时间要多于高层管理人员。即使是同一职能工作，不同层次的管理人员从事的管理工作的内涵也不完全一样。

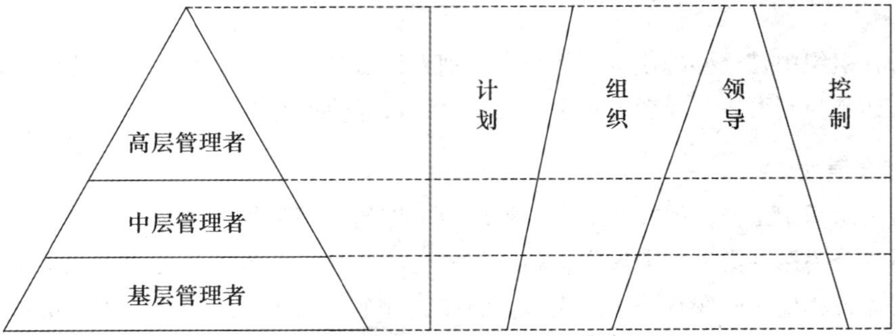

图1－2　不同层次管理者在各个管理职能上使用的时间

资料来源：Thomas A. Mahoney, T. H. Jerdee, and S. J. Carroll, "The Job of Management", Industrial Relations, February 1965.

2. 管理角色

管理的成功取决于管理者对管理职能的实施情况。为了有效地履行各种管理职能，管理者必须明确自己所扮演的角色，并通过角色之间的配合和协作来完成任务。管理学者亨利·明茨伯格（Henry Mintzberg）在大量观察和研究的基础上，指出管理者扮演着10种不同的但高度相关的角色。管理角色（management role）即是指特定的管理角色范畴。明茨伯格将10种管理角色组合成三个方面，即人际关系、信息传递和决策制定（见表1－1）。

表1－1　　明茨伯格的管理角色理论

管理角色		描　述	特征与活动
人际关系	1. 代表人	象征性的代表人，履行法律和社会义务	迎接来访者，签署法律文件
	2. 领导者	负责激励、人员配备、培训	从事所有有下级参与的活动
	3. 联络者	维护自行发展起来的外部关系和信息来源，从中得到帮助	从事公关活动
信息传递	4. 监督者	寻求和搜集内外信息，为决策提供服务	阅读期刊和报告
	5. 传播者	将有价值的信息传递给相关组织人员	举行信息交流会
	6. 发言人	向外界发布组织的计划、政策和结果等	召开董事会，向媒体发布消息
决策制定	7. 企业家	寻求组织和环境中的机会，制定新的方案	组织战略制定会议
	8. 变革者	当面对组织危机时，充当纠正和变革的角色	对危机进行分析并采取行动
	9. 资源分配者	负责分配组织的各种资源	调度、授权、预算和控制
	10. 谈判者	在谈判中作为组织的利益代表	参加各种合同谈判

资料来源：H. Mintzberg. The Nature of Management Work. New York: Harper & Row. 1973: 93～94.

（1）人际关系角色（interpersonal role）。人际关系角色包含了人与人（下级和组织外的人）以及其他具有礼仪性和象征性的职责。人际关系角色直接产生于管理者的正式权力基础。管理者在处理与组织成员和其他利益相关者的关系时，他们就在扮演人际角色。管理者所扮演的三种人际角色是代表人角色、领导者角色和联络者角色。

作为组织的最高管理者，他/她必须行使一些具有礼仪性和象征性的职责。比如，高层管理者有时必须出现在某些重要的聚会上，参加社会活动或宴请客户等。在这些情景下，管理者行使着代表人的角色。此外，管理者都要扮演领导角色，这个角色包括雇佣、培训、激励职员等任务。管理者扮演的第三种人际角色是在群体中充当联络者。明茨伯格把这种角色描述成管理者与信息来源进行接触和互动，这些信息来源可能是组织内部或外部的个人或团体。比如，销售经理从人事经理或财务经理那里获取信息属于内部联络关系，而通过外部咨询公司或中立的非营利组织获取信息时，他就有了外部联络关系。所以，管理必须对组织内外具有敏锐的洞察力，从而能够在组织内外建立联络关系和网络。

（2）信息传递角色（information role）。信息传递角色是指所有的管理者在某种程度上都从外部的组织和机构中获取和收集信息。在信息角色中，管理者负责确保与其一起工作的人具备充分的信息，整个组织都依赖于管理机构和管理者以获取或传递必要的信息，从而才能顺利完成任务。

管理者扮演的第一个信息角色是监督者角色。作为监督者，管理者需要关注组织内外环境的变化并获取最新的信息，为组织发展和决策提供依据。管理者通过接触下属和个人关系网来获取信息，并据此来识别组织中存在的机会和威胁。在传播者的角色中，管理者把他所获取的信息及时有效地传递给组织成员，来保证他们具有必要的信息来完成工作。在发言人的角色中，管理者必须把信息传递给组织以外的人，从而作为组织的代表向外传播组织的状况，如财务状况、经营状况或者发展战略等，从而满足不同的利益相关者对信息的需求。

（3）决策制定角色（decision role）。决策制定角色是管理者扮演的一个十分重要的角色，它存在于各项管理职能之中。在决策角色中，管理者处理分析信息并得出方案和结论，管理者负责做出组织的决策，并对成员进行分工，然后进行资源的分配来保证决策的顺利实现。

在承担企业家角色时，管理者需要发挥企业家的创新精神，时刻关注组织内外环境的变化，从中发现机会，并发起和监督那些能改进组织绩效的新项目，如开发新产品、改进服务流程或者开发新工艺等。在扮演变革者的角色时，管理者需要分析组织中存在的危机或问题，分析其原因，并采取及时有效的解决措施。管理者必须善于处理冲突和问题，使组织能够健康地发展。作为资源的分配者，管理者负责分配人力、物力、财力和信息。管理者必须具有全局观念和预算能力，以提高资源的使用效率和效果。在扮演谈判者角色时，管理者需要为了自己组织的利益与其他个人或团体进行谈判，谈判对象包括员工、供应商、客户或其他工作小组。所有的管理者都必须进行必要的谈判来争取利益，从而确保组织目标的实现。

【阅读资料 1－1】

张瑞敏——中国管理的创新引领者

2007 年，著名管理类杂志《世界经理人》推出“15 年对中国管理影响最大的 15 人”，海尔集团首席执行官张瑞敏荣列其中。同时当选的还有改革开放的总设计师邓小平、知识经济的代表比尔·盖茨、管理学的发明者彼得·杜拉克等。华人企业家除张瑞敏外，还有施振荣、李嘉诚等。张瑞敏入选“15 年对中国管理影响最大的 15 人”，又一次引起了社会对张瑞敏创新管理的深刻思考。

“15 年对中国管理影响最大的 15 人”以关键人物为主线，梳理和回顾中国自 1992 年改革开放以来，中国管理思想飞速发展的 15 年，每年推出一位关键人物。张瑞敏被评为 1999 年影响中国管理的关键人物，在管理创新方面深刻影响了中国企业，为中国管理写下“关键”的一笔。

《世界经理人》杂志认为，张瑞敏是管理的学习者和创新者，在管理创新领域有重要影响。杂志评论：“1999 年，张瑞敏入选英国《金融时报》‘全球 30 位最具声望的企业家’，位列第 26 名，这是当时中国企业家在世界范围内获得的最高声誉。同年，在财富全球论坛上，他是指定发言的唯一一位中国企业家。在此之前，张在国内的影响力已达到顶峰，从此以后，他是国际公认的最优秀的中国内地企业家，在国际管理界显露峥嵘。”

海尔集团之所以能从一个资不抵债亏空 147 万元的小厂发展到为全球营业额超过 1000 亿元的跨国企业，管理的创新发挥了重要的作用。在名牌战略阶段，张瑞敏砸冰箱，抓全面质量管理，创出中国冰箱业历史上第一枚质量金牌；在多元化扩张阶段，张瑞敏创出“日事日毕、日清日高”的 OEC 管理模式，并把这种管理文化作为基因注入兼并的 18 个企业，使之全部扭亏为盈；在国际化战略阶段，张瑞敏进行以市场链为纽带的业务流程再造，并创新探索出全员 SBU 的管理理论；在全球化品牌战略阶段，张瑞敏探索出海尔“人单合一”信息化管理，海尔“人单合一”发展模式为解决全球商业的库存和逾期应收提供了创新思维。

1992 年以来的 15 年，也正是海尔二次创业，从中国名牌向世界名牌冲击的 15 年。15 年来，随着海尔全球化品牌的树立，张瑞敏的管理能力和创新思想越来越得到国内外管理学界的认可和推崇。1993 年由当时任国务院副总理的朱镕基、李岚清、吴邦国三位副总理联名签署重要批示，在全国范围内推广海尔 OEC 管理模式，掀起全国各界学习海尔管理的高潮。当时，平均每年约 40 万人次到海尔参观交流。海尔 SBU 管理模式更是引起国际管理学界的关注，沃顿商学院的马歇尔教授说，如果海尔能够做到全员 SBU，海尔在全世界将是独一无二的；日本能率协会综合研究所所长高地评价，海尔的 SBU 理论不但对海尔有贡献，而且对整个人类都做出了贡献。进入全球化和信息化的时代，海尔创新发展“人单合一”发展模式，被国际管理界誉为“号准全球商业脉搏”的管理。1998年，张瑞敏应邀登上了哈佛大学的讲坛，成为登上哈佛大学讲坛的中国企业家第一人。“海尔文化激活休克鱼”的管理案例被写进哈佛大学教材，海尔成为第一个进入世界顶级工商管理学院案例库的中国企业。到目前为止，先后有美国的哈佛大学和南加州大学、瑞士洛桑国际管理学院、法国的欧洲管理学院、日本神户大学等七所商学院共做了16个案例，涉及企业兼并、财务管理、企业文化方方面面。

管理大师德鲁克指出：“管理是一种实践，其本质不在于‘知’而在于‘行’；其验证不在于逻辑，而在于成果。”张瑞敏和海尔人创造的管理哲学，其验证也在于海尔的市场成果。创立于1984年的海尔集团，经过近30年的持续稳定发展，已成为世界第四大白色家电制造商。产品从单一的冰箱发展到拥有白色家电、黑色家电、米色家电在内的96大门类15100多个规格的产品群，并出口到世界100多个国家和地区。海尔在全球30多个国家建立了本土化设计中心、制造基地和贸易公司，全球员工总数超过5万人。

资料来源：http：//politics. people. com. cn/GB/14562/5639392. html。有删改。

大量的后续研究验证了明茨伯格角色分类理论的有效性。研究一般都支持这样一种观点：即不论何种类型的组织，不论在组织的哪个层次上，管理者都扮演着类似的角色。不过研究表明，管理者角色的强调重点随着组织层次的不同而变化，特别是代表人、传播者、谈判者、联络者和发言人角色，对于高层管理者要比低层管理者更为重要，而领导者的角色对于低层管理者更为重要。

那么哪种描述有关管理者做什么的方式是正确的呢？是职能方式还是角色方式？可以看出，两种方式并不矛盾，而是各有优点。职能方式仍然代表着将管理者的工作概念化的最有效的方式。经典的职能理论提供了一种清晰的和界限明确的方法，使我们能够对管理者从事的活动和各种技术进行明确的分类。其次，虽然明茨伯格给出了具体的角色分类体系，但是这些角色实质上与四种职能一致，其中的许多角色可以归入一个或几个职能中。比如，资源分配角色就是计划的一部分，企业家角色也是计划的一部分，人际关系的三种角色是领导职能的一部分。职能理论和角色理论的差别可以这样解释，即管理者所从事的某些工作并非纯粹是管理。明茨伯格明确地提出了一种对管理者究竟在做什么的新的见解，这也说明管理者角色的确定是十分重要的。

3. 管理技能

管理者的职责是变化和复杂的，管理者需要特定的技能来完成他们的职责和活动。根据罗伯特·卡茨（Robert L. Katz，1974）的研究，他发现管理需要三种基本的技能或素质，即技术技能、人际技能和概念技能。

（1）技术技能（technical skill）。技术技能是指熟悉和精通某种特定专业领域的知识，如工程、计算机、财务、会计或制造等。对于基层管理者来说这些技能是十分重要的，因为他们直接管理操作者，经常需要处理操作者所从事的工作。尽管管理者未必是技术专家，但他们必须具备足够的技术知识和技能以便卓有成效地指导员工工作、组织任务和把工作小组的需要传达给其他小组。

（2）人际技能（human skill）。人际技能是指成功地与他人进行沟通的能力（Plunkett and Attner，1997）。人际技能包括对下属的领导能力和处理不同小组之间关系的能力。人际技能对于管理者是十分重要的，具有良好人际技能的管理者能够调动员工的积极性，更好地与员工沟通，对员工进行充分的激励和引导。这些技能对于各个层次的管理者都是必备的。

（3）概念技能（conceptual skill）。概念技能是管理者对复杂情况进行抽象和概念化的技能。具有概念技能的管理能够深刻识别组织中的问题，制定有效的行动方案并且进行有效的实施。他们往往把组织看做一个整体，能够把握各个部分之间的关系，正确行使管理职能。同时还能够清晰地认识组织外部的环境，使组织适应动态环境并获得发展。对于高层管理者来说，这种技能更加重要。

通过上面所述可以看出，不同管理层次对管理技能有不同的侧重，图1－3直观地表达了这些技能和管理层次之间的关系。

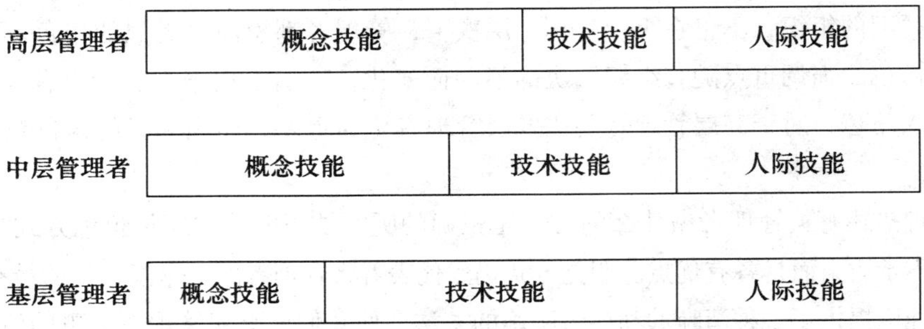

图1－3　各层次管理者所需要管理技能的比例

在如今迅速变化的工作环境中，管理者需要不断地更新管理技能，包括掌握特定职位之外的技能。毫无疑问，管理技能是描述管理者做什么的又一种重要方式，这些管理技能和管理职能同样存在着对应关系，有时一种技能对多项管理职能都是重要的。

1.3　学习和研究管理学的方法

管理学是专门研究管理活动的基本规律和一般方法的科学，是在总结管理发展的历史经验的基础上，综合运用现代社会科学、自然科学及先进科学技术的理论和方法，研究管理规律和方法的一门综合性学科。管理学的研究对象是各种管理活动中普遍适用的原理和方法。管理学不同于精确的自然学科，也不同于某些社会学科，管理学在研究对象和研究方法等方面与这些学科存在明显差异。因此，学习和研究管理理论必须首先了解和把握管理学的特征，然后理解和应用管理学科的一些常用研究方法。

1.3.1　管理学的特征

在清晰了解和准确把握管理学特征的基础上，我们才能够运用研究方法深刻和全面地学习管理学。

（1）管理学是软科学。软科学是研究“软件”的科学，它研究经济、科学、技术、管理、教育等社会环节之间内在的联系及发展规律，从而为它们的发展提供最优化的方案和决策。软科学研究的范围包括管理科学、系统分析、预测研究和科学技术论等学科。其中，管理学是最早出现的一门软科学。管理学具备软科学的特征，它同样不是客观存在的物质实体，而是管理活动中的基本规律和一般方法，是一种逻辑性的知识。

（2）管理学是交叉科学。所谓交叉科学，是指在某些学科领域之间的交叉点上产生的新学科。管理学是20世纪发展起来的新兴学科，它的内容涉及政治经济学、技术科学、数学、社会学、心理学、统计学等多种学科，管理学是这些学科交叉渗透的结果。作为一名管理者，必须对经济学、社会学、心理学等众多学科有深入的了解，进而能够深刻地理解管理原理。由于管理学涉及众多的学科知识，单个管理者的能力难以应付复杂多变的组织环境，所以在管理实践中往往成立多学科背景的管理团队，通过管理团队不断学习和合作来完成管理任务。

（3）管理学是应用科学。管理学是一门应用科学，它的任务是合理有效地利用人力、物力、财力和信息等各种资源，运用管理方法和技术来管理这个转化过程，并最后获取成果。管理学不仅是管理原则、方法和技术的应用，它更注重管理思想和管理艺术的应用。只有把管理的一般原则同管理对象具体结合起来，才能发挥管理学的应用作用。管理学是实践的总结，同时管理理论对实践具有指导作用，管理者要时刻关注组织内外的动态环境，不断掌握最新的管理思想和方法，才能对管理实践起到良好的能动作用。

1.3.2　学习和研究管理学的方法

管理学领域包括很多学派，这是因为不同的学者采用了不同的研究方法。管理学科的发展实际上是研究方法的不断发展和进步。掌握学习和研究管理学的方法对于全面深入地学习管理学大有裨益。

（1）系统的方法。组织是一个系统，这就要求管理者必须具备系统思维和整体观念，要能够识别各种理论、各种管理活动之间的内在联系，运用全局观点协调各方面的关系，制定行之有效的行动方案。系统思维的形成需要管理者学习众多学科知识并进行实践总结，管理者尤其是中高层管理者需要学习和掌握多学科的知识，比如哲学、系统学、社会学、经济学、文学、心理学等，同时还要通过管理实践来不断地形成这种系统思维，从而能够从战略角度把握组织的发展。在学习和研究管理学时，我们要运用系统方法，分析管理学中各部分之间的联系，同时也要分析管理学和其他有关系的学科之间的联系，这样我们可以从内部和外部两个角度更好地学习管理学。

（2）权变的方法。管理既是一门科学又是一门艺术，这就要求不论是理论还是管理实践都必须注重权变的方法。在管理实践中往往会存在两难困境问题，这就要求管理者采用权变的方法灵活处理问题，对利益各方进行权衡。在学习管理理论和各管理学派的管理思想时，要分析各种管理思想产生的历史背景和要解决的主要问题，了解它的主要研究思路和方法，将其理论产生的环境状况和当今环境进行对比，分析其应用价值。这样才有助于从众多的管理理论中识别出具有普遍意义的管理规律，有助于培养理论与实践相结合的能力，在管理实践中才能够灵活运用基本的管理理论，采用权变的方法灵活处理大量的两难困境问题。

（3）案例方法。管理理论来自管理实践，每个组织的管理经验都存在可借鉴的地方，但是对每个组织的管理活动进行个案研究是不可能的，所以我们可以从中选择具有代表性的个案，从某个角度进行切入分析，进而发现可借鉴的、有价值的规律或原则。案例方法是学习和研究管理学十分重要和有效的方法，这种方法已经成为商学教育普遍的一种方法，尤其是在西方的商科教育中，案例研究方法是不可或缺的。需要注意的是，案例分析不是进行简单的经验总结，它强调的是分析成功或失败的原因，鼓励人们思考并根据案例资料做出自己的决策。

（4）试验方法。在管理活动中，试验方法已成为探索经验和进行决策的强有力的工具。首先，试验方法可以帮助管理者发现管理问题的原因和制定有效的解决措施。其次，试验方法是保证管理决策科学有效的重要途径。企业在制定开发新产品、改变品牌形象、改革管理体制等方面的决策时，可以在局部小范围内进行试验，根据试验结果来进行科学决策。最后，试验方法是创立先进管理理论的重要手段，泰勒的科学管理理论就是通过试验的方法进行探索和总结出来的。在管理实践中，比较常见的试验方法主要有对比试验、可行性试验和模拟试验。所以我们在学习和研究管理学时，可以根据具体情况创造试验的条件，采用试验的方法来解决某个管理问题或验证某个管理理论。

（5）比较管理学方法。比较管理学（comparative management）是在比较分析的基础上对管理现象进行研究的一个管理学分支，它的研究范围往往是跨国度的，主要分析不同体制、不同国家之间的经济、文化、民族等因素对管理的影响，并从中探索管理发展模式和普遍适用的管理规律。比较管理学作为一种研究方法已经广泛应用于各种管理要素的研究之中。比较管理学的先驱法默（R. N. Farmer）和里奇曼（B. M. Richman）强调确立一种共同的特征与分类系统，以便适用于不同国家的管理过程和管理特征的比较研究。我们所学的理论主要是西方的管理理论，所以我们面临的问题就是如何将这些管理理论和中国管理实践结合，并借鉴西方管理理论的精华，探索适合中国国情的管理理论。所以学习和掌握比较管理学方法，对于准确理解和把握西方成熟先进的管理理论，以及将其在中国有效应用都是十分重要的。

本章习题

一、单选题

1. 管理的主体是（　　）。

A. 管理者　　B. 被管理者
C. 组织　　D. 各职权部门

2. 管理的客体是（　　）。

A. 管理者　　B. 被管理者
C. 组织　　D. 各职权部门

3. 管理的载体是（　　）。

A. 管理者　　B. 被管理者
C. 组织　　D. 各职权部门

4. 管理的首要职能是（　　）。

A. 计划　　B. 组织
C. 领导　　D. 控制

5. 管理起源于（　　）。

A. 国家的产生　　B. 私有制的出现
C. 工商活动　　D. 人类的共同劳动

6. 从时间顺序看，下列四种管理职能的排列方式，哪一种更符合逻辑（　　）？

A. 计划、控制、组织、领导　　B. 计划、领导、组织、控制
C. 计划、组织、控制、领导　　D. 计划、组织、领导、控制

7. 对各层管理者具有同等重要意义的技能是（　　）。

A. 技术技能　　B. 组织概念技能
C. 人际技能　　D. 沟通技能

8. 管理者是指（　　）。

A. 组织的所有者　　B. 组织的员工
C. 对他人工作负责人的人　　D. 总经理

9. 对于高层管理者而言，最重要的管理技能是（　　）。

A. 人际技能　　B. 概念技能
C. 技术技能　　D. 沟通技能

10. 运用自然科学知识，把握管理活动与管理现象内在规律的方法是（　　）。

A. 定量研究方法　　B. 历史研究方法
C. 案例研究方法　　D. 理论联系实际的方法

二、多选题

1. 管理这种社会现象存在的必要条件是（　　）。

A. 两个人以上的集体活动　　B. 有机构存在

C. 有管理者　　D. 有一致认可的目标

E. 有各种资源

2. 管理学的四个基本职能是（　　）。

A. 组织　　B. 协调

C. 计划　　D. 控制

E. 领导

3. 按照管理的层次来分，一般一个组织通常被分为（　　）。

A. 战略层　　B. 高层

C. 战术层　　D. 中层

E. 基层

三、名词解释

管理　管理者　操作者　技术技能　人际技能　概念技能

四、简答及论述题

1. 分析管理为何不存在唯一的定义，你是如何理解的？
2. 管理的基本职能有哪些，它们之间的关系如何？
3. 不同管理层次对管理技能的要求有何差异？
4. 如何理解管理的科学性和艺术性？
5. 学习和研究管理学的方法有哪些？

案例讨论

阿里巴巴的精神控制术：马云打造职场乌托邦

在以“白娘子传奇”闻名的江南杭城，坐落着两个气质与这座城市极不搭调的楼层。15天前，这个富有“攻击性”的空间——“淘宝”，迫使全球最有影响力的女人之一，eBay总裁惠特曼放弃了亲自角逐中国互联网市场的欲望。

与其气质一脉相承的，还有附近华星时代广场和创业大厦的9个楼层——“支付宝”和“阿里巴巴”。2007年伊始，“支付宝”宣布对非“淘宝”商家收取技术服务费。锋芒毕露的背后，他们有一个共同的小个子领袖——马云，因超凡的个人魅力，他被公众供奉于“神坛”已经有6年。

“多么奇怪！”一位杭城老媒体人说，“6 年 2190 天，这个正迅速扩张的团队仍超乎寻常地保持‘亢奋’和‘战斗欲’”。然而这个团队的绝大部分人，拿着国内同行业中下水平的工资（在杭州处于中等），却有着职场人士对职责少见的忠诚、幸福感和向心力。

关于这种神秘能量的来源，坊间有诸多私语，如一个“中国式狂想”、“精神控制术”，进一步的解释是——“个人崇拜在国内互联网公司中，无出其右，极其宗教感的文化保证了团队的勃起”。另有人将其比喻为“米老鼠帝国”——“在迪斯尼，没人敢把以前的思想一扫而光，每个人心里都明白，公司创建人沃尔特不会喜欢那样的”。

对此，阿里巴巴的官方说法不痛不痒——“企业文化”。但据接近该公司的人士透露，在新近结束的集团战略会议上，阿里巴巴已第一次将此魔力作为“制度化”建设提出，“其在阿里巴巴 2007 年战略的重要性，甚至要高于‘速度’、‘创新’这些互联网公司耳熟能详的名词”。

“职场乌托邦”

“这恐怕是中国笑脸最多的一个公司，而且执行力超强，但我也不知道为什么。”这是卫哲的答案。两个月前，他刚从百安居中国区总裁变身为阿里巴巴集团资深副总裁。7 个月前，首次踏入阿里巴巴的卫哲——这个传统零售业的“销售狂人”就已经看到，一群互联网销售人员在一部部冰冷电话前长时间站立，手舞足蹈。

“难道你不觉得，这是理所当然的么？”一位淘宝新雇员已经没有疑问，虽然两个月前，他还因不能理解公司无处不在的激情而独自偷笑。另一位因挫折极度消沉的女士来到阿里巴巴，三个月后姿态已焕然一新。尽管她 3000 元左右的薪水在大部分白领看来毫无兴奋点，但她口气铿锵：“请不要再和我提自杀那些愚蠢的话题，我正在给中国的电子商务作贡献。”

魔力还蔓延到与阿里巴巴雇员朝夕相处的亲人身上。马云习惯不定时邀请他们到公司“视察”并非秘密，但是大部分人不知道他们走出大门后，会对“枕边人”感慨：“加油干吧，以后就靠你了。”曾有一位以抱怨“丈夫工作过于拼命”著称的妻子，最后在阿里巴巴员工大会时跌跌撞撞冲上了主席台：“我想感谢你们，我很荣幸将丈夫交给了阿里。”

还有一些更激动人心的画面。据一位淘宝雇员透露，当淘宝交易额冲过目标值时，雇员们将在部门经理带领下愉快“裸”奔，男生脱掉上衣，甚至只剩下一条裤衩。当然，这一业绩并不直接返点到个人薪水上。

这里的一位“销售冠军”还在一个寒冷的冬日跳下了西湖。事情源起一次“豪赌”——如果他能在 2004 年实现一年 1000 万元的销售额（相当于其 2003 年的 3 倍），马云将应允他去世界上他喜欢的一个城市喝咖啡，但如果失败，代价是在最冷的节气“跳西湖”。结果，该销售冠军达到了似乎异想天开的销售额，但离马云“老客户续签持率必须在 80% 以上”的附加条件差了一个百分点。

还有更多疯狂的场景。阿里巴巴和各子部门的狂欢频繁发生——马云会打扮成维吾尔族姑娘或江南小城的普通渔夫；而阿里巴巴的首席财务官蔡崇信，这个被业界认为不好说话、极其严肃的人，偶然也会穿上女人的丝袜、在众目睽睽下跳起缠绵的钢管舞。

所有的人都在提示，这个类似"职场乌托邦"的团队，是马云头脑的一个翻版。这个4800多员工的团队有着和军事企业一样高度统一的价值观，马云推崇的"六脉神剑"——"客户第一"、"团队合作"、"拥抱变化"、"诚信"、"激情"和"敬业"。

有人指出，如果把"职场"视为一个交易系统，阿里人降低了交易成本——"长期处于同样的氛围，对内高度统一，大家都用同样逻辑对待他人，不适合的人将被'舆论'自然淘汰，实际上避免了很多单位的'口是心非'，是管理成本的极大节省。"

"精神控制术"

然而，阿里巴巴团队魔力来源的核心，关乎人性的深层秘密。对此，有一位通晓心理学的商界人士解释："阿里巴巴一直在有意无意维护马云的'神坛'形象，以实现类似崔健《一块红布》中叙述的'神秘控制'。"

这个判断似乎得到了佐证。大部分员工事先听说过马云的传奇，而在其此后的职业生涯中，马云的神话、价值观和理想在公司的各种场合被宣讲、重复，然后无孔不入地传染。而当一个团队对领导者产生图腾崇拜的心理，它内在循环所产生的力量，将导致遇敌时的所向披靡。

根据美国心理学家利夫顿（RobertJayLifton）对"精神控制"的分析，除核心的"神秘控制"外，方式还包括"发展一套内部术语用于交流与思考，以强化个体对所倡导价值的使用等"。

在这里，每个淘宝雇员都有一个"花名"，它们来自马云酷爱的金庸小说。最近，这个"花名"单正逐渐向中国神话《西游记》的角色拓展。

"符号是一种自我定位。"员工们说，当这些"令狐冲"、"黄蓉"和"孙悟空"在一起，把每次平淡的业绩冲刺幻化为热烈的小组竞争。而马云判断员工优劣的思维，已在公司广而告之——有业绩没团队合作精神的属"野狗"，应被坚决清除；老好人但没业绩的属"小白兔"，会被逐步淘汰；有业绩也有团队精神的属"猎犬"，这才是阿里巴巴最需要的。

与此同时，员工保持着忙碌状态。这些雇员除要共同冲刺高标准的部门业务指标外，个人还要接受公司安排的各种培训，这些必须修满学分的科目包括"阿里课堂"、"阿里夜谈"、"阿里夜校"、"百年大计"、"百年诚信"和"百年阿里"等。

"这已经是阿里巴巴团队的一个定式。"上述杭城老财经媒体人说，忙碌被认为是实现"精神控制"的必要条件——因为忙碌将导致员工们没有时间深入思考集团内部的事，不能分身接受更多信息，因此对身边一切习以为常。

但不少淘宝员工说，“精神控制”并不是“蒙蔽”。他们的理解是：“马云通过团队培训和系列潜移默化的训导，让员工在他的价值观和体系面前选择，否则能力再强，也不能呆在阿里巴巴。”

不过，两者在解读阿里巴巴团队魔力的另一入口——“一个严厉的制度设置”时，取得了一致。

的确，这里有每年 10% 的淘汰率外，还有一个与众不同的考核制度——50% 是业绩考核，另 50% 则以“六脉神剑”为参照的价值观打分；又如，这个公司奖罚分明，也曾有一位销售冠军因对客户“过度承诺”伤害“诚信”一条，而被驱逐。

这里的员工还被热情告之，他们拥有一个特别的“安全保障”——个人对公司的“不满”除可以向上司沟通外，还有来自人力资源部门一位负责点对点的“员工关系”职员。

但在另一些人看来，这又是一种“头脑”监管。“我尝试的结果是更坏，而不是更好。”阿里巴巴某个老雇员说，“虽然提倡民主，但实际上，我们的文化之一就是‘服从’，因为‘上司总是对的’。”

期权与“魔力”

有批评人士指出，对于互联网这样一个以自由为时尚的行业，阿里巴巴的管理方式貌似“污点”。不过，在专业鉴定和出版机构荷兰 CRF 关于“中国杰出雇主 2007”的评选中，阿里巴巴作为中国唯一的互联网企业，荣登榜单。

有人说，这里的雇员每人每年有 1800 元的“outing”（游玩）费；有一个连厕所也充满人生哲语的办公室；这里以客户利益至上，“六脉神剑”的各个要素都积极向上；如果工作卖力，销售人员的提成其实相当不菲，何况这里还“温情脉脉”，如果离开（包括被淘汰）也有重新回来的机会，因为每个人的编号都被无限期保留。

在新近结束的集团战略会议上，阿里巴巴要将此魔力作为“制度化”建设提出，使其成为一个诉诸文字的“基本法”。分析人士认为，在一个知识时代，团队价值即最大价值。尽管阿里巴巴分散的股权结构让人担心，但“如果马云控制了团队和士气，并有效地使团队共进退，那么这是一个不可能被并购的企业，因为投资人的并购目的是实现投资增值。”

现在，这个“魔鬼训练营”团队因为扩张正在迅速变成一个庞然大物，阿里巴巴在一年内进入了将近 1000 名员工。而马云还可能退休，他个人对团队的现实影响可能会逐渐减弱。

“如果这个集体还在，我会愿意留下。”这是淘宝新员工的回答。或许，这也是阿里巴巴需要“基本法”的另一个原因，但是，这种管理方式是否真能够长久？

在最根本的经济利益上，据了解，在 2003 年 9 月后进入“阿里巴巴”事业部的员工将不能获得公司期权（“淘宝”和“支付宝”仍能获得），虽然之后马云为这批员工补了部分股权，但数量仅在每人 2000 股到 4000 股之间，相比此前几万股左右已经大大减少。

按照阿里巴巴公司的官方说法，每位新进员工仍有机会获得公司期权，但主要以奖励形式出现，并不是绝对。而事实上，阿里巴巴事业部与其他事业部的期权分配相比显得比较少，因此颇有意见。而确，有部分拥有2000~4000股的员工私下透露，等期权兑现可能会考虑离开。

资料来源：21世纪经济报道，2007-01-06。

思考讨论题

1. 阿里巴巴公司是如何实现对员工的“精神控制”的？
2. 案例给我们的启示是什么？

第 2 章

管理理论的形成与发展

内容提示

管理理论产生于人类社会的实践活动之中。随着社会化生产的不断发展，在长期的管理实践活动过程中，一些朴素的管理思想经过后人的不断总结与归纳，逐渐成为系统的管理理论。这些管理理论的形成与发展凝聚着人类智慧的结晶，它们的出现，对于丰富管理内涵、促进人类社会管理水平的提高具有重要的意义。本章以管理理论的发展历程为主线，系统介绍中外管理思想的发展脉络，主要内容包括管理理论的萌芽、古典管理理论、行为科学理论、现代管理理论以及管理理论的新发展等。

【开篇引例】

汽车生产方式的改变

多年以来，管理人员通过应用不同的管理哲学，使汽车的生产方式发生了巨大的变化。

在 1900 年以前，工人组成生产小组相互协作，把各种零部件用手工的方式组装成汽车。这种小批量生产是非常昂贵的。

组装一辆汽车需要花费大量的时间和精力；工人们一天只能够生产很少量的汽车。为了降低成本、提高销量，早期汽车厂的管理者需要具有较高的提高生产效率的技能。

1913 年，亨利福特（Henry Ford）使整个汽车行业发生了革命性变化。他在底特律开办了“高地公园汽车厂”，生产 T 型车。

福特与他的生产管理团队开创了大批量生产系统，使得小批量生产系统在一夜之间变得陈旧过时。在大批量生产系统下，传送带将汽车传送到工人面前，流水线旁的每个工人负责完成一项特定的工作任务。

通用汽车公司和克莱斯勒公司的 CEO——艾尔弗雷德·斯隆（Alfred Sloan）、沃尔特·克莱斯勒（Walter Chrysler）没有简单地模仿福特的方法，而是采取了一种新的战略：为消费者提供一个范围广泛的选择空间。

汽车生产的第二次革命发生在日本，而不是美国。20世纪60年代，大野耐一——一位丰田汽车公司的生产工程师在参观了美国三家汽车生产厂家后，开创了准时制生产（Just-In-Time）方式，成为管理思想的一大变革。

准时制生产背后的管理哲学，是通过在生产过程中连续地寻找、发现能够提高效率的方法来降低成本、提高质量、减少汽车装配时间。

到20世纪70年代，日本管理者已成功高效地应用了这种新的生产系统，与美国竞争对手相比，他们生产的汽车质量更高、成本更低。到20世纪80年代，日本汽车企业已称雄世界汽车市场。

2.1 管理理论的萌芽

虽然系统的管理理论直到19世纪末20世纪初才在西方社会产生，但是，人类有关管理的观念与实践却由来已久，有文字记载的中外古代管理实践可以追溯到几千年以前。可以说凡是有人群的地方，就会有管理的存在。管理活动的出现必然会促使一些人对其进行研究和探索，中外早期的管理思想就在这种管理实践的过程中逐渐萌发。

2.1.1 中国早期的管理思想

我国是一个历史悠久的文明古国，人们在社会实践中形成的管理思想源远流长。在我国历史上曾经涌现了一大批杰出的管理思想大家，他们的管理思想至今仍然深刻地影响着我们的管理活动。在今天的管理者看来，早在2500年前的《孙子兵法》仍是一部战略管理巨著。此外，周公关于组织方面的管理思想、管仲和范蠡等关于经营方面的管理思想、老子关于以人为本的管理思想、孔子和孟子所倡导的儒家管理思想都是这一时期管理思想的重要代表。

【阅读资料2-1】

儒家管理思想的形成

中国自春秋战国以来，在诸子百家中，儒家是最幸运的。它的集大成者当推孔子，他是鲁国人，鲁国即今日的山东曲阜一带。孔子是儒学的创始人，伟大的思想家，在春秋战国那个极度动荡的年代，他心怀救国救民的思想，四处奔走推广和讲解他的理论，尽管受到巨大的挫折，但仍坚持不懈，在他和弟子的共同努力下，终使儒家的学术思想成为中国东方文化的主流。虽然经历数千年的历史沧桑，但儒学依然以其独特的文化特质为后代所赏识，尽管在极度动荡的历史时期曾经受到过不公正的待遇，却未能抹杀其光辉，尤其是对中国历史文化的发展，有其不可磨灭的贡献。

儒家的理论先由孔子开创并提出了主体的思想构架，再经较晚的孟子和荀子进一步补充，正式形成了一门学科——儒学。儒家的学术并不是一开始就成为正统的理论，在秦始皇统一中国后就对儒家学说进行了限制，如惨无人道的焚书坑儒事件，对儒家进行了彻底的否定。但到了汉武帝时代，中国出了个叫董仲舒的人，在少年时代研究《春秋》很有心得，于是痛下3年的工夫，把孔孟之学融会贯通，并提出了为适应当时统治者的儒学新观点，同时应用五行相克的理论来解释封建王朝的兴衰更迭。在新王朝推翻旧王朝时被认为是尊天命，是应运应时而生的，是受命于天，当天对现行的受命者不满意时，就先予以警告，如果还执迷不悟的话，天将另外受命于其他新朝。这就为儒学提供了理论依据，使儒学有了可以依托的根基，也为封建统治者的统治提供了依据，同时与原有的整个儒学理论融为一体。因此，汉武帝一看正合心意，于是中国历史上就有了“罢黜百家、独尊儒术”这一页，儒家因此成为2000多年封建王朝的统治工具。到了宋代，儒学理论又加上了朱熹的程朱理学，这样儒家的理论就进一步地得到了发展。

资料来源：郭咸纲：《西方管理思想史》，经济管理出版社2002年版，第465～466页。

我国古代战略决策思想的代表人物是孙子。孙子（春秋末期人）是《孙子兵法》的作者。仅有3600字的《孙子兵法》至今仍被管理学界视为战略管理的经典巨著，并且享誉全球。《孙子兵法》开篇就强调了调查研究的重要性。孙子指出：“兵者，国之大事，死生之地，存亡之道，不可不察也。”“夫未战而庙算胜者，得算多也；夫未战而庙算不胜者，得算少也。多算胜，少算不胜，而况于无算乎！”对于调查研究的重点，孙子一方面强调环境分析，另一方面又特别强调敌我双方的对比分析。《孙子兵法》中写到：“知彼知己，百战不殆；不知彼而知己，一胜一负；不知彼，不知己，每战必殆。”这句话的含义是，只有弄清楚敌我双方的情况并分析客观规律，才能克敌制胜。孙子的这种战略思想不仅在军事上具有重大的价值，而且在管理上也具有一定的指导意义和参考价值。如今，企业界都非常重视对《孙子兵法》的研究，尤其是美国和日本的一些大公司，甚至将该书作为培训经理人员的必用教材。

春秋初期政治家、思想家管仲编撰的《管子》一书，是我国最早的、成就最高的一部经济著作。书中记载的一些经营管理思想，诸如办事要守信誉、经营管理者应顺应事物自身的客观规律、强调和气生财、办事要从实际出发量力而行，以及办一切事情必须事先统筹规划等，至今仍对我们有着借鉴意义。

春秋末期的楚国人范蠡，是我国古代从事经营的巨富，计然之策就是他的著名经营理论。计然之策包括待乏原则和积著之理。范蠡认为：“务完物，无息币。以物相贸，易腐败而食之货勿留，无敢居贵。论其有馀不足，则知贵贱。贵上极则贱，贱下极则反贵。贵出如粪土，贱取如珠玉。财币欲其行如流水。”这句话的大意是说，经营的物品不应长期储存。商人应该通过对市场上商品的多少，预测其价格的高低。某种商品如果价格过高必然会下跌，反之亦然。

货币要经常流动才能获得经济利益。

战国时期的《周礼》一书对封建国家的管理体制进行了理想化的设计，内容涉及政治、经济、财政、教育、军事、司法和工程等方面。该书对封建国家的经济管理的论述和设计都达到了相当高的水平。①

此外，我国古代关于人性假设、理财以及生产管理等方面的管理思想在许多著作中都有记载，代表性的著作如《论语》、《老子》、《太平经国之书》、《梦溪笔谈》等。

纵观中国早期管理实践和管理思想有下列特点。

首先，历史悠久。可追溯到公元前几千年的春秋战国时代；其次，涵盖内容广。涉及经济、军事、政治、文化、工程等各个领域；第三，影响范围大。广泛流传海内外，东亚及东南亚地区。第四，适用层次多。既可应用于家庭、家族的日常事务管理，亦可作为“治国平天下”之文韬武略；第五，思想凝练精。如《孙子兵法》的战略思想早就被日本、美国等发达国家应用于企业管理，被一些企业家奉若神明，视为“商界竞争必胜之武器”。

总之，我国古代的管理思想极为丰富，它是古人留给我们的一笔宝贵遗产，其中的许多观点至今仍然深刻地影响着我们的管理实践。

2.1.2 西方早期的管理思想

西方的管理实践和管理思想同样有着悠久的历史。古代西方的管理实践和思想主要体现在指挥军队作战、治理国家和管理教会等活动之中。古代埃及、古代巴比伦、古代希腊和古代罗马在这些方面都有过重要的贡献。埃及的金字塔、古巴比伦王国的《汉谟拉比法典》以及亚里士多德的《政治学》都是这一时期管理实践和管理思想方面的杰出成果。

1. 古埃及的管理思想

古代埃及修建了举世闻名的金字塔，成为人类文化的宝贵财产。其实古代埃及兴修水利系统的技术与修建金字塔一样，都是人类历史上不可思议的壮举。如果没有严密的组织与管理，要取得如此巨大的成就在当时完全是不可能的事情。

埃及人很早就懂得了分权。法老作为“赖神之子”享有至高无上的神权，在法老之下设置了各级官吏，最高为宰相，辅助法老处理全国政务。宰相集“最高法官、宰相、档案大臣、工部大臣”等职衔于一身，但军权仍由法老直接掌管。宰相之下设有官员，分别管理财政、水利建设以及各地方事务。在古代埃及，上自宰相，下至书吏、监工，形成了以法老为最高统治者的管理机构。

埃及人也是“管理幅度”原则最早的实践者。根据研究发现，在古代埃及“每一个监督者大

① 周三多主编:《管理学》，高等教育出版社 2000 年版，第 12 页。

约管理10名奴仆”。所以，后来希伯莱人在《圣经》里提出的以10为限的管理思想即来源于此。

2. 古代巴比伦王国的管理思想

巴比伦在重新统一幼发拉底河和底格里斯河流域之后，建立了古代巴比伦王国。国王汉谟拉比建立了强大的中央集权国家。国王任命各种官吏，管辖行政、税收和水利灌溉，总揽国家的全部司法、行政和军事权力，各级官吏是推行国王政令的工具。为了巩固其统治地位，汉谟拉比编制了《法典》，作为国家行为的准绳。这部法典共分为引言、法典本文和结语三个部分。法典本文共282条，内容涉及财产、借贷、租赁、转让、抵押、奴隶等各个方面，较全面地反映了当时的社会情况，并以法律的形式来调节全社会的商业交往、个人行为、人际关系、工薪、惩罚以及其他社会问题。

3. 古代希腊的管理思想

古希腊是欧洲文明的摇篮，恩格斯曾经说过，没有希腊文化和罗马帝国所奠定的基础，也就没有现代的欧洲。由此可见古希腊曾经取得的巨大成就。

在古希腊的荷马时代，部落管理实行军事民主制，氏族部落采取的是“一长两会”制。“一长”即军事首领，“两会”即长老会和民众会。军事首领是公举出来的部落领袖，平时管理宗教神务与裁决争讼，战时则为全体成年男子的统帅。长老会由各氏族的长老组成，有广泛的权利。民众会由成年男子亦即全体参战战士组成，原则上拥有全部落的最高权力。但事实上，由于贫富日益悬殊，军事首领和氏族长老的权利越来越大，由普通成员组成的民众会也逐渐失去了原先的作用，重大问题多由贵族事先决定，民众会表决成为形式。虽然如此，我们还是可以从古希腊的部落管理体制上看到“议会制”的某些端倪。

在古希腊涌现了一批对管理有着许多精辟见解的思想家，苏格拉底、色诺芬、柏拉图和亚里士多德就是其中最出色的代表。无论从哪个层面来讲，这些人的思想都对后人有着巨大的影响。下面就对他们的管理思想做一下简单的概述。

（1）苏格拉底（公元前469－前399），雅典人，出生于一个中产家庭。他受过正规的传统教育，从军打过仗。苏格拉底用“问答法”传布他的思想，这种方法也被其称为“精神接生术”。苏格拉底曾提出管理具有普遍性，认为管理私人事务和公共事务仅仅是在量上有所不同，管理技能在公共事务和私人事务之间是相通的。苏格拉底强调了管理的普遍性，但忽视了管理的特殊性，即管理是一项专业性极强的工作，这也是苏格拉底管理思想中的一个比较明显的缺陷。

（2）色诺芬（约公元前430－前350），出生于雅典富人家庭，是苏格拉底的学生。他在《家庭管理》（又称《经济论》）的著作里就经济问题做了专门的论述。他的这本书也是古希腊流传下来的关于经济问题的第一部著作，这部著作体现了色诺芬的管理思想。色诺芬在管理思想上的主要贡献是：第一，首先提出了经济管理的研究对象。他认为“家庭管理”研究的是优秀主人如何管理好自己的财产问题。第二，色诺芬首先提出了管理水平优劣的判别标准问题。

第三，他首先认识到了管理的中心任务是加强人的管理这一重要思想。在当时的奴隶社会，奴隶仅仅被看成是会说话的工具，色诺芬的观点从客观上否定了奴隶制的基础，并且为以后管理思想的发展奠定了思想基础。第四，色诺芬进一步分析了分工的重要性，认为一个人只做一种最简单的工作就会把工作做得更好。

（3）柏拉图（公元前427－前342），出生于雅典的贵族家庭，他也是苏格拉底的学生，是古希腊著名的唯心主义哲学家和思想家。柏拉图在管理思想上的贡献主要是对分工原理做了进一步的阐述。他通过研究国家范围内的分工来体现其独特的管理思想。他认为，如果一个人根据自己的天赋，在适当的时间内只做一件事情，他就能做得更多、更出色，而且也更容易。

（4）亚里士多德（公元前384－前322），出生于希腊北方色雷斯得斯塔拉城，古希腊最伟大的思想家，柏拉图最著名的弟子。亚里士多德在管理思想上的贡献主要体现在以下三个方面：第一，亚里士多德揭示了管理者和被管理者的关系问题。第二，亚里士多德发展了色诺芬的“家庭管理”思想。第三，亚里士多德对于事物内在规律的揭示实质上揭示了管理矛盾的运动、变化和发展的过程。

4. 古代罗马的管理思想

古罗马最初是古意大利北部的一个奴隶制城邦，到公元前3世纪，逐渐强大起来。在征服了希腊后，经过连年征战和吞并，古罗马逐渐成为一个庞大的帝国。在管理这个国家的过程中，古罗马人显示了高超的管理方法和技能。

古代罗马的管理思想概括起来主要有以下几点①：

（1）古罗马首先意识到了现代企业的某些性质。古罗马人发展了一种类似工厂的体制，并且用建立“公路”体系的办法以保障军事调动和商品分配。

（2）在古罗马帝国的建立过程中，古罗马人积累了集权、分权到再集权的实践经验。在这个过程的不同阶段，古罗马人建立了相应的管理机构和政治体制。

（3）古罗马人在长期军事生涯中具备了遵守纪律的品格，又具备了以分工和权力层次为基础的管理职能设计能力。正因如此，古罗马帝国才能在它所处的历史时期势不可挡，所向披靡。

（4）奴隶主思想家贾图、瓦罗等对管理人员选择标准的论述，丰富了古代的经济管理思想。

5. 工业革命时期西方的管理思想

18世纪60年代开始的工业革命，是以手工技术为基础的资本主义工场手工业过渡到采用机器的资本主义工厂制度的过程。工业革命的出现，促使西方社会在工业技术和社会关系方面均发生了巨大的变化，它大大加速了资本主义生产的发展。在这一时期，手工业受到机器大生产的排挤，社会的基本组织形式迅速从以家庭为单位转向以工厂为单位。出现这种以工厂为主

---

① 郭咸纲：《西方管理学说史》，中国经济出版社2003年版，第12～13页。

体的社会生产组织形式，必然会产生许多新的管理问题，如协作劳动的组织和配合问题，在机器生产条件下人与人、人与机器的协调问题，以及所有者、管理者与劳动者的关系问题等，这使得传统的管理方式和手段遇到了前所未有的挑战。许多新的管理问题需要人们去思考与解决，在这种情况下，管理得到了相应的发展，出现了不少对管理理论的建立和发展都具有深远影响的管理思想。

（1）亚当·斯密的管理思想。亚当·斯密（1723－1790）是英国古典经济学家，他在1776年出版的《国民财富的性质和原因的研究》一书中，系统阐述了资产阶级古典政治经济学原理，为资本主义经济的发展奠定了理论基础。

亚当·斯密对管理理论发展的第一个贡献是他的分工理论。他以制针为例说明了劳动分工的好处。他的劳动分工的观念，不仅符合当时工业革命发展的需要，而且也成为管理理论中的一条最基本的原理。斯密的另外一个贡献是他的“经济人”观点，即经济现象是具有利己主义的人们的活动所产生的。斯密认为，人们在经济行为中，追求的完全是私人利益。斯密的“经济人”观点是当时资本主义生产关系的反映，它对于后来的管理实践与理论，都产生了极为重要的影响。

【阅读资料2－2】

亚当·斯密

亚当·斯密是经济学的主要创立者。1723年，亚当·斯密出生在苏格兰法夫郡（County Fife）的寇克卡迪（Kirkcaldy）。亚当·斯密的父亲也叫亚当·斯密，是律师，也是苏格兰的军法官和寇克卡迪的海关监督，在亚当·斯密出生前几个月去世；母亲玛格丽特（Margaret）是法夫郡斯特拉森德利（Strathendry）大地主约翰·道格拉斯（John Douglas）的女儿，亚当·斯密一生与母亲相依为命，终身未娶。

1723～1740年间，亚当·斯密在家乡苏格兰求学，在格拉斯哥大学（University of Glasgow）时期，亚当·斯密完成拉丁语、希腊语、数学和伦理学等课程；1740～1746年间，他赴牛津学院（The Oxford Academy）求学，但在牛津并未获得良好的教育，唯一收获是阅读了许多格拉斯哥大学缺乏的书籍。1750年后，亚当·斯密在格拉斯哥大学不仅担任过逻辑学和道德哲学教授，还兼负责学校行政事务，一直到1764年离开为止；这时期，亚当·斯密于1759年出版的《道德情操论》获得学术界极高评价。而后于1768年开始着手著述《国民财富的性质和原因的研究》，简称《国富论》。1773年，《国富论》已基本完成，但亚当·斯密多花三年时间润色此书，1776年3月此书出版后引起大众广泛的讨论，影响所及除了英国本地，连欧洲大陆和美洲也为之疯狂，因此世人尊称亚当·斯密为“现代经济学之父”和“自由企业的守护神”。

资料来源：百度百科，http：//baike. baidu. com/view/53445. htm？fromId＝36852#1。

（2）罗伯特·欧文的管理思想。罗伯特·欧文（1771－1858）是19世纪英国著名的空想社会主义者，他最早注意到了企业内部人力资源的重要性。他曾在自己的纺织工厂中进行过一系列的改革试验，实验内容主要包括改进工人的劳动条件、缩短工作日、提高工资、提供免费的工作餐、改善工人的住宿条件等。通过改革不仅改善了工人的生活条件，而且也使工厂所有者获得了丰厚的利润。因此，他认为重视人的因素和尊重人的地位可以使工厂获得更多的收益。由于欧文率先在人事方面做了许多试验和探索，他也因此被后人称为“人事管理之父”。

（3）查尔斯·巴贝奇的管理思想。查尔斯·巴贝奇（1792－1871）是英国剑桥大学教授，著名的数学家和机械学家。早在泰勒提出“科学管理”之前，巴贝奇就将科学的研究方法应用于管理实践之中。在1832年发表的《机器与制造业经济学》一书中，巴贝奇对专业分工与机器、工具的使用、均衡生产、成本研究等都进行了专门的论述。此外，巴贝奇也非常重视管理中人的作用，他认为消除工人与工厂主之间的隔阂，有助于实现双方共同的利益。

除了以上三人之外，詹姆斯·瓦特、安德鲁·尤尔以及威廉·杰文斯等人也对这一时期管理思想的发展做出了积极的贡献。这一阶段管理思想的不断积累，为后来系统管理科学理论的诞生奠定了基础。

2.2 古典管理理论

古典管理理论的形成时间是在19世纪末20世纪初，主要包括科学管理理论和古典组织管理理论两大部分。科学管理理论是由美国的管理学家弗雷德里克·泰勒首先提出，并在泰勒及其追随者的共同努力下所形成的一个完整的理论体系。而古典组织理论则由法国管理学家亨利·法约尔的组织管理理论和德国管理学家马克斯·韦伯的行政管理理论所组成。下面就这三种有代表性的管理理论分别进行介绍。

2.2.1 泰勒的科学管理理论

1. 泰勒及其对科学管理的贡献

弗雷德里克·温斯罗·泰勒（1856－1915），美国费城人，出生于一个富裕的律师家庭。泰勒小时候就很爱好科学研究和试验，对任何事情都想找到“一种最好的方法”。泰勒18岁进入费城一家小机械厂做工，4年后进入米德维尔钢铁厂当技工，由于工作出色，很快被提升为工长、总技师。泰勒一生做过大量的科学试验，在试验的基础上，他提出了大量有关提高生产效率的原则和方法，这为他以后创建科学管理原理奠定了基础。1901年以后，泰勒开始免费从事管理咨询工作，不断地进行咨询、演讲和撰写文章，推广他的科学管理理论和方法。

泰勒一生工作勤奋，提高生产效率是他毕生的追求目标。他喜欢把工作看成享受，而且认为工作比享乐更有意义。泰勒的著作较多，主要有《工厂管理》、《计件工资》和《科学管理原理》等。其中《科学管理原理》一书被人们视为管理理论产生的里程碑。1906年泰勒担任了声誉很高的美国机械师协会主席，9年后病逝，终年59岁。在他的墓碑上刻着“科学管理之父：弗雷德里克·温斯罗·泰勒”，以此来纪念他对科学管理理论的巨大贡献。

泰勒的科学管理理论对管理界的影响是广泛而又深远的，不愧为管理学发展史上的一座丰碑。科学管理促进了当时工厂管理的普遍改革，使得科学管理方法逐步取代了单凭经验的传统工作方法，大大提高了管理的科学性和有效性。在不断探索的基础上，泰勒的科学管理思想形成了一整套切实可行的管理制度，这对于当时美国企业的发展具有重要的意义。

2. 泰勒的科学管理的内容与方法

泰勒所倡导的以科学为依据的管理理论，其内容和方法主要体现在以下几个方面。

（1）科学管理的中心问题是提高劳动生产率①。泰勒认为当时劳资矛盾的根本原因是效率低下，工人和工厂主对工人一天干多少活心中无数，而提高生产效率的潜力是很大的。正是基于这一认识，泰勒的科学管理研究都是围绕着如何提高工作效率而展开的，并且主要集中在定额研究以及工人与劳动手段的匹配上。

（2）科学挑选工人并制定培训工人的科学方法。泰勒认为为了提高劳动生产效率，必须挑选“第一流”的工人，即找出最适合干这项工作的人。同时还要通过培训和教育来最大限度地挖掘其工作的潜力，这样就可能达到最高的工作效率。

（3）动时研究与标准化。动时研究是泰勒科学管理的基础。管理者通过对工人操作的基本动作要素进行科学的分解、取消或合并，以实现简化工人劳动过程，提高生产效率的目的。此外，泰勒还建立了各种明确的规定、条例、标准，促使工人作业工具的标准化、作业环境的标准化以及日工作量的标准化。

（4）实行激励性的报酬制度。泰勒认为原有的工资制度存在很大的缺陷，不能满足效率最高的原则。他在1895年提出了一种具有很大刺激性的报酬制度——差别工资制。基本做法是按照工作定额，确定两种不同的工资率，如果工人达到或超过定额，以较高的工资率计件支付工资。对完不成定额的工人，则将全部的工作量按照较低的工资率支付，并给予警告，如不改进，就要被解雇。实行差别工资制度，有效地克服了工人磨洋工的现象，使工人在竞争中自发地加强劳动强度，提高劳动生产率。

（5）职能工长制度。泰勒在工厂的基层管理层设立了8种职能工长，如生产工长、质量工长等来代替原来的一个工长，每个工长只承担一种管理职能。这些工长的任务是“负责把科学的工作方法教会给工人，保证工人按科学的方法从事工作，更重要的是监督和敦促工人工作，

① 蔡世馨、史若玲主编：《管理学》，东北财经大学出版社1997年版，第24页。

防止工人偷懒和磨洋工”①。

（6）在管理上实行例外原则。按照泰勒的例外管理原则，企业的高级管理人员应该将一般事务的处理权下授给下级管理人员，而自己保留对例外事项即重要事项的决策权和控制权。管理例外原则可以使高层管理者从日常的管理事务中解脱出来，专心处理组织的重大问题。

3. 泰勒的科学管理的局限性

泰勒的科学管理是管理学历史上的一座丰碑，时至今日，其管理思想仍在发挥着巨大的作用，可以说现代管理学派是科学管理思想的必然延伸。但同时我们也应该认识到与历史上的所有事物一样，泰勒的科学管理理论也存在着一定的局限性。其局限性主要表现在以下几个方面。

（1）泰勒的科学管理主要侧重于对生产作业的管理，因此它的研究范围比较小，内容也比较窄。泰勒对于现代企业的经营战略、市场营销以及财务管理都没有涉及，这显然是该理论的一大缺陷。

（2）泰勒过分强调职能管理的作用，忽视直线部门的功能，这使得部门之间的关系难以协调，近而影响企业总目标的实现。

（3）泰勒将计划与执行的职能分开，把工人仅仅看做是接受监督人员命令的工具。这种忽视计划和执行两者的统一性的管理方法是泰勒制的严重缺陷之一。

（4）泰勒的“经济人”假设将追求经济利益看成工人工作的唯一动机，这种假设显然是不科学的。事实上，工人的需求是多方面的，仅仅采取经济利益上的刺激并不能对工人产生良好的激励效果。

4. 泰勒的追随者对科学管理理论的贡献

科学管理理论体系的建立并非由泰勒一个人完成，事实上泰勒的忠实追随者如卡尔·乔治·巴思、亨利·劳伦斯·甘特、吉尔布雷斯夫妇（弗兰克·吉尔布雷斯和莉莲·吉尔布雷斯）、哈林顿·埃莫森等人都对此做出了巨大的贡献。他们为丰富科学管理的内容、传播科学管理的原理付出了辛勤的努力。提起泰勒的科学管理，我们不能忘记上述管理学家的工作。下面重点介绍一下亨利·劳伦斯·甘特和吉尔布雷斯夫妇。

亨利·劳伦斯·甘特（1861－1919），科学管理的先驱者之一，出生于美国马里兰州一个富裕的农场主家庭。在26岁的时候，甘特作为工程部的助理工程师开始与泰勒在米德维尔钢铁公司一起工作。他既是泰勒的合作者，也是泰勒的追随者，甘特对科学管理的主要贡献在于计划和管理技术方面。他发明了一种生产计划进度表，被称之为“甘特图”。甘特图也叫生产计划进度图或线条图，它是通过对生产日期和产量图示来控制计划和生产的进行。甘特用图表来

① 张玉利主编：《管理学》，南开大学出版社1999年版，第36页。

帮助管理者进行计划和控制的方法，无疑是当时管理思想上的一场革命。此外，甘特的另一贡献是提出了“计件奖励工资制”，即除了按日支付工人有保证的工资外，对超额完成的部分另给奖金；完不成定额的，也可获得原定的日工资。相对于泰勒的“差别计件工资制”，甘特的这种制度使工人感到收入有了保障，劳动积极性也因此提高。

吉尔布雷斯夫妇（Frank &. L. Gilbreth）是科学管理运动的创始人之一，他们在动作研究和工作简化方面做出了杰出的贡献，并闻名于世。为了提高效率，吉尔布雷斯夫妇把工人操作时手的动作分解成 17 个基本动作，他们称之为“动作的基本要素”（Therbligs）。通过对动作的分解，吉尔布雷斯夫妇剔除了不必要的动作，并由此形成新的工作方法。吉尔布雷斯夫妇不仅在动作研究、疲劳研究和制度管理方面取得了出色的研究成果，而且他们对企业中人的因素的重视与研究也为后来的行为科学的兴起产生了重要的影响。

2.2.2　法约尔的组织管理理论

亨利·法约尔（1841－1925）出生于法国一个资产阶级家庭，他是欧洲历史上最杰出的经营管理思想家之一。1860 年，法约尔以优异的成绩毕业于圣艾蒂安国立矿业学院，并以采矿工程师的身份进入科芒特里—富香博公司。此后法约尔一直都在为该公司工作，直到他 77 岁时退休。法约尔在科芒特里公司做了 26 年的工程师，47 岁时他被任命为总经理，其卓越的管理才能才得以显现出来。

法约尔在组织管理方面做出了许多开创性的工作。他侧重于从中高层管理者的角度去剖析具有一般性的管理，1916 年出版的《工业管理与一般管理》一书集中体现了他的管理思想。

法约尔把企业的全部经营活动划分为六大类（见图 2－1）。

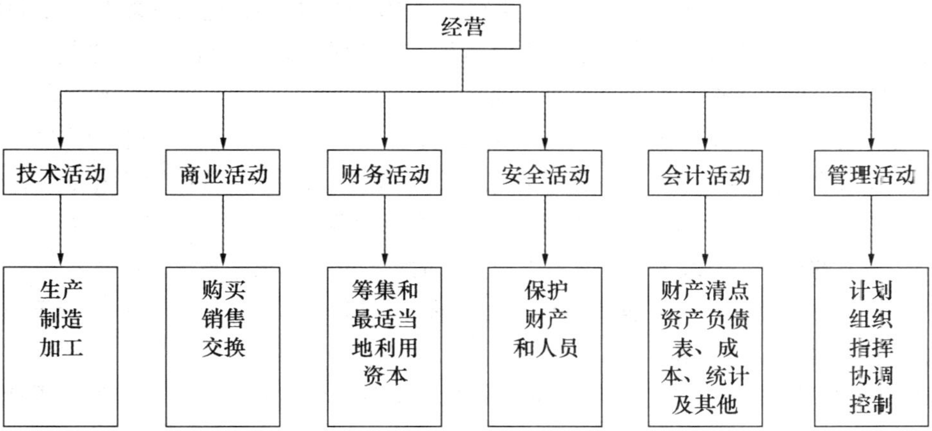

图 2－1　法约尔的企业经营活动示意图

在法约尔的管理实践中，他强调了管理活动的独立性和重要性，这对管理理论的深入研究和管理实践的繁荣起到了重要的促进作用。法约尔认为经营和管理是两个不同的概念，管理活动在企业经营活动的六个方面中居于核心地位。法约尔指出，管理活动包括计划、组织、指挥、协调和控制5种职能。其中计划是管理的首要职能。法约尔第一次对管理的一般职能做了明确的分工，从而使其形成了一个完整的管理过程。他也因此被称为管理过程学派的创始人。

法约尔在他的著作《工业管理与一般管理》一书中首次提出了管理的14条原则。这14条原则是法约尔一生管理实践的结晶，对管理学界产生过巨大的影响。法约尔的14条管理原则具体如下。

（1）劳动分工。法约尔认为劳动专业化必然导致分工，分工是组织运转和发展的前提。通过在技术工作和管理工作中进行专业化分工，可以提高工作效率。

（2）权力与责任。法约尔认为管理者在行使权力的同时，必须承担相应的责任。不能出现有权无责或有责无权的情况。法约尔认为权力可以分为管理者的职位权力和个人权力，管理者应将这两种权力互为补充，并使权力与责任对等。

（3）统一指挥。组织中的任何一位员工只服从一个上级并接受他的指挥。

（4）统一领导。法约尔强调为达成同一目标而从事的组织活动只能在一个领导和一个计划下进行。

（5）个人利益服从整体利益。

（6）集权与分权。法约尔认为集权与分权本身并没有好坏之分，合适的集权与分权比例将决定管理的效果。集权与分权的程度应该由组织的性质、条件、所处的环境以及人员的素质来决定。

（7）等级链与“法约尔跳板”。等级链是组织机构从最高层到最底层管理人员的等级系列。它是自上而下和自下而上确保信息传递的必经途径。为了保证命令的统一，下级的请示要逐级进行，上级的指令也要逐层下达。但是在实践中，往往由于组织规模的扩大、管理层次的增加而使信息的传递延误。为了解决这一问题，法约尔设计了一种“跳板”，即同级之间在一定条件下可以通过协商解决问题，只有在双方不能达成协议时才由高一层级的管理者做出决定。

（8）秩序。法约尔认为秩序是一种对应关系，即一个职务需要一个合格的人员，一个人员也需要一个合适的职务；有地方放置每一件东西，而每件东西都放在该放置的地方。

（9）公平。法约尔认为公平包括人与人之间的“亲切、友好和公正”，在对待下属上，管理者必须做到“善意与公道结合”。

（10）人员稳定。法约尔认为人员尤其是管理人员的经常变动，对企业不利。因此，保持人员稳定是管理部门的工作内容之一。

（11）首创精神。法约尔认为不断创造和更新是组织前进的动力，领导者不仅本人要有首创精神，还要激发下属的首创精神。

（12）集体精神。法约尔强调组织要有凝聚力，在组织内部要形成团结、和谐和合作的气氛。

（13）报酬合理。法约尔认为公平的报酬、恰当的奖励薪酬制度是管理的基本准则。

（14）纪律。法约尔认为全体员工必须服从和遵守组织运作中的各种规则。

除了提出著名的管理 14 项原则而外，法约尔还认为管理能力可以通过教育获得。他大力提倡在高校中讲授管理学，这也体现了他将管理学视为一门科学的思想。

法约尔关于管理的职能、管理的原则以及组织管理方面的研究，弥补了泰勒科学管理思想过于强调生产效率的不足，表明了他对现代管理问题的非凡见解。

2.2.3　韦伯的行政组织理论

马克斯·韦伯（1864－1920），德国人，出生于爱尔福特的一个富裕家庭。韦伯于 1882 年进入海德堡大学学习法律，以后又就读于柏林大学和哥丁根大学。他曾于 1883 年至 1888 年间参加过四次军事训练，因而对德国的军事生活和组织制度有相当深的了解，这对他日后建立行政组织理论有很大的影响。韦伯曾经先后从事过教师、政府顾问、编辑、作家等多种职业，他对社会学、经济学、历史、宗教等许多问题都有自己的观点和独到的见解。

韦伯对管理理论的主要贡献是提出了理想的行政组织体系理论（见图 2－2），这一理论集中反映在他的代表作《社会组织理论与经济组织理论》一书中。所谓理想的行政组织体系理论，原意是通过职务和职位，而不是通过个人或世袭地位来从事管理。至于所谓“理想的”不是指最合乎需要，而是指现代社会最有效和合理的组织形式。

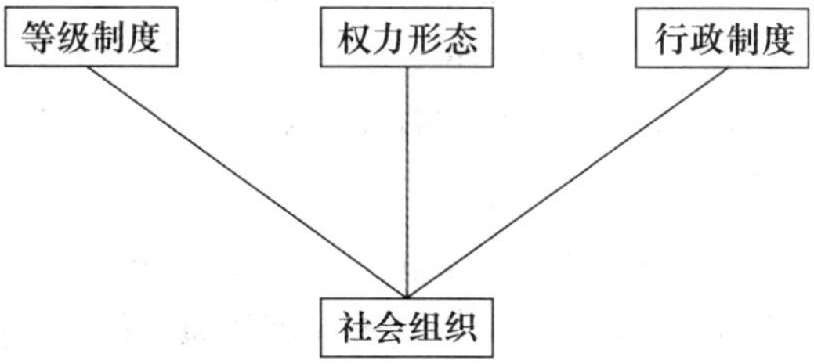

图 2－2　“理想的”行政组织体系

韦伯的“理想的行政组织体系”理论主要有以下特点。

（1）任何组织机构都应该有确定的目标，人员的一切活动，都必须遵守一定的程序，其目的是为了实现组织目标。

（2）为了实现组织的目标，必须实行劳动分工。

（3）按照等级制度对各种公职或职位进行法定安排，形成一个自上而下的指挥链或等级体系。

（4）人员实行委任制。除个别需要通过选举产生的公职外，所有的管理人员都是任命的。

（5）人员的任用要完全根据职务的要求，要通过正式的考试来选拔员工。

（6）管理人员是“职业的”管理人员，有固定的薪金和明文规定的升迁制度。

（7）管理人员的行为靠规则和纪律来约束，组织中的人员关系完全以理性的原则为指导。

韦伯认为理想的行政组织体系最符合理性的原则，其在精确性、稳定性、纪律性和可靠性方面优于其他组织形式。所以，行政集权组织理论能够适用于各种管理工作和各种大型组织，如教会、军队、政党和其他团体等。韦伯的许多关于经济组织和社会组织方面的独特思想，对后来组织理论的研究和发展产生了重要的影响。

2.2.4 古典管理理论的系统化

人们在研究古典管理理论学派各种管理思想的时候，发现它们有许多相同和相似之处。以厄威克和古克利为代表的学者对古典管理理论进行了较为全面的总结，并且在总结过程中也加进了自己的管理思想，创造出了一些新的体系。

1. 厄威克和古克利古典管理理论系统化的贡献

厄威克（1891－1983）英国人，著名的管理史学家、顾问和教育家，是公认的管理学权威。他于1933年发表的《明日的管理》中首先提出了所谓“组织的纯理论”这一概念。在1938年发表的《组织的科学原则》一书中，又将这一概念概括为可以应用于所有组织的八条原则。这八条原则如下。

（1）目标原则。所有的组织都应该规定明确的目标。

（2）责权相符原则。权力和责任必须相符，拥有一定的权力必须承担相应的责任。

（3）职责原则。上级对直接下级工作的责任是绝对的。

（4）组织层级原则。

（5）管理幅度原则。一个管理者的直接下属不应超过5～6人。

（6）专业化原则，即要求组织中每一个人均应尽可能地行使单一的职能。

（7）协调原则，即在工作中使下属人员发生横向联系，在一个共同领导的名义下行事。

（8）职务明确原则，对于每一项职务都要有明确的规定。

除了提出上述管理原则外，厄威克还对组织设计问题有深入的研究。当然，厄威克的最大贡献还是在于他对古典的管理理论进行了综合。他把泰勒的科学管理和科学分析方法作为指导一切管理的基本原则，将法约尔的14项管理原则放在管理职能之下，并将法约尔提出的计划、组织和控制三个管理要素作为管理过程的三个主要职能。厄威克的管理著作很多，代表作是《管理备要》、《管理的要素》和《行政管理原理》。

古克利（1892－1993），美国管理学家。古克利把关于管理职能的理论系统化，提出了著名的“管理7职能论”，正是通过对这7种职能的分析，古克利实现了古典管理理论的系统化。

古克利提出的管理7种职能包括：计划、组织、人事、指挥、协调、报告和预算。他的7职能论代表了古典管理理论的职能理论研究的范畴。此外，古克利还根据古典的管理理论提出了10项管理原则。

2. 古典管理理论的基本原则

通过厄威克和古克利对古典管理原则所进行的归纳，我们可以看出古典管理理论在管理原则上的一些基本观点。

（1）劳动分工与工作部门化原则。古典管理理论认为，分工是组织运转和发展的前提，无论是泰勒及其追随者还是法约尔等人，都强调劳动分工和工作部门化在管理实践中的重要作用。

（2）职权相符原则。管理者在行使权力的同时，必须承担相应的责任，不能出现有权无责或有责无权的情况。在各级管理人员中，责任和权力必须是相称和明确的。

（3）统一指挥与领导原则。组织中的任何一位员工只服从一个上级并接受他的指挥，为达到同一目标而从事的组织活动只能在一个领导和一个计划下进行。

（4）为组织机构配备合适的人员。

（5）授权原则。授权不仅可以使管理人员从日常事务中解脱出来，而且还有助于调动下属的工作积极性，增强其工作责任感。因此，授权是高级管理人员进行有效工作的最重要条件。

（6）管理幅度原则。管理幅度容易受到工作性质、管理者自身能力、下属的成熟程度等诸多因素的影响，因此，一个管理人员直属的下级人员数量是有一定限度的。古典管理理论认为，每一个上级领导人所管辖的相互之间有工作联系的下属不应超过5~6人。

（7）参谋人员的使用原则。参谋人员的存在对于许多组织来说是必要的，他们可以弥补直线人员在管理上专业技能知识的不足。但是，参谋权力的存在往往会增加管理的复杂性，如容易出现直线人员与参谋人员的矛盾问题等。这就要求企业正确处理直线与参谋的关系，充分发挥参谋人员的合理作用。

2.3　行为科学理论

行为科学是研究人的行为的一门综合学科，它研究的对象是人的行为产生的原因和影响行为的因素。行为科学产生于20世纪20~30年代，正式命名于1949年在美国芝加哥大学召开的一次跨学科的科学会议上。1956年，随着《社会行为科学月刊》的问世，“行为科学”被正式作为社会科学的大家族中的一门独立的学科。

行为科学是由人际关系学说发展起来的，它和工业心理学有着密切的联系。其内容涉及心理学、社会学、社会人类学等多门学科，现代的管理心理学和组织行为学是行为科学的主要组成部分。

2.3.1 人际关系学说

人际关系理论是建立在霍桑试验的基础之上的，因此，在讲述人际关系学说之前，有必要对霍桑试验做一下简单的介绍。

1. 霍桑试验

霍桑试验开始于1924年，历时8年，直到1932年才结束。它是在美国芝加哥的西方电器公司下属的霍桑工厂进行的。之所以选择在该工厂进行试验，是因为当时在该厂出现了许多令管理人员感兴趣的现象：这个工厂有比较完善的娱乐设施、医疗制度和养老金制度，良好的工作环境和物质条件本应使该厂有较高的生产效率，但事实上工人并没有良好的精神状态，工作成绩也不佳。为探明原因，1924年美国科学院组织了一个包括各方面专家在内的研究小组，对该厂的工作条件和生产效率的关系进行了全面的考察和多种实验。

霍桑试验主要采取“控制组”和“实验组”对比的方法，是一项以科学管理的逻辑为基础的试验。霍桑试验前后共进行了两个回合，四个阶段。其中第一个回合是从1924年11月至1927年5月，在美国科学委员会赞助下进行的。第二个回合是从1927年至1932年，是在哈佛大学爱尔顿·梅奥的主持下进行的。

霍桑试验的第一个阶段是“照明试验”，其目的是为了弄清楚照明强度对生产效率所产生的影响。试验是在被挑选的12名绕线女工中间进行，这些女工被分成两个组，每组6人，分别在两个房间里工作。其中一组叫做“控制组”，其照明条件始终保持不变；另一组为“实验组”照明条件可以变化。两个组的工作性质是一样的，都是一些高度重复而又单调的工作。开始时，两个组的照明条件一样，在实验过程中，实验组不断降低照明强度，并一直减弱到近似月光的程度。两个组的工作条件的差距产生了，但试验结果却表明，两个组的产量均大大增加了，而且增加量几乎相同。这说明照明情况与生产效率之间并不存在着正相关的关系。后来试验者们又尝试通过改变工资报酬、工间休息、每日工作长度、每周工作天数等因素来研究它们对生产效率的影响。但实验结果也看不出这些因素与生产效率的直接关系。至此，试验似乎是失败了，许多人都想退出试验。

霍桑试验的转机发生在1927年哈佛大学教授爱尔顿·梅奥应邀主持之后，在他的领导下，霍桑试验进入了第二个阶段。

梅奥等人首先挑选了一些继电器装配工人，让他们脱离工头而独立工作，进一步试验改变工资支付方式和改善工作条件对生产效率的影响。在试验过程中，生产量一直保持上升趋势。后来梅奥等人突然取消试验措施回到试验前的工作条件，他们以为这种剧烈的改变会给工人带来一种极大的消极心理影响而降低产量，结果却并非如此，事实上生产不仅没有下降反而继续上升。梅奥等人经过深入的研究发现，产量上升源于职工积极性的提高。这是因为工人由原来的工头监督改为由研究人员领导，他们受到了研究人员的重视和各方面的广泛注意，在研究人员和工人之间形成了一种融洽的人际关系，使实验组成员的精神方面产生了巨大的变化。这说明，在调动职工积极性的方面，人际关系比经济刺激更为有效。

在此之后，梅奥等人又相继进行了大规模访谈计划——“访谈试验”和继电器线组的工作组试验——“群体实验”。这些试验进一步表明了人与人之间社会关系的重要性，同时也证实了企业中“非正式组织”的存在。这些试验结果为人际关系理论的产生奠定了坚实的基础。

2. 人际关系学说

在霍桑试验后，梅奥等人对试验结果进行了总结，并陆续出版了《工业文明中的人类问题》、《工业文明中的社会问题》、《管理与士气》等管理著作，形成了人际关系学说，其主要观点包括以下几个方面。

（1）员工是“社会人”，而非“经济人”。科学管理理论认为人是“经济人”，刺激员工积极性的唯一动力是金钱。但是，霍桑试验则证明人是“社会人”，影响人的劳动积极性的因素除了物质利益而外，还有社会心理方面的诸多因素。员工并不单纯追求经济收入，他们还有社会方面和心理方面的需要，即追求人与人之间的友情、安全感、受人尊重和归属感的需要。因此，管理者必须从社会和心理方面尽力满足人的需要，才有可能提高生产效率。

（2）企业中存在着“非正式组织”。“非正式组织”是指人们在组织内共同工作的过程中，由于情感交流和兴趣爱好相投等原因而形成的一种非正式团体。这种组织在企业的组织结构图中是找不到的，但是却是实实在在存在的。非正式组织的作用是“不仅能有效地保护组织成员免受组织内部成员的疏忽所造成的损失，如产量的过多和过少，而且还能有效地保护组织成员免受外部管理者的干涉所造成的损失，如降低工资或提高产量标准等”。

梅奥等人认为，非正式组织与正式组织相互依存，它可以通过影响工人的工作态度来影响企业的生产效率和目标的达成。管理人员应正视非正式组织的存在并采取恰当的措施，引导非正式组织为正式组织的活动和目标服务。

（3）新型的领导能力在于提高职工的满足程度。梅奥等人从“社会人”和“非正式组织”的观点出发，认为企业的管理者不能再把员工当成机器的附属品而采取“胡萝卜加大棒”的管理方式，而应该了解他们的真实意愿，进而提高他们的工作积极性。人际关系学说认为，生产效率的高低主要取决于工人的士气，而工人的士气则取决于他们的各种需求的满足程度。因此，新型的管理人员应该认真分析员工的需求，通过各种有效的策略来尽量满足员工的这些需求，以便充分激励员工进而达到提高劳动生产率的目的。

人际关系学说运用多学科的理论真正开始了对“人的行为”的研究，它开创了管理理论的又一个崭新的领域，为行为科学理论的发展奠定了基础。

2.3.2 行为科学理论

20世纪40年代以后，随着人际关系理论的产生，行为科学理论逐渐兴起。这一理论学派众多，各个流派的侧重点主要集中在以下三个领域：对个体行为的研究、对群体行为的研究和对组织行为的研究。下面就分别就这几个方面进行论述。

1. 关于个体行为的研究

研究人的基本行为规律是行为科学理论的基础，因为人是组成组织的最基本的单位，也是组织活动的具体制定者和执行者。对个体行为的研究主要关注人的需要、动机和激励等要素。众多管理学家通过对个体行为的研究，取得了一系列具有代表性的研究成果。这其中以马斯洛的需求层次理论和赫茨伯格的双因素理论最为著名。

（1）马斯洛的需求层次理论。马斯洛是美国心理学专家，他曾在威斯康星大学获得过心理学博士学位，此后长期在高校任教。1943年马斯洛发表了代表作《人类动机的理论》，在该书中他提出了著名的“需求层次理论”。这一理论的主要内容有以下两点。

第一，人有多种需求，这些需求是相互作用的，而且以层次的形式出现，共分为5个层次。

- 生理需求。生理需求是需求层次的基础，包括衣、食、住、行，以及与人的生命延续有关的各种物质条件。这些都是人最基本的需求，也是推动力最强大的需求。
- 安全需求。安全需求是有关免除危险和威胁的各种需求，包括人身安全、就业保障、工作和生活环境安全、经济上的保障等。
- 社交需求。社交需求也叫感情和归属上的需求，主要包括拥有良好的人际关系，能够给予和获得友爱，自己有所归属（成为某个集体公认的成员）等。这类需求比上述两类需求更加复杂，但对大多数人来说也是一种很强烈的需求。
- 尊重需求。主要包括自信心、自尊心、能力、知识、成就和名誉地位的需求等，如果这种需求得不到满足，就会让人产生自卑感，从而失去自信心。
- 自我实现需求。马斯洛认为这是最高层次的需求，是一种希望“达到最高境界”的欲望。自我实现的需求是一种要求发挥自身潜力实现理想和抱负并获得成就的需求。

第二，人的需求是由低级向高级逐渐发展的。只有在某一层次的需求得到相对满足之后，较高一层次的需求才能成为驱动行为的主要动力。一种需求如果已经得到满足，原来的需求就不再是激励因素。

（2）赫茨伯格的双因素理论。20世纪50年代后期，美国著名的心理学家赫茨伯格和同事们对匹兹堡地区的200多位工程师和会计人员进行了访问调查，请他们列举出在工作中有哪些使他们愉快和不愉快的项目。调查结果表明受访人员满意的因素通常是由工作本身而产生的，而不满意的因素大多与他们的工作环境有关。根据以上的调查研究，赫茨伯格在 1966 年出版的《工作和人的性质》一书中首次提出了“激励因素—保健因素”理论，这一理论也被称为双因素理论，其主要的观点如下。

第一，激励因素与工作内容本身联系在一起，包括工作的成就感、工作成绩得到认可和赞赏、工作本身的挑战、责任感、上进心等。这类因素的改善能够激励员工的工作热情，促使其工作能力不断提高。保健因素则同工作环境或条件相联系，包括金钱、监督、地位、个人生活、安全、政策和人际关系等。这些因素的改善只能消除员工的不满，维持原有的工作效率，但不能对员工产生激励作用。

第二，激励因素和保健因素彼此独立，并以不同的方式影响着人们的行为。当人们缺乏保健因素时，会产生很大的不满足感，但有了它们也不会对人产生多大的激励作用；相反，当具备激励因素时，对人们能产生巨大的激励作用，使人们产生巨大的满足感，而缺乏它们时也不会产生太大的不满足感。

除了马斯洛和赫茨伯格之外，美国心理学家弗鲁姆、哈佛大学教授麦克利兰、美国心理学家斯金纳、社会学家麦格雷格等人也对个体行为理论有着深入的研究。

2. 对群体行为的研究

群体行为理论的代表人物是美籍德国心理学家库尔特·卢因，他曾任德国柏林大学心理学教授，因躲避纳粹对犹太人的迫害，20 世纪 30 年代移民到了美国。卢因先后在美国依阿华大学、麻省理工学院和密执安大学从事群体行为理论的研究。卢因首次应用“群体力学”一词对团体中人与人的相互关系和影响所形成的结构进行了描述。他是在社会心理学方面对群体的研究带来革命性变化的人。卢因的群体动力学思想主要体现在以下几个方面。

（1）群体不是静止不动的，而是处于一种相互作用、相互适应的“相对静止”的环境中。团体行为正是受到这种错综复杂、相互影响的力的影响而产生的。

（2）非正式组织（群体）与正式组织一样，都是由活动、相互影响和情绪这三个要素组成。这些活动密切相关，它们相互影响、相互作用并且共同地接受投入和共同对外提供产出。

（3）群体的目标、内聚力、规范、结构和规模等因素不仅对正式组织是必需的，而且对非正式组织也是不可忽视的。

（4）领导方式有专制、民主和自由放任三种，其中民主的领导方式是最有效的群体领导方式。

（5）群体中存在着群体压力，这种压力的存在容易使群体成员产生从众心理。

3. 关于组织行为的研究

组织行为是行为科学所研究的最高层次的行为，其核心问题是如何领导。西方管理学家对于组织行为有着比较深入的研究，这其中最有代表性的理论是美国行为科学家亨利的领导品质理论、坦南鲍姆和施密特的连续统一体理论、加拿大学者明茨伯格的经理角色理论以及美国管理学家威廉·大内的Z理论。由于本书后面章节有专门的论述，这里就不再介绍。

2.4 现代管理理论

现代管理理论是指从第二次世界大战以来一直到20世纪80年代初这个历史阶段所形成的西方管理理论。在西方古典管理理论和行为科学理论出现以后，特别是第二次世界大战以后，由于社会生产力和科学技术的迅速发展以及市场竞争环境的改变，导致了许多新的管理理论的出现，从而形成了众多的学派。这些理论相互影响、相互作用、相互渗透，形成了盘根错节、竞相繁荣的局面。下面就对其中有代表性的6种学派重点予以介绍。

2.4.1 社会系统学派

社会系统学派是以组织理论为研究的重点，从社会学的角度来研究管理问题。这一学派创始人是美国的管理学家切斯特·巴纳德，其经典著作是1938年出版的《经理的职能》一书。

1. 社会系统学派的代表人物

巴纳德（1886－1961），出生于美国的马萨诸塞州，哈佛大学经济学专业毕业。巴纳德长期在企业从事管理工作，他于1909年进入美国电话电报公司（AT&T）统计部工作，专门研究欧洲的一些国家中电话电报的收费问题，很快就成为这方面的专家。1915年巴纳德被提升为公司的商业工程师，1922年担任公司所属的宾夕法尼亚贝尔电话公司的副总经理助理，1926年担任这个公司的总经理。1927年后，巴纳德长期担任规模庞大的新泽西州贝尔电话公司总经理。

在巴纳德的职业生涯中，前10年他主要担任参谋人员职务，以后长期担任直线人员的领导职务，这种丰富的经历对他以后创立社会系统学理论提供了巨大的帮助。

巴纳德把组织看做是一个社会协作系统，他认为这个系统的存在取决于以下三个条件：第一，协作效果，即组织的目标能否顺利实现；第二，协作效率，即在实现目标的过程中，协作的成员损失最小而心理满足较高；第三，组织目标应和环境相适应。同时，巴纳德还指出，在一个正式组织中要建立这种协作关系，必须满足以下三个条件：共同的目标、组织中每一个成员都有协作的愿望以及组织内部能够彼此沟通的信息系统。

2. 社会系统学派理论的主要观点

概括起来，社会系统学派的理论观点主要有以下几个方面。

（1）社会系统学派认为，管理人员所拥有的职能以及如何行使这些职能是由组织的本质、特性和过程决定的。

（2）社会系统理论把决策而不是作业作为主要的研究对象。社会系统理论着重研究的是组织决策过程，这与科学管理的侧重点有着很大的不同。

（3）社会系统理论属于描述性的管理理论。即通过对组织的本质（组织中人的行为）的描述来研究管理学的问题。

2.4.2　经验主义学派

经验主义学派又称案例学派、经理主义学派，这一学派以向西方大企业的经理提供企业的成功经验和科学方法为目标。其代表人物是美国管理学家彼得·德鲁克、欧内斯特·戴尔、艾尔弗雷德·斯隆和亨利·福特。经验主义学派认为，管理学就是研究管理的经验，通过研究管理中的成功和失败，就能了解到管理中存在的问题，从而学会进行有效的管理。

1. 经验主义学派的主要代表人物

（1）彼得·德鲁克。德鲁克是当代最著名的经验主义管理学家，他 1909 年出生于奥地利首都维也纳，1931 年获得法学博士学位。为了逃避纳粹德国的迫害，他于 1937 年移民到了美国，并且成了美国公民。德鲁克曾经担任过美国通用汽车公司、克莱斯勒汽车公司、IBM 公司等大企业及一些外国公司的顾问，并于 1945 年成立德鲁克管理咨询公司。

德鲁克于 1942 ~ 1949 年间担任本宁顿学院政治和哲学教授，1950 ~ 1972 年期间从教于纽约大学工商管理研究生院，1972 年后成为纽约大学的高级教授。

德鲁克的著作很多，被誉为当代最高产的管理学家。德鲁克一生共著书 39 本，在《哈佛商业评论》发表文章 30 余篇，被誉为“现代管理学之父”。他文风清晰练达，对许多问题提出了自己的精辟见解。杰克·韦尔奇、比尔·盖茨等人都深受其思想的影响。德鲁克一生笔耕不辍，年逾九旬还创作了《德鲁克日志》，无怪乎《纽约时报》赞誉他为“当代最具启发性的思想家”。2005 年 11 月 11 日，德鲁克在加州家中逝世，享年 95 岁。

他的主要著作有：《公司的概念》（1946）、《管理实践》（1954）、《效果管理》（1964）、《有效的管理者》（1966）、《管理——任务、责任、实践》（1974）、《创新与企业家精神》（1980）、《管理未来》（1992）、《21 世纪的管理挑战》以及《卓有成效管理者的实践》（2006）等。

（2）欧内斯特·戴尔。戴尔也是美国管理学家，曾担任美国和一些国际性的大公司的董事和顾问，是欧内斯特·戴尔协会的主席。他的主要著作有《公司组织结构的计划和发展》、《伟大的组织》以及《企业管理的理论与实践》等。

2. 经验主义学派的主要观点

以德鲁克为代表的经验主义学派认为，“归根到底，管理是一种实践，其本质不在于‘知’而在于‘行’，其验证不在于逻辑而在于成果；其唯一权威就是成就。”因此，管理理论“自实践产生而又以实践为归宿”①。经验主义学派主张以经验分析来研究管理学的问题。归纳起来，经验主义学派的主要观点有以下三点。

（1）管理是管理人员的技巧，是一个特殊的、独立的活动和知识领域。

（2）提倡实行目标管理。该管理方法把以作业为中心的管理理论和方法同以人为中心的管理理论和方法综合起来，使个人在完成分目标的同时也保证了组织总体目标的完成。

（3）管理的任务在于取得经济成果、满足工作人员的成就感并能够妥善处理企业对社会的影响以及企业承担对社会的责任问题。

2.4.3 系统管理学派

系统管理学派是运用系统科学的理论、范畴及一般原理，全面分析组织管理活动的理论。其代表人物主要有理查德·约翰逊、弗里蒙特·卡斯特、詹姆斯·格黑尔·米勒和梅·萨洛维奇等。

系统管理学派的主要理论要点是：第一，组织是一个由相互联系的若干要素组成的人造系统；其次，组织是一个由环境所影响，并反过来影响环境的开放系统。组织不仅本身是一个系统，同时又是一个社会系统的分系统，它在与环境的相互影响中取得动态的平衡。组织同时要从外界接受能源、信息、物料等各种投入，经过转换，再向外输出产品②。

系统管理学派的理论基础是系统科学，他们认为，要进行成功有效的管理，就应该对企业系统的基本问题进行系统的分析，以便找出关键所在。

系统管理学派的研究内容和成果在很大程度上是符合社会化大生产的发展规律的，尤其是在当今新技术革命和产业革命的条件下更具有现实的意义。

2.4.4 决策理论学派

决策理论学派是以社会系统理论为基础，吸收了行为科学和系统论的观点，运用现代计算机技术和运筹学的方法而发展起来的，是当代西方影响较大的管理学派之一。

决策管理学派的代表人物是著名的诺贝尔经济学奖获得者美国管理学家赫伯特·西蒙和美国斯坦福大学的管理学教授詹姆斯·马奇。决策理论学派的经典著作主要有：《管理行为》（西蒙，1945）；《公共管理》（西蒙和史密斯伯格，1950）；《人的模型》（西蒙，1950）；《组织》（西蒙和马奇，1958）；《管理决策的新科学》（西蒙，1960）；《公司行为的一种理论》（马奇和赛尔特，1963）。

西蒙认为，决策程序就是全部的管理过程，管理就是决策。决策过程从确定的目标开始，然后找出为达到该项目标可供选择的各种方案，经过比较做出优选决定。在优选过程中要认真

---

① 郭咸纲著：《西方管理学史》，中国经济出版社2003年版，第365页。

② 郭咸纲著：《西方管理学史》，中国经济出版社2003年版，第309页。

执行控制，以保证既定目标的实现。

决策管理学派提出，以“令人满意的原则”代替传统决策理论的“最优化原则”，这无疑是一种较为切实可行的理论。西蒙等人认为，不论从个人生活经验中，还是从各类组织的决策实践中，寻找可供选择的方案都是有一定限制条件的，因此要找到最佳的方案是不现实的。

西蒙等人认为，决策包括一系列的过程，而不是仅仅从一组备选方案中选择一个的过程。决策的过程包括收集情报、拟订计划、选定计划和对方案进行评价这四个阶段。同时，上述四个阶段中的每一个阶段本身也是一个复杂的决策过程。

2.4.5　管理科学学派

管理科学学派，又称数量科学管理学派、数量学派，是对泰勒的科学管理理论的继续和发展。管理科学学派正式作为一个管理学派是在第二次世界大战之后产生，并在20世纪70年代后随着运筹学的日趋成熟而在工商界得到广泛的应用的。

管理科学学派的代表人物是英国的兰彻斯特和希尔，以及美国哈佛大学工商管理学院的教授埃尔伍德·斯潘赛·伯发。科学管理学派的经典著作主要有《现代生产管理》、《生产管理分析》和《运筹学》等。

管理科学学派的特点是利用有关的数学工具，为企业寻找一个有效的数量解，着重于用数学模型来解决管理的问题。

科学管理学派的管理方法可用图2－3表示。

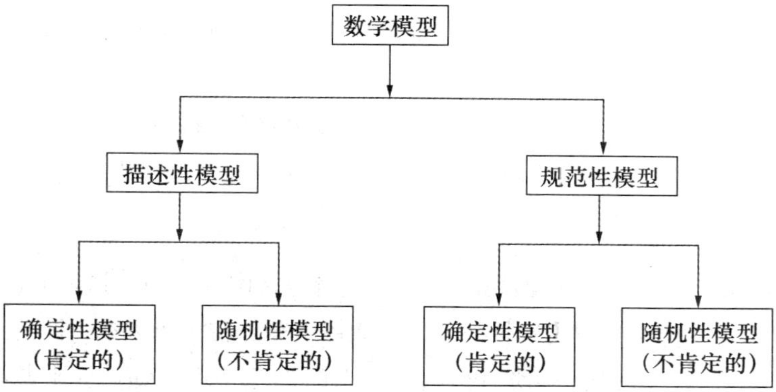

图2－3　科学管理学派的模型法

管理科学理论强调用先进的技术成果和科学研究成果对管理学进行研究，为现代管理决策提供了科学的方法。它使管理理论研究从定性研究向定量研究前进了一大步，具有很大的意义。但是我们同时也应该看到，管理活动非常复杂，许多管理活动都很难正确量化，因此，完全采用科学管理的定量分析方法去解决所有的管理问题是不可能也不现实的。

2.4.6 权变理论学派

权变理论产生于20世纪60年代末70年代初，它是在美国经验主义学派的基础上进一步发展起来的，其核心是组织管理要根据组织所处的环境和内部条件的变化而权宜变化。权变理论认为，没有什么一成不变、普遍适用、“最好”的管理理论和方法。权变管理就是“依托环境因素和管理思想及管理技术因素之间的变数关系来确定的一种最有效的管理方式”（郭咸纲，2003）。通过本小节对权变管理学派的主要代表人物及主要著作的介绍，将有助于我们对该学派有一个比较全面的认识。

1. 伯恩斯和斯托克

伯恩斯和斯托克是最早运用权变思想来研究管理问题的学者。他们通过对生产电子设备、机械产品和人造丝等不同产品的20个企业进行的调查与研究，得出了“企业根据目标、任务、工艺以及外部环境等活动条件的不同，可以分为稳定型和变化型两大基本类型”的结论。“稳定型”的企业，适宜采用“机械式”的组织形式，而“变化型”的企业则采用“有机式”的组织模式较为合适。其中，机械式的组织模式的特征是：有一种严格规定的组织结构；有明确的任务、方法、责任和与各个职能相一致的权利；管理系统内部相互作用是上、下级垂直的命令等。变化型的组织模式的特征则是：有相当灵活的结构，可以不断调整每个人的任务；系统内部的关系不是等级控制，而是网络型的；在组织活动中，技能与经验处于领先地位，等等。

伯恩斯和斯托克认为，以上两种模式可以同时共存，它们在不同的条件下都有效率。他们反对将机械式看成陈旧的模式，也不认为有机式就是进步和现代的模式。这两种模式的采用主要取决于企业所处的内外部经营环境。

伯恩斯和斯托克的主要著作有1961年出版的《革新的管理》和1967年发表的《机械式和有机式的系统》。在上述著作里，他们系统地论述了有关权变管理的思想。

2. 钱德勒

1962年，美国战略管理专家钱德勒出版了《战略与结构》一书，强调了在不同条件下应有多种组织方案的论点。他通过对美国杜邦公司、通用汽车、新泽西标准石油公司等近70余家大型企业组织结构的变化机理进行调研后指出，组织的管理结构是随着企业战略的变化而变化的，而企业战略本身又是随着市场、金融、科学技术以及其他条件的变化而变化的。因而钱德勒认为，组织管理的结构是一种动态的、变化的系统。

3. 劳伦斯和洛希

劳伦斯和洛希被称为现代权变学说的创始者。1967年，他们出版了合著的《组织和环境》一书，论述了外部环境和组织结构之间的依存关系。他们的观点是，组织结构最主要的特点是

“分散化”和“整体化”。分散化就是把组织系统划分为各种分系统，每个分系统根据与它相适应的外部环境提出要求，发展其特有的性质。与此相适应，整体化是指努力使各个分系统在完成组织任务时达到统一的过程。

劳伦斯和洛希认为普遍的“万能主义”理论与方法是不存在的，组织应该按照不同的形势、不同的类型、不同的目标和价值而采取不同的管理方法。

4. 卢桑斯

卢桑斯是美国内不拉斯加大学的教授，权变学派的主要代表人物之一。他在1976年出版的《管理论：一种权变学说》一书中，比较详尽、系统地介绍了权变管理理论，提出了用权变理论可以统一各种管理理论的观点。卢桑斯把过去的管理理论划分为管理过程理论、行为科学理论、计量管理理论和系统管理理论。他认为，这几种学说都没有把管理与环境妥善地联系起来；同时，尽管这些学说的代表人物都强调他们的理论具有普遍的适用性，但实际上，上述任何一种管理学说中特有的管理观念和技术都不能使管理有效地进行。卢桑斯强调，权变管理理论主要是把环境对管理的作用具体化，并使管理理论与管理实践密切地联系起来。

卢桑斯认为，权变关系是两个或两个以上变量之间的函数关系。权变管理就是考虑到有关环境的变量同相应的管理观念和技术之间的关系，使采用的管理观念和技术能有效地达到目标。卢桑斯把权变关系表述为一种“如果——那么”的函数关系，“如果”是自变量，“那么”是因变量。在一般情况下，环境是自变量，而管理观念和技术是因变量。这种关系表明，如果存在某种环境条件，对所要达到的目标而言，某种管理观念和技术将比其他的更有效。

5. 菲德勒

菲德勒是当代美国著名的心理学家和管理学家，他早年就读于芝加哥大学，获得博士学位。菲德勒从1951年起进行了长达15年的调查，并在调查研究的基础上提出了“有效领导的权变模式”。他认为，没有什么固定的、最优的领导模式，关键在于领导者必须与环境相适应。

菲德勒假设了两种主要的领导方式类型：一种是工作任务导向型，即领导者倾向于追求工作任务的完成，并从工作成就中获得满足；另一种是人际关系型，即领导者追求良好的人际关系，并从中获得尊重和地位上的满足。领导方式的选择不仅取决于领导者的个性，更应取决于所面临的组织环境。领导方式与组织环境的关系如表2-1所示。

表2-1　领导方式与组织环境的相关情况

组织环境类型	非常有利			中间状态			非常不利	
上下级关系	好	好	好	好	差	差	差	差
工作结构	高	高	低	低	高	高	低	低
职位权力	强	弱	强	弱	强	弱	强	弱
有效领导方式	任务导向型			人际关系导向型			任务导向型	

菲德勒的主要著作有1965年发表的《让工作适合管理者》和1974年出版的《领导方式与有效的管理》，在上述著作中菲德勒全面阐述了他的权变领导理论。

2.5 管理发展的新趋势

由于科学技术的巨大进步，尤其是信息技术的迅猛发展以及全球经济一体化的深刻影响，自20世纪80年代以来，管理活动已发生了重大的变化。这些变化主要体现在以下7个方面①。

2.5.1 从管理科学到管理艺术

第二次世界大战以后20多年里，管理科学的观点占了上风。这个观点在两个方面促进了管理理论实践的发展。人们以科学的眼光去看待它、研究它，寻找管理理论的内涵，透过管理活动的表象，透过管理活动中各种因素之间错综复杂的关系，揭示管理活动的一般原则和规律。不论是决策理论、盈亏平衡分析、关键路径等运筹方法的应用，还是系统论、控制论、信息论的引入，或是耗散结构理论、协同理论、突变理论在管理研究中的导入，无不说明这一点。然而，不管管理科学如何发展，在不断复杂多变的环境面前，管理科学理论仍旧留下大量的空白。成功的管理实践活动，还需要管理者依据管理的基本原理去创造和发挥。因此，管理活动还是一种在适当的时间对适当的对象运用适当的方法和原则的艺术。将管理科学理论与管理实践艺术有效结合，越来越成为时代潮流。人们抱着浓厚的兴趣在这些管理大师的自传中去寻找管理艺术的真谛。

2.5.2 从硬管理到软管理

19世纪末20世纪初，管理科学化的出现，就是起源于企业规模的扩大和活动内容的复杂、参与要素的增加，仅靠传统的经验再也无法管理好复杂的企业活动。于是，人们开始认识到，必须在总结管理经验的基础上，提炼出科学的原则和方法，制定出严密的生产经营计划，设计合理的组织机构与结构，建立严格的符合组织活动要求的规章和制度。在很长一段时间内，经营成功的组织都是计划严密、结构合理、规章细致的。管理方法特别是数量方法的发展，也促进了人们对计划、组织、规章等后来被人们称为“硬件”的重视。

在管理环境日益复杂化的今天，特别是伴随着知识经济时代的到来，组织中人的因素越来越突出，管理活动越来越需要从控制和规范参与者行为层面，深入到其精神层面。因此，仅有管理的“硬件”已经不够了，这种重视创新的趋势，可以从管理学者著作的流行中窥见一斑。继《Z理论》《企业文化》《日本管理艺术》《追求卓越》等畅销之后，倡导创新的《企业革

---

① 陈传明，周小虎：《管理学原理》，机械工业出版社2013年版，第43～46页。

命》《创新经营》《乱中求胜》《志在成功》等再度成为热门书籍。越来越多的人认识到，在新的形势、环境中，日本企业成功的奥秘在于“软件”的优越：领导方式灵活、对人的重视、集体决策等特点帮助那些结构、制度、计划与竞争对手相差无几的企业取得了更好的经营效果。于是，“软管理”方式渐渐得到管理者的推崇。

2.5.3　从“手段人”到“目的人”

西方管理中对人的态度经历了三个阶段、两次转变。在 20 世纪 20 年代以前，不论是企业主的经验管理，还是泰勒倡导的科学管理，都是把人当作类似于机器的要素来看待，都认为人的需求主要是物质和经济方面，即人是经济人、理性人，驱使其去工作的动机是经济方面的需求，在工作过程中是具有理性的，善于计算。20 世纪 20 年代梅奥、马斯洛、赫茨伯格等行为科学的研究表明：人不仅有物质方面的需求，还有社交、归属、自我实现等社会心理方面的需要。这是管理理论中对人的认识的第一次转变，即从“物质人”、“经济人”、到“心理人”、“社会人”的转变。

不论是科学管理原理，还是行为科学理论，它们都是研究人的目的，都是为了提高人的工作效率，更加有效地完成组织任务。因此，这些理论在实践中很容易引导管理者将人权看作组织管理的一种资源，看作实现目标的一种手段。这种“手段人”的看法到 21 世纪以来受到越来越多的冲击。随着社会经济文化的发展，越来越多的劳动者把工作看成是自己实现个人社会价值的重要手段，在工作中寻找人生的意义。这些冲击促使组织不得不更加重视对人的管理，不得不重视“工作生活质量”的改善，不得不重视员工个人职业生涯的发展，不得不把员工当作“目的”来看待。今天，以人为本的管理理念普遍为人们所接受，组织管理目标越来越多地从追求效益最大化，转向对人的全面发展的思考。

2.5.4　强调个人竞争到重视团队协作

整个西方文化是以个人主义为核心的。美国人始终追求的理想和目标是“个人自由”原则的全面贯彻和个性的全面发展。在这种文化的熏陶下，传统的西方企业，特别是美国企业在对人的管理中必须以个人为中心，尊重个人价值，鼓励个人间的竞争，强调个人的成功。这种以个人为激励对象的管理方式虽然可以在一定程度上刺激个人的工作热情，但在根本上与现代工业生产协作的要求是相悖的：现代工业生产分工精细，任何产品的制造都要经过许多环节，经由许多人的努力才能完成；没有劳动协作，任何产品的制造、任何科研的完成，都是难以想象的。

然而，以个人为刺激对象的管理和激励机制有可能引起群体内部个人之间过度的竞争，有可能使部门间及个人间的协作精神消失殆尽，因为在这种机制下，其他部门和个人的成功就意味着自己的失败。这样，部门、个人之间相互保密、封锁、不合作的态度就是必然的后果了。

20 世纪 70 年代以来，伴随着日本的成功和现代组织复杂程度的增加，许多西方企业开始检讨自己在管理上的失误。许多美国学者发现，日本企业职工大多具有强烈的“企业家族主义”的集体精神和协作意识，在日本企业里，个人的成功首先归功的不是自己的个人努力，而是团体协助的结果；首先不是将其视作自己的个人成功。认识到协作精神的重要性后，许多美国企业试图模仿日本企业转向团队的奖励制度，注重培养合作精神。

2.5.5 从分权到集权

以职能分工为基础，以统一指挥为核心原则，以集权倾向为主要特征的职责分明、结构严谨的等级制度曾经是现在仍然是许多西方企业的主要形式。这种组织的基本运行规则是上层决策、中层传达、基层执行。然而，随着技术进步的加快，随着环境日趋复杂，随着信息手段的广泛应用，复杂多变的外部环境要求组织管理内容和方针灵活多变，迅速适应。

2.5.6 从外延式管理到内涵式管理

外延式管理是希望通过联合与兼并来扩大经营规模，提高市场占有率；内涵式管理则力求通过充分利用内部条件、加强企业创新、提高内部生产能力来增强企业竞争力。

20 世纪 60 年代，欧美企业外延式管理盛行，人们经常可以在传播媒介上看到企业兼并或收购连篇累牍的报道。受“规模效益”的诱惑，许多公司的老板处心积虑地分析收购对象的市场状况和财务能力，设法通过公开或暗地收购其股票达到吞并的目的，以扩大业务范围，获取规模效益。但规模效益的神话逐渐被打破，因为人们发现，企业经营超过某种规模后，带来的不是效益的增加，而是机构的臃肿、决策的迟缓、信息渠道的堵塞、管理的困难，从而效益下降。特别是那些收购自己不熟悉企业的公司，更是从中尝够了苦头。于是，20 世纪 70 年代中后期开始，一些企业提高竞争实力的途径开始从盲目的外延式管理转向内涵式管理。

本章习题

一、单选题

1. 被誉为“科学管理之父”的管理学家是（　　）。

A. 法约尔　　B. 泰勒

C. 韦伯　　D. 吉尔布雷斯

2. 标志着管理科学理论正式形成的一本书是（　　）。

A.《科学管理原理》
B.《工业管理与一般管理》
C.《社会组织与经济组织理论》
D.《工业组织中人的问题》

3. 认为管理就是“实行计划、组织、指挥、协调和控制”的管理学家是（　　）。
A. 哈罗德·孔茨
B. 亨利·法约尔
C. 约瑟夫·梅西
D. 赫伯特·西蒙

4. 泰勒的代表著作是（　　）。
A.《科学管理原理》
B.《车间管理》
C.《国富论》
D.《工业管理与一般管理》

5. 法约尔提出的管理原则有（　　）。
A. 5 项
B. 6 项
C. 10 项
D. 14 项

6. 被称为“组织理论之父”的学者是（　　）。
A. 法约尔
B. 泰勒
C. 韦伯
D. 吉尔布雷斯

7. 法约尔的（　　）原则强调应在组织中从最高一级到最低一级建立关系明确的职权等级系列。
A. 分工原则
B. 集中化原则
C. 等级链原则
D. 程序原则

8. 以下（　　）管理理论的研究对象是管理的过程和职能。
A. 决策理论学派
B. 管理过程学派
C. 系统管理学派
D. 人际关系说

9. （　　）以向西方大企业的经理提供企业的成功经验和科学方法为目标。
A. 决策理论学派
B. 管理过程学派
C. 系统管理学派
D. 经验主义学派

10. （　　）欧美企业外延式管理盛行，人们经常可以在传播媒介上看到企业兼并或收购连篇累牍的报道。
A. 20 世纪 30 年代
B. 20 世纪 60 年代
C. 20 世纪 70 年代
D. 20 世纪 90 年代

二、多选题

1. 下列属于科学管理学派的管理学家是（　　）。
A. 吉尔布雷斯夫妇
B. 泰勒
C. 法约尔
D. 甘特
E. 马克斯·韦伯

2. 通过“霍桑实验”得出的结论有（　　）。

A. 职工是“社会人”　　B. 职工是“经济人”

C. 企业中存在“非正式组织”　　D. 新型的领导能力在于提高职工的效率

E. 新型的领导能力在于提高员工的满意程度

3. 泰勒的科学管理理论建立的人性论基础是（　　）。

A. 经济人假设　　B. 社会人假设

C. 复杂人假设　　D. Y 理论

E. X 理论

三、简答及论述题

1. 简述我国早期的管理思想。
2. 简述西方早期的管理思想。
3. 论述泰勒科学管理四原则。
4. 试分析泰勒科学管理理论的局限性。
5. 试论述管理发展的新趋势。

案例讨论

晋商——源远流长的山西商业资本

山西商人，尤其是首创中国历史上票号的山西票号商人，商路遥远，汇通天下，曾在中国历史上显赫一时。至今还传颂着“山西人善于经商、善于理财”的佳话。

1. 晋商的繁盛

早在明代，晋商善贾就已在全国享有盛誉。到清代，尤其是 19 世纪中叶，山西商帮不断发展壮大，他们具有雄厚的资本，不仅垄断了中国北方的贸易和资金调度，而且插足亚洲地区，甚至进入欧洲市场，执全国金融业之牛耳，逐渐到鼎盛时期。在国内市场中，山西商人垄断了对象贸易和西北、东北市场。山西商人以张家口、杀虎口为基地，把绸缎、布匹、糖、烟等商品经两地贩运西北、蒙古等地，再从西北等地贩运皮毛、白银等在附近商埠出售，极大地促进了这些市镇的兴盛。此外，山西商人在南方也极为活跃，他们在湖北、湖南、江西一带产茶地收购茶叶，运往广州甚至印尼。这一带，成为晋商活跃的重要舞台。

在国内金融市场中，山西商人地位举足轻重。从同治元年至光绪二十年的 30 年间，是山西票号发展的黄金时期。票号又叫票庄或汇兑庄，是一种专门经营汇兑业务的金融机构。到鸦片战争前夕，山西票号大约有 8 家。鸦片战争后的十年内，仅日升昌、蔚丰厚、日新中三家山西票号在各地设立的分支机构就有 35 处，分布在全国 23 个城市。他们除专门经营汇兑业务外，还兼营存款、放款业务，并把汇兑、存款和放款结合起来，利用承汇期，占用客户的现金放高利贷，得到了很高的利润。

山西商人在雄踞国内市场的同时，积极向海外开拓市场，晋商东赴日本，西抵俄国，形成了山西对外贸易和汇兑的三大商帮——“票帮、驼帮、船帮”。在中俄贸易重镇恰克图市场，晋商建立许多大型商号，此外还深入俄国腹地，在俄国主要城市设立分号，在莫斯科、彼得堡等十多个俄国城市，都有过山西人开办的商号或分号。在朝鲜、日本，山西商人的贸易也很活跃，榆次常家从中国输出夏布，从朝鲜输入人参，被称作“人参财主”；介休范家几乎垄断了对日本的生铜进口和百货输出。在清朝统治期间，能够兴旺发达200余年的商业世家，有名的有：榆次的常家、聂家，太谷的曹家，祁县的乔家、渠家，平遥的李家等。他们既是大商人、大高利贷者，又是大地主，都拥有极为雄厚的资本。

2. 晋商的经营管理

晋商企业规模大多在百人之上，并且由多个商、票号构成。首先，财东作为资本家主要拥有所有权，授予总经理以资金运用权、职员调配权和业务经营权。其次，总经理坐镇总号，除管理总号内部各项事务外，就是对各地分号进行宏观调控。第三，分号经理，也称掌柜，拥有所在商号的业务开拓权、资金运用权和人员管理权，但机构设置、资金调度、人事任免和盈利分配等重大权限均由总号控制。第四，无论总号与分号，其内部人员设置的原则都是“因事设人”，绝不“因人设职”，每个商号一般从业人员在10人左右；同时，晋商和其他同业之间广泛开展横向联系，建立适当的相互关系。

晋商对经理人员的管理分为选用和激励。在经理聘用之前，财东要对此人进行严格的考察，财东除亲自与此人面谈和参考同仁及知情人对他的评价外，还要设下种种局情，以观察和考验其品行是否过硬，直到确信此人足以胜任方罢。一旦被聘用，财东便委以全权，并始终恪守用人不疑、疑人不用之道，对经理日常经营活动概不过问，让其放手经营，静候年终决算报告。晋商对经理的激励机制主要包括三个方面：①财东充分信任经理，将资本、人事、业务、管理全权委托经理负责。②经理的薪金（固定合同收入）和股份收入（剩余收入）由财东决定，并远远高于普通员工。③财东根据经理的业绩，在年终或账期增减其薪金和股份，并通过在公开场合抬举业绩好的经理、羞辱业绩坏的经理，制造一种精神鼓励或压力。

晋商对普通员工的选拔、培训和日常管理有一套较完整的制度规范。第一，重视对人员的选拔和培训。第二，号规严格，比如不准舞弊营私、不准假公济私、不准私蓄放贷等。晋商别具特色的人身顶股制，是指不论是经理人员，还是普通职工，都可以根据其表现和对资本的贡献大小顶一定的股份，即所谓顶身股制，也就是商号伙友除每年应得工资外，根据其资历、表现以及对商号的贡献，可以顶1厘至1分（10厘）的身股。职工的身股与财东的银股共同参加分红，顶身股均高者为掌柜（经理）。到年终，根据每届账期的盈利多寡，东家银股与职员身股共同参与红利的分配（一般商号较好的年份，一个账期每股可分2000～3000两白银或银元）。

鉴于票号各分号在现银盈绌和行市疲快上有所不同，总号与分号之间产生了异地调拨资金的需要，山西票号在实践中逐渐创造了一种“酌盈济虚，抽疲转快”的办法来调剂运用资金。也就是在不运送现银的状况下，同一总号的票号在两地开展汇兑业务，以解决现银盈绌问题。

3. 晋商的衰落

实力雄厚的晋商显赫一时，但均于20世纪初被迫退出历史舞台。鸦片战争后，洋货潮水般地涌入中国市场，严重打击了中国民族手工业产品的生产与销售。以晋商垄断长达200年之久的中俄恰克图贸易为例。第二次鸦片战争以后，沙皇俄国的势力开始深入我国各地，直接攫取土产品并推销其工业品，无须再与买卖城的山西出口商帮易货了，这沉重打击了山西对俄贸易商帮，而且晋商在俄贸易又受到重税的窒息，复经战乱，财物惨遭掠夺。随着外国商品的输入，海上运输的发展，铁路和内河航运业的开通，沙俄对华贸易由陆路改由天津、大连、海参崴海上运输，这就改变了中国旧有的物资运输路线，山西作为中国对俄、欧贸易陆上商路要冲的地位逐步废弃，山西商人活动的舞台逐步缩小以至消失。1914年第一次世界大战爆发，在俄国各地的山西商号共折银达数百万两。1911年外蒙古独立和1917年俄国十月革命时山西商人彻底丧失了蒙俄市场。

从咸丰朝开始，国内阶级矛盾尖锐化，太平天国革命、捻军起义、西北回民起义和云南苗民起义接踵爆发。辛亥革命后，国内战事频繁，晋帮商号在战争中损失惨重，如天成亨票号仅汉口、西安、成都三处就被土匪抢劫白银100多万两，待大局稳定，共计亏损200余万两；其他票号也都有程度不同的损失，几乎无一幸免。晋商富裕之际，正是清政府财政开支开始拮据之时，所以晋商成了清政府勒派、劝捐、助饷的主要对象。清政府欠票号的银两，“屡恳无效，即如铁路（同蒲）既归国有，路矿借款理应清偿”，但却无法清偿。至于京中王公大臣的借款，因清廷覆灭亦难清理。

晋商的思想意识是与封建剥削制度相适应的，他们只以获得殖货之利为满足，习惯沿用旧法经营，国内外市场渐为他人所夺。但在山西人中也不乏有识之士，他们认清了新的形势，主张改革图存。可惜由于一些财东及总号经理的顽固和墨守旧法，只知享现成福，毫无远见，以致四次失去发展的机遇。如晋商所经营的票号，未能及时改组为现代银行，在外国银行林立于中国之时不战自溃。在乾隆、嘉庆、道光朝山西商人得势之时，大量金银滚滚流回山西，“方其盛时，自数百两，数十万之家相望，饰亭台，聚古玩，买姣童于吴阊，购美玉于燕赵，比比也”。道光时期，正是山西商人家族追求物质享受时期，“在此时期，凡人之社会观念，皆羡于富者之晏安，无论致富已成未成，皆急于享受而不求再进，将嘉道以前之朴素之习既摧无余，鸦片、金丹、白料乘机而入。财东只顾纸醉金迷，不问号事，伙计自然管理松懈。在来势凶猛的外国资本打击下，病入膏肓的山西商人资本只能步步退守，由于无法盈利以至旳后被迫关门”。

资料来源：百度文库：http：//wenku. baidu. com/view/70804f7b02768e9951e73890. html。

思考讨论题

1. 试分析传统管理思想在晋商经营中的体现。
2. 试分析晋商最终衰落的原因。

第 3 章

管理与环境

内容提示

任何组织的活动都必须在一定的环境中进行。环境是组织生存和发展的土壤，环境变化往往是导致企业进行组织变革的直接原因。本章在探讨组织管理与环境之间关系的基础上，归纳分析了组织管理面临的宏观环境和微观环境，并对组织环境的分析方法进行阐述。

【开篇引例】

王安电脑公司的兴衰

王安电脑公司创建于1951年，凭借其文字处理器取代传统打字机而成为20世纪70年代高科技传奇公司之一，年营业收入超过30亿美元，并在财富500工业企业中名列143位。然而到了1992年，该公司却在进行破产保卫战，年营业收入降到19亿美元。

“在灌木丛林中，能生存下来的动物往往不是最强大的，而是那些对周围环境保持警惕的。”王安公司失败的原因除了用人不当和内部管理问题之外，主要是该公司没有注意到市场上正在发生的变化。正如王安电脑于20世纪70年代曾战胜过IBM一样，仅仅过了10年，王安电脑的市场正被一些个人电脑公司及软件公司所抢占。当个人电脑受到欢迎以及文字处理软件变得容易获得、用户对电脑的兼容性和开放性提出强烈要求时，王安的文字处理系统却没有跟上这一环境变化。虽然王安电脑算得上当时最有名的办公用电脑——它有自己的硬件技术、操作系统，甚至进行了简单的局域网连接，可它是不开放的。比尔·盖茨说过：“如果王安电脑注意到了开放性和通用性的意义，PC发展的历史可能会被改写，微软也不会是今天的微软。”此外，王安电脑对于用户使用环境的改变缺乏应对措施，长期坚持收取高额的维修服务费用。一位长期使用王安公司电脑者说，他如果淘汰40万美元的王安电脑，每年可以节省10万美元的维修费用，而换上拥有25部个人电脑的网络，其费用不过10万美元。变化是这个时代不变的主旋律，原地踏步必将为时代所淘汰，偏离主流方向也将被市场所抛弃。王安电脑的市场在 20 世纪 80 年代后期就崩溃了。由此可见，关注并战略性地预测企业外在环境对于企业可持续发展是何等重要！

3.1　管理与环境的关系

3.1.1　环境与管理环境

1. 管理环境的含义

管理环境是指存在于一个组织内部和外部且影响组织业绩的一切力量与条件因素的总和。管理环境可以分为外部和内部两种。管理的外部环境是存在于管理系统之外，并对管理系统的建立、存在和发展产生影响的外部客观情况和条件。管理的内部环境则是存在于管理系统之内、管理系统存在和发展的客观条件的总和。管理系统的环境因素，虽然不是管理系统的构成要素，但对于管理系统的存在和发展却有着非常重要的影响，管理者要对周围的环境和内部条件进行评定，并提出相应的决策。

2. 管理环境的分类

（1）按照对管理过程的影响关系，可以分为一般环境和特殊环境。一般环境指的是对组织管理的效率有影响的，但是并非特定的外部因素。有人认为，一般环境包括组织外部的一切，例如经济因素、政治条件、社会背景及技术因素等。一般环境对组织当前效率的影响可能不是太明显，但是对组织长远发展的影响可能很大。

特殊环境也称之为具体环境，指的是与实行组织目标直接相关的环境，它由对组织的绩效产生积极或者是消极影响的关键因素构成。如对企业的经营管理者来说，顾客、供应商、竞争者、政府的有关法律等就是企业管理的特殊环境。

（2）按照环境的变动程度，可以分为相对稳定的环境和相对变动的环境。相对稳定的环境指的是组织的环境变化不大的外部结构。对于组织的管理者来说，外部环境仅仅只有很低的不确定性。就企业而言，较低的不确定性意味着企业的需求变化不大，容易预测。如我国企业在计划经济体制下所面对的环境就是相对稳定的。即使在市场经济中，不同的企业所面对的环境也是不同的。公共事业的生产经营所面对的市场相对稳定，如供水、供电等部门的市场环境基本就是如此，而竞争性行业的环境的变化要大得多。

相对变动或者是动态的环境指的是组织的外部环境变化较快、较强烈的外部结构，这种外部环境具有较大的不确定性，未来的需求不容易测定。

（3）按照影响组织效率的外部因素的多少，可以将环境分为简单的环境和复杂的环境。一个组织所面对的环境的复杂程度与组织生产和提供的服务产品有关。生产的品种越少，其外部环境一般来说越是简单。环境的变动程度与环境的复杂程度是相关的，两种不同的划分标准可以组合成这样四种外部环境，即简单稳定的外部环境、简单动态的外部环境、复杂稳定的外部环境和复杂动态的外部环境。这些环境的基本特征见表 3－1 所示。

表 3－1　外部环境构成的基本特征

	稳　定	变　动
简　单	1. 要素少 2. 要素之间有很大的相似性 3. 要素结构基本维持不变 4. 对要素了解所要求的知识水平低 5. 提供的产品和服务的品种少 6. 能够准确地了解最低需求量	1. 要素少 2. 要素之间具有连续变化的特征 3. 对要素了解所需求的知识水平低 4. 提供的产品和服务的品种少 5. 了解最低的需求量不容易
复　杂	1. 要素多 2. 要素之间不相似但单个要素不变 3. 对要素了解所要求的知识水平高 4. 提供的产品和服务的品种多 5. 能够了解最低的需求量	1. 要素多 2. 要素之间不相似且处于连续变化之中 3. 对要素了解所要求的知识水平高 4. 提供的产品和服务的品种多 5. 不容易了解最低的需求量

（4）按照环境内容的性质划分。按照环境内容的性质，可以将管理环境划分为政治法律环境、经济环境、科学技术环境、社会文化环境、自然地理环境等。本章后面将对此分别进行详细的介绍。

3. 管理环境的特征

组织面对的环境具有不稳定性，并对管理工作产生复杂的影响，这就给管理者认知、适应和改变环境带来了困难。所以，管理者不仅要了解环境内容，还要了解其性质和特点。

（1）整体性和综合性。组织环境包含的各环境因素之间具有一定的独立性，但他们是作为一个整体对管理工作起作用的，这种作用具有综合性。在某一特定时期内，不同的环境因素对企业的影响程度不同，管理者很难准确地区分开来自环境的影响到底是哪种因素所致。因此，管理者必须把环境作为一个整体，考虑其综合影响。

（2）复杂性。组织的环境是一个多种环境因素的组合体，具有明显的复杂性。一方面，环境对企业及其管理活动的影响是复杂的、多方面的，各种因素甚至相互矛盾和冲突；同样的环境对某个企业可能是机会，而对另一个企业可能就是威胁。另一方面，各环境因素之间又相互影响、作用和制约，进一步加大了环境的复杂性。

（3）不确定性。环境的不确定性包括三层含义：第一，环境的变化速度。由于社会生产力的发展和生产关系的变革，环境总是处于不断发展变化之中。当然，伴随着环境的变化，各种环境因素不可能同步、同程度变化。一般来说，技术、经济环境尤其是市场环境属于剧变环境，它们无时无刻不在发生变化；社会环境变化较慢；而自然环境则可能长期保持基本不变。第二，有关环境的信息和情报的不确定性。人们对环境的了解可以是直接的，但更多是间接的。如借助新闻媒介，对特殊现象进行分析预测等。信息情报本身不准确和信息传递中的失真，都会使信息接受者无法准确了解环境的变化。第三，管理者制订计划、进行决策时所考虑的时间期限。期限越长，对环境的了解越不准确。

3.1.2　环境对组织的影响

组织是一个相对独立的开放系统，组织界线具有可渗透性特征，因此组织与环境之间必然会经常相互发生影响。概括起来，环境对任何组织都存在以下三方面的影响。

1. 环境是组织赖以生存的土壤

任何一个管理系统都是在一定的环境中存在的，企业、机关、医院、学校等，都是如此。首先，一个组织是否组建，要根据所在的环境，根据社会需要和可能条件来决定。离开社会需要，组织的存在就失去了意义；符合社会需要而条件不具备，组织无法组建。其次，组织要开展工作，就必须筹集各种生产要素——人、财、物，但这些都需要从环境中获得。最后，组织的产品和劳务等产出，又必须拿到组织外部去进行交换，才能获得收益，从而维持和扩大其生产经营活动。

综合看来，任何组织都要在一定的自然环境中生存，要与周围的机构和人打交道，依赖自身的条件开展各项活动。没有这样的外部环境和内部条件，或者外部环境和内部条件不能为管理系统提供适当的生存和发展的基础，那么这个管理系统也就无法存在和发展。

2. 环境影响组织内部的各项管理工作

环境对组织的各种管理活动都会产生不同程度的影响。比如，外部市场竞争的加剧，要求企业重新调整内部各部门的分工协作关系以提高竞争能力；文化教育的普及和劳动力素质的提高，要求企业领导者采取新的激励制度和措施，以满足员工的高层次需求。所以说，管理者必须对可能影响管理工作的各种因素加以识别，并做出反应。

3. 环境对组织的管理工作、效益水平有重要的影响和制约作用

对于一个组织来说，其管理工作的好坏和效益水平的高低取决于两个方面：一是取决于良好的外部环境。国家政策稳定、教育水平高、市场发育健全、法律政策完善，会促进组织的管理工作和效益水平的提高；否则会造成管理工作的困难甚至混乱。二是取决于管理者是否重视

环境、适应环境，是否能根据环境的变化做出正确的决策。作为管理者，要分析并把握环境变化的规律，认清环境中的机会与挑战，促进管理工作的改善和效益的提高。

3.1.3 组织对环境的适应和影响

前面我们提到环境对组织的影响，但是组织也不能只是被动地适应环境。环境是多变的，如果组织单纯地被动地适应环境，将永远无法跟上环境的变化。从环境发生变化到组织识别出这种变化并采取相应的措施，存在着时间差。也就是说，组织采取的措施往往要滞后于环境变化。很多企业发现市场上某种商品畅销，便立即组织力量生产，等产品生产出来，却发现市场已趋于饱和，结果造成产品滞销和生产能力的大量闲置。因此，组织必须设法主动选择环境，改变甚至创造适合组织发展所需的新环境。只有这样，才能在激烈的市场竞争环境中实现生存与发展。一味地被动适应只能导致组织的消亡，主动进攻才是最好的防守。

组织面对环境的对策主要包括适应环境、影响环境和改造环境三个方面。其中，适应环境和影响环境主要是针对外部环境而言的，改造环境是针对组织内部环境而言的。

1. 组织对环境的适应

如果企业面对的是一个快速多变的外部环境，竞争者、供应商、顾客等都会变动得很快。那么企业可以采取各种应对策略，如扮演跨边界角色、强化计划和预测工作、建立弹性结构、合并或建立合资企业等。

（1）扮演跨边界角色。跨边界角色（boundary spanning role）是指企业与相关部门共同努力，促使企业与外部环境关键性要素的变动保持同步。跨边界角色主要有两大职责，即搜集和加工环境变化的信息，并代表公司的利益处理与外部环境的关系。例如，企业要了解外部环境的机会和风险，采取有效的措施利用机会，降低风险，使公司获得更多的好处和利益。

（2）预测和计划。要使企业适应外部环境，必须对环境变化做出合理的预期和计划。当外部环境的不确定性很高的时候，企业必须进行有效预测，制定相应的应对计划。

（3）弹性结构。一个企业组织应当能够对外部环境的变化做出快速反应。研究表明，一个松散而充满灵活性的组织，对于适应那些激烈变动的外部环境来说是非常有效的；而具有刚性的组织，更加适应稳定的外部环境。生态型组织（organic structure）属于弹性结构的组织，它的基本特征是流动性大、规章少，内部员工组成工作小组，在分权情况下充分发挥自己的积极性。而在机械型组织（mechanistic structure）中，任务的确定非常死板，规则很多，小组工作协调不够，权力主要集中在高层，这种组织适应于相对稳定的环境，如果环境变动很大，它就难以适应。

（4）合并或建立合资企业。通过企业之间的合并和合资经营，可以使本属于不确定的外部环境因素，转化为企业内部的可控制因素，从而增强企业适应环境的能力。

2. 组织对环境的影响

相对于组织对环境的适应而言，组织对环境的影响则更为主动：致力于改变某些环境因素，从而影响环境，使企业的经营活动得以顺利进行。为达到这一目的，企业可以采用广告、公共关系、政治活动和贸易协会等各种方法。

（1）广告和公共关系。广告是贸易的引擎，它能够起到沟通产销的目的，解决产销脱节的矛盾。公共关系和广告类似，它通过公关活动协调企业和外部公众的关系，树立良好的企业形象，使企业和周围的环境相适应。

（2）政治活动。政治活动是企业影响政府立法和制定规章的过程。企业管理者通过一系列的政治活动，影响政府部门和有权力的人物，使政府制订的立法和规章有利于企业。国外企业一般通过组织“院外活动”等游说政府和立法机关，在一定程度上影响和改变政治法律环境。由于企业是现代社会的重要组成单元，是市场经济的微观主体，企业尤其是联合起来的企业对政府决策有很大的影响力。

（3）贸易协会。通过建立贸易协会或联盟，企业之间可以协同努力，达到影响外部环境的目的，包括影响政府的立法和规则的制定。与势均力敌的竞争对手建立战略联盟，在某些重要的经营活动中取长补短，既可以加强合作减少竞争，又可以降低双方所面临的环境的不确定性。

3. 组织对环境的改造

目前，企业用来改造环境的一些主要措施包括以下几点。

（1）选择适当的经营领域。例如，与所有的烟草公司一样，美国的菲利普·莫里斯公司（生产万宝路香烟）也面临着全球性禁烟的威胁，为了减少对烟草行业的依赖性，该公司买下了通用和卡夫等食品企业。

（2）选择适当的经营地域。在条件允许的情况下，企业应选择不确定性小的地方建厂，也可以通过在多个不同地域设立县属企业和子公司，减少对单一地点的环境依赖。

（3）聘请合适的高级管理人员。国外许多互为竞争对手的大公司之间相互“挖墙脚”的事件屡见不鲜。竞争对手的高级主管人员受到青睐，并不是因为他们具有丰富的经验和较强的能力，更重要的是他们知晓对手的许多重要信息。了解竞争对手的信息可以使企业在竞争中“知己知彼”。有些企业乐于聘请卸任的政府官员，最看重的也是他们与政府的联系，可以更好地了解政府决策信息。

（4）针对紧俏商品和服务，采取配给的方法满足需求。当不确定的环境造成对企业产品或服务的超额需求时，企业无力完全满足市场，但企业可以制定一些临时性条款，根据条款安排满足需求的先后顺序，这就是配给的方法。

（5）签订有力的长期合约。在一定时期内，企业与供应商、销售商之间稳定的合作关系会直接影响企业与环境的关系，可降低不确定性，减少波动。

（6）与其他企业经营管理上的合作。管理合作不仅为企业提供横向或纵向的联系以及新颖的决策思考角度，而且帮助企业增强实力，减少对外界的依赖，增强对环境的影响力。

3.2 宏观环境

组织的宏观环境（macro-environment），又称组织的一般环境（general environment），是指在国家或地区范围内对一切产业部门和企业都将产生影响的各种因素或力量。宏观环境是企业无法控制而只能去适应的，但在某些情况下，企业可以施加一定的影响。宏观环境在给企业提供发展机遇的同时，也会给企业的发展带来威胁，企业管理者必须对宏观环境进行深入调研，以便发现未来的机会和威胁，进而采取相应的对策。

企业的宏观环境可分为人口环境、政治法律环境、经济环境、社会文化环境、自然地理环境、科学技术环境等，下面分别予以说明。

3.2.1 人口环境

人口环境包括人口的规模、人口的年龄结构和人口的分布。

（1）人口的规模。人口是宏观环境中的最重要的环境之一。人口是生产力要素，也是消费的主体。人口影响市场的规模，也影响生产力发展水平。在其他条件相近的情况下，一国人口越多，市场的潜力就越大。人口规模对食品、衣服、医药、民用建筑、生活日用品和初级体育用品等市场具有决定性的影响。同时，一国人口规模的增长也影响着它的市场规模。一方面，人口增长率较高的国家，食品、衣服、医药等商品的需求相应的也会增长较快；另一方面，在生产增长率低于人口增长率的情况下，较高的人口增长率由会使人均国民生产总值下降，从而影响购买力。例如，在非洲，人口增长率高于生产增长率，所以人均国民收入呈负增长趋势。

（2）人口的年龄结构。一国人口的年龄结构是重要的管理环境。不同年龄结构的人具有不同的需求和购买力。比如，年轻人需要学习用品和娱乐用品，而中老年人需要保健品和医药用品。因此，年龄结构不同的国家有不同的市场需求和进口需求。

人口结构中的高龄化和低龄化，都会使国民负担率提高，市场购买力下降。所以，合理的人口年龄结构是经济和社会发展的必要条件，也是形成良好的管理环境的需要。

（3）人口的分布。人口的分布是指人口在一国或一个地区的地理分布。在不同的地区有不同的人口分布，也会形成不同的人口密度。人口密度又和购买力密切相关，所以人口分布也影响着市场营销的效率。在人口密度较大、居住比较集中和城市化程度比较高的国家和地区，开展商务活动有比较高的效率和比较低的成本。在有些国家和地区，人口的平均密度不高，但居住比较集中，这样的人口分布也有利于市场营销。

【阅读资料3-1】

2011年中国人口总量及结构分析

根据国家统计局官方网站发布的公告，截至2011年末，中国大陆人口总量13.4735亿人，比2002年增加6282万人，年均增长0.53%。2011年，中国人口出生率为11.93‰，比2002年下降0.93个千分点，城镇人口比重达51.27%，比2002年上升12.18个百分点。10年来，中国人口发展呈现如下趋势。

1. 人口总量低速平稳增长

统计局数据显示，十六大以来，中国人口继续保持低速平稳增长。2011年末中国大陆人口总量为13.4735亿人，比2002年增加6282万人，年均增长率为0.53%。人口自然增长率逐年下降，由2002年的6.45‰降至2011年的4.79‰，比2002年下降了1.66个千分点。人口增长的绝对数量在逐年减少，年增加人口由2002年的826万人减少至644万人。中国大陆人口占世界人口的比重继续下降，由2002年的20.3%降至2011年的19.5%，为世界人口的健康发展作出了积极贡献。分地区看，东中西仍然保持"东多西少"的人口格局。2011年末，东部人口为55445万人，占各省（自治区、直辖市）人口合计的41.4%；中部人口为42374万人，占31.6%；西部人口为36222万人，占27.0%，西部地区人口增长略快于中部地区。

人口生育继续稳定在较低水平。2011年中国的人口出生率为11.93‰，全年出生人口为1604万人，出生率比2002年下降了0.93个千分点。2002~2011年中国平均每年出生人口为1603万人。

从全国总人口的年龄结构来看，2011年全国15~64岁人口首次超过十亿，达到100283万人，占总人口的74.4%，比2002年增加了9981万人，比重增加了4.1个百分点。2002~2011年，15~64岁人口总量逐年增加，平均增长速度为1.17%。

2. 城镇化水平稳步提高

十六大以来，中国城镇化发展迅速，2002~2011年，中国城镇化率以平均每年1.35个百分点的速度发展，城镇人口平均每年增长2096万人。2011年，城镇人口比重达到51.27%，比2002年上升了12.18个百分点，城镇人口为69079万人，比2002年增加了18867万人；乡村人口65656万人，减少了12585万人。

分地区看，西部城镇化发展速度快于东部，中部又快于西部。2011年，东部地区城镇人口比重61.0%，中部和西部城镇人口比重分别为47.0%和43.0%，与2010年相比，东中西分别上升1.1、1.7和1.6个百分点。近年来，中西部地区城镇化发展速度较快，但与东部地区的差距仍然较大。至2011年底，城镇人口比重超过50%的省份已达15个，湖北、山东、海南三省首次超过50%；继上海市、北京市之后，天津市城镇人口比重2011年首次超过80%。

3. 人口素质进一步提高

从各种受教育程度人口占总人口比重看，2010年大专及以上受教育程度人口比重为8.9%，比2002年提高了4.5个百分点，小学文化程度人口占26.8%，比2002年降低了5.96个百分点，而高中和初中文化程度人口比重均有不同程度提高，分别达到14.0%和38.8%。文盲率继续降低，2010年中国人口文盲率为4.08%，比2002年的9.16%下降了5.08个百分点。

4. 人口婚姻、家庭状况保持稳定

2011年中国人口婚姻状况仍保持相对稳定，呈现出未婚比例低、有配偶比例高、离婚比例低等基本特征。在15岁及以上人口中，未婚比例为20.8%，初婚有配偶比例为70.8%，再婚有配偶比例为1.6%，离婚比例仅为1.3%，丧偶比例为5.5%。与2002年相比，有配偶比例、丧偶比例分别降低1.2和0.4个百分点，未婚比例、离婚比例分别增加了1.3和0.3个百分点。

家庭户规模继续保持平稳下降的趋势。2011年，中国平均家庭户规模为3.02人，比2002年减少了0.37人。分城乡看，城镇平均家庭户规模不足3人，小于乡村平均家庭户规模。随着家庭户规模的缩小，以父母与未婚子女组成的核心家庭为主的“二代户”是目前最典型的家庭户类型，其占家庭户比重接近50%，其次是一代户和三代户，分别为35.4%和16.9%，四代及以上户占家庭户的0.7%。

5. 流动人口继续增加

2011年，全国人户分离的（居住地和户口登记地所在乡镇街道不一致且离开户口登记地半年以上的）人口为2.71亿，比上年增加977万人；其中，流动人口（人户分离人口中不包括市辖区内人户分离的人口）为2.30亿，比上年增加828万人。

3.2.2 政治法律环境

管理的政治法律环境指的是组织所处的环境中有关的政治制度和法律规定，包括一个国家的社会制度，执政党性质，政府方针、政策、法令等。不同的国家有着不同的社会制度，不同的社会制度对组织活动有着不同的限制和要求。即使社会制度不变的同一个国家，在不同时期，由于执政党的不同，其政府的方针特点、政策倾向对组织活动的态度和影响也是不断变化的。对于这些变化，组织可能无法预测，但一旦变化产生以后，它们对组织活动的影响，组织是可以分析的。

具体而言，政治法律环境主要包括一个国家的政局、政策以及法律环境。

3.2.3 经济环境

经济环境是影响组织，特别是作为经济组织的企业活动的重要环境。经济环境主要包括宏观和微观两个方面的内容。

（1）宏观经济环境。宏观经济环境主要是指社会经济所处的发展阶段，包括人均国民收入、市场的供求状况、产业结构状况等。国民收入、国民生产总值及其变化情况能够反映国民经济发展的水平和速度。例如，经济的繁荣显然能为企业的发展提供机会，而宏观经济环境的衰退则可能给所有经济组织带来生存的困难。

（2）微观经济环境。微观的经济环境指的是一个具体的组织所面临的与组织运营有关的特殊的经济环境，包括企业所在地区或所需服务地区消费者的收入水平、消费偏好、储蓄情况、就业程度等。其中，收入环境至关重要，因为它直接决定着企业目前及未来的市场大小。

3.2.4 社会文化环境

社会文化环境包括一个国家或地区的居民教育程度、文化水平、宗教信仰、风俗习惯、审美观念、价值观念等。文化水平会影响居民的需求层次；宗教信仰和风俗习惯会禁止或抵制某些活动的进行；价值观念会影响居民对组织目标、组织活动以及组织存在的态度；审美观念则会影响人们对组织活动内容、活动方式以及活动成果的态度。

根据美国管理学家斯诺敦的看法，社会文化环境大致包括社会精神面貌、家庭结构、妇女地位、教育水平、宗教和语言等环境。

3.2.5 自然地理环境

自然环境主要包括地理位置、气候条件以及资源状况等环境。

（1）地理位置。地理位置指组织所坐落的地理方位。不同的地理方位，不仅自然条件会有差异，而且还包含着社会经济条件的差异，因为社会经济的发展本身就离不开一定的地理位置。

地理位置是制约组织活动、特别是企业经营的一个重要环境，当国家在经济发展的某个时期对某些地区采取倾斜政策时尤其如此。比如，目前我国沿海地区的开放政策吸引了大批外资，促进了投资环境的改善，给这些地区的各类组织提供了充分的发展机会；西部大开发也是如此。此外，企业是否靠近原材料产地或产品销售市场，也会影响到资源获取的难易和交通运输成本等。

（2）气候状况。气候状况不仅影响人们的生活，而且还影响一些行业的生产。气候趋暖或者趋寒，会影响空调生产厂家的生产或者服装行业的销售，而四季如春、气候温和则会鼓励人们远足郊外，从而为与旅行或郊游有关的产品制造提供机会。

（3）资源状况。对于从事物质财富生产和经营的组织来说，自然资源是重要的制约条件。自然资源丰富，组织生存发展的条件就好；反之就差一些。

资源状况与地理位置有着密切的关系。资源特别是稀缺资源的蕴藏不仅是国家或地区发展的基础，而且为所在地区经济组织的发展提供了机会。没有地下蕴藏的石油，许多中东国家就难以在沙漠中建造绿洲。我国许多农村地区乡镇企业的发展，在初期也是靠优越的地理位置、靠资源开采而逐渐积累起资金的。资源分布通常影响着工业的布局，从而决定了不同地区不同产业和企业的命运。

3.2.6 科学技术环境

科学技术环境通常是指组织所在国家或地区的技术水平、技术政策、科研潜力和技术发展动向等。20 世纪 50 年代后期兴起的以电子计算机、生物工程、信息产业、网络化等为主的新技术革命，给当今世界社会生活的各个方面都带来了深刻的影响。新的科学理论的产生直接丰富了管理理论，新的管理工具、管理手段的运用，对管理实践产生的影响是深远和重大的。

研究技术环境，除了要关注与所处领域直接相关的技术手段的发展变化外，还应及时了解国家对科技开发的投资和支持重点、该领域技术的发展动态和研究开发的费用总额、技术转移和技术商品化速度、专利及其保护情况等。

在分述了宏观环境的六个环境之后，还需要说明以下几点。

第一，这些环境有着相互联系，如政治法律环境中的方针政策和法律法规，就涉及其他诸环境，同其他环境相互交叉。

第二，对不同类型的组织而言，这些环境的重要性有所不同。对企业而言，由于企业是经济组织，经济环境显然最为重要；对学校和科研机构而言，则社会文化环境和科学技术环境可能更为重要。

第三，同一环境对不同的产业而言，其重要性有所不同。如社会文化环境中的人口结构、消费倾向等，对于消费品工业来说显然比对重工业更为重要。

第四，这些环境共同影响着产业和企业。站在企业的角度，就必须把对宏观环境的研究同对微观环境的研究结合起来，进行综合分析，以便做出必要的管理决策。

3.3 微观环境

微观环境（micro-environment），又称具体环境，是指那些对组织的影响更频繁、更直接的环境，是与某一具体的决策活动和处理转换过程直接相关的各种特殊力量，是那些与组织目标的制定与实施直接相关的环境。微观环境包括外部微观环境和内部环境，下面主要从企业的角度做分类介绍。

3.3.1 外部微观环境

1. 顾客

企业的一切营销活动都是以满足顾客的需要为中心的，因此，顾客是企业最重要的环境。

顾客是企业服务的对象，也就是企业的目标市场。顾客可以从不同角度以不同的标准进行分类，按照购买动机分类，顾客市场可以分为消费者市场、生产者市场、中间商市场、政府集团市场、国际市场。

2. 供应商

供应商是影响企业管理的外部微观环境的重要环境之一。供应商是指向企业及其竞争者提供生产产品和服务所需资源的企业或个人。供应商所提供的资源主要包括原材料、设备、能源、劳务、资金，等等。如果没有这些资源作为保障，企业根本就无法正常运转，也就无所谓提供给市场所需要的商品。因此，社会生产活动的需要，形成了企业与供应商之间的紧密联系。这种联系使得企业的所有供货单位构成了对企业营销活动最直接的影响和制约力量。

3. 营销中介

营销中介是指协助企业促销、销售和配销其产品给最终购买者的企业或个人，包括中间商、实体分配机构、营销服务机构和财务中间机构。

4. 竞争者

竞争者是与企业生产相关或类似产品的企业和个人。企业和竞争者的关系是一种竞争关系。竞争将直接影响企业的发展和赢利，影响企业经营优势的长期发挥。为此，企业要搜集竞争者的有关资料，对其进行分析研究。

（1）从行业竞争的角度看，竞争者可分为同行业内的企业、潜在进入者、替代品生产者三类。同行业内的企业是企业目前的主要竞争者；潜在进入者是可能成为同行业内的竞争者；替代品生产者是现代市场上不可忽略的竞争力量。

（2）根据产品替代观念，我们可以区分四种层次的竞争者。

- 品牌竞争者。品牌竞争者是指以相近的价格向相同的顾客群提供不同品牌的相同产品和服务的竞争者。当其他公司以相似的价格向相同的顾客提供类似产品与服务时，公司将其视为竞争者。例如，被长虹公司视为品牌竞争者的是生产价格、档次相似的彩电产品的康佳和 TCL 等。
- 行业竞争者。行业竞争者，也称产品形式竞争者，是指制造同样或同类产品的不同公司，他们以同类但不同品种、不同规格的产品，争夺有着相同需求的消费者。例如，影碟机行业的 VCD、DVD、EVD 制造商都向消费者推销自己的产品，而形成激烈竞争。
- 形式竞争者。形式竞争者，也称属类竞争者，是指向同一消费者群体提供能够满足同一需求，但产品形式不同的竞争者。例如，电影、电视、影碟机等都能满足影视娱乐需要，自行车、摩托车、汽车等都可以用做家庭交通工具，但它们是可以相互替代的，因而构成竞争关系。

- 欲望竞争者。欲望竞争者，也称愿望竞争者，是指来自不同行业的制造商向同一消费者群体提供不同的产品或服务，以满足消费者不同需求的竞争者。实际上，是指公司可以更广泛地把所有争取同一消费者钱包的人都看做竞争者。例如，食品制造商和娱乐设备制造商之间为争夺具有不同消费欲望的消费者而展开竞争，都希望消费者把自己有限的可支配收入投向自己提供的产品或服务。

5. 公众

社会公众是指对企业实现其目标的能力感兴趣或发生影响的任何团体或个人。一个企业的社会公众主要有以下几种。

（1）金融公众，指那些关心和影响企业取得资金能力的集团，包括银行、投资公司、证券公司、保险公司等。

（2）媒介公众，指那些联系企业和外界的大众媒介，包括报纸、杂志、电视台、电台，以及新兴媒介组织如网站等。

（3）政府公众，指负责企业的业务、经营活动的政府机构和企业的主管部门，如主管有关经济立法及经济政策、产品设计、定价、广告及销售方法的机构；国家经委及各级经委、工商行政管理局、税务局、各级物价局，等等。

（4）公民行动公众，是指有权指责企业经营活动破坏环境质量、企业生产的产品损害消费者利益、企业经营的产品不符合民族需求特点的团体和组织，包括消费者协会、保护环境团体等。

（5）地方公众，主要指企业周围居民和团体组织，他们对企业的态度会影响企业的营销活动。

（6）一般公众，是指对企业产品并不购买，但深刻地影响着消费者对企业及其产品的看法的个人。

（7）内部公众，指企业内部全体员工，包括领导（董事长）、经理、管理人员、职工。处理好内部公众关系是搞好外部公众关系的前提。

公众对企业的生存和发展产生巨大的影响，公众可能有增强企业实现其目标的能力，也可能会产生妨碍企业实现其目标的能力。所以，企业必须采取积极适当的措施，主动处理好同公众的关系，树立企业的良好形象，促进企业管理活动的顺利开展。

3.3.2 内部环境

内部环境是指那些对组织影响最频繁、最直接的环境，也可以认为组织内部环境就是组织的一部分，它直接影响组织的日常运营、生存和发展。

1. 组织使命

一切社会组织都有其使命，或者应当明确其使命。使命（mission）表明组织存在的价值，它是指导和规范组织全部活动的依据，组织的一切活动都必须服从和服务于它的使命。虽然，各个组织的使命表述各异，但究其实质，都是用简明文字来说明该组织的特定责任或任务，以及自愿为社会做出的贡献。使命不仅表明组织存在的价值，而且是确定组织性质、划分组织类别的依据。

组织的使命对管理有很大的影响。使命不同，组织的性质、类别、责任、任务就不同，组织从事的业务活动也就不同，因此其管理就有很大差别。组织使命是对管理的一大约束力量，管理必须服从和服务于组织的使命。

2. 物质资源

组织为进行业务活动，实现其使命和目标，必须有各类物质资源。物质资源是组织内部环境的重要组成部分，是组织的内部物质环境，是指组织内部的资源拥有情况和利用情况。

任何组织的活动都需要一定的资源，一般来说，可以划分以下五种。

（1）人力资源，包括组织内不同类型人力资源的数量、素质和使用情况。

（2）物力资源，包括各类劳动手段、劳动对象和必要的劳动条件。

（3）财力资源，包括组织的资金拥有情况、构成情况、筹集渠道和利用情况。

（4）技术资源，既包括技术、技能，也包括知识等。

（5）信息资源，如各类数据、资料、情报等。

3. 组织文化

组织文化是指组织及其成员的行为方式，以及这种方式所反映的被组织成员共同接受的信仰、价值观念及准则。

组织文化的正面作用主要表现为导向、激励、协调和自我约束，负面影响主要表现为组织文化的惯性、扼杀个性和思想观念多元化、排斥外来文化。管理者在管理活动中，既要充分发挥组织文化的正面作用，又要善于发现并消除其负面影响。

3.4 环境分析的程序及常用方法

组织开展的管理活动都是在一定的环境中进行的，由于环境、特别是外部环境的不确定性，组织难以制定正确的决策。所以，管理系统必须对管理环境做全面正确的分析。

3.4.1 环境分析的程序

环境分析一般要经过确定课题并提出假设、收集整理资料、环境预测和评估三个阶段的工作。

1. 确定课题并提出假设

确定课题是环境研究的前提，只有明确了解课题，环境研究的各项工作才有明确的方向和中心。环境研究的课题要围绕组织中存在的问题来确定。研究课题的确定可能涉及整个组织活动，也可能只涉及组织活动的某个方面。

在确定课题的基础上，环境研究人员还要利用组织现有的资料，根据自己的经验、知识和判断力，进行初步分析，提出关于组织活动中所遇到的问题的初步假设，即判断组织问题可能是由哪些环境造成的；在众多的可能环境中，哪些是最主要的。

2. 收集整理资料

提出了关于问题原因的假设后，还要对这些假设进行验证。如果假设成立，那么组织就需采取相应的措施去消除原因，解决问题。验证假设需要占有能够反映组织内外环境的资料。这些资料有两个来源：一是组织内外现存的各种资料，比如组织活动的各种纪录、组织外部公开出版的报刊文献等。由于这类资料不是为了特定的研究而存在的，因此在实用性上可能有一定的局限。二是环境调查资料。为了进行正确的验证，充分进行环境研究，组织还应进行专门的环境调查，以收集所需资料。

3. 环境预测和评估

预测和评估的内容主要包括两个方面：首先是利用对有关资料的分析，找出环境变化的趋势，然后根据这个趋势预测环境在未来可能呈现的状况；其次是根据对假设原因的验证，根据对组织活动各种影响环境之间关系的分析，研究采取相应的措施后组织存在的问题能否解决，预测组织未来的活动条件能否得到改善。一般说来，任何事物对组织的影响都是双重的，既有有利的一面，也有不利的一面。比如，顾客需求的变化可能使企业的市场空间迅速扩大，又会吸引更多的企业加入到竞争者的行列中。从某种意义上讲，机遇和威胁只是同一事物的两个方面，当认识到事物的全部影响时，威胁就会被转化为发展机遇。如果只是片面地看到事物变化的有利一面，那么机遇也不过是一个诱人的陷阱而已。

【阅读资料3－2】

海盐衬衫厂的兴衰

海盐衬衫厂成立于1956年（当时称红星成衣社），全厂职工不过30多人。改革开放之前，全厂固定资产净值只有2.2万元，全部自有资金不足5万元，年利润5000元。改革开放之后，在厂长步鑫生的带领下，小厂进行了全面改革。他们果断地扔掉了商业包销的拐棍，由综合性服务加工转为专业生产衬衫。他们立足国内市场，陆续开发了“双燕”男女衬衫、“三毛”儿童衬衫和“唐人”高级衬衫三个名牌；衬衫生产实行了现代化，并成立了衬衫的花型、款式设计研究室；对劳动工资进行了改革，打破了“大锅饭”，提高了工作效率。到1983年，该厂已拥有固定资产净值107万元，全厂工业产值达1028万元，实现利润52.8万元，比改革前增加了100多倍，一跃成为全省同行业的佼佼者。许多新闻记者蜂拥而至，步鑫生成为全国改革风云人物，整天忙于社会活动，声言要建造中国服装托拉斯，无暇像过去那样认真思考经营管理问题。

1984年中国刮起了一股“西服风”。起初，步鑫生不为所动，但不久他就办起了一个领带车间，接着又办起了印染车间，最后决定兴办西服分厂。这项决策是在与上级主管部门的一次谈话中，前后不过2个小时做出的，而且决策做出之前并未对市场进行科学分析，也未对本厂的技术和生产实力进行实事求是的评价。

在省主管部门扶植先进的“好心”帮助下，海盐衬衫厂又增加了200万元的投入。但好景不长，国家宏观经济过热而不得不采取紧缩政策，并控制基建规模。海盐衬衫厂的西服大楼被迫停工。与此同时，市场也发生了微妙的变化，原来异常走俏的西服也出现了滞销现象。在此之前，该厂匆匆上马的印染车间，由于技术不过关而停留在停工状态。在生产规模迅速扩大后，该厂基础管理工作跟不上、质量不稳定。1985年在“全国衬衫评选会”上，代表着海盐衬衫生产水平的“唐人”牌高级衬衫名落孙山，使海盐厂丧失了产品优势。一项兴建西服分厂的决策使海盐厂“赔了夫人又折兵”，元气大伤。而与此同时，企业内部管理者素质的低下更加速了企业的衰败。

步鑫生精明强干，精力充沛，每天工作十五六个小时，厂里无论大事小情他都要过问，可谓“殚精竭虑”、“废寝忘食”，职工们也说他是厂里“工作热情最高”的人。然而，步鑫生文化程度不高，虽然在本行业有几十年的工作经验，但终究脱离不了小生产者的思维。如在建西服厂时，他坚持搞“成龙配厌”、“小而全”的生产，结果造成了严重的损失。在企业的组织结构上，他实行高度集中的管理和控制，大小决策都要由他最后裁决。一些年轻有为的助手感到事事插不上手，“英雄无用武之地”，只好离开海盐厂另谋高就。

步鑫生刚愎自用，听不进不同意见，在西服分厂筹建工作受阻、西服市场变冷之后，及时撤出仍可亡羊补牢，上上下下许多人劝他下马，他却一次又一次地拒绝了，致使情况日益严重。

在企业人员流失的同时，企业的运转也出现了混乱。这主要是因为规模虽然上去了，但管理人员的管理水平没有相应提高。企业过去制定的一些规章制度，有些已不能适应大工业生产的需要，但并未对其进行及时的修改和调整。比如在规模扩大、产品结构改变后，供销管理却没能跟上去。特别是虽然有领带、衬衫、西服和印染四个车间的承包，但由于协调不好，互不通气，重复进料、超度进料，造成严重的积压。不久，财务科便发出危机的信号：已无钱购进衬衫面料了。

1986年，海盐厂账上亏损300万元，工厂负债几百万元。步鑫生备尝创业的艰辛，终因企业濒临破产而被免去厂长之职。

3.4.2 外部环境分析的常用方法

企业外部环境分析的常用方法有PEST分析法和产业环境分析方法，下面分别予以介绍。

1. PEST分析法

所谓PEST分析，就是指从一般外部环境方面来探察、认识影响企业发展的原因。一般外部环境涵盖的内容十分广泛，可以笼统地概括为政治与法律环境、经济环境、社会与文化环境、技术环境四个方面，也有人把人口环境从社会与文化环境中单独列出，如表3-2所示。

表3-2　一般外部环境分析的主要内容①

主要方面	主要内容
人口	人口的地理分布、就业水平、收入水平、年龄、文化差别等
经济	增长率、政府收支、外贸收支及汇率、利率、通货膨胀率等
政策与法律	环境保护、社会保障、反不正当竞争法以及国家的产业政策
社会与文化	公民的环保意识、消费文化、就业观念、工作观念等
科学技术	高新技术、工艺技术和基础研究的突破性进展

一般环境往往是通过影响产业环境来影响企业，这就要求企业识别所在产业对一般环境的敏感性。

PEST分析通常要借助于经济、社会以及其他相关学科已有的研究成果，在这些成果的基础上有必要对与企业有关的问题做出进一步的研究。由于PEST分析需要借助许多相关学科的知识，而每个产业乃至每个企业的情况又有很大差别，因此人们很难找到一种通用的分析工具，需要具体问题具体对待。例如，20世纪90年代后期，我国医药流通企业在进行PEST分析时，主要考虑的环境很多，见表3-3。

2. 产业环境分析方法（五力模型）

组织不仅在一般环境中生存，而且在特殊领域内活动即在行业（或产业）竞争环境中活动。迈克尔·波特认为，一个产业内部竞争激烈程度以及效益水平受到五种竞争力量的共同影响，如图3-1所示。

（1）潜在进入者的威胁。当一个产业市场正在急速增长，或者它的投资收益水平超过了其他产业时，这个产业自然成为其他产业的企业进行战略扩张时选择的进入对象。潜在进入者的进入行为会改变产业内的竞争格局，集中的市场结构可能变得分散，原有的竞争规则可能会被打破，企业的竞争优势也可能随着新进入者的到来而荡然无存。

---

① Hitt, Michael A., Strategic Management, 2nd Ed, West Publishing Company, 1996.

表3－3 医药流通企业的部分一般环境（PEST分析）

政治法律环境	经济环境
1. 产业政策：医药流通的体制改革，包括产权制度和经营方式；鼓励医药企业实行代理配送制，医药零售企业实行连锁经营制 2. 我国正在建立医（院）、药（房）分离制度和非处方药（OTC）的管理制度 3. 新型的社会保障体系将取代传统的公费医疗制度	1. 城乡居民收入持续上升，居民的保健意识不断提高 2. 我国的资本市场不断发育、成长，企业的融资渠道和融资方式趋向多样化 3. 加入WTO后药品分销服务的开放，国际跨国公司的冲击和影响
社会文化环境	**技术环境**
1. 国民教育水平逐步提高，越来越多的人以科学的眼光看待药品和保健品 2. 城镇化的发展增加了对医药产品的需求	1. 电子商务的蓬勃发展将促进中国医药流通企业创新经营模式的出现 2. 物流管理、供应链管理、企业资源规划、客户关系管理等技术快速发展

资料来源：张玉利主编：《管理学》，南开大学出版社2004年版，第134页。

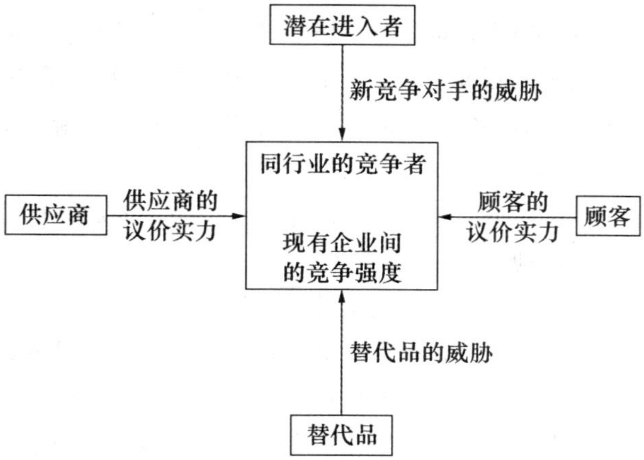

图3－1 波特的五种力量分析模型

一个企业时时面临着潜在进入者扩张企图的威胁，企业管理者无法确切指出谁在发出威胁，却可以估计这种威胁的大小。产业经济理论早已发现，每个产业都有自己的进入障碍。所谓进入障碍，是指产业外部的企业进入这一领域时必须付出的、而产业内的企业无须再付出的一笔损失。显然，进入障碍越大，潜在进入者对产业内企业的威胁越小。除进入障碍之外，产业的吸引力、产业发展的风险和产业内企业的集体报复可能性等，都影响着进入障碍的大小。当然，进入障碍真正构成了产业内各企业利益的保护屏障。

进入障碍主要有以下六种，它们共同决定着一个潜在对手进入产业需要多少资金的投入，需要多长时间才可以形成竞争力。

第一，规模经济。规模经济（economic of scale）指随着经营规模的扩大，单位产品成本下降的经济特性。如果产业内的企业都达到了相当的规模，并通过规模经营获取到明显的成本优势，那么规模经济就会成为抵御潜在进入者进入的制约环境。进入者为达到合理的规模往往需要花费大量的投资，一旦它不能达到合理的规模，将无法承受巨大的竞争压力。

第二，差别化程度。差别化是指企业凭借产品或服务所形成的特色来吸引顾客，赢得市场。企业的品牌、形象、独特质量和性能、产品组合、服务等，都是差别化的构成要素。如果产业内部的企业都具有良好的企业形象或较高的品牌知名度，并且这种信誉、形象成为它们吸引顾客的主要力量，这个产业的差别化程度就达到了较高的水平。新进入者为了在这一领域开展经营，必须花费很大的代价来树立自己的声望和品牌形象。特别要注意的是，克服差别化的进入障碍不仅需要大量的资金投入，而且还需要相当长的时间。因为要让顾客接受一种品牌或是一种有特色的产品，绝不是一朝一夕就可以完成的。

第三，转换成本。转换成本是指顾客为了更换供应商必须付出的额外费用。顾客的转化成本越高，就会越依赖原供应商，即被供应商“锁定”（Lock-in）。广义地说，顾客为了学会使用新供应商的产品而花费的时间、精力和资金，都属于转换成本。通常，转换成本包括重新培训自己的员工所需的成本；新的辅助设备的成本；检验考核新购产品所需的时间、风险和成本；需要销售者提供技术上的帮助；需要建立新的原材料物流系统；建立新关系、断绝旧关系的心理代价等内容。

实践证明，转换成本是一种十分有效的竞争武器。不少企业采用各种方式成功地形成了转换成本，从而强化了它们的市场地位。

第四，技术障碍。在技术障碍中，专利技术是最有效的保护屏障。如宝丽来公司的一次成像技术，皮尔金顿公司的浮法玻璃技术，都是凭借专利保护来确立自己的领先地位。同样，少数公司专有的技术秘诀、组合技术也可以构成抵御潜在进入者的技术障碍。

构成技术障碍的另一种重要环境是“学习曲线”。“学习曲线”所描述的是产量累计增加一倍，单位产品成本会按一定比例下降的经济特性。它实际上反映了人们在从事同一种工作时，经验不断积累并升华为技术，工作效率不断提高的过程。不同产业领域“学习曲线”下降的速度（即单位产品成本下降的比例）会有不同。如果下降速度较快，意味着先期进入某个领域的企业享有特殊的、与规模成本无关的成本优势，这其实也是一种技术障碍。这使新进入者如果不能掌握其他降低成本的技术，就会处在极其不利的地位。

第五，对销售渠道的控制。企业可以通过建立专卖系统或者在销售上建立密切的合作关系来封锁新进入者通向市场的通道。虽然这种合作关系本身不具有排他性，但新进入者为了建立有效渠道，必须以更优惠的商业折扣，或承担更高的广告费用等方式赢得销售商，否则就难以开拓市场。

第六，国家政策。国家的产业政策和有关法律、法规，包括对最低投资规模的要求，对环保设施的要求以及发放许可证时采取的实际控制措施等，也构成了一项重要的进入障碍。

进入障碍为一个产业内各企业的利益提供了某种保护，而它的高低由产业的技术经济特征随着新技术的出现而改变，而企业之间的激烈竞争会加速这种变化。

（2）替代品的威胁。替代是所有产业都面临的一种特殊的竞争关系。所谓替代，是指一种产品在满足顾客某一特殊需求或多种需求时取代另一种产品的过程。替代产品的存在扩大了顾客的选择余地，他们可以根据自己的特殊需求，在同类产品中选出最适用的那一种。因此，从短期来看，一种产品的价格和性能受到替代产品的限定，无论其价格上扬或性能下降都将产生有利于替代产品的结果。从长期来看，一种产品或产业的兴起有可能导致另一种产品或产业的消失。例如随着微电子工业的发展，打印机基本取代了打字机，电子计算机完全取代了计算尺，这些都是一个产业取代另一个产业的例子。由此可见，产品替代中包含着不容忽视的巨大危险。

特别需要指出的是，高新技术企业面对的竞争威胁很大程度上来自替代产品。一些高科技企业的管理人员由于掌握了某种独一无二的技术成果，于是认为企业正处在一个没有竞争的市场上，这实际上是对高科技领域技术竞争的一种错误认识。任何一项新技术成果都具有一定独创性，它们虽然是竞争对手难以模仿的，但不一定会降低它们被其他产品所替代的风险。

第一，决定替代的环境。一种产品能否被取代，主要取决于以下三种环境。

- 相对价值价格关系（Relative Value Price，RVP）。相对价值价格关系即通常所说的性能价格比。替代产品与原产品在满足同一顾客的同一种需求时，它们的性能肯定存在着一定的差别，当其价格的差别与性能差别相符时，就会发生替代。也就是说，顾客为了获得更好的性能宁可付出更多的费用，或是为了节省费用而降低对产品性能的要求时，就会由购买一种产品转向购买另一种产品。因此，原产品和替代产品的性能及价格的变化，会改变替代威胁的强度。
- 转换成本。这里的转换成本是指顾客由使用原产品转向使用替代产品时，需要付出的额外代价。如果替代产品对使用条件有特殊的要求，它的扩散过程就会受到这些条件的制约，从而减弱它的替代程度。一般来说，替代产品的使用条件包括两种类型：一种是物质条件，主要是指使用该产品所需要的辅助设施及环境条件，比如某些微波治疗设备需要屏护装置，某些测试仪器需要特殊电源，这些设施加大了顾客的使用成本；另一种是使用该产品所需要的知识，如使用计算机财务管理软件或生产管理软件通常要具备两个领域的专业知识，这就使得软件的应用受到一定限制。
- 顾客的替代愿望。顾客可能由于自身的各种原因而增强寻求替代产品的愿望。例如，如果企业受到竞争压力的威胁，可能希望通过使用替代产品来获得新的竞争优势。

第二，广义替代。广义替代是除替代产品之外，由于产业发展和顾客需求变化等各种环境引起的顾客对产品需求减少的现象，相当于有一种替代力量抑制着原产品的市场。广义替代和产品替代是企业面对的长期威胁。波特曾列举出四种常见的广义替代，包括二手产品对原产品的替代；产品消耗率的下降；顾客自己承担起上游企业的生产任务；顾客需求倾向的变化。

广义替代分析要求企业管理者更广泛、更全面地认识市场，关注市场的变化动向，这对于制定战略来说无疑是十分必要的。

第三，替代过程。在大多数情况，替代是一个渐进的过程。如果把原产品和新出现的替代产品看做是统一市场上的两种产品，则原产品的市场份额逐渐减少，替代品的市场份额逐渐增多，替代过程为一个“S”型曲线，如图 3－2 所示。

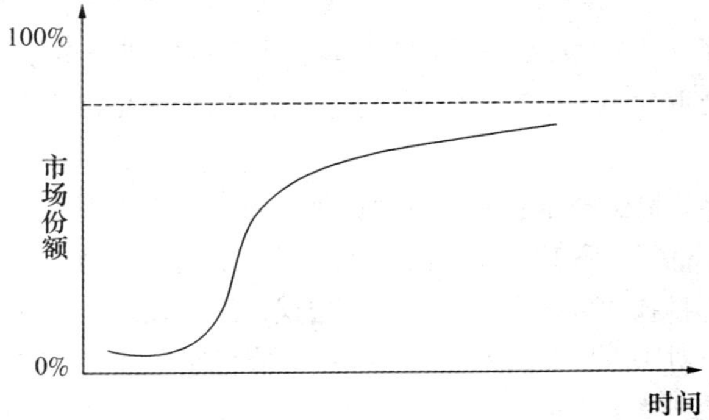

图 3－2 替代过程

在具体的替代过程中，由于两类产品互为替代，一方成本或质量的改进都影响到另一方，因此替代过程有可能发生波动。替代结果也不一定是一方完全取代另一方，而是在替代过程进行到一定阶段后，在原产品与替代产品之间会出现平衡状态，即两类产品各自占有一些份额。例如，戏剧、电影和电视之间的替代，核能、水利和火力发电之间的替代都是如此。

（3）买方和卖方的议价实力。买方和卖方的议价实力（bargaining power）即买方和卖方掌控交易价格的能力。在具体的交易活动中，影响议价实力的环境很多，如交易商谈的地点、人员素质、日程安排等。但这些都是运作层面的环境，交易双方的议价实力还受到一些产业特征的环境制约。

第一，影响议价实力的环境。从产业层面来看，影响交易双方议价实力的主要环境有：

- 集中程度。集中程度反映了一个产业领域中企业数量的多少。如果买方所在产业集中程度高而供方低，即买方的数量远远少于供方的数量，买方选择交易对象时比供方有更大的自由度，在谈判中就可以打出“公司牌”，寻求最有力的供货者；反之，供方就会占据有利地位。例如，汽车制造业是一个高度集中的行业，而汽车零售业的企业数量却很多，双方的交易通常是以汽车制造商的定价为准。

- 后向一体化的能力。有的企业拥有一定的上游产业的加工生产能力，可以成为钳制交易伙伴的力量，企业在谈判中就容易占据主动。这种情况下，企业的生产结构如倒写的字母 T，也称为 T 型结构，如图 3 – 3 所示。

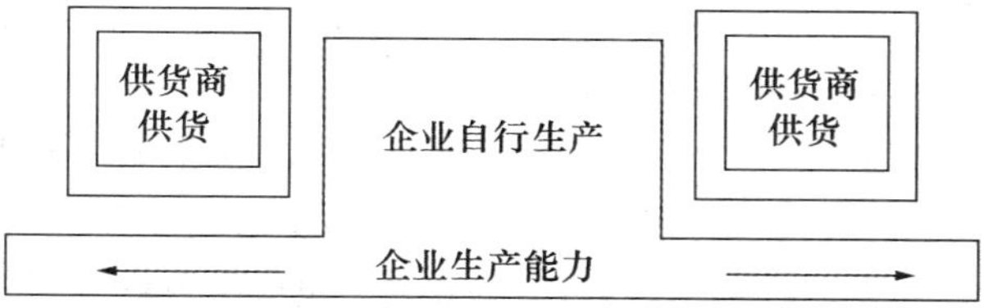

图 3 – 3 企业的 T 型生产结构

- 转换成本。转换成本的控制力通常是无形的、潜移默化的，交易的一方对另一方有转换成本时，对对方的依赖演变成为价格上的让步。需要注意的是，供应商对买方也存在转换成本。
- 差别化程度。买卖双方的产品特色、经营特色、品牌知名度等是谈判的重要筹码。如产品制造商和零售商中的任何一方拥有最终消费者认可的品牌时，他们的谈判地位会提升。
- 价格敏感性。外购对买方产品的质量、性能有重大影响时，买方的价格敏感性就会降低。外购投入占其总成本比重很大时，价格敏感性会上升。此外，交易任何一方的收益水平太低时，他们对价格的立场都会表现得异常坚定。
- 如果买方占供方供应量比重较大，那么买方事实上成了供应方的主要顾客，他在谈判中就会处于有利地位。

第二，顾客策略。企业的顾客构成是企业战略的一个重要变量，而顾客策略要解决的问题就是通过选择顾客使企业具有合理的顾客构成。制定顾客策略和采购策略不是战略分析阶段的任务，但是这种战略思想在分析中应该得到体现。企业在分析顾客议价实力时，要充分收集与顾客相关的资料信息，为后续的工作做好准备。

波特对顾客策略有着独到的见解。他断言，好的顾客策略可以造就好的顾客。波特提出了企业用以选择顾客的四条标准。

- 如果顾客需求与企业能力相一致，企业的业务专长技术开发能力、生产制造能力、管理控制能力才能为顾客充分接受，才能凸显企业的特色。
- 顾客具有较大的增长潜力，顾客的增长将带动企业的成长；相反，如果主要的顾客都已陷入财务危机，这种厄运迟早会落在企业头上。
- 顾客议价实力低，企业的利润空间不会受到打压。

- 供货成本合理，顾客在供货、包装等方面的特殊要求所引起的费用在合理的、企业能够承担的范围之内。

由于以上标准中含有一些可以控制、可以改变的环境，因此这些标准既要可以用来衡量顾客，也可以衡量企业自身。

伊丹敬之从另一个角度提出了顾客策略的思想。他认为，一个制造业企业应该拥有三类不同的顾客，这些顾客的数量比例也应合理。这三类顾客是：

- 能为企业带来商誉的顾客。这些顾客对产品质量或服务有特定的要求，他们的购买数量可能不大，但他们的购买行为表明了企业的产品质量或服务水准达到了相当高的水平，即使企业以较高的成本来满足这些顾客的需求，也应努力赢得这些顾客的信任。
- 能为企业带来利润的顾客。这类顾客对产品的需求量很大，而对质量又没有苛刻的要求，他们是企业主要的利润源，是企业应该通过市场开发努力扩大的顾客群体。
- 能为企业带来创新信息的顾客。这类顾客把企业的产品用于技术创新活动中，他们会把工作中的技术困难转化为对产品性能的新要求。对企业来说，这些创新信息是非常宝贵的。

显然，伊丹敬之考虑的是通过企业的顾客构成与组合来平衡企业的生存与发展两方面的需要。这种思想不仅对制造业企业有很高的参考价值，许多服务业企业如管理咨询公司、广告公司等在规划自己的发展方向时，也可以借鉴这种思想。

第三，采购策略。采购策略是企业战略中与顾客策略相对称的内容，他要回答的问题是：企业如何获得可靠的原材料、零部件的供应，如何使外部供应源成为企业竞争力的组成部分。

（4）产业内部的竞争。产业内部的竞争是企业管理者最为关注的问题之一。早期的竞争理论把关注的焦点集中在如何分析竞争对手，而现在的战略分析则把研究的范围展开为三个方面：影响竞争强度的一般环境、战略分组和竞争对手分析。

第一，影响竞争强度的一般环境。产业内部的竞争强度不仅牵涉到企业的利润水平，频繁的价格战和过度的广告战还会耗费大量的资金，削弱企业的技术创新能力。人们早已注意到不同产业领域的竞争强度相差很大，有些产业内维持着相当平和的竞争环境，有些产业的激烈竞争却让企业陷入亏损。产业经济理论把影响竞争强度的环境归结为以下几种。

- 产业集中度。产业集中度反映出一个产业企业数量的多寡和他们的规模是否接近。产业经济理论把产业概略地分为三种状态。在分散产业中，每个企业可能很难找到明显的竞争对手，是“一对所有”的竞争。企业之间也很难进行沟通和必要的协议，各企业各行其是，竞争行为有从众的趋势。在联合垄断的集中型产业中，由于企业规模相近，没有企业能够发挥主导作用，竞争程度往往十分激烈。而在由极少数企业垄断的集中性产业中，企业之间相互影响、相互依赖的程度很高，也容易通过协商建立产业秩序和某种程度或某个方面的联盟。

- 市场需求及其波动性。在市场高速增长的产业中，企业比较容易获得自己的市场空间，彼此发生直接冲突的机会少一些；而在市场增长停滞的产业中，企业要增加自己的销售额，必须设法从竞争对手那里争取顾客。另外，有些产业受到经济循环变动或其他环境的影响，市场需求呈现急剧波动的状态。企业在市场需求高涨时，要投入大笔资金扩大生产能力，而在市场萎缩时，超额的生产能力又会带来过度竞争。
- 产业的成本结构。如果产业的技术特性要求企业必须拥有比例很大的固定成本比，企业的生产能力又不能完全被利用时所遭受的损失就更大，这时企业就会倾向于通过降低价格、增加产量来减少损失，从而引发激烈的竞争。
- 产品差别化程度和转换成本。差别化程度和转换成本这两个环境加强了企业与顾客的联系，当顾客更倾心于他们所认可的品牌和供应商时，产业内发生价格竞争的机会就变小了。也可以说，差别化和转换成本为企业设置隔离带，减少了他们在市场中相互重叠的部分。
- 退出障碍。退出障碍是与进入障碍相对应的概念，是指企业从一个产业撤出时要付出的代价。企业在撤出某个产业时会遭遇退出障碍，主要是由于以下五种原因：一是专用性资产；二是退出产业的直接费用；三是战略牵连；四是感情障碍；五是政府与社会的约束。

第二，战略分组。战略分组即把产业内的企业分为特征不同的若干群组，进而归纳每组的特征，研究群组内部和群组之间的竞争关系，以便企业更好地判明竞争形势。下面是根据一项调查结果对我国某地饲料工业企业的一个简单分组，如图3－4所示。

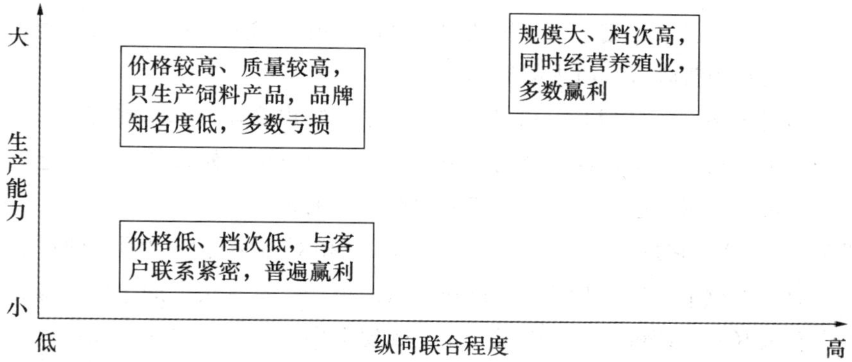

图3－4 饲料工业企业的战略分组

战略分组图可以清楚地反映出产业内的竞争态势，并为企业管理者描绘企业战略增添了更为直观的表述方式。从战略群的角度看，企业可以选择的战略方向包括：巩固企业在所处战略群组中的地位；向另一个市场地位更有力的战略群组发展；通过战略创新，创造出独有的战略特征，使企业自身成为一个新的战略群组。

3.4.3 企业内部环境分析的常用方法

企业内部环境分析是围绕着认识企业的优势和劣势这条主线展开的。企业的内部结构可以分为三个主要层面：一是经营结构，包括不同的产品、经营领域以及它们的比例关系；二是创造价值的各项活动和这些活动之间的相互联系；三是企业的资源和能力。下面分别介绍适用于不同层面的内部环境分析方法。

1. 波士顿矩阵方法

波士顿矩阵方法是由美国大型商业咨询公司——波士顿咨询集团（Boston Consulting Group）首创的一种规划企业产品组合的方法。它的主要内容包括以下几个方面。

（1）划分经营领域。在波士顿咨询公司提出的方法中，将公司的全部经营范围划分为若干个经营领域。对于不同的产品品种而言，划分的依据应该是产品成本与产品特色两者的结合，当这种特色对顾客有价值时就可以划分为一个经营领域。

（2）评价经营领域。波士顿咨询公司提出使用两个标准来评价经营领域，即市场增长率和相对市场份额。其中，市场增长率是指某个领域的市场在若干年中的复合增长率或平均增长率。相对市场份额是在给定市场上企业在该经营领域的销售额与最大竞争对手的销售额之比。

以市场增长率为纵轴并以10%作为市场增长率高低的分界线，以相对市场份额为横轴并以1.0作为相对市场份额大小的分界线，可以绘制出一个由四个方格构成的矩形图，即所谓的BCG矩阵，如图3－5所示。其中，圆圈代表各个经营领域；圆圈的圆心表示其在矩阵中的位置，由该领域的市场增长率和相对市场份额的综合评价值所确定；圆圈的大小表示该经营领域的销售收入在公司总销售收入中所占的比例。

（3）优化资源配置。上述成长－份额矩阵生动地反映出企业经营结构的现实形态，也为优化资源配置提供了线索。波士顿咨询公司为矩阵中的每个方格分别取了名称，这些名称也反映出对经营领域评价的结果。这四个方格所代表的经营领域如下。

- 明星类（stars）：它是指处于高市场增长率、高相对市场份额象限内的产品群。在企业的全部业务单位中，这类业务处于迅速增长的市场，具有很大的市场份额，在增长和获利上有着极好的长期机会，可能成为企业的现金牛产品，需要加大投资以支持其迅速发展。但它们是企业资源的主要消费者，需要大量投资。
- 金牛类（cash cow）：又称厚利产品，它是指处于低市场增长率、高相对市场份额象限内的产品群，已进入成熟期。这类业务处于成熟的、低速增长的市场之中，市场地位有利，赢利率高，本身不需要投资，反而能为企业提供大量资金，成为企业回收资金支持其他产品，尤其是明星产品的后盾。

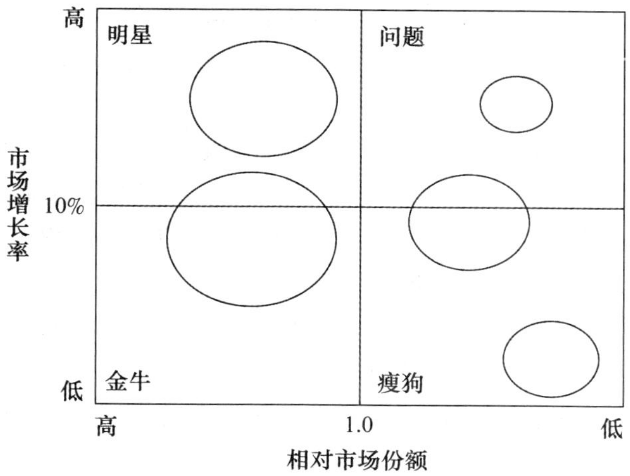

图3-5 波士顿咨询公司的成长-份额矩阵

- 问题类（question marks）：它是处于高市场增长率、低相对市场份额象限内的产品群。这类业务，通常处于最差的现金流量状态。一方面，所在行业的市场增长率高，企业需要大量的投资支持其生产经营活动；另一方面，其相对份额低，说明在市场营销上存在问题。因此，企业在对问题业务的进一步投资上需要进行分析，判断使其转移到明星业务所需要的投资量，分析其未来赢利，研究是否值得投资等问题。例如，在产品生命周期中处于引进期、因种种原因未能开拓市场局面的新产品即属此类问题的产品。
- 瘦狗类（dogs）：也称衰退类产品，它是处在低市场增长率、低相对市场份额象限内的产品群。这类业务处于饱和的市场当中，竞争激烈，可获利润很低，处于保本或亏损状态，负债比率高，不能成为企业资金的来源。如果这类经营业务能自我维持，则应缩小经营范围，加强内部管理；如果这类业务已经彻底失败，企业应及早采取措施，清理业务或退出经营。

2. 麦肯锡方法

麦肯锡方法是由世界著名的管理咨询公司——麦肯锡公司提出的，因为这种方法最先在美国通用电气公司（GE）得到应用，有时也被称为GE方法。

GE方法建议从两个角度评价经营领域，一是行业吸引力，二是公司的相对竞争地位。这意味着企业如果进入富有吸引力的经营领域，并拥有在这些领域中获胜所需要的各种能力，就可能把握更大的发展机遇。因此，问题的关键在于如何从这两个角度对每种战略经营领域进行全面的评价，这要求管理者必须认真识别每个方面的构成环境，并将其综合成为量化的评价结果。

（1）行业吸引力。考察行业吸引力的目的是了解一个领域是否含有发展的机遇或者增加收益的潜力。从投资的角度看，一个领域往往存在多种影响投资收益的环境，对行业吸引力的评价只能建立在对这些环境进行评价的基础上。因此，麦肯锡方法采用多指标综合评价方法来评价每个领域的行业吸引力。

（2）相对竞争地位。相对竞争地位评价的目的是了解企业在每个经营领域中把握发展机遇或者获取更高收益的能力。与行业吸引力评价相同，进行相对竞争地位评价时，首先要选择一组可以反映竞争地位的指标，如经营规模、销售增长率、市场占有率、技术水平、产品质量、分销网络、生产能力、单位成本、物质供应、研究与开发实绩、地理位置、人员水平、商誉等。在具体评价时，企业同样要先分配给每个指标以适当的权重和域值，然后再进行单项指标评价，经过加权平均后得到综合评价的结果。

（3）资源配置矩阵。根据上述评价结果，企业可以使用类似于波士顿矩阵的方法，把每个战略经营领域的情况绘制在一个矩形图上，直观地反映出企业目前的经营结构。这个矩形图通常被分为九个方格，如图3－6所示。

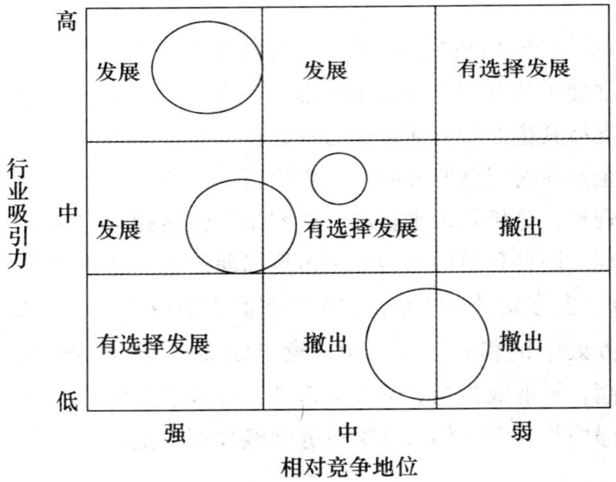

图3－6 麦肯锡方法的资源配置矩阵

图中每个圆圈代表一个战略经营领域，圆心的位置由该领域的行业吸引力和相对竞争地位的综合评价值所确定，圆圈的大小与企业在该领域中实现的销售收入的多少成比例。矩形图中的九个方格可以分为三个区域，左上角三个格子表示的是理想或较为理想的区域，企业对处于这三个格子的战略经营领域应采取发展战略，进行适当的投资和扩张；在左下角到右上角这条对角线上的三个格子表示战略经营领域的行业吸引力和相对竞争地位不能同时达到理想状态，企业对处于这三个格子的战略经营领域应该有选择地加以发展；右下角的三个格子表示不理想的区域，企业对处于这三个格子的战略经营领域，可以考虑放弃，即撤出这些经营领域。

3. 利特尔方法

在美国咨询公司中，利特尔（A. D. Little）公司与麦肯锡公司、波士顿公司一样负有盛名。利特尔方法与波士顿方法和麦肯锡方法有着相似的逻辑，即通过评价企业经营领域来探寻重新配置资源的方向，然后配置资源以优化经营结构，进而提高企业的整体收益。利特尔方法是从产品生命周期和相对竞争地位两个变量来评价每个产品 - 市场领域。对该方法感兴趣的读者可参看有关战略管理方面的教程，限于篇幅我们在此就不多做介绍了。

3.4.4　内外部环境综合分析方法（SWOT 分析）

SWOT 分析法是企业战略决策的常用方法之一。所谓 SWOT（态势）分析，就是将与研究对象密切相关的各种主要内部环境——优势环境（strengths）和劣势环境（weaknesses）、外部环境——机会环境（opportunities）和威胁环境（threats），通过调查罗列出来，并依照一段的次序按矩阵形式排列起来，然后运用系统分析的思想，把各种环境相互匹配起来加以分析，从而决定采用何种经营战略。

1. 外部环境分析（机会/威胁分析）

外部环境是指企业外部对企业的生存和发展可能产生重要影响的各种因素的总和。企业外部环境的不确定性表明管理者缺乏足够的有关环境变化的信息，从而难以理解和预测环境的需要和变化。实际上，一系列变量使环境具有不确定性特征，这些变量变化的速率决定了环境不确定性的程度。其中，环境变化的速率和组织环境的因素个数，是影响环境不确定性的主要方面，如图 3 – 7 所示。

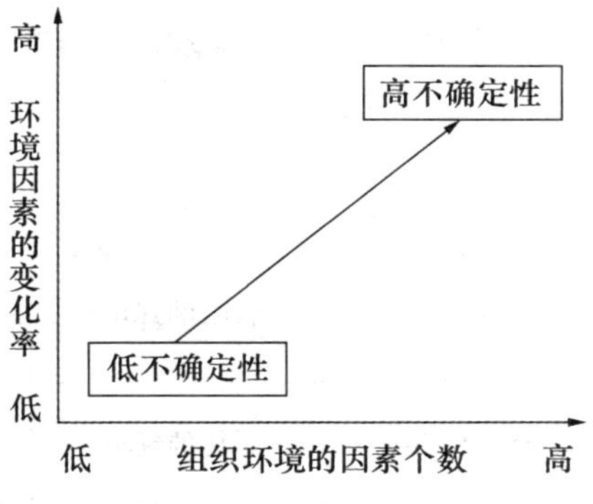

图 3 – 7　外部环境的不确定性

由于环境的不确定性，环境就可能给管理系统带来机会和威胁，下面分别对环境机会和环境威胁做具体的分析。

（1）环境机会。所谓环境机会，是指对企业生产经营等管理活动有利的环境，是富有吸引力的领域。

对环境机会的更准确分类和评价可以采用机会矩阵来进行，如图3－8所示。从机会的吸引力和成功概率这两个变量来考察，机会矩阵中机会可以分为三类：A为最佳机会；B、C为需密切关注的机会；D为不必考虑的机会。

组织面对环境机会相应有三种可选的对策，即利用机会（A）、等待观望（B、C）、放弃机会（D）。

（2）环境威胁。所谓环境威胁，是指对企业生产经营等管理活动不利的环境，是具有挑战性的领域。

对环境威胁的更准确分类和评价可以采用威胁矩阵来进行，如图3－9所示。从威胁的严重性和发生概率这两个变量来评估，其中威胁的类型包括：A为严重的或关键性的威胁，公司必须为此类威胁制定一个应变计划，一旦威胁出现，公司必须有相应的措施来抵抗或化解威胁；B、C为需密切关注的威胁；D为不必顾虑的威胁。

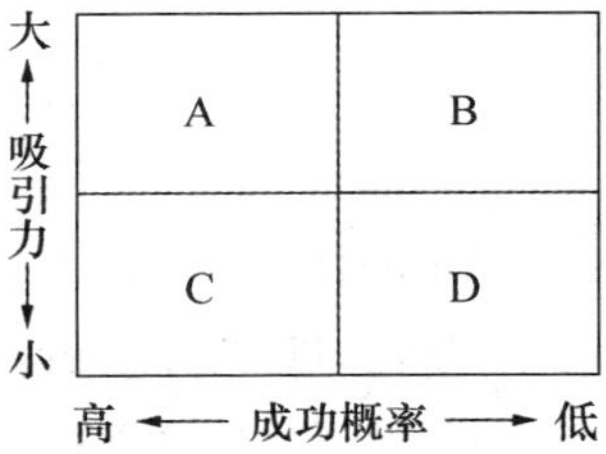

图3－8 机会矩阵图

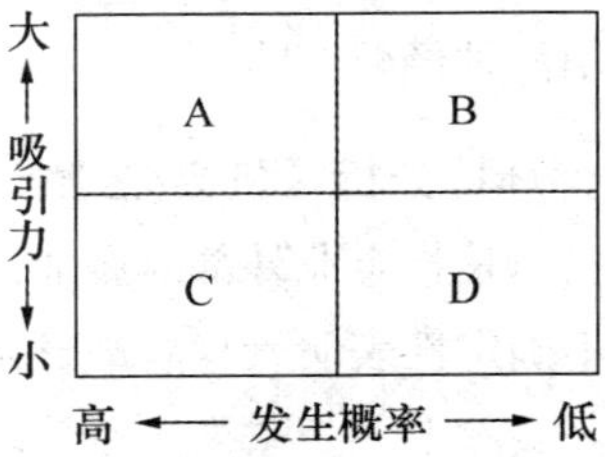

图3－9 威胁矩阵图

（3）机会和威胁组合。任何一个组织总是面临着不同的机会和威胁组合，由于机会和威胁的程度有大有小，可以组成四种不同的管理环境，即理想的环境、冒险的环境、老化的环境和恶化的环境，如图3－10所示。

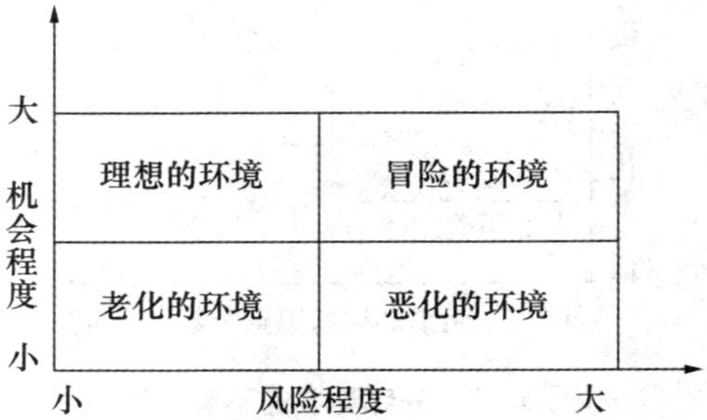

图3－10 管理环境的机会与风险组合

2. 内部环境分析（优势/劣势分析）

内部环境是指公司内部所有能够影响市场营销活动及其绩效的要素、力量和资源，是企业生存和发展的内部环境。这些内部环境是公司的管理者可以控制的。

对企业内部环境的分析，最重要的是对企业能力的分析。企业能力是多方面的，主要包括市场营销能力、财务能力、制造能力和组织能力等。企业能力分析的重点，是将现有能力与利用机会所要求的能力进行比较，找出差距，并制定提高相应能力的措施。企业能力分析可分以下三个步骤进行。

（1）明确利用机会所需的能力结构，找出反映这种能力的具体环境，并判断每一环境的相对重要性。如表 3－4 所示，所需能力的重要性采用高、中、低三个等级，现有能力的评价采用强、较强、中、较弱、弱五个等级。

（2）分析现有能力的实际情况，找出经营该业务的优势和劣势。

（3）进行评价并制定措施。

表 3－4　　优势/劣势评价表

能力要素		所需能力的重要性			现有能力的评价				
		高	中	低	强	较强	中	较弱	弱
营销能力	1. 公司信誉 2. 市场份额 3. 产品质量 …								
财务能力	1. 筹资能力 2. 资金成本 3. 资金稳定 …								
制造能力	1. 机器设备 2. 规模经济 3. 工艺技术 …								

3. 构造 SWOT 矩阵

前面两个步骤完成了对优势和劣势、机会和威胁的全面评估，既完成了对公司某项业务的 SWOT 分析。在此基础上，如果是一名营销者则可以采用 SWOT 分析矩阵，归纳出该业务所面临的机会点和问题点。例如双汇集团的 SWOT 分析矩阵，见图 3－11。

在构建 SWOT 矩阵时，将分析出的各种环境根据轻重缓急或影响程度等排序方式排列，在此过程中，将那些对公司发展有直接的、重要的、大量的、迫切的、久远的影响环境优先排列出来，而将那些间接的、次要的、少许的、不急的、短暂的影响环境排列在后面。具体而言，可按以下步骤构造这个 SWOT 分析矩阵。

优势（strength） 1．鲜肉加工能力最大 2．品牌知名度高 3．上市公司筹资能力强	机会（opportunitiy） 1．安全鲜肉需求显著 2．速冻食品迅速增长 3．尚无前向一体化先例
劣势（weakness） 1．缺乏连锁零售经验 2．有竞争力产品线少 3．鲜肉生产运输成本高	威胁（threat） 1．地方政府的保护 2．超市建店门槛提高 3．春都、金锣等品牌的进攻

图 3－11　双汇集团的 SWOT 分析矩阵

（1）把识别出的所有优势分成两组，分组时应以下面的原则为基础：看它们是与行业中潜在的机会有关，还是与潜在的威胁有关。

（2）用同样的方法把所有劣势分成两组。一组与机会有关，另一组与威胁有关。

（3）建构一个表格，每个占 1/4。

（4）把公司的优势和劣势与机会和威胁配对，分别放在每个格子中。

4. 制定行动计划

在完成环境分析和 SWOT 矩阵的构造后，便可以制定出相应的行动计划。制定计划的基本思路是：发挥优势环境、克服弱点环境、利用机会环境、化解威胁环境；考虑过去、立足当前、着眼未来。运用系统分析的综合分析方法，将各种环境相互匹配起来加以组合，得出一系列公司未来发展的可选择策略。这些策略包括：

（1）优势/机会策略（S/O），即着重考虑优势环境和机会环境，目的在于努力使这两种环境都趋于最大。

（2）优势/威胁策略（S/T），即着重考虑优势环境和威胁环境，目的是使优势环境趋于最大，使威胁环境趋于最小。

（3）劣势/机会策略（W/O），即着重考虑劣势环境和机会环境，目的是努力使劣势趋于最小，使机会趋于最大。

（4）劣势/威胁策略（W/T），即考虑劣势环境和威胁环境，目的是使这些环境都趋于最小。

可见，W/T 对策是一种最为悲观的对策，是处在最困难的情况下不得不采取的对策；W/O 对策和 S/T 对策是一种苦乐参半的对策，是处在一般情况下采取的对策；S/O 对策是一种最理想的对策，是处在最为顺畅的情况下十分乐于采取的对策。

本章习题

一、单选题

1. 信息技术的发展，深刻影响了人们的生活方式，这对企业而言既是机会又是挑战。这属于（　　）。

   A. 社会环境的影响　　B. 经济环境的影响

   C. 政治环境的影响　　D. 技术环境的影响

2. SWOT 分析法是一种（　　）分析方法。

   A. 内外部环境综合　　B. 内部环境

   C. 宏观环境　　D. 微观环境

3. （　　）又称具体环境，是指那些对组织影响更加直接、更加频繁的因素。

   A. 外部环境　　B. 内部环境

   C. 宏观环境　　D. 微观环境

4. 家用器械制造商以往从未向美国大型百货店提供过产品，最近却与希尔斯百货公司签订了一份三年期合同，将其洗衣机产品 40% 的生产量集中出售给希尔斯公司。这一行动使该制造商的经营环境发生了何种变化？（　　）

   A. 环境复杂性降低　　B. 环境复杂性升高

   C. 环境动态性降低　　D. 环境动态性升高

5. 在环境分析法中，针对产业环境分析一般运用（　　）。

   A. PEST 法　　B. SWOT 法

   C. 五力竞争分析法　　D. 价值链分析法

二、多选题

1. 下列属于微观环境的影响因素是（　　）。

   A. 现有企业间的竞争　　B. 替代品

   C. 供应商的议价实力　　D. 顾客的议价实力

   E. 互补品

2. 下列属于宏观环境的影响因素是（　　）。

   A. 人口　　B. 技术

   C. 资金　　D. 地理

   E. 社会文化

3. 组织文化的正面作用主要有（　　）。

   A. 导向　　B. 激励

   C. 协调　　D. 惯性

E. 自我约束

4. 下列属于外部微观环境的因素是（　　）。

A. 顾客　　B. 供应商

C. 营销中介　　D. 竞争者

E. 公众

5. 运用系统分析的综合分析方法，将各种环境相互匹配起来加以组合，得出一系列公司未来发展的可选择策略。这些策略包括（　　）。

A. 优势/机会策略　　B. 优势/威胁策略

C. 劣势/机会策略　　D. 劣势/威胁策略

E. 机会/威胁策略

三、名词解释

宏观环境　微观环境　组织内部环境　后向一体化　组织使命

四、简答及论述

1. 组织与环境之间的关系是怎样的?
2. 企业宏观环境和微观环境各包括哪些影响因素?
3. 如何理解组织环境管理的复杂性和不确定性?
4. 请简述环境分析的基本程序。
5. 试论述波特的五力分析模型。
6. 请简述波士顿矩阵法。

案例讨论

耐克的决策困境

耐克公司的首席执行官菲尔·奈特是靠开车沿街叫卖运动鞋起家的，如今，他的公司已经发展成为一家举足轻重的运动鞋制造商。在20世纪80～90年代，耐克公司是世界上最赢利的公司之一。随着篮球巨星迈克尔·乔丹的加盟，耐克公司迅速成为人们眼中高品质的时尚企业，其产品风靡全美国，备受青少年的青睐。在外人看来，耐克公司不会做错事，并且能够快速成长、赢利颇丰似乎都是其首席执行官奈特过去正确决策的结果。然而，就是这样的一家名声显赫的公司，近些年的发展却很不乐观，确实令人费解。

2001年，由于首席执行官菲尔·奈特的某些决策失误，该公司不仅失去了众多可赢利的商业机遇，而且也没能采取正确的措施应对新出现的商业挑战与威胁。由于畅销品的存货不足以及滞销品的过剩，耐克公司的销售不旺，利润也随之下滑。耐克公司除了对不断变化的顾客需要反应不够敏捷外，还被指责其国外工厂的生产条件差，员工待遇低。而奈特却对这些指责疏于理睬。看起来奈特是做出了一些有问题的决策，并因此而不可避免地影响到了公司的业绩。到底是什么原因致使这家颇受人们赞赏的公司出现下滑呢?

耐克公司近年来的诸多问题都源于该公司高层决策上的失误，同时也与该公司的管理者未能随着环境条件的变化及时做出应变决策有关系。耐克公司的管理者过于倚重产品的内部开发。他们一味地强调所谓的“耐克人”的做事方法，从而使得决策视野不够外向、开放。而耐克公司强有力的公司文化也妨碍了其设计师和管理者关注不断变化的客户需求及外部环境。

耐人寻味的是，菲尔·奈特也曾从公司外部聘用了一些高级管理人员。这些管理者带来了新观念，并试图帮助公司跟上时代发展的步伐。但是，这些人所倡导的做法经常遭到菲尔·奈特和其他管理者的否决，因为在后者看来，那些倡议似乎不适合耐克的公司文化。例如，戈登·麦克法登就曾被聘为耐克公司的户外产品总裁，他试图说服耐克公司的高层管理者收购诺思费西公司，以占领迅速发展的远足用品市场。麦克法登认为，收购诺思费西公司可使耐克公司一步跨入最大的户外运动用品生产商之列。菲尔·奈特最终还是否决了他的这个提案，因为耐克公司还不习惯于靠收购其他公司来发展壮大。耐克公司文化决定了只有耐克公司的设计师们心里最明白如何去开发“适销对路”的产品。

耐克公司的文化倾向也导致了其设计师过分强调运动鞋的性能，而不够重视正在流行的运动鞋的时尚或流行样式。这样，耐克的设计师就错过了抓住这类市场中某些变化的机会。例如，面对从白色运动鞋到适合都市生活的深色、多用途鞋这股市场转变潮流，他们依旧我行我素，还是强调性能至上。另外，耐克公司投入了过多的资源开发像 Shox 系列这样的高性能、高价位鞋——每双鞋的售价高达 140 美元以上，而这是以牺牲 60 ~ 90 美元一双的中等价位的运动鞋的生产为代价的，要知道，耐克公司有近一半的年收益来自这些中等价位运动鞋的销售。

虽然耐克公司的一些管理者也曾经参与改造该公司僵化的思维定势，以帮助公司做出与时俱进的决策，但他们的努力往往受挫。这些管理者无奈之余，多是选择离开该公司。麦克法登就是在其建议得不到奈特本人肯定时离开耐克公司的。同样，前金柯公司的高层管理者——曾被耐克公司聘为首席营销官，她尽其所能，努力重振耐克公司的市场营销部门。不久她便明白，公司内部对她的改革行动支持甚少，而这些行动是顺应形势不得不开展的。6 个月后，她辞职离开了耐克公司。要想克服上述问题或困难，耐克公司的决策者恐怕首先需要明白这一道理：该公司的产品市场及外部环境都已发生了变化，适合迈克尔·乔丹时代的决策思路在今天未必行得通。

思考讨论题

1. 耐克的经营环境发生了哪些变化?
2. 为什么说一家组织目前的成功有可能导致未来的失败?
3. 在一个不确定的环境中，管理者如何才能做出有效、及时的决策?

第 4 章

决　　策

内容提示

决策是管理的核心。决策理论的研究和运用，已成为现代管理中的一个中心课题并贯穿于整个管理过程之中。无论是计划、组织、控制还是领导、创新等管理职能，都存在着决策的制定和执行问题。决策水平直接影响管理的水平和效率。本章简要介绍了决策的含义、原则、依据和类型，系统地阐述了决策的程序，并概括地介绍了决策的几种方法以及群体决策与个体决策的优缺点。

【开篇引例】

安迪·格鲁夫砍掉存储芯片生产业务

20 世纪 80 年代，英特尔的主营业务存储器受到了来自日本企业的挑战，日本的存储器生产厂家以价廉物美的优势在很短的时间内使英特尔感受到了竞争和生存的压力。有关数据显示，英特尔曾为此连续 6 个季度出现亏损，这样的业绩令业界对其能否生存下去表示了极大的怀疑，英特尔的管理层也围绕是否放弃存储器业务而一度展开激烈争论。

当时，在所有人的心目中，英特尔就等于存储器，但格鲁夫却力排众议，坚决砍掉了存储器生产的业务，并把微处理器作为公司新的生产重点。到 1992 年，微处理器的巨大成功使英特尔成为世界上最大的半导体企业，甚至超过了当年曾在存储器业务上打败过它的日本公司。

4.1　决策的定义、原则与依据

明智的决策是成功的关键。人们不论做什么事情，都是首先始于决策，最后成于决策。从现实的情况来看，决策活动几乎是无处不在，无时不有的。小到我们日常生活的衣食住行，中到一个企业的经营管理，大到涉及国计民生的各种发展规划，都需要通过相应的决策才能使之一一得以完成和实现。可见，决策活动与人类活动是密切相关的。

4.1.1 决策的定义

人类的实践活动是在理性和意图的支配下，为达到一定的目的而进行的。自从有人类以来，就有了人类的决策行动。“决策”一词在国外用得很广泛，我国以前用得较少。《现代汉语词典》（商务印书馆，2005）对“决策”的解释是：①决定策略或办法；②决定的策略或办法。人们常常把“决策”理解为“决定政策”，好像这只是高级领导的事，这种理解过于狭隘。

作为管理学的一个特定术语，对于决策的含义，学者们有不同的看法，争论较多，当前主要有以下几种观点。

（1）决策就是做出决定。

（2）决策就是管理，管理就是决策。

（3）决策就是选择，决策就是领导“拍板”。

（4）决策指的是人类社会中与确定行动目标有关的一种重要活动。

这些观点都从决策的不同角度说出了一定的道理，说决策是决定、是“拍板”、是决断、是定案的人，认为决策是领导者个人的能力；说决策是管理、是选择、是确定目标行动的人，认为决策是一个过程。

到底什么是决策？现在一般认为，决策有狭义和广义之分。狭义的决策是指行动方案的确定或决定，即人们通常所说的“拍板定案”。广义的决策是指人们为了达到一定目的，运用科学的理论和方法提出、选择并实施行动方案的全过程。现代管理学所讲的决策是广义的决策。

4.1.2 决策的原则

决策原则是指在决策过程中必须遵循的指导原理和行为准则，它是科学决策的反映，也是决策实践经验的概括总结。在决策过程中所要遵循的具体原则是多种多样的，通常主要有以下几个原则。

1. 科学性原则

科学性原则是衡量一切事物的最高准则。科学性原则主张人们的一切活动都应从事物的本质和客观规律出发，尊重客观性，反对主观性；尊重必然性，反对偶然性；尊重本质性，反对表面性。科学性原则，是决策时必须遵循的首要原则。

2. 信息原则

信息是决策的依据，而信息的准确、全面、系统、可靠和及时是科学决策的基础条件。信息不准，决策必错。信息原则要求在决策时，首先必须搜集大量的信息，保证信息的完整性，这样才能对信息进行归纳、选择，提炼出对决策有效的信息；其次必须提高信息质量，保证信息的准确性；最后必须防止信息迂回、阻塞，保证信息的时效性。

3. 系统原则

系统性是现代决策的重要特点之一。在现代条件下，决策对象通常是一个多因素组成的有机系统，运用系统理论进行决策，是科学决策的重要保证。系统理论是把决策对象看做一个系统，并以这个系统的整体目标为核心，追求整体效应为目的。为此，系统原则要求在决策时，首先应贯彻“整体大于部分之和”的原理，统筹兼顾，全面安排，各要素和单个项目的发展要以整体目标为准绳；其次强调系统内外各层次、各要素、各项目之间的相互关系要协调、平衡配套，要建立反馈系统，实现决策实施运转过程中的动态平衡。

【阅读资料4－1】

两难的决策

某城市繁华地段有一个食品厂，因经营不善长期亏损，该市政府领导拟将其改造成一个副食品批发市场，这样既可以解决企业破产后下岗职工的安置问题，又方便了附近居民。为此进行了一系列前期准备，包括项目审批、征地拆迁、建筑规划设计等。不曾想，外地一开发商已在离此地不远的地方率先投资兴建了一个综合市场，而综合市场中就有一个相当规模的副食品批发场区，足以满足附近居民和零售商的需求。

面对这种情况，市政府领导陷入了两难境地：如果继续进行副食品批发市场建设，必然亏损；如果就此停建，则前期投入将全部泡汤。在这种情况下，该市政府盲目做出决定，将该食品厂厂房所在地建成一居民小区，由开发商进行开发，但对原食品厂职工没能作出有效的赔偿，使该厂职工陷入困境。该厂职工长期向上反映不能解决赔偿问题，对该市的稳定造成了隐患。

4. 满意原则

决策的满意原则是针对最优化原则提出的。它是指决策不可能避免一切风险，不可能利用一切可以利用的机会，不可能达到“最优化”，而只能要求“令人满意”或“较为适宜”的方案。该原则最早由西蒙提出。

最优化的理论假设是把决策者作为完全理性化的人，决策是他以绝对理性为指导，按最优化准则行事的结果。但由于组织处在复杂多变的环境中，要使决策者对未来一个时期做出绝对理性的判断，必须具备以下条件：①决策者对相关的一切信息能全部掌握；②决策者对未来的外部环境和内部条件的变化能准确预测；③决策者对可供选择的方案及其后果完全知晓；④决策不受时间和其他资源的约束。显然，这四个条件对任何决策者，无论是个体还是集体，也不论素质有多高，都不可能完全具备。因此决策不可能是最优化的，而只能要求是令人满意的或较为适宜的。

5. 可行性原则

为了使决策付诸实施，决策必须切实可行。可行性原则要求决策者在决策时，不仅要考虑到需要，还要考虑到可能；不仅要估计到有利因素和成功的机会，更要预测到不利条件和失败的风险；不仅要静态地计算需要与可能之间的差距，还要对各种影响因素的发展变化进行定量和定性的动态分析。

6. 集体与个人相结合的原则

坚持集体与个人相结合的原则，又称民主集中制原则，就是既要充分发挥专家和智囊的作用，又要尽力调动各方面的积极性和主动性，使决策建立在广泛民主的基础上，并在民主的基础上进行集中。这样一方面可以充分发挥各方面的专长，提高决策质量，防止个体决策的片面性；另一方面又为决策的实施提供了保证。本原则充分体现了决策科学化和民主化的客观要求。

7. 反馈原则

反馈原则，就是建立反馈系统，用实践来检验决策和修正决策。由于事物的发展和客观环境的不断变化，决策者受知识、经验、能力的限制，致使决策在实施中可能会偏离预定目标，这就需要根据反馈情况采取措施，对原方案或目标加以相应的调整和修正，使决策趋于合理。

4.1.3 决策的依据

做出科学的决策，凭借的是科学、准确、及时的决策依据。决策依据是科学决策的前提。

1. 事实依据

事实是决策的基本依据。在决策中，只有把决策对象的客观情况搞清楚，才能找到目标与现状的差距，才能正确地提出问题和解决问题。否则，如果事实不清楚，或者在对事实的认识和了解中掺进了个人主观的偏见，就会使决策失去基本依据，造成决策从根本上发生失误。这种情况在实际中并不少见。

2. 价值依据

这里的价值是指决策者的价值观、伦理道德观念和某些心理因素。这些因素虽然有主观性，但仍然是决策的依据和前提。这是因为对任何事物的认识和判断都会不可避免地掺进这些主观因素，否则就不能解释为什么对同一事物会有两种或多种截然不同的看法，为什么对同一方案会有截然不同的两种或多种选择。

我们也要正确地认识事实依据与价值依据的关系。二者最基本的关系就是价值判断要以事实为基础。如果离开这个基础，就不可能产生一种正确的价值观。如果价值观离开事实的依据，有时可能做出“好”的决策，却永远作不出正确的决策。

3. 环境、条件依据

所谓环境和条件是指决策对象事实因素和决策价值因素以外的各种因素，如自然条件、资源条件、社会制度条件、科学技术条件以及人们的文化传统和风俗习惯条件等。在决策中之所以考虑这些因素，是因为这些因素对整个决策，包括决策目标的确定、决策方案的选择以及决策方式的采用等都起着制约作用。也就是说，在决策中，不但要看决策对象在事实上能达到的程度，还必须看由于各种环境和条件所制约而达到的程度。

4. 政策依据

严格地讲，政策依据包含在环境、条件依据之中，基于政策对决策的作用越来越大，因而很有必要把政策依据单独列出来考虑。政策是政党和国家为实现一定历史时期的政治路线或战略任务而制定的行动准则。政策的类别包罗万象，方方面面都有政策。比如，以大类分，有经济政策、教育政策、医疗保障政策、计划生育政策，等等。每一大类之下，又有系列化的各种各样的具体政策。不同时期的政策，体现着不同时期社会的需要，是组织或企业必须遵守的行为准则，也是决策的基本依据。作为一个管理者和企业家，特别应该随时关注宏观经济走势的变动，并预测政府的政策走向。政府宏观经济政策的变动大体上是有规律可循的，管理者和企业家只要长期关注，自己就会做出正确的判断。比如，在美国，许多美联储的专家在退休后被公司高薪请去当顾问。这些专家之所以被高薪聘用，是因为他们多年分析宏观经济走势与宏观经济政策的经验对这些公司至关重要。这也说明，宏观经济政策是决策的重要依据之一。

【阅读资料4-2】

铱星的悲剧

2000年3月18日，两年前曾耗资50多亿美元建造66颗低轨卫星系统的美国铱星公司，背负着40多亿美元的债务宣告破产。铱星所创造的科技童话及其在移动通信领域的里程碑意义，使我们在惜别铱星的时刻猛然警醒：电信产业的巨额投资往往使某种技术成为赌注，技术的前沿性固然非常重要，但决定赌注胜负的关键却是市场。

铱星的悲剧告诉我们，技术不能代替市场，决策失误导致铱星陨落。

铱星代表了未来通信发展的方向，但仅凭技术的优势并不能保证市场的胜利。“他们在错误的时间，错误的市场，投入了错误的产品。”

4.2 决策的类型

决策作为一种组织活动，有着丰富的内容与多样的形式，从不同的角度，按照不同的标准，可以把决策分为不同类型。决策类型的多样性是由其内容的丰富多样所决定的。对决策的分类，主要是为了通过分类认识不同类型决策的特征，掌握不同类型决策的规律，并在实际中对不同类型的决策采取不同的决策方式和方法。决策一般可以按以下标准进行分类。

1. 按决策的重要程度可分为战略决策、管理决策和业务决策

（1）战略决策。它是指事关组织兴衰成败的全局性、长期性的大政方针的决策。战略决策的特点是：影响的时间长、范围广，决策的重点在于解决组织与外部环境问题，注重组织整体绩效的提高。战略决策属于组织的高层决策，是组织高层领导者的一项主要职责。

（2）管理决策。它是指执行战略决策过程中，在组织管理上合理选择和使用人力、物力和财力等方面的决策。管理决策的特点是：影响的时间较短，范围较小，决策的重点是对组织内部资源进行有效的组织和利用，以提高管理效能。这类决策主要是由组织的中层领导来负责。

（3）业务决策。又称为作业决策，是指为提高效率以及执行管理决策等日常作业中的具体决策。如基层组织内组织任务的日常分配、劳动力调配、个别工作程序和方法的变动等。业务决策的特点是：属单纯执行性决策，决策的重点是对日常作业进行有效的组织，以提高作业效率。这类决策一般由基层管理者负责。

上述管理决策和业务决策通常又统称为战术决策，与战略决策相对应。

2. 按决策问题的重复程度可分为程序化决策和非程序化决策

（1）程序化决策，又称为常规决策或例行性决策，指在日常管理工作中以相同或基本相同的形式重复出现的决策。如企业中任务的日常安排、常用物资的订货与采购、会计与统计报表的定期编制与分析等。由于这类问题经常反复出现，其特点和规律性易于掌握，因而通常可将这类问题的决策程序固定下来，制定成规章或标准来加以解决。

（2）非程序化决策，又称非常规决策或例外决策，是指在管理过程中受大量随机因素的影响，很少重复出现，常常无先例可循的决策。如企业经营方向和目标决策、新产品开发决策、新市场开拓决策等。对这类决策，决策者往往没有固定的模式、规则和处理经验可循，完全靠决策者的洞察力、判断力、知识和信念来解决。

3. 按决策问题所处的条件及决策的可靠程度可分为确定型决策、风险型决策和非确定型决策

（1）确定型决策。指掌握了各可行方案的全部条件，可以准确预测各方案的后果，并从中选择一个最有利的方案为决策方案。确定型决策一般可运用数学模型或借助电子计算机进行决策。

（2）风险型决策。指决策事件的某些条件是已知的，但还不能完全确定决策的后果，只能根据经验和相关资料估计各种结果出现的可能性（即概率）。这时决策具有一定的风险，故称风险型决策。

（3）非确定型决策。指决策事件未来可能出现的几种后果及概率都无法确定，只能依靠决策者的经验、直觉和估计做出决策。

组织的业务决策常属于确定型，而战略性决策一般属于风险型或非确定型，战术性决策则三者兼而有之。

4. 按决策的主体可分为个体决策和群体决策

这部分内容在 4.4 节详细讲述。

5. 按决策因素的性质可分为定量分析决策和定性分析决策

（1）定量分析决策。指的是借助一定的工具和数学模型，对决策因素进行定量分析的决策。

（2）定性分析决策。指的是对一些决策因素不能进行定量分析，只能借助于决策者的知识、经验、分析和判断能力进行的决策。

6. 按决策的层次可分为高层决策、中层决策和基层决策

（1）高层决策。是指上层领导所做的方向目标之类的重大决策，大多数属于非确定型的或风险型决策。

（2）中层决策。一般是由中级管理人员所做出的业务型决策。

（3）基层决策。是由基层管理人员所做的执行型决策。

上述三种决策具有交叉效应，但决策的层次不同，具有不同的职能、作用和比重，其复杂程度、定量化程度都有一定的区别。三者的区别如表 4－1 所示。

表 4－1　高层决策、中层决策和基层决策的比较

决策种类	高层决策	中层决策	基层决策
性质差别	非定型化多 定型化少	定型化多 非定型化少	基本定型化
层次差别	战略性多	业务性多	执行性多
决策的复杂程度	复杂	比较复杂	比较简单
决策的定量化程度	大部分无定量化，具有风险性	大部分定量化，小部分无定量化	全部定量化
肯定程度	不完全肯定	肯定	很肯定

7. 按决策范围或性质可分为宏观决策、微观决策

（1）宏观决策主要是指国家政府部门在经济管理中所做出的决策。

（2）微观决策主要是指企业或其他经济实体在微观活动中所做出的决策。

这两种决策虽然有密切联系，但它们的范围、角度、地位作用以及性质上都有根本不同。因此必须要对其加以区别，既不能相互排斥，也不能相互代替。

8. 按决策对于所要解决的问题产生何种作用可分为突破型决策、追踪型决策

（1）突破型决策是指促进事物发生方向性或性质变化的决策。这类决策较多依赖于经营者的经验和创造性艺术思维，很少依赖数量分析。例如，当企业遇到经营困难，按常规方法不能解决时，为了打开局面，开拓市场，需要做出的具有创造性的决策就是突破型决策。

（2）追踪型决策是指一项决策做出后，因为客观情况的变化或在执行过程中改变了各种条件，必须对原有决策做一定程度的、内部的修正，或者是原有决策本身有缺陷需要调整，而进行跟踪并修订决策，以免问题成堆或从量变到质变导致决策失败。

除上述分类以外，对于决策还可以根据其他角度和标准进行分类。例如，按决策内容不同可以分为不同领域、不同行业、不同单位的决策；按决策所要达到的目标要求可分为最佳决策和满意决策；按决策影响时间的长短可分为长期决策短期决策；按决策目标的多少可分为单目标决策和多目标决策；按决策所涉及的对象范围的大小可分为总体决策和局部决策，等等。总之，上述分类都从不同需要出发，有助于决策者对各种决策的性质、范围、内容、作用、条件、前提等的深入了解，以便采用相应的方法，保证决策的质量和效果。

4.3 决策的程序与方法

4.3.1 决策的程序

决策是一个发现问题、分析问题和解决问题的系统分析过程。有效决策，需要科学的程序。决策程序大致可以分为发现问题、确定目标、搜集资料、制订方案、评估和优选方案、贯彻实施、反馈及追踪检查等七个过程。这种划分是相对的，既可简化步骤，也可再具体细分，有人分三大步骤，有人分八个阶段，但其逻辑顺序和科学要求基本是一致的。

1. 发现问题

发现问题是决策的起点，一切决策都是从发现问题开始的。面对纷繁复杂的问题要经过一系列思维活动，对问题进行归纳、筛选和提炼，善于抓住有价值的问题，把握其关键和实质。明确问题包括两个方面。

（1）要弄清问题的性质、范围、程度以及它的价值和影响。不能停留在表面现象和笼统的感觉上，要分析问题的各种表现、同未来需要的不适应状况。区分问题的不同类型，是全局性的还是局部性的，战略性的还是战术性的，长远性的还是暂时的，已经显现的还是潜在的，能够解决的还是暂时无法解决的等。要弄清问题之间的相关性、层次性，认识其状况趋势和特点。没有对问题本质的、整体的认识，没有把握客观事物的运动规律，就没有决策的正确方向和前提。为能抓准问题，必须深入进行调查研究，搞清事实，明确问题。

（2）要找出问题产生的主观原因和客观原因、主要原因与次要原因、直接原因与间接原因等。对问题产生的原因做纵向和横向分析。纵向分析是指从问题的表面开始，层层深入分析，究其根底；横向分析是指将同一层次的原因及其相互关系分析清楚，从而找出主要原因。

2. 确定目标

确定目标是决策中的重要一环，目标一错，一错百错。明智的决策者有这样的体会，“目标一旦定好，决策问题已经解决一半”。确立目标要注意以下几个问题。

（1）要有层次结构，建立目标体系。目标是由总目标、子目标、二级子目标，从总到分、由上到下组成的一个有层次的目标体系，是一个动态的复杂系统。大文豪托尔斯泰说：“要有生活目标，一辈子的目标，一段时期的目标，一个阶段的目标，一年的目标，一个月的目标，一个星期的目标，一个小时的目标，一分钟的目标，还得为大目标牺牲小目标。”决策目标固然不必分得这样细，但必须有总有分，目标之间相互衔接，使整体功能得到有效发挥。

（2）目标必须是能计量其成果、规定其时间、确定其责任的。

（3）要规定目标的约束条件。如把产值、利润增长一倍作为目标，同时要规定在产品的品种、结构、质量、规格符合一定前提的条件下来完成。执行的结果如不符合这些条件，那么即使产值、利润的计划已经完成，也不算达到了目标。约束条件主要有资源条件、质量规格、时间要求及法律、制度、政策等限制性规定。

（4）建立衡量决策的近期、中期、远期效果的三级价值标准，建立科学价值、经济价值及社会价值指标，并进行综合权衡，以构成价值系统，以此作为评价标准。

（5）目标的确定，要经过专家与领导的集体论证。

3. 搜集资料，掌握情报信息

搜集与决策有关的经济、技术、社会等各方面的情报资料，是进行科学决策的重要依据。情报信息量的大小、正确与否，直接影响到决策的质量。要想在决策上不失误，必须有丰富可靠的情报来源、迅速的情报传递、准确的情报研究，这是决策科学化的重要物质技术基础。没有一批定量的数据，就不可能为决策做出定性分析。因而，要尽可能大量占有数据和资料。资料来源，一方面是统计调查资料，一方面是预测资料。搜集情报信息资料要达到以下几个要求。

（1）资料必须具有完整性，凡与目标要求有关的直接或间接资料，都要尽可能搜集齐全。

（2）资料情报必须具有可靠性，要有依据，要具有时间、地点、对象的连续性要求，数字要准确无误。

（3）对资料要做系统分析，着重从事实的全部总和、从事实的联系去掌握事实，从事物的发展中全面估计各种对比关系，以保证掌握情报信息的科学性。

（4）对一些不确定的问题或疑难问题，要召集专家及有关人员进行集体会诊，以做出定性分析和概率估计。

做好预测工作，是确定目标和搜集资料两个阶段都十分必要的事情。

4. 制订多种方案

拟订可供选择的各种可能方案，是决策的基础。这项工作主要是由智囊机构承担的。如果只有一个方案，就没有比较和选择的余地，也就无所谓决策。国外常有这样的说法：“没有选择就没有决策。”一些经理人物也常用这样的格言来提醒自己：“如果你感到似乎只有一条路可走，那很可能这条路就是不该走的。”拟订方案阶段的主要任务是，对信息系统提供的数据、情报，进行充分的系统分析，并在这个基础上制定出备选方案。拟订方案要求做到：①必须制定多种可供选择的方案，方案之间具有原则区别，便于权衡比较；②每一种方案以确切的定量数据反映其成果；③要说明本方案的优点、缺点及实践条件；④各种方案的表达方式必须做到条理化和直观化。

在制订方案的步骤上一般分两大步。

（1）设想阶段。要求有创新精神和丰富的想像力。这些都取决于参谋人员的知识、能力、智慧和胆识。既要实事求是，又不能因循守旧；思想要敏锐、有洞察力并富于远见。

（2）精心设计。如果第一步需要大胆设想，这一步需要的是冷静思索、反复计算、严密论证和细致推敲，即经得起怀疑者和反对者的挑剔。这一步，主要做的工作是确定方案的细节和估计方案的结果。

5. 评估与优选方案

在方案选择之前，先要对各种备选方案进行评估。要尽可能采用现代科学的评估方法和决策技术，如可行性分析、决策树、矩阵决策、模糊决策等技术，对预选方案进行综合评价。这项工作主要由智囊机构的高级研究人员、政策研究人员及从社会上聘请的专家小组来承担。其主要内容是通过定性、定量、定时的分析，评估各预选方案的近期、中期、远期效能价值，分析方案的后果及其影响。在评估的基础上，权衡各个方案的利弊得失，并将各方案按优先顺序排列，提出取舍意见，交决策机构定夺。

选择最优化方案是决策的关键一环，也是领导的至关重要的职能。做好方案优选，需要满足两个条件：一是要有合理的选择标准；二是要有科学的选择方法。

（1）关于选择方案的标准。什么样的方案是最佳方案？其标准是什么？这就需要建立价值标准。达到什么程度才符合要求，是最优呢，还是满意就行？这又提出一个“满意标准”问题。如果一个方案执行起来会出现几种不同的可能结果，这时应按什么标准去选择？这就产生了不确定情况下的选择标准问题。①价值标准。这是选择方案的基本依据。其内容是确定各项价值指标，分清主次，综合评价。一般从系统性、先进性、效益性、现实性四个方面进行综合评价，其中效益性是核心。②“最优标准”还是“满意标准”？如果能达到最优标准又何乐而不为呢？但在实际工作中最优标准往往难以达到。因为人们的认识受许多因素的限制，如主客观条件、科技水平、情报信息以及环境、时间等限制。有的最优方案对某一企业是适用的，在另一企业就不一定适用；有的最优方案在短期看是最优的，而长期效果不一定很好。因此，绝对的最优标准是不存在的，最优也是相对而言的。

（2）选择方案的方法。选择方案的方法甚多，归纳起来，有经验判断、数学方法，以及试验法等。

第一，经验判断。包括淘汰法、排队法、归纳法。这是最古老的一种方法，20 世纪 40 年代以前的管理决策基本上都是依靠经验判断。今天虽然把数学方法、物理模型、网络模型方法引进决策中去，但经验判断的方法仍然是不可缺少和忽视的。尤其是一些涉及社会、心理因素等复杂问题和非计量性因素多的决策，需要有领导者的经验判断。

第二，数学方法。运用数学方法选择方案，在 20 世纪 50 年代以后发展很快。因为在控制变量属于连续型的情况下，经验判断方法很难直接找到最优或满意方案，要借助于数学方法。所谓连续型变量是指这个变量的两个变异值之间，可以存在无穷多个中间数值。如产值、成本、利润等就是连续变量。连续型的控制变量就意味着备选方案无穷多。若要选择一个最优生产批量，在这个批量时其单位成本最低。比如，这个批量数字可在 1000 斤至 2000 斤之间选择，若每隔 10 斤拟一个方案，则共有 101 个方案；如果每隔每 1 斤拟一个方案，则可拟出 1001 方案。间隔单位再划小一些，方案数目可以更多。从理论上讲，由于间隔单位可以划得任意小，因此方案就无穷多。即使是 1001 方案，要把每个方案的成本都算出，然后再进行比较和选择，那就太麻烦了，而用数学方法就简便得多。但到目前为止，尚有许多复杂的决策，用数学方法还解决不了，要综合运用选择方案的多种方法加以解决。

第三，试验法。社会问题的决策，不可能创造出像实验室那样人为的典型条件，如科技界那样去做实验。但对重大问题的决策，尤其是对新情况、新问题及无形因素起重大作用不便用数学方法分析时，先选择少数几个典型单位进行试点，然后总结经验作为最后决策的依据，也不失为一种有效的方法。有些复杂的决策，虽然反复计算、讨论、比较，仍然没有多大把握，这时，实验就被提上日程。但也不是事事都经过试验，在方案选择过程中，往往是在选择范围已经缩小到只剩下两个关键方案而定不下来时，或方案已初步选出但仍感到还不放心时，不妨去做试验为妥。

以上各种选择方案的方法都各有利弊，采用何种办法还要从实际出发，灵活运用，还可创造更加科学的方法，以能更简明而准确地找到最优方案或满意方案。

6. 贯彻实施

经过可靠性验证后，可以进入普遍实施阶段。在这一步骤上，要做好以下工作。

（1）把决策的目标、价值标准以及整个方案向下属交底，动员群众、干部和科技人员为实现目标而共同努力。

（2）围绕目标和实施目标的优化方案，制定具体的实施方案，明确各部门的职责、分工和任务，做出时间和进度安排。交方案同时要交办法，要有落实方案的层层具体措施，使总目标有层层保证的基础。

（3）制定各级，各部门及执行人员的责任制，确立规范，严明制度，赏罚分明。切忌“吃大锅饭”及粗放管理。要把统一指挥同调动群众的积极性结合起来，加强思想政治工作。

（4）随时纠正偏差，减少偏离目标的震荡。

7. 反馈及追踪检查

即使是一个优化方案，在执行过程中，由于主客观情况的变化，发生这样那样与目标偏离的情况也是常有的。因此，必须做好反馈和追踪检查工作。这个阶段的任务，就是要准确、及时地把方案实施过程中出现的问题、执行情况的信息，输送到决策机构，以进行追踪检查。

在贯彻实施方案中一般遇到的问题，大致可归纳为三种情况：一是执行人员没有按规定完成任务；二是执行中遇到实际困难，发现方案中有不妥当的问题；三是已经按方案执行了，但未达到预定目标。对发生的问题要做具体分析：第一种是一个教育和落实的问题；第二种，是需要修正方案，使其更加切合实际、日臻完善的问题；第三种，如果属于已危及决策目标的实现，需要对决策进行根本性的修正，甚至要改变决策目标，这就需要进行追踪决策。如果证明原决策是完全错误的，那就不属于追踪决策的问题，而是要推倒重来的问题了。

追踪决策是正常的但不是注定要发生的或经常大量出现的，否则就失去了决策的科学性了。对追踪决策要有正确的看法，宜采取冷静审慎的态度。决策过程是一个动态的依赖于时空变量的复杂随机函数，把决策看成一个凝固僵化的东西，是不切实际的。因此，对方案进行必要的修正并不鲜见，就是对决策进行根本性修正的追踪决策，也不奇怪。经过追踪决策使方案达到双重优化，不但会减少损失，而且可以获得更佳效益。

4.3.2 决策的方法

1. 定性决策法

定性决策法又称软方法，是在心理学、社会学和行为科学等基础上，在决策过程中利用已知的、现有的资料，充分发挥专家集体的智慧、能力和经验，在系统调查研究分析的基础上进行决策的方法。这种方法的最大优点是集中各方面专家的力量，所以信息较全、较新。同时，可以不用计算机等现代化管理手段，方便、灵活、省时、省力。这种方法的局限性主要表现在严格的论证不够，主观因素影响大，有时还会受传统观念影响而导致决策的保守性。定性决策法适用于受社会影响因素大、所含因素复杂的战略决策。该方法主要有：德尔菲法、头脑风暴法、名义小组法三种。

（1）德尔菲法。德尔菲法（Delphi Method）是由美国著名的兰德公司（The Rand Corporation）于20世纪中期首创的用于预测和决策的方法，又叫专家群体决策法。该方法是以匿名方式通过几轮函询征求专家的意见，预测小组对每一轮的意见进行汇总整理后作为参考再发给各专家，供他们分析判断以提出新的论证。几轮反复后，专家意见渐趋一致，最后供决策者进行决策。

德尔菲法的一般步骤为：①由工作小组确定问题的内容，并设计一系列征询解决问题的调查表；②将调查表寄给专家，请他们提供解决问题的意见和思路，专家之间不沟通，相互保密；③专家开始填写自己的意见和想法，并把它寄回给工作小组；④处理这一轮征询的意见，找出共同点和各种意见的统计分析情况，将统计结果再次返还专家，专家结合他人意见和想法，修改自己的意见并说明原因；⑤将修改过的意见进行综合处理再寄给专家，这样反复几次，直到获得满意答案。

德尔菲法用于团队决策还可以进行一些变通，比如将专家换成团队成员或加入外部专家，为了减少成本、提高效率可以不采取信函方式，而采用直接沟通方式。

（2）头脑风暴法。头脑风暴法是比较常用的群体决策方法，便于发表创造性意见，因此主要用于收集新设想。通常是邀请一些业内人士和专家学者，在完全不受约束的条件下，畅所欲言地发表自己的看法，通过相互启发、集思广益，使各人的看法趋向一致，做出决策。头脑风暴法的创始人奥斯本为该决策方法的实施提出了四项原则：对别人的意见不做任何评价，将相互讨论限制在最低限度之内；建议越多越好，在这个阶段，参与者不要考虑自己建议的质量，想到什么就应该说出来；鼓励每个人独立思考，广开思路，想法越新颖、奇异越好；可以补充和完善已有的建议，使某种意见更具说服力。

头脑风暴法的目的在于创造一种畅所欲言、自由思考的环境，诱发创造性思维的共振和连锁反应，产生更多的创造性思维。这种方法一般以时间安排在1~2小时，参与者5~6人为宜。

头脑风暴法的一般步骤：①所有的人无拘无束提意见，越多越好，越多越受欢迎；②通过头脑风暴产生点子，把它公布出来，供大家参考，让大家受启发；③鼓励结合他人的想法提出新的构想；④与会者不分职位高低，都是团队成员，平等议事；⑤不允许在点子汇集阶段评价某个点子的好坏，也不许反驳别人的意见。

研究表明，大家在无拘无束、相互激荡的情形下汇集的点子往往比一般方法所汇集的点子多70%。

（3）名义小组法。在群体决策中，如对问题的性质不完全了解且意见分歧严重，则可采用名义小组法。通常管理者先召集一些有知识的人，把要解决的问题的关键内容告诉他们，并请他们独立思考，要求每个人尽可能地把自己的备选方案和意见写下来，然后按次序一个接一个地陈述自己的方案和意见。在此基础上，由小组成员对提出的全部备选方案进行投票，根据投票结果，赞成人数最多的方案即为所要的方案。当然，管理者最后仍有权决定是接受还是拒绝这一方案。

在这种方法下，小组的成员互不通气，也不在一起讨论、协商，从而小组只是名义的。这种名义上的小组可以有效地激发个人的创造力和想像力。名义小组法的优点在于所有成员参与、机会均等，讨论不受任何一个成员的左右，决策的时间得到严密的控制。缺陷在于程序僵硬呆板，成员感受不到凝聚力，写出意见时没有机会从别人那里获取灵感，得到启发。

2. 定量决策法

定量决策法又称硬方法，是指在数学模型的基础上，运用统计学、运筹学和电子计算机技术对决策对象进行计算和量化研究以解决决策问题的方法。这种方法的优点是决策方案的优劣界限比较清楚，易于比对分析、评价与选择，大大增加决策的可靠性，从而提高了决策的质量。不足之处是对某些影响因素如政治的、社会的以及人们心理上的影响因素很难用具体的数字表示。因此，它主要用于那些可以量化的具有较稳定运行规则的重复出现的程序化决策问题上。该方法主要有：确定型决策方法、风险型决策方法和非确定型决策方法三种。

（1）确定型决策方法。决策条件已经明确，一个方案只有一个结果的决策属于确定型决策。确定型决策常用的方法有：量本利分析法和线性规划法等。

第一，量本利分析法。量本利分析法是根据产量、成本、利润三者之间的相互关系，进行综合分析、预测利润、控制成本的一种数学分析方法，通常也称为“盈亏分析法”。利用量本利分析法可以计算出组织的盈亏平衡点，又称保本点、盈亏临界点、损益分歧点、收益转折点等。

量本利分析法由美国沃尔特·劳漆斯特劳赫在20世纪30年代首创。其基本原理是：当产量增加时，销售收入成正比增加，但固定成本不增加，只是变动成本随产量的增加而增加。因此，企业的总成本的增长速度低于销售收入的增长速度。当销售收入和总成本相等时（销售收入线与总成本线的交点），企业不盈也不亏，这时的产量称为“盈亏平衡点”产量（如图4－1）。

盈亏平衡点，是指总收入等于总成本，既不亏损，又不赢利时的产销量。公式为：

$$X = F/P - V_c$$

式中，X 为盈亏平衡点时产销量，F 为固定成本费用，P 为单位产品价格，V_c 为单位产品变动成本。

保利点，是指能保证达到一定利润时的产销量。公式为：

$$X = F + I/P - V_c$$

式中，X 为保利点，F、P、V_c 同上式，I 为目标利润。

量本利分析法的实质就是盈亏平衡点的分析，即企业的产量或销售量达到什么样的程度才能保证企业不亏损，即利润等于零。以此为界限，销售收入高于此点，企业赢利；反之则亏损。企业必须最大限度地缩小盈亏平衡点的销售量，以实现利润的最大化。

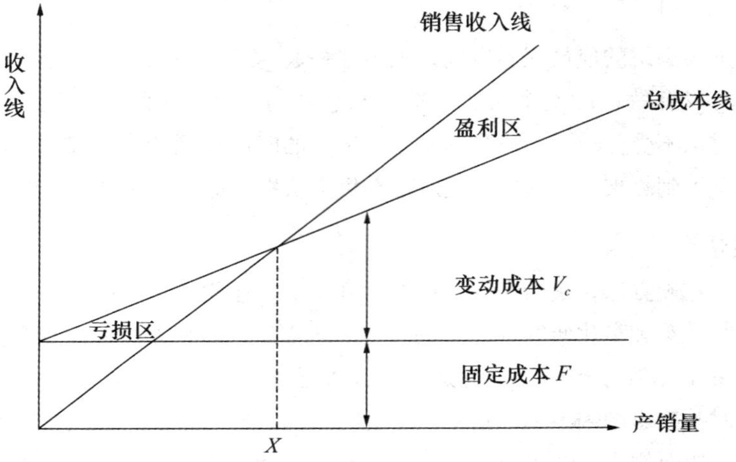

图 4-1　量本利分析图

第二，线性规划法。是解决多变量最优决策的方法，是在各种相互关联的多变量约束条件下，解决或规划一个对象的线性目标函数最优的问题，即给予一定数量的人力、物力和资源，如何应用而能得到最大经济效益。当资源限制或约束条件表现为线性等式或不等式，目标函数表示为线性函数时，可运用线性规划法进行决策。

线性规划法是在线性等式或不等式的约束条件下，求解线性目标函数的最大值或最小值的方法。其中目标函数是决策者要求达到目标的数学表达式，用一个极大或极小值表示。约束条件是指实现目标的能力资源和内部条件的限制因素，用一组等式或不等式来表示。线性规划是决策系统的静态最优化数学规划方法之一，它作为经营管理决策中的数学手段，在现代决策中的应用是非常广泛的。它可以用来解决科学研究、工程设计、生产安排、军事指挥、经济规划、经营管理等各方面提出的大量问题。

线性规划的一般步骤是：先确定影响目标大小的变量；然后列出目标函数方程；最后找出实现目标的约束条件，列出约束条件方程组，并从中找出一组能使目标函数达到最优的可行解。对于线性规划法的具体解法，限于篇幅本章不做详述，感兴趣的读者可参考管理方法类的教材或专著。

（2）风险型决策方法。风险型决策是指决策者能预知各种自然状况出现的概率，并在此基础上进行计算、比较和分析，依据判别的标准，选取其中一个合理的方案，验证后作为决策的依据。其特点是：根据概率计算期望值，但无论采用哪个方案，都存在着一定的风险。

风险型决策主要采用决策树法。决策树法是根据逻辑关系将决策问题绘制成一个树型图（见图4－2），按照从树梢到树根的顺序，逐步计算各结点的期望值，然后根据期望值准则进行决策的方法。

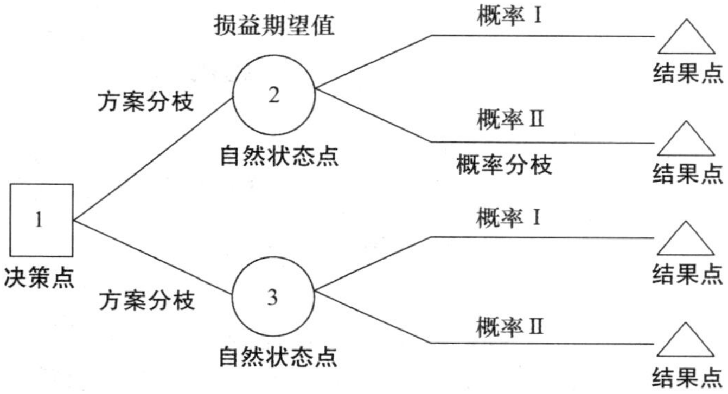

图4－2 决策树图

决策树由决策点、方案分枝、自然状态点、概率分枝和结果点组成。决策点是进行方案选择的点，在图中用□表示；方案分枝是从决策点引出的若干直线，每条线代表一个方案；自然状态点是方案实施时可能出现的自然状态，在图中用○表示；概率分枝是从自然状态点引出的若干条直线，每条直线表示一种可能性。结果点是表示不同方案在各种自然状态下所取得的结果，在图中用△表示。

例题

某公司准备生产某种新产品，可选择两个方案：A是引进一条生产线，需投资500万元，建成后如果销路好，每年可获利150万元，如果销路差，每年要亏损30万元；B是对原有设备进行技术改造，需投资300万元，如果销路好，每年可获利60万元，如果销路差，每年可获利30万元。两方案的期限均为10年，根据市场预测，产品销路好的概率为0.6，销路差的概率为0.4，应如何进行决策？

先绘制决策图，如图4－3所示。

然后计算期望收益值：

方案A：$(150\times0.6-30\times0.4)\times10-500=280$（万元）

方案 B：$(60\times0.6+30\times0.4)\times10-300=180$（万元）

最后根据期望值选择方案：比较 A、B 方案的收益可知，A 方案的期望收益值大于 B 方案，所以决策者应选择 A 方案，即引进一条生产线。

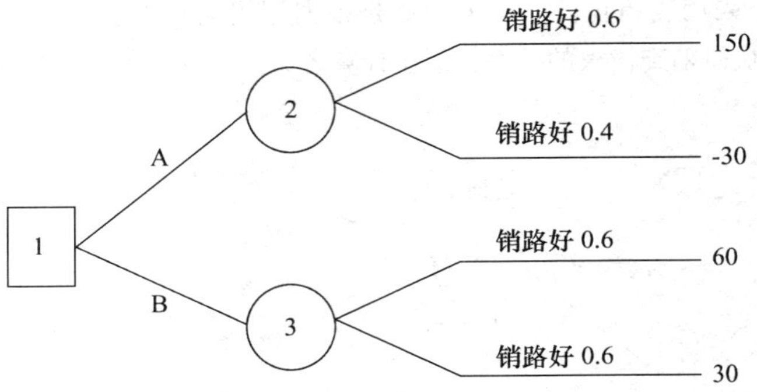

图 4－3 两种方案的决策树

（3）非确定型决策方法。在比较活动方案时，如果管理者不知道未来情况有多少种，或虽知道有多少种，但不知道每种情况发生的概率，则需要采用非确定型决策方法。常用的方法有小中取大法、大中取大法和最小最大后悔值法等。

采用小中取大法的管理者对未来持悲观的看法，认为未来会出现最差的自然状态。决策时，首先计算各方案在不同自然状态下的收益值，并找出各方案的最小收益值；然后进行比较，从这些最小的收益值中再挑选出一个收益最大或损失最小的收益值作为决策的最优方案。

采用大中取大法方法的管理者对未来持乐观的看法，认为未来会出现最好的自然状态。决策时，首先计算各方案在不同自然状态下的收益值，并找出各方案的最大收益值；然后进行比较，从这些最大的收益值中再挑选出一个收益最大的收益值作为决策的最优方案。

管理者在选择了某种方案后，如果将来发生的自然状态表明其他方案的收益更大，那么他会为自己的选择而后悔，这种方法就是使后悔值最小的方法。决策时，首先计算各方案在自然状态下的后悔值（后悔值是指在自然状态下，最大收益值与各方案收益值的差额），并找出各方案的最大后悔值，然后进行比较，选择最大后悔值最小的方案作为最优的决策方案。

例题

某企业计划生产某种新产品，根据市场预测，产品销路有三种情况：销路好、销路一般和销路差。生产该产品有三种方案：新建生产线、改进生产线和与其他单位合作。根据估计，各方案在不同情况下的收益见表 4－2。问企业选择哪种方案？

表4-2 各方案在不同情况下的收益表 单位：万元

方案＼状态	销路好	销路一般	销路差	最小收益值	最大收益值
A. 新建生产线	300	140	-80	-80	300
B. 改进生产线	220	160	-30	-30	220
C. 与其他单位合作	120	80	10	10	120

（1）采取小中取大法。从表中收益数据可知，A方案的最小收益为-80，B方案的最小收益为-30，C方案的最小收益为10。经过比较，C方案的最小收益最大，因此选择C方案。

（2）采用大中取大法。从表中数据可知，A方案的最大收益为300，B方案的最大收益为220，C方案的最大收益为120。经过比较，A方案的最大收益最大，因此选择A方案。

（3）采用最小最大后悔值法。各个方案的后悔值计算结果见表4-3。

表4-3

方案＼状态	销路好		销路一般		销路差		最大后悔值
	损益值	后悔值	损益值	后悔值	损益值	后悔值	
A. 新生产线	300	0	140	20	-80	90	90
B. 改进生产线	220	80	168	0	-30	40	80
C. 与其他单位合作	120	180	80	80	10	0	180

从表中计算结果可以看出，A方案的最大后悔值为90，B方案的最大后悔值为80，C方案的最大后悔值为180。经过比较，B方案的最大后悔值最小，因此选择B方案。

4.4 个体决策和群体决策

决策的过程是在组织内部进行的，它受到来自各个方面的影响：内部的同事、监督人员、检查人员、上司和下属、外部的竞争者、顾客等。在这么多与决策有关的人员中，如果决策的诊断、设计、选择活动由一个人来完成，这种决策称为个体决策；如果决策的诊断、设计、选择活动由包括两个人以上的群体完成，这种决策称为群体决策。无论是个体决策还是群体决策，决策的执行都是由集体共同完成的。群体决策和个体决策各有利弊，因此应在不同的条件下选用不同的决策方式。

4.4.1 群体决策的优点

群体决策和个体决策各有其优势，但都不是可以适用于任何环境的。与个体决策相比，群体决策有下面一些主要的优点。

（1）信息全面、完整。群体决策可以收集多个人的意见，利用每个群体成员所拥有的专业知识、技能和经验等资源，综合多人掌握的信息。

（2）选择余地大。来自不同背景的人，可以从各自擅长的角度提出可能的方案，使决策有更多的选择余地。

（3）可以降低错误发生率。某些群体成员的决策错误可能被其他成员发现。

（4）提高对最终决策的认同感。让更多的人来参与决策，既可以使决策更为稳妥、合理性强，同时也会增加人们对决策认同的可能性，接受并支持决策，促成决策的执行。而且，如果决策的执行人同时也是决策的参与者，可以增加他们的满足感。

（5）增加决策的合法性。群体决策符合民主社会的理念，同事、下级甚至上司都愿意接受群体决策。他们感觉由于这类决策建立在集思广益的基础之上，不带有个人偏见，不是独裁的产物。

4.4.2 群体决策的缺点

（1）耗费时间。群体决策往往要花费较多的时间。因为集合决策的群体需要时间进行信息交流，群体表决决策方案也需要时间。因此在需要迅速进行决断时，个体做出决策更有效。

（2）群体压力难以克服。群体中存在着社会压力，这种压力迫使成员屈从多数人的意见。因为通常人们不希望自己被群体拒绝，因而避免发表与多数人不一致的意见。这使得群体决策的优势无法发挥。

（3）有时候会有少数人把持的现象产生。即使是群体决策，通常也由一些关键人物主持或操纵。有时极具自信的成员能令人信服地阐述其论点，使其他人不做过多争辩就接受他的论点。如果控制了整个群体决策的大趋势的少部分人能力平庸，就无法产生高质量的决策。

（4）责任模糊。由于每个成员都参与了群体决策，因而所有的成员对决策结果共同承担责任，而不是确定的成员承担责任。这实际上会造成责任模糊，导致推诿责任。

【阅读资料4－2】

A烟草公司多元化战略决策

A烟草是我国烟草行业利税名列前20位的大型专业烟草公司。最近，公司高层在公司未来是否实施多元化战略的问题上发生了明显的分歧。

总经理认为公司必须走多元化发展道路，因为A烟草是省内最大的烟草公司，具有品牌、营销、资金和人才等诸多优势，现在是利用这种优势对外进行扩张的大好时机。事实上公司已经与一家果汁饮料企业和一家医药企业洽谈过参股和控股事宜。

总经理还以著名烟草公司菲利浦·莫里斯多元化战略成功的例子来佐证他的观点。早在1969年，菲利浦·莫里斯公司就以1.3亿美元收购了国内市场份额排名第七的米勒啤酒公司53%的股份，第二年又购进了其余股份，从而完全控制了米勒啤酒公司。随后，菲利浦·莫里斯公司挟重塑“万宝路”香烟品牌并使之名扬天下的余威，多方面全力打造新米勒啤酒，如1975年推出的一种低热量的啤酒“Miller Lite”就受到消费者热烈追捧。经过多年努力，米勒啤酒的市场份额在1979年大幅度上升至21%。以后，菲利浦·莫里斯公司又进行了一系列的收购兼并，发展成为一家拥有烟草分部、食品分部的大众消费品生产商，其食品销售额甚至高于烟草销售额。

总经理还提出了另一个理由，目前国内烟草公司也已经纷纷实施多元化战略，如红塔集团就已经进入证券和医药领域。

而副总经理持相反的观点。他说，菲利浦·莫里斯公司在收购米勒啤酒之后的一起收购中，却是以失败而告终的。1978年，菲利浦·莫里斯公司收购了美国第三大饮料公司，当时被认为是其所在的柠檬汽水细分市场中的领先者的七喜饮料公司。菲利浦·莫里斯采用与米勒啤酒类似的改进和打造，却回天乏术，最后不得不卖掉七喜饮料公司。俗话说，隔行如隔山，进入一个陌生的领域反而拖累原有的产业，在国内的实例比比皆是。发挥自身特长，在利润率较高的烟草行业精耕细作，收获会更大。

双方各执一词，A公司的多元化战略暂时陷入了僵局。

4.4.3 群体决策与个体决策的选择

在当今世界上，越来越多的重要决策采用群体决策的方式，个体决策占的比重正在不断减少。但是在许多时间紧迫的关键时刻，群体决策无法取代个体决策。具体而言，到底群体决策与个体决策相比孰优孰劣，这依赖于评价的标准。

（1）如果以决策的准确性为指标，则群体决策有优势。群体决策有许多成员参加，知识面较广，能够产生较多的可供选择的方案，又具有校正错误的机制，因而群体决策比较正确。证据也表明，群体决策比个体决策质量更优。

（2）如果以决策的速度为指标，则个体决策有优势。由于群体决策的过程是群体成员一起对问题进行分析、讨论和争议，并达成一致意见，因此，比个体决策花费时间多。但当决策的正确性比决策速度重要时，群体决策较为优选。

（3）如果以决策的创造性为指标，则个体决策有优势。个体决策通常比群体决策具有较大的创造性，个人能产生较多较好的主意，而群体决策由于受到相互不同意见和论点的约束，以及害怕被人认为愚蠢等心理制约，不容易使决策具有较大的创造性。从决策的创造性而言，个体决策适用于工作结构不明确，需要创新的工作，而群体决策过程适合于任务结构明确，有一定执行程序的工作。

（4）如果以决策方案的最终接受性为指标，则群体决策有优势。群体决策过程中，参与者较好地了解了所制定的决策，增加了对决策的认同感和责任感，获得了较多的信息与信任，满足了受尊重的需要，因此，更易接受集体做出的决策，在执行过程中积极性较高。

（5）如果以决策的风险性为指标，则具体情况就比较复杂。许多企业管理人员认为，群体决策可以抑制冒进的行为，在选择较多或较少风险性的两种行动时，将趋向于保守。然而，许多组织行为学家的研究却提出了相反的结论，认为群体决策具有更大的风险性。因为个人在群体中容易隐蔽自己的意见而附和众议，而且，群体决策由群体承担责任，其成员容易产生不负责任的倾向。也有一些研究表明，在群体决策过程中会发生保守或冒险两个极端的倾向，即群体决策的极化现象，这主要取决于占优势的群体气氛。如果群体成员大多数都比较保守，群体决策也将比个体决策更保守。如果群体成员大多数都冒险，则群体会做出更有风险的决策。

4.4.4 群体决策中特有的心理现象

和个体相比，群体决策有其特有的心理现象。如果说个体心理是头脑的机能，是外部世界的主观映象，那么群体心理是普遍存在于各个群体成员头脑中，反映群体社会关系的共同心理状态与心理倾向。由于群体心理的特殊性所造成的群体决策存在如下特有的现象，应值得管理者注意，以便在群体决策过程中扬长避短。

1. 群体空想症

由于参与决策的群体成员把保持群体的和谐一致作为目的，往往不能理智地分析各种备选方案，而表现出“群体空想症”，从而使决策质量降低。群体空想症的特征如下。

（1）从众现象。上下级关系导致上下级并非真正平等参与决策，下级为迎合上级，宁愿顺着上级的意图而不是提出自己的真正意见；个体担心表示异议，会受到多数的孤立与嘲笑，有时即使有怀疑也不敢公开发表意见。

（2）倾向性地选择信息。群体成员往往封锁外界和内部对决策的怀疑信息，尤其对领导更不敢报告坏消息。

（3）盲目自信与乐观。群体过高地估计自己的判断能力，对外部的影响和力量缺乏清醒认识。群体成员往往对决策的成功率估计过高，对失败可能估计不足，相信群体无所不能。

（4）首创精神的幻想。群体自认为在解决问题上有首创精神，组织的命运取决于他们的决策。

事实上，群体空想症是可以避免的，关键在于领导广开言路，善于纳谏，鼓励群体成员在决策过程中，大胆发表不同意见。

2. 风险转移

一般认为，群体决策由于能做到集思广益，博采众长，比个体决策更为合理，更为有效。但大量的研究结果证明，群体决策与个体决策相比，往往更倾向于冒险。其主要原因有以下三点。

（1）失去个性化。个体决策时，决策者顾虑自己的决策后果，不敢贸然采取有风险的决策。但当群体决策时，成员们共同分担责任，他们就不像个体决策那样具有强烈的责任感，因此群体决策下更容易做出风险较大的决策。

（2）领导者的作用。群体中有影响的领导，常常为了显示自己的才能，而采取风险水平较高的决策。领导个人的冒险意愿，很可能被群体接受。

（3）社会比较。因害怕别人认为自己懦弱，群体成员常常会提出较个体决策时更具冒险性的方案。

尽管在很多情况下，群体中会出现“风险转移”现象，但这不是绝对的规律，有的群体甚至会存在向保守转移的倾向。但是在群体决策中，注意可能出现的风险转移是十分必要的。

本章习题

一、单选题

1. 下列选项中属于企业短期决策的是（　　）。

A. 投资方向的选择　　B. 人力资源的开发

C. 组织规模的确定　　D. 企业日常营销

2. 对经常重复出现的、惯常的问题进行的决策称为（　　）。

A. 程序性决策　　B. 非程序性决策

C. 高层决策　　D. 战略决策

3. （　　）是指影响决策的主要因素只有一种状态，每种行动方案在这种状态下是可以计算出来的。

A. 确定型决策　　B. 非确定型决策

C. 风险型决策　　D. 战略决策

4. 不确定型决策和风险型决策的主要区别在于（　　）。

A. 风险的大小　　B. 可控程度

C. 能否确定客观概率　　D. 环境的稳定性

5.（　　）决策法是指在数学模型的基础上，运用统计学、运筹学和电子计算机技术对决策对象进行计算和量化研究以解决问题的决策方法。

A. 定性　　B. 定量

C. 德尔菲　　D. 名义小组

6. 下列不属于决策依据的因素是（　　）。

A. 客观事实　　B. 环境

C. 领导偏好　　D. 政策

7. 某企业生产某产品，固定成本为 160 000 元，单位变动成本为 10 000 元，每台售价为 12 000 元，试计算该产品的盈亏平衡点是（　　）

A. 14 台　　B. 18 台

C. 70 台　　D. 80 台

8.（　　）是从最好情况出发，带有一定冒险性质，反映了决策者冒进乐观的态度。

A. 悲观准则　　B. 乐观准则

C. 最小后悔值决策准则　　D. 等概率决策准则

二、多选题

1. 决策的影响因素有（　　）。

A. 现有企业间的竞争环境　　B. 过去的决策

C. 决策者的风险态度　　D. 组织成员对变革的态度

E. 组织的文化

2. 风险型决策问题应具备的条件有（　　）。

A. 存在着决策者期望实现的目标

B. 存在着两个或两个以上的自然状态

C. 具有两个或两个以上的可供选择的方案

D. 不同行动方案在不同自然状态下的损益值可以定量地估算出来

E. 决策者无法确定未来究竟会出现哪一种自然状态，但可以根据经验和相关资料估计出各种结果出现的可能性

3. 按决策的重要程度来划分，可将决策分为（　　）。

A. 战略决策　　B. 战术决策

C. 业务决策　　D. 程序性决策

E. 个体决策

4. 下列说法不正确的是（　　）。

A. 决策是预测的前提　　B. 决策是高层管理者的事

C. 决策就是管理　　D. 科学的决策离不开预测

E. 西蒙认为，管理就是决策

5. 集体决策的缺点主要有（　　）。

A. 决策时间长　　B. 决策质量低

C. 责任不明确　　D. 产生的备选方案少

E. 容易被少数人所把持

三、计算题

某种新产品经过测试，投入市场如果销路好，每年可盈利1200万元，如果销路差，每年将亏损150万元。某企业拟从以下两个可行方案中选择一个：第一个方案是对该新产品利用原有的车间和设备，不经过试销就大批生产投入市场，预计大批销售好的概率是0.7，大批销售差的概率是0.3。第二个方案是先投资100万元建立一个试验车间首先小批试销，试销好的概率是0.8，差的概率是0.2。试销销路好以后再大批生产，投入市场，预计销售好的概率是0.85，销售差的概率是0.15；如果试销销售差仍然决定大批生产投入市场的话，预计销售好的概率只有0.1，销售差的概率为0.9。请根据计算结果进行决策。

四、简答及论述题

1. 为什么决策的原则是满意而非最优？
2. 决策的程序是什么？
3. 决策的主要方法有哪些？
4. 决策树法的具体内容是什么？
5. 试论述群体决策中特有的心理现象。

案例讨论

钟表王国的困惑与东山再起

瑞士西部城市比也纳是一个人口不到6万的“钟表之城”，聚集着几十家钟表厂，驰名世界的“劳力士”表就出产于此。

从20世纪70年代中期开始，瑞士钟表业陷入严重的危机。日本和香港采用电子石英技术使钟表的生产效率大大提高，大量价廉物美的电子石英表涌入国际市场。这股狂流冲击着以生产机械表为主的瑞士钟表业。世界钟表市场在逐日扩大，而瑞士产品的销路却在不断缩小。

危机使瑞士两大钟表集团遭受了严重损失，这两大集团是德语区钟表业集团有限公司（ASUAG）和法语区钟表工业联合会（SSIH）。两大集团都在寻找夺回钟表王国霸主地位的途径。ASUAG面对日本的挑战不断进行科研攻关，于1979年1月终于制造出世界上最薄的手

表：整个手表只有0.98毫米厚。该表以塑料作为主要材料，是一种大众表，1981年被正式命名为“瑞士表”（Swatch），它期望“瑞士表”能够像流行音乐、流行服装一样，不断随着时代的变化而变化，成为时代的弄潮儿。

然而，这种不起眼的塑料表的诞生却在这个钟表王国受到广泛批评，没有人喜欢这个80年代的“灰姑娘”，认为它毁坏了瑞士钟表业的形象。

道路不是一帆风顺的。1982年初，ASUAG和SSIH决定与美国一家公司成立合资企业生产“瑞士表”，同年8月，“瑞士表”产量达到每周4000只，型号25种。但产品销售很快出现了问题，失败的情绪笼罩着“瑞士表”。面对种种反对意见，公司负责人果断制定了将“瑞士表”打入国际市场的长远战略，并成立了市场研究小组。1983年3月1日，“瑞士表”的宣传大战正式拉开序幕，这同时也标志着该表的正式问世。

在一个大型记者招待会上，“瑞士表”打出了四张“王牌”：

（1）价格是瑞士石英手表历史上最低的；

（2）质量敢与价格昂贵的手表相比：误差每天1秒，30米深防水压，防震，经久耐用；

（3）是新潮流、新生活的标志；

（4）能够适合各种人的爱好，可做时髦的装饰品。

为使“瑞士表”在更大范围内获得人们接受，公司每年至少将利润的12%用于广告宣传，以扩大企业和产品的影响。为壮大实力，ASUAG和SSIH在1984年正式合并，组成瑞士微电子钟表工业集团有限公司（SMH）。这家公司在今天已拥有欧米茄、布朗班、浪琴、雷达等高档表以及雪铁纳、铁索和“瑞士表”等12家钟表企业，在瑞士100家大型企业中名列第12位。

根据统计，1993年，瑞士出口手表和机芯达12亿件，约占世界手表市场的50%，其中仅“瑞士表”就有2500万只，占瑞士出口成表的75%。另有资料表明，“瑞士表”的市场已经遍布5大洲的140多个国家和地区。“瑞士表”普遍受到了人们的欢迎和称赞，它的成功在瑞士钟表界已被传为佳话。

资料来源：王凤彬、李东：《管理学》，中国人民大学出版社2011年第4版，第59～60页。

思考讨论题

请从管理决策角度分析“瑞士表”的成功开发和经营主要得益于什么？

第 5 章

计　　划

内容提示

任何企业都处于经常变化着的市场环境和社会环境中，每个企业都无法依靠自身的力量改变自己所处的环境，因此，如果企业不能适应未来环境的变化，必定会被环境所淘汰。企业要生存，要发展，就必须对未来环境的变化做出科学的预测和准确的判断，并采取措施，制定相应的对策，才能立于不败之地。本章主要讲述计划的特点和作用、计划的类型、计划工作的内容和程序、现代计划技术与方法以及计划管理的原则等内容。

【开篇引例】

美国阿波罗登月计划

阿波罗载人登月工程开始于1961年5月，预计1969年7月20~21日首次实现登月。此后，美国又相继6次发射“阿波罗”飞船，其中5次成功，总共有12名航天员登上月球。整个工程历时约11年，到1972年12月结束，耗资255亿美元。在工程高峰时期，参加工程的有2万家企业、200多所大学和80多个科研机构，总人数超过30万。它是20世纪人类最宏伟的工程之一。

该工程的第一步是确定登月方案，它包括论证飞船登月飞行轨道和确定载人飞船总体布局。最后选定月球轨道交汇方案，相应地确定由指挥舱、服务舱和登月舱组成飞船的总体布局。

为了进行载人登月，美国先实施了四个辅助计划，即在1961~1965年发射9个“徘徊者”月球轨道器，用以了解未来的“阿波罗”飞船在月面着陆的可能性；在1966~1968年发射5个“勘探者”月球着陆器，了解月球土壤的理化特性；在1966~1967年发射3个“月球轨道环形器”，对40多个预选着陆地点进行详细观测，从而选出10个登月点；在1965~1966年发射10艘“双子座”飞船，进行生物医学研究和飞船机动飞行、对接及舱外活动训练等。

“阿波罗”工程的第三个方面就是研制低轨道运载能力为127吨的大推力“土星5”运载火箭。

研制“阿波罗”飞船是该工程的“重头戏”。飞船的指令舱是航天员生活和工作的地方，也是全飞船的控制中心；服务舱装有主发动机等系统；登月舱由下降级和上升级组成。

首次载人登月是由“阿波罗11号”飞船完成的。当时飞船上载有三名航天员，当飞船与“土星5”火箭第三级分离，且“阿波罗11号”搭载登月舱飞船沿过渡轨道飞行2.5天后，便开始接近月球，此时飞船服务舱的主发动机减速，使飞船进入环月轨道。接着，两名航天员进入登月舱，并驾驶登月舱与飞船分离，这时飞船指挥舱内的一名航天员继续驾驶飞船绕月球轨道飞行，而另两名航天员则乘登月舱在月面着陆。登月后航天员采集了岩石和土壤（22千克），展开了太阳电池阵，安装了月震仪等。任务完成后，他们乘登月舱的上升级返回月球轨道，与飞船对接，最后返回地球。

1969年11月至1972年12月，美国又陆续发射了“阿波罗12号”至“阿波罗17号”飞船，其中除“阿波罗13号”因故没有登月（航天员安全返回地面），另五艘飞船均登月成功。飞船的航天员还驾月球车在月面活动，采集岩石。

航天员在月球上钻取了三米的月球岩芯，发现多达57层，每层代表一次陨石冲击，还测量了月球内部发出的热流……“阿波罗”工程极为壮观，它激动了无数人的心，使载人登月的千年梦想变成了现实。

5.1 计划的特点和作用

5.1.1 计划的含义

计划是指为了实现企业的经营方针和经营战略，使企业能够适应未来变化的环境，正确地选择未来行动，而对这种行动做出的科学决策和统筹安排。它是计划工作所包含的一系列活动完成之前拟定的，是对未来行动方案的一种说明。计划包括组织使命和目标的说明，以及战略、政策、预算等计划方案。通俗地说，它告诉管理者和执行者未来的目标是什么，要采取什么样的活动来达到目标，要在什么时间范围内，按什么进度来达到这种目标，以及由谁来进行这种活动。其内容可归纳为“5W1H”。

（1）What，做什么？明确活动的内容及要求，明确每一个时期的中心任务和工作重点。例如，企业生产计划的任务主要是确定生产哪些产品，生产多少，合理安排产品投入和产出的数量和进度，在保证按期、按质和按量完成订货合同的前提下，使得生产能力尽可能得到充分的利用。

（2）Why，为什么要做？明确计划工作的原因及目的，并论证可行性。实践表明，计划工作人员对组织和企业的宗旨、目标和战略了解得越清楚，认识得越深刻，就越有助于他们在计划工作中发挥主动性和创造性。

（3）When，何时做？规定计划中各项工作的起始时间和完成时间，以便进行有效的控制，并对能力和资源进行平衡。

（4）Where，何地做？规定计划的实施地点或场所，了解计划实施的环境条件和限制，以便合理安排计划实施的空间组织和布局。

（5）Who，谁去做？规定由哪些部门和人员负责实施计划。例如，开发一种新产品，要经过产品设计、样机试制、小批试制和正式投产等几个阶段。在计划中要明确规定每个阶段由哪个部门负主要责任，哪些部门协助，各阶段交接时，由哪些部门和哪些人员参加界定和审核等。

（6）How，如何做？制定实施计划的手段和措施，以及相应的政策和规则，对资源进行合理分配和集中使用，对人力、生产能力进行平衡，对各种派生计划进行综合平衡等。

实际上，一个完整的计划还应包括控制及考核。也就是告诉实施计划的部门或人员做成什么样子，达到什么标准等。一个好的计划不仅能科学地解决上述的6个问题，而且是一个组织能否发展壮大的基础条件。

5.1.2 计划的特点

（1）目的性。任何组织和个人制定计划都是为了有效地达到某种目标。目标是计划工作的核心，没有目标的计划是盲目的。计划工作旨在促使组织目标的实现。确切地说，计划能对组织行为的执行产生积极的指导作用，科学的计划可以使组织有限的资源得到合理的配置，可以减少浪费，提高效率，规范组织人员行为，提高成员工作的目的性，确保组织沿着既定的目标前进。

（2）主导性。计划处于管理职能的首要地位。首先，管理的组织、控制、领导等职能是为了支持、保证目标的实现，这些只有在计划确定了目标之后才能进行。其次，有些情况，计划职能是唯一需要完成的管理工作。在计划调研阶段，如果认为某项活动没有继续进行的价值，也就不存在随后的组织、领导、控制等管理职能了。此外，计划工作影响和贯穿于组织工作、人员配备、指挥和领导、控制工作中。主管人员通过制定计划，可以进一步明确需要什么样的组织关系和人员素质，按照什么方针去领导下属工作人员，以及采取什么样的控制。

（3）普遍性。组织的任何管理人员都需要进行计划，一个严密的组织和部门是不允许无计划的活动；而且计划工作是各级主管的一个基本职能，任何部门的管理人员或多或少都有制定计划的权利和责任。区别在于，高层管理人员负责制定战略性计划，中低层管理人员负责制定战术性计划或生产作业计划。同时，所有组织成员的活动都受计划的影响和约束。这些具有不同广度和深度的计划有机地结合在一起，便形成了一个多层次计划系统。因此，计划具有普遍性。

（4）经济性。也就是说计划工作要讲究效率。计划的效率是以它对组织目标所做的贡献，扣除为制定和执行计划所需要的费用和其他预计不到的损失之后的总额来测定的。简单地讲，就是投入与产出之间的比例。

计划的效率不仅是指在人力、物力、财力这些有形物上，它还包括诸如个人、团体和社会的满意程度这一类无形的评价标准。例如，某个计划是鼓舞人心的，但在计划的实施中，方法不当，结果引起了不满情绪，使计划的效率降低。

实现目标有许多途径，我们必须从中选择尽可能好的方法，以最低的费用取得预期的成果，保持较高的效率，避免不必要的损失。计划工作强调协调、强调节约，其重大安排都经过经济和技术的可行性分析，可以使付出的代价尽可能合理。

（5）创造性。计划工作总是针对需要解决的新问题和可能发生的新变化、新机会而做出决定的，计划工作不确定因素较多，因而它是一个创造性的管理过程。

（6）前瞻性。计划与未来有关，它不是过去的总结，也不是现状的描述，而是要面向未来，考虑未来的机遇和可能遇到的问题，指导组织未来的活动，为实现未来的目标做出安排。

5.1.3 计划的作用

（1）计划为企业指明了行动的方向。尽管组织置身于复杂多变、充满不确定性因素的环境中，计划始终把其主要的注意力集中在一定的目标上，给管理者和非管理者指明方向，使组织所有的行动保持同一方向。这样才不至于浪费企业的人力、物力、财力，从而有效地达到企业目标。

（2）计划是管理者指挥的依据。管理者在计划制定之后工作并没有结束，他们还要根据计划进行指挥。他们要分配任务，要根据任务确定下级的权利和责任，要促使组织中的全体成员的活动方向趋于一致而形成一种复合的、巨大的集体力量，以保证完成计划所设定的目标。为了保证不同成员在不同时空的活动能提供组织所需的贡献，他们所从事的活动必须相互协调地进行。为此，必须进行科学的分工。计划的编制将组织的目标活动在时间和空间上进行详细的分解，从而为科学分工提供了依据。

（3）计划是应对不确定性，降低风险的手段。未来的情况是不断变化的，特别是当今世界正处于剧烈变化之中，社会、科技、人们的价值观念都在不断地变化。计划是预期这种变化并设法消除变化对组织造成不良影响的一种有效手段。计划的前瞻性，使组织能够根据过去的和现在的信息推测将来可能出现的变化会对达到组织目标产生何种影响，在变化发生时采取什么对策，并制定出一系列的备选方案，把风险降到最低限度。

（4）计划可以减少浪费，提高效益。计划是从多条实现目标的途径中，通过技术经济论证和可行性分析，选择最适当的方案，从而可以减少浪费，以最低的费用或最高的效率实现既定的目标。此外，由于有了计划，组织成员的努力将合成一种组织效应，这将大大提高工作效率从而带来经济效益。计划工作还有助于用最短的时间完成工作，促使各项工作能够均衡稳定发展。计划将组织活动在时空进行分解来对现有资源的使用进行合理的分配，通过规定组织的不同部门在不同时间应从事何种活动，告诉人们何地需要多少数量的何种资源，从而使组织的可用资源充分发挥作用，并降低成本。

（5）计划是管理者进行控制的标准。计划工作建立的目标和指标是控制的依据。在制定计划时，先要有明确的目标。将计划付于实施时若出现偏差便立刻采取适当的修正行动，以免造成大错。此外，在工作完成时，也可以用这个目标来判别工作成果是否已经达到目标要求，从而能够客观地评审每个工作成绩的优劣，以此作为赏罚的标准。

（6）计划有激励广大员工的作用。计划工作可引导组织中的各种行为瞄准既定目标，能够协调全体人员的工作积极性，使他们的个人目标与组织目标及要求保持一致。计划工作可以指明哪些行为能够导致最终目标得以实现，这样，调动全体员工对准所要实现的目标进行始终如一的、协调一致的努力，使计划的各项内容按部就班地顺利进行，最终实现组织的目标，进而实现个人的目标。

总的来说，计划就是预测未来，是未来行动的具体化，并决定未来的行动方案，以达到既定的目标。

5.2 计划的类型

根据不同的分类标准，计划可以分成不同的类型。其中最普遍的方法，是依据计划的时间框架、职能空间、综合性程度、程序化程度和明确性等进行分类。表5－1列出按不同方法分类的计划类型。要注意的是，这些分类方法所划分出的计划类型很难截然分开。比如，程序化程度很难用统一的定量标准区分其高低。另外，虽然理论研究将计划按一定标准进行分类，但现实中的计划往往是综合的。比如，长期财务计划与短期财务计划、指导性人事计划与具体人事计划等。计划工作必须追求时间与空间、明确性、程序化程度等方面的平衡。

1. 战略性计划和战术性计划

根据计划涉及时间长短及其范围广狭的综合性程度，可将其分为战略性计划与战术性计划。战略性计划是指应用于整体组织的，为组织未来较长时期（通常为5年以上）设立总体目标和寻求组织在环境中的地位的计划。战术性计划是规定总体目标如何实现的细节计划，它需要解决的是组织的具体部门或职能部门在未来各个较短时期内的行动方案。

表 5－1　　计划的类型

分类标准	类　型
综合性程度	战略性计划 战术性计划
时间框架	长期计划 中期计划 短期计划
明确性	具体性计划 指导性计划
职能空间	业务计划 财务计划 人事计划
程序化程度	程序性计划 非程序性计划

2. 长期计划、中期计划与短期计划

长期计划通常指 5 年以上的计划，短期一般指一年以内，中期则介于两者之间。长期计划描述了组织在较长时期的发展方向和方针，规定了组织的各个部门在较长时期内从事某种活动应达到的目标和要求，绘制了组织长期发展的蓝图。

中期计划介于长期、短期计划之间，中期计划必须与短期计划和长期计划衔接。好的中期计划恰如其分地指引着短期计划应完成的方向，并为总目标的实现奠定坚实的基础。

短期计划具体地规定了组织的各个部门在目前到未来的各个较短的时期阶段，特别是最近的时段中应该从事何种活动，从事该种活动应达到何种要求，因而为各组织成员在近期内的行动提供了依据。

3. 具体计划与指导性计划

根据计划内容的明确性标准，可以将计划分为具体性计划和指导性计划。具体性计划具有明确规定的目标。例如，一位企业经理打算使他的企业销售额在未来的 12 个月中增长 20%，他或许要制定特定的程序、预算分配方案，以及实现目标的各项活动的进度表，这就是具体计划。

指导性计划只规定某些一般的方针和行动原则，给予行动者较大的自由处置权，它指出重点但不把行动者限定在具体的目标上或特定的行动方案上。例如，一个增加利润的具体计划，可能具体规定在未来 6 个月中，成本要降低 4%，销售额要增加 6%；而指导性计划也许只提出未来 6 个月中使利润增加 5% ~10%。显然，指导性计划具有内在的灵活性。当然，这种优点也以丧失具体计划的明确性为代价。

4. 业务计划、财务计划和人事计划

依据职能空间分类，可以将计划分为业务计划、财务计划及人事计划。组织是通过从事一定业务活动立身于社会的，业务计划是组织的主要计划。我们通常用“人财物，供产销”六个字来描述一个企业所需的要素和企业的主要活动。业务计划的内容涉及“物、供、产、销”，财务计划的内容涉及“财”，人事计划的内容涉及“人”。

财务计划与人事计划是为业务计划服务的，也是围绕着业务计划而展开的。财务计划研究如何从资本的提供和利用上促进业务活动的有效进行，人事计划则分析如何为业务规模的维持或扩大提供人力资源的保证。

5. 程序性计划与非程序性计划

西蒙把组织活动分为两类：一类是例行活动，指一些重复出现的工作，如订货、材料的出入库等。有关这类活动的决策是经常反复的，而且具有一定的结构，因此可以建立一定的决策程序。每当出现这类工作或问题时，就利用既定的程序来解决，而不需要重新研究。这类决策就是程序化决策，与此对应的计划是程序性计划。另一类活动是非例行活动，不重复出现，如新产品的开发、生产规模的扩大、品种结构的调整、工资制度的改变等。处理这类问题没有一成不变的方法和程序，这类问题或因为在过去尚未发生过，或因为其确切的性质和结构捉摸不定或极为复杂，或因为其十分重要而需要用个别方法加以处理。解决这类问题的决策叫非程序化决策，与此对应的计划是非程序化性计划。

5.3 计划工作的内容和程序

5.3.1 计划工作的内容

确定计划不同的内容对于发挥计划职能有着重要意义。不同层次的管理者所面临的计划内容是不同的，从抽象到具体，可以把计划内容分为宗旨、目标、战略、政策、程序、规则和预算等几种类型。它们的关系可描述为一个等级层次，如图 5-1 所示。

1. 宗旨

宗旨是表明组织是干什么的，应该干什么，希望成为怎样的企业。各种有组织的活动，如果要使它有意义的话，至少应该有自己的目的和使命。比如，医院的使命是治病救人，法院的使命是解释和执行法律等。纵观许多成功的公司，它们之所以成功，首先因为它们都有着明确

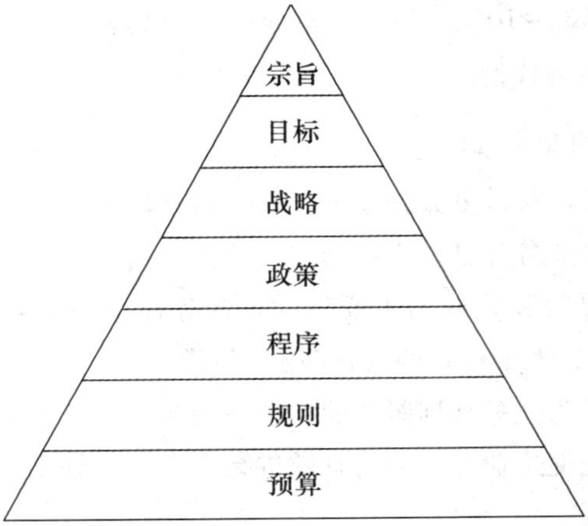

图 5－1　计划的层次体系

的宗旨。例如，英特尔公司就有着明确的宗旨："成为世界计算机行业的奠基石。"英特尔公司围绕着这样的宗旨去努力，在工艺技术和营业两方面被人们认可为最好的，是领先的，是第一流的日本索尼公司的宗旨是："索尼是开拓者，永远向着那未知的世界探索。"

2. 目标

组织的宗旨往往太抽象，太原则化，它需要进一步具体为组织一定时期的目标和各部门的目标。所以，一定时期的目标是在宗旨指导下提出的，它具体规定了组织及其各个部门的经营管理活动在一定时期要达到的具体成果。目标不仅是计划工作的起点，而且是组织、人员配备、指导与领导工作和控制工作所要达到的结果。

3. 战略

战略是为了实现组织或企业长远目标所选择的发展方向、所确定的行动方针，以及资源分配方针和资源分配方案的一个总纲。战略是指导全局和长远发展的方针，它不是具体地说明企业如何实现目标，而是指明方向、重点和资源分配的优先次序。对于社会中的一个组织来说，制定战略的根本目的，是使自身组织尽可能有效地比竞争对手占有更多持久的优势。

企业的战略具有以下几方面的特征。

（1）全局性及复杂性。企业战略的全局性表现在四个方面：①企业战略要符合整个世界的政治、经济、技术的发展趋势；②企业战略要符合所在国的政治、经济、技术的发展趋势；③企业战略要符合企业所在行业的发展趋势；④企业战略要符合本企业的发展趋势。

企业战略的复杂性表现在两个方面：①企业战略的制定是企业高层领导人价值观念的反映，它是一种高智慧、复杂脑力劳动及集体决策的结果，是一种非程序性决策。因此，完全要靠战略咨询专家及企业高层领导团队的政策敏感、远见卓识、捕捉机遇、战略技巧的有机组合才能制定出好的企业战略，战略制定过程是非常复杂的。②企业战略实施的复杂性。

（2）未来性及复杂性。所谓未来性是指制定企业战略必须要对未来几年的企业外部环境变化及企业内部条件变化做出预测，成功的战略往往是预测准确的战略。因此，企业战略具有未来性。但是，随着科学技术及国内外竞争其他环境的变化速度越来越快，环境的动态性增强，许多事物具有不可预测性，环境的不确定性因素增多，因此企业战略的制定及实施具有一定风险性，这是人们在制定及实施战略是必须充分估计到的。

（3）系统性及层次性。企业战略通常分为三个层次，即公司战略、业务战略和职能部门策略。公司战略、业务战略与职能战略之间必须保持高度的统一和协调，即各职能部门的策略是为了保证实现业务战略服务的，而各业务战略是为了保证实现公司战略服务的，战略的三个层次之间必须要同步化、协调化，否则，公司战略是实现不了的，这就是企业战略的系统性及层次性。

（4）竞争性及合作性。制定战略的目的就是使企业能在激烈的市场竞争中发展壮大自己的实力，使其在与竞争对手争夺市场和资源的斗争中占有相对的优势。因此，竞争性是企业战略的本质特征之一。但是，企业存在的目的不是为了竞争，所以在竞争当中还可能与竞争对手在某些领域进行有条件的合作（如结成战略联盟），以取得双赢或者多赢的效果，因此，企业战略也具有合作性。

（5）稳定性及动态性。不能因为在企业经营中发生了一些枝节性的问题，随便就去修改战略，企业战略必须在一定时期内保持相对的稳定性，才能在企业经营实践中具有指导意义。但是，如果企业外部环境或内部条件确实发生了较大的变化，企业战略也必须随之进行修改，因此战略又具有对环境动态适应的特点。所以，企业战略在执行过程中要按月、按季度、按半年、按全年随时观测企业内外环境变化，及时进行调整修改，才能达到战略目标，因此企业战略又具有动态性。

4. 政策

政策是组织在决策时或处理问题时用来指导和沟通思想与行动方针的明文规定。作为明确规定的政策，通常列入计划之中，而一项重大的政策往往单独发布。但不是所有政策都是明文规定，政策也常常会从主管人员的行动中含蓄地反映出来。比如，主管人员处理某问题的习惯方式往往会被下属作为处理该类问题的模式，这也许是一种含蓄的、潜在的政策。

5. 程序

程序也是一种计划，它规定了如何处理那些重复发生的问题的方法、步骤。程序就是办事手续，就是对所要进行的行动规定时间顺序。程序是行动的指南，而不是思想的指南。制定程序的目的是减轻主管人员决策的负担，明确各个工作岗位的职责，提高管理活动的效率和质量。

6. 规则

规则也是一种计划，只不过是一种简单的计划。它是对具体场合和具体情况下，允许或不允许采取某种特定活动的规定。规则没有酌情处理的余地，它详细、明确地阐明必须行动或无须行动。

必须注意的是，就其性质而言，规则和程序均在约束思想。因此，只有在不需要组织成员自行处理权时，才使用规则和程序。

7. 规划（或方案）

规划是一个综合性的计划，它包括目标、政策、程序、规则、任务分配、要采取的步骤、要使用的资源以及为完成既定行动方针所需的其他因素。规划有大有小，大的如国家的科学技术发展规划，小的像企业中质量管理小组的活动规划。规划有长远的和近期的。长远规划如我国国民经济发展的五年计划等，近期规划如企业的职工培训规划等。规划一般是粗线条的、纲要性的。

8. 预算

预算被称为数字性的计划，它是一份用数字表示预期结果的一种报告书。预算通常是为规划服务的。预算可以帮助组织或企业的上层和各级管理部门的主管人员，从资金和现金收支的角度，全面细致地了解企业经营管理活动的规模、重点和预期成果。

预算工作的主要优点是它促使人们去详细地制定计划，去平衡各种计划。由于预算总要用数字来表现，所以它使计划工作做得更细致、更精确。

5.3.2 计划工作的程序

任何计划工作，其工作步骤都是基本相同的，主要包括估量机会、确定目标、确定前提条件、评价备选方案、确定备选方案、选择最优方案、拟订派生计划及编制预算。具体步骤如图5－2所示。

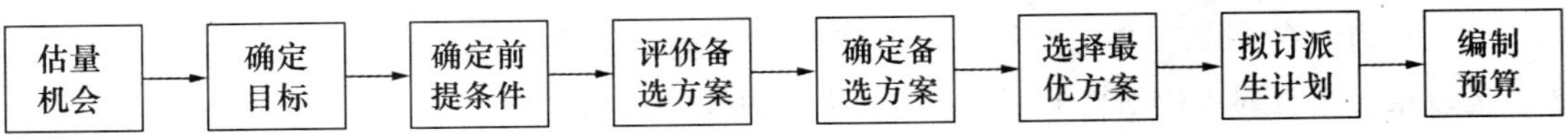

图5－2 计划的步骤

1. 估量机会

对机会进行估量实际上是在计划工作开始之前就应进行的工作。估量机会就是根据环境和组织的现实情况可能存在的机会做出判断。管理者在编制计划之前就应该对组织自身的优势和劣势，外部环境的机会和威胁进行综合分析，即SWOT分析。企业在评估机会时，要用动态的权变理论观念，不仅对宏观环境进行分析，还应对企业所处的行业环境、竞争对手、企业自身和目标市场进行分析。

2. 确定目标

确定目标是计划工作实质性内容的展开，在估量机会的基础上为组织及其所属的下级单位确定未来所要实现的目标，是计划工作的第一步。确定目标是指组织在计划期内所要达到的效果。目标为组织整体、各部门和各成员指明了方向，描绘了组织未来的状况，并且作为标准可用来衡量实际的绩效。计划工作的主要任务是将决策所确立的目标进行分解，以便落实到各个部门、各个活动环节。企业的目标指明主要计划的方向，而主要计划又根据企业目标，规定各个主要部门的目标，而主要部门的目标又依次控制下属各部门的目标，如此等等。沿着这样的一条线依此类推，从而形成了组织的目标结构，包括目标的时间结构和空间结构。目标结构描述了组织中各层次目标间的协作关系。

3. 确定前提条件

计划工作的第二个步骤是确定前提条件。所谓计划工作的前提条件是计划工作的假定条件，即对计划活动所处的未来环境的预测或“情景模拟”。为了实现组织目标，使所定计划切实可行，预测的内容与范围尽可能地广泛，一般包括宏观与微观的内容。比如，对产品销售进行计划，就要预测国民经济发展状况、该行业生产水平、同类商品资源以及购买力、价格水平、地区与行业发展状况、本企业生产经营水平以及采购、销售与库存能力，等等。但由于计划的未来环境很复杂，所以，要对它的每一细节都提出假设是不现实的，也是不经济的。因此，所要确定的计划前提要选择那些对计划工作具有关键性、战略意义、对计划执行情况最有影响的因素。

4. 确定被选方案

在确定企业的目标、了解企业自身的资源和预测未来环境之后，就可以寻求各种实现目标的途径和方法。正如“条条大道通罗马”，实现一个目标，往往有很多计划方案。这一步需要计划拟订者充分发挥创造力、想像力，集思广益、群策群力，尽可能提出多个方案，为最后选择“满意”方案创造条件。通常，最明显的方案不一定就是最好的方案。在过去的计划方案上稍加修改和略加推演也往往不会取得更好的结果，这一项工作需要发挥管理者的创造力。

在拟订各种可行方案时，必须根据本身的资源，注意将来可能出现的环境变化，再针对要达到的目标，将各种可行的方案一一列举出来，以供进一步分析和比较。

5. 评价被选方案

这一步骤是根据计划的前提和目标来权衡各种因素，对每一个方案的优劣进行全面、彻底地分析和评价。评价被选方案的依据有两个：一是评价的标准；二是评价者对各个标准所赋予的权数，即各个标准的相对重要程度。在多数情况下，存在很多可供选择的方案，而且有很多需要考虑的可变因素和限制条件，评价会极其困难。在评价时要考虑以下几点。

（1）特别注意发现每一个方案的制约因素或隐患。对制约因素认识得越深刻，选择方案时的效率就越高。

（2）在评估时，即将一个方案的预测结果与原有目标进行比较时，既要考虑到许多可以用数量表示的“硬”的因素，也要考虑到许多不能用数量表示的“软”因素。例如，一个人或一个企业的声誉和人际关系。

（3）要用总体的权益观来衡量方案。这是因为对某一部门有利的不一定对全局有利，对某项目有利的不一定对总体目标有利。

（4）在评估方案时，在衡量每一方案所带来收益的同时，要考虑每一个方案所花的成本是多少，可能遭遇的风险是多少，特别注意那些潜在的、间接的损失，并检查这些方案与公司制定的政策是否相违背，与政策法规是否相抵触。

6. 选择最优方案

选择方案是制定计划的关键一步，也是做出决策的真正关键。它是在对被选方案进行全面评价的基础上，选择最好的方案。但为了保持计划的灵活性，在选择过程中可能会选择两个或更多的方案，并且决定首先采取哪个方案，而将其余的方案进行细化和完善，作为备选方案。

7. 拟订派生计划

选择好方案之后，计划工作并没有结束，因为总计划还需要派生计划的支持，所以，还必须为涉及计划内容的各个下属部门制定支持总计划的派生计划。派生计划是总计划的基础，只有派生计划完成了，总计划才有保证。

选定的计划方案一般是组织的总体计划，为了使得它更具有针对性和操作性，还需要制定一系列支持计划，它们是总体计划的子计划。例如，一家公司决定开拓一项新业务时，这一计划需要制定很多派生计划来支持，如雇用和培训各种人员的计划、筹集资金计划、广告计划等。

8. 编制预算

计划的最后一步就是把决策和计划转化为预算，使计划数字化，通过数字来反映整个计划。编制预算主要有两个目的：一方面是为了计划的指标体系更加明确，有利于资源的合理分配；另一方面是预算可以成为衡量计划是否完成的标准。定性的计划往往在可比性、可控性和进行奖惩方面比较困难，而定量的计划具有较硬的约束，这有利于企业对计划执行情况进行控制。

5.4 现代计划技术与方法

编制计划的方法有很多，过去人们常常采用定额换算法、系数推导法和反复平衡法等传统计划方法制定计划。现代组织由于面对更加复杂多变的外部环境，组织规模也在不断地扩大，传统计划方法不能满足现代企业发展的需要，所以，各种现代计划方法应运而生。现代计划方法能够采用计算机做辅助工作，不仅加快了计划的进度，而且提高了其准确性，已被越来越多的管理人员所采用，下面介绍几种常用的现代计划技术与方法。

5.4.1　滚动计划方法

滚动计划是一种将短期计划、中期计划和长期计划有机地结合起来，根据近期计划的执行情况和环境变化情况，定期修正和调整未来计划并逐期向前推移的一种动态编制计划的方法。由于在计划工作中很难准确地预测未来环境的变化，而且计划期越长，不确定性就越大。采用滚动计划的方法，而不是生搬硬套地采用前几年制定的计划，可以提高计划的有效性。

滚动计划的具体做法是：计划内容依据“远粗近细”的原则，在制定计划时，同时制定未来若干期的计划，把近期的详细计划和远期的粗略计划结合在一起。在计划期第一阶段完成后，根据该阶段的执行情况和内外部环境变化情况，对原计划进行修正和细化，并将整个计划向前滚动一个阶段，以后根据同样的原则逐期向前滚动（见图5－3）。

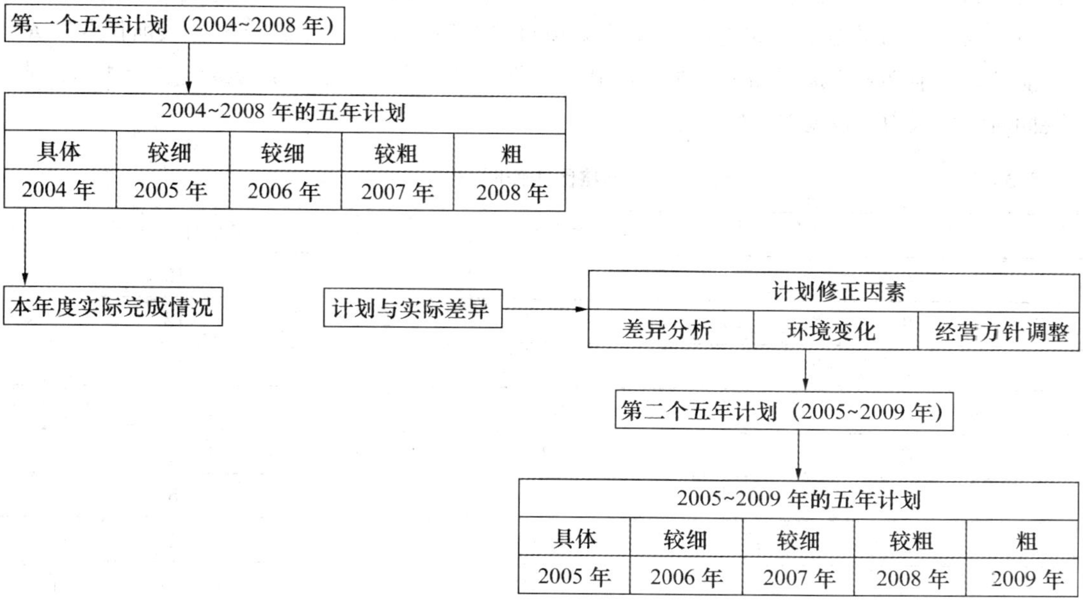

图5－3　滚动计划实施流程

滚动计划的特点是，把计划工作看做一种不间断的运动，使整个计划处于适时的变化和发展之中，避免了计划的僵化，提高了计划的适应性。它与静态计划相比具有以下优点。

（1）使计划更加切合实际。由于滚动计划相对缩短了计划时期，加大了对未来估计的准确性，从而提高了计划的质量。

（2）使长期计划、中期计划和短期计划相互衔接，保证能根据环境的变化及时地进行调节，并使各期计划基本保持一致。

（3）大大增强了计划的弹性，从而提高了组织的应变能力。

滚动计划的缺点是：编制计划的工作量大。但在计算机已被广泛应用的今天，这已不成什么问题。

5.4.2 网络计划技术

网络计划技术是运用网络图的形式来组织生产和进行计划管理的一种科学方法。它的基本原理是：运用网络图形式表达一项计划中各项工作之间的先后次序和相互关系；在此基础上进行网络分析，计算网络时间，确定关键工序和关键路线；然后，利用时差不断地改善网络计划，求得工期、资源与成本的优化方案并付诸实施；在信息的执行过程中，通过信息反馈进行有效的控制和监督，以保证预期计划目标的实现。

网络图的画法如下。

（1）确定项目的全部工作。表5－2为某项目的各项作业关系表。表中“紧前作业”是该项作业开始之前必须完成的相邻作业。表中“作业时间”可以采用一定的方法进行估算，估算时要同时考虑人力、设备等影响因素。

表5－2　　网络图工作明细

作业代号	紧前作业	作业时间（天）
A	—	15
B	A	15
C	A	14
D	B、C	10
E	B	6
F	D	6
G	D	1
H	E、G	30
I	F、H	8

（2）绘制合乎逻辑的网络图。

（3）从网络图中识别出关键路线及关键工作。关键路线是由占有时间最长的关键工作活动组成的序列，处于关键路线上的工作为关键工作。上述项目的简要网络如图5－4。

运用计划评审技术进行控制的关键是在网络图上确定关键路线。图中的关键路线为A—

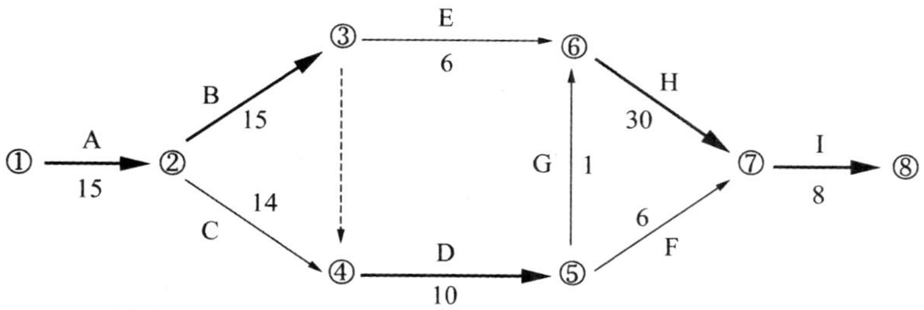

图例：①②…为节点，作业的开始点与终结点。
------► 一项工作活动，箭线左侧的数字为该项活动所耗用的时间。
——► 工作间的前后关系，它既不是具体工作，也不占有时间。
━━► 关键作业。

图 5－4 网络图

B—D—G—H—I，总长度为 79 天（15＋15＋10＋1＋30＋8）。关键路线决定项目的完工期，是完成计划的关键。因此为确保整个项目按计划完成，管理者需集中力量对关键路线上的关键工序进行控制，在关键工序上进行挖潜，以达到缩短工期、降低费用和合理利用资源的目的。值得注意的是，关键路线是相对的、可变的。在计划执行过程中可以对关键工序加以有效控制和调度，使原来的关键路线变成非关键路线，而原来的某一条或某几条非关键路线就可能变成关键路线，这时控制的重点就应该转移到新的关键路线上，并对新的关键工序实施重点控制。

5.4.3 线性规划方法

线性规划方法是运用数学模型，研究在有限资源的情况下，为达到一定的目的，如何兼顾整个活动所有环节间的关系，为选择一个最好的方案提供数量上的依据，以便资源能合理安排，取得最好的效果。线性规划是在一些线性等式或不等式的约束条件下，求借线性目标函数的最大值或最小值的方法。运用线性规划建立数学模型的步骤如下。

（1）确定影响目标大小的变量。

（2）列出目标函数方程。

（3）找出实现目标的约束条件。

（4）找出目标函数达到最优的可行解，即为线性规划的最优解。

例题

某企业制造 A、B 两种产品，制造产品 A 每吨需用煤 9 吨，电力 4 千瓦，3 个工作日；制造产品 B 每吨需用煤 4 吨，电力 5 千瓦，10 个工作日。已知制造产品 A 和 B 每吨分别获利 7000 元和 12000 元，现在该厂由于条件限制，只有煤 360 吨，电力 200 千瓦，工作日 300 个可以利用，问 A、B 两种产品各应生产多少吨才能获利最大？最大利润是多少？

这是一个典型的线性规划问题，建立数学模型的步骤如下。

根据资料，已知生产A、B两种产品相关资料如下表所示。

表5-3 生产A、B两种产品相关资料

	A	B	限制条件
用煤	9	4	360
电力	4	5	200
工作日	3	10	300
单价（千元）	7	12	

第一步，确定影响目标大小的变量。在本例中，目标是利润最大，影响目标的变量是两种产品A和B的数量x，y。

第二步，列出目标函数方程：

表达式 $\text{Max}\ S\ (x,\ y)\ =7x+12y$

第三步，找出实现目标的约束条件：

$9x+4y<=360$ 用煤量约束

$4x+5y<=200$ 用电量约束

$3x+10y<=300$ 工作日约束

$x>=0$ 及 $y>=0$ 非负性约束

第四步，找出目标函数方程的最优解。用图上作法求解，具体步骤如下。

首先，直线的画法。

用两点式：$9x+4y=360$，$x=0$，$y=90$；$y=0$，$x=40$

$4x+5y=200$，$x=0$，$y=40$；$y=0$，$x=50$

$3x+10y=300$，$x=0$，$y=30$；$y=0$，$x=100$

所以两点之间连线就画成了。

其次，求出交点。

A，D，O容易求出，对于B、C。

$4x+5y=200$

$3x+10y=300$

$x=\ (200-5y)\ /4$ 代入 $3x+10y=300$，$(600-15y)\ /4+10y=300$

$600-15y+40y=1200$，$y=24$，代入 $3x+10y=300$，有 $3x=60$

$x=20$，所以B为（20，24）

$4x+5y=200$

$9x+4y=360$

$x=(200-5y)/4$ 代入 $9x+4y=360$，$(1800-45y)/4+4y=360$

$7200-180y+16y=1440$，$y=(7200-1440)/(180-16)=1000/29$

代入 $4x+5y=200$，有 $x=360/29$，所以C为（1000/29，360/29）

所以得出各点如下：A（0，30）、B（20，24）、C（1000/29，360/29）、D（40，0）、O（0，0）。

再次，线性规划的图解法。

$\text{Max } S(x, y)=7x+12y$

$9x+4y<=360$

$4x+5y<=200$

$3x+10y<=300$

作出各约束条件表示的直线。

最后，最优解在直线围成的多边形的顶点取得。如图5-5所示。

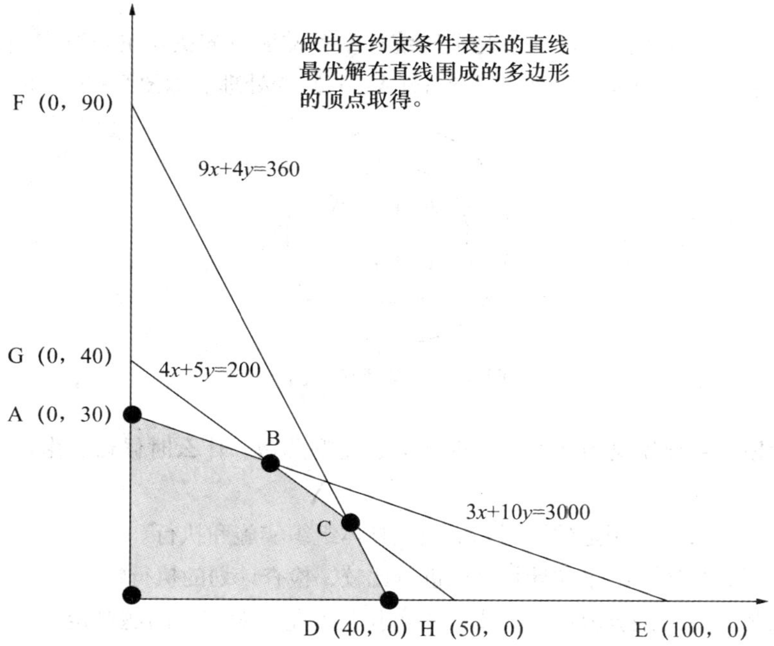

图5-5 线性规划可行区域

如图5-5所示，阴影部分即为这个线性规划问题的可行区域。

平行直线系 $f=7x+12y$ 过点 A（20，24）即当 $x=20$，$y=24$ 时，$f_{max}=7\times20+12\times24=140+288=428$（千元）。即产品 A 生产 20 吨，产品 B 生产 24 吨，获利最大，最大利润为 428 千元。

5.4.4 投入产出方法

投入产出方法是一种应用极为广泛的现代计划方法。它是利用高等数学的方法对物质生产部门之间或投入与产出之间的数量依存关系进行科学分析，并对再生产进行综合平衡的一种现代的科学方法。其基本原理是：任何系统的经济活动都包括投入和产出的两大部分，投入是指生产活动中对各种原料、燃料、动力、辅助材料、机器设备以及活动等的生产性消耗，产出是指生产活动的结果。在生产活动中，投入和产出之间具有一定的数量关系，投入产出法就是利用这种数量关系建立投入产出表。根据投入产出表对投入与产出的关系进行科学分析，再利用分析的结果来编制计划并进行综合平衡。

5.4.5 管理循环方法

管理循环方法又称 PDCA 循环法，是美国统计学家戴明首先提出的。其中 P（Plan）为计划；D（Do）为实施；C（Check）为检查；A（Action）为处理。如图 5－6 所示。

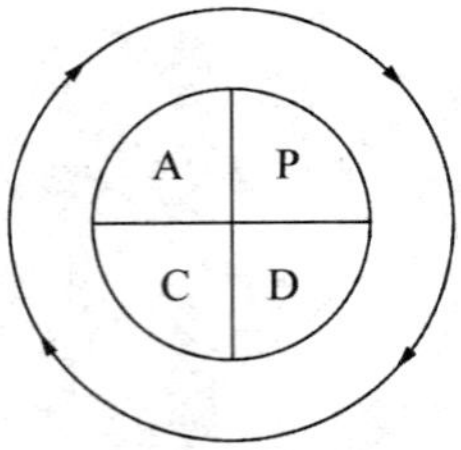

图 5－6 管理循环图

P 为计划阶段，主要解决为什么做、做什么、在哪儿做、什么时候做、由谁来做、如何做等问题。

D 为实施阶段，按已经制定的计划和措施，具体组织实施和执行。

C 为检查阶段，把实施结果和计划目标进行比较，检查计划的执行情况。

A 为处理阶段，总结经验教训，把成功的经验制度化，对存在问题制定消除措施，反馈于下一个循环。

PDCA 法有两个显著特点：一是四个阶段不能少，先后次序不能变，循序渐进；二是大环套小环，一环扣一环，不断循环。企业管理是一个大循环，车间、科室、班级等都有自己的中循环、小循环。小环要保大环。上一级循环是下一级循环的发展，下一级循环是上一级循环的基础。如图 5-7、5-8 所示。

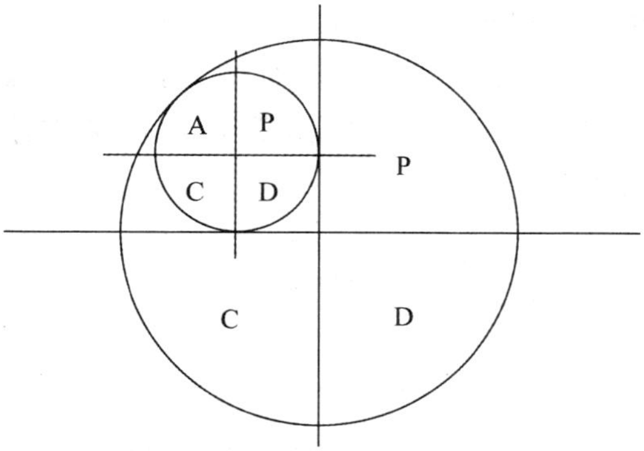

图 5-7 管理循环特点示意图（一）

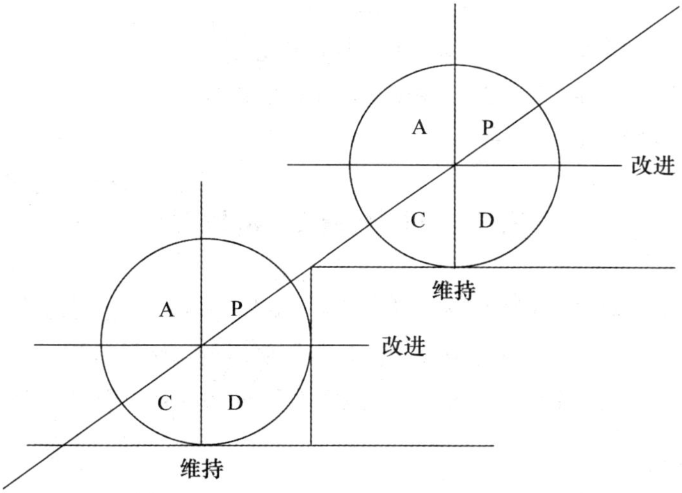

图 5-8 管理循环特点示意图（二）

PDCA 法所揭示的管理工作基本规律，几乎适用于任何事物。我国企业现已广泛将此种方法用于产品质量管理和成本管理中，取得了显著的成效。

管理循环的各阶段内容如下。

P 阶段

（1）收集资料。就是对工作现状进行调查研究，及时、全面、准确地收集有关数据等资料。

（2）找出问题。在收集资料的基础上，把影响质量的各种因素都摆出来，加以研究，找出各个薄弱环节。

(3) 找出主要问题。在影响质量的各种因素中有主次之分。只有抓住其中主要的影响因素，进行解剖分析，才会更加有利于改进质量。

(4) 针对主要影响因素制定计划和措施。制定计划、措施要重点说明如下六个问题：即要达到的目的是什么；要制定哪些措施；这些措施在哪个部门或者在什么地方执行；由谁来执行措施；什么时候执行，什么时间完成；怎样执行。

D 阶段

(5) 执行计划和措施。当措施确定之后，就要按既定措施下达任务，并按措施要求去执行。

C 阶段

(6) 检查效果。计划措施下达并认真执行以后，还要及时对执行情况进行检查。通过检查进行比较，找出成功的经验与失败的教训。

A 阶段

(7) 巩固措施，制定标准。根据检查的结果进行分析、比较、判断之后，对行之有效的措施要继续巩固，并制定标准，形成规章制度，以便遵照执行。

(8) 将遗留问题转入下一个循环。

5.5 计划管理的原则

管理中的计划工作具有指导性、科学性以及预见性等特点，但是，计划工作的每一项内容、每一个环节在具体操作时，又是复杂的。管理者要出色地做好计划工作，提交满意的、切合实际的计划方案，就应当全面掌握并熟练地运用以下四大计划原则。

1. 限定因素原则

限定因素是指妨碍组织目标实现的因素。也就是说，在影响实现计划目标的诸多因素中，如果具备其他各种因素相对稳定不变的前提，计划工作者就可以抓住影响实现计划目标的关键性因素，解决主要矛盾，以确保实现计划目标。

限定因素原理有时又被形象地称之为“木桶原理”，其含义是木桶的盛水量，完全取决于桶壁上那块最短的木板条。这一原理的含义在于，它告诉计划编制人员，越是能准确地识别并解决那些妨碍既定目标实现的限定因素，也就会越容易和越准确地选定最有利的备选方案。

限定因素原理是计划工作中正确分析问题、认识问题和解决问题的精髓。这里的关键是抓住计划工作的核心问题，并尽可能地找出和解决其中的限定性的或策略性的因素。只有这样，才能起到事半功倍的效果，推动计划目标的顺利实现。否则，如果对有关问题的所有影响因素，不分轻重缓急，面面俱到，不仅需要花费大量的时间、精力和财力，而且还有可能把注意力分散到一些非关键性的、细致末节的问题上去。这样做的结果只能是事倍功半，妨碍预期目标顺利实现。

2. 许诺原则

在计划工作中，确定合理的计划期是很重要的。用较长的计划期限完成一项轻而易举能完成的任务，或者计划用很短的时间实现一项艰巨又复杂的目标，显然都是不合适的工作方法。合理的计划期限的确定，可以用“许诺原则”加以解决。

所谓许诺原则，是指任何一项计划工作都是对完成某项工作所做出的许诺。许诺越大，所需的时间就越长，而且实现目标的可能性就越小。合乎逻辑的计划工作包含的期限，应是最大可能预见未来足以完成今日决策中做出的承诺所需的那段时间。计划期过长或过短都是低效率的。

按照许诺原则的要求，计划工作许诺的任务不能太多。因为许诺太多，计划期就越长，这期间的不确定就越大，真正实现计划目标的把握就越小。因此，在计划工作中选择合理的计划期十分重要。同时要注意长期计划和短期计划之间进行协调和衔接。可以将长期计划分解为短期计划，逐期实现短期计划，最终实现长期计划。这样有利于确保计划工作的质量，使长期计划目标不至于落空。

3. 弹性原则

所谓弹性原则，是指计划工作中体现的灵活性越大，则由于未来意外事件所引起的损失的危险性就越小。

在制定任何计划时，我们都要在行动方案上留下若干可变行动的余地。因为计划针对的是将来，在企业外部环境快速变化的今天，未来出现的事情不一定是我们所能预料到的。要是不留下一些可变动的余地，那么计划就可能完成不了。

管理活动中运用弹性原则，更加能充分地发挥管理者的主观能动性。比如，企业在制定经营计划时运用弹性原理，可以采取灵活性的计划，即设计应付不同情况、反映不同费用和赢利水平的设计方案。在具体执行的过程中，如果因内外情况变化而导致执行方案的实际价值降低，就应推出另一个方案作为执行方案。

对于各种管理规范、管理活动，定出一个有一定幅度的控制界限，允许在执行或者实施过程中在此幅度内上下波动，超过了这一界限就要马上纠正偏差，这也属于具有灵活性的管理。

对管理人员来说，弹性原则是计划工作中重要的原则，当承担的任务重、目标计划期限长时，这一原则更显示出它的作用。但是，弹性也是有一定限制的，主要有以下几条。

（1）不能总是以推迟决策的时间来保证计划的弹性。弹性以实现目标为前提，如果单纯追求细致周全，以此拟定应变措施，当断不断，坐失良机，会付出更大的代价。

（2）具有弹性的计划所付出的代价必须小于由此得到的好处。否则，得不偿失，就不符合计划的效率性。

（3）追求弹性的时候，不能给实施计划带来更多的困难。否则，会影响计划目标的实现。

4. 改变航道原则

所谓改变航道原则是指管理人员为保证计划顺利完成，定期地检查现状和预期前景，并根据情况的变化调整或者重新制定计划工作的原则。

尽管管理人员在制定计划时预见了未来可能发生的情况，并制定出相应的应变措施，但未来情况的变化不可能一一都能预见到。计划常常赶不上变化，这是客观情况。如果我们将计划工作者比作舵手，将计划比作航海的航道，舵手需要检查核对路线，为了顺利航行，当遇到情况时绕道而行，是理所当然的事情。也就是说，在计划实施过程中，根据当时的实际情况对计划进行检查和修订是非常必要的。如果情况已经发生变化，就要调整计划或重新制定计划，但计划的总目标不变，而且实现目标的进程可以因情况的变化随时改变。

改变航道原则与弹性原则是有区别的。弹性原则是使计划本身具有适应性，而改变航道原则是使计划在执行过程中具有应变能力。所以，计划工作者不仅要制定弹性计划，而且在执行过程中还要不断检查计划，在必要的时候修订计划，以利于达到预期目标。

本章习题

一、单选题

1. 以下对计划工作描述不正确的是（　　）。

A. 计划工作是为实现组织目标服务的　　B. 计划工作是管理的首要工作

C. 计划工作与控制工作关系密切　　D. 计划跟不上变化，做计划大多无用

2. 狭义的计划工作是指（　　）。

A. 决策　　B. 制定计划

C. 执行计划　　D. 检查计划执行情况

3. 在计划工作中，制定弹性计划是运用计划工作的（　　）。

A. 限定因素原理　　B. 改变航道原理

C. 许诺原理　　D. 灵活性原理

4. 战术性计划一般是由（　　）负责制定。

A. 高层管理者　　B. 作业人员

C. 基层管理者　　D. 中层管理着

5. 战略性计划一般是由（　　）负责制定。

A. 高层管理者　　B. 作业人员

C. 基层管理者　　D. 中层管理着

6. 作业计划一般是由（　　）负责制定。

A. 高层管理者　　B. 作业人员

C. 基层管理者　　D. 中层管理着

7. 数字化的计划又被称为（　　）。

A. 预算　　B. 程序

C. 政策　　D. 使命

8. 下列各种说法中，错误的是（　　）。

A. 计划工作普遍存在

B. 计划工作要追求效率

C. 计划赶不上变化，制定计划是徒劳无益的

D. 计划工作是管理的首要职能

二、多选题

1. 一般而言，高层管理者制定的计划属于（　　）。

A. 长期计划　　B. 短期计划

C. 战略计划　　D. 指导性计划

E. 中期计划

2. 影响计划工作重点的权变因素包括（　　）。

A. 组织层次　　B. 组织的生命周期

C. 组织所在的内部环境　　D. 组织的文化

E. 组织所在的外部环境

3. 下列对计划工作的描述正确的是（　　）。

A. 计划工作是为实现组织目标服务的　　B. 计划是由高层管理人员作出的

C. 计划工作具有普遍性　　D. 计划工作是管理活动的基础

E. 由于环境的不确定性，因此计划再严密也是多余的

4. 计划在管理的各种职能中居于首要地位，主要表现在以下方面（　　）。

A. 计划和控制工作是密不可分的

B. 计划的确定总是在其他管理职能之前

C. 计划工作是一成不变的

D. 计划工作始终贯穿于组织、人事等各项工作中

E. 计划的目的就是使组织所有的行动保持同一方向，促使组织目标得以实现

三、名词解释

计划　　战略　　滚动计划法　　长期计划　　PDCA 循环法

四、简答及论述题

1. 程序性计划和非程序性计划的区别主要在哪些方面？
2. 制定一个完整计划的所需步骤有哪些？结合实际加以说明。
3. 滚动计划法的优点有哪些？
4. 网络计划技术中的网络图构成要素有哪些？
5. 一个完整的计划对企业的经营管理起到哪些重要的作用？收集案例并加以讨论说明。

案例讨论

H国“东海地奖水”天津市场开拓计划

一、前言

天津为中国四大直辖市之一，常住人口超过1400万人，2012年全市GDP突破万亿元大关，总计12885.18亿元，在全国31个省市自治区中名列第19位，人均消费水平居全国前列。随着国家战略开发北移，天津赢得了前所未有的发展机遇，滨海新区更被誉为中国的第二个浦东。可以预见在今后较长的一段时期内，天津经济势必高速发展，由此带动的高档消费品市场也将不断升温。本项目团队通过对天津高档水市场的缜密分析，结合H国“东海地奖水”的实际情况提出了开拓天津市场的详尽计划。本计划的实施旨在提高天津地区消费者对“东海地奖水”产品的认知，提升地奖水产品的知名度与美誉度，创造良好的市场营销氛围，研究成果将为“东海地奖水”开拓其他目标市场提供有益的借鉴。

二、项目团队基本情况介绍（略）

三、项目分析

（一）市场分析

1. 市场背景

（1）高档水市场竞争激烈，依云矿泉水产品知名度较高，占据相对有利的市场地位。近3年来，各种国外品牌的高档水不断涌入天津市场，目前天津主流超市中高档水全部为进口水，主要来自于法国、意大利和加拿大。

（2）天津高档水市场尚不成熟，各品牌销售状况普遍不佳，没有领导品牌。但高档水消费增长较快，高收入人群越来越重视饮用水的品质。

2. 消费者分析

（1）高档水在天津市场属于奢侈品，只有时尚的高收入人群才会比较关注（据初步调查，此类消费者一般个人月收入在10000元以上，年龄段集中在25－45岁之间）。消费者的产品知识普遍有限，消费带有一定的盲目性和惯性。

（2）总体看来，水的品质与价格是高收入人群购买时所要考虑的主要因素。

（3）在高档水价格相近的情况下，广告宣传在相当程度上影响着消费者的购买倾向。

（4）商店现场的陈列是消费者了解产品的主要途径，其次是电视、报纸与杂志，值得注意的是网络媒体对高收入消费者的影响较大，同时口碑宣传也在很大程度上影响着消费者。

3. 目标市场

（1）高收入消费群体：25－45岁，都市白领、企业主、国企及事业单位负责人，个人年收入在12万元以上。

（2）礼品市场（孝敬父母、关心朋友健康、看望医院病人、表达对领导健康的关爱）。

（二）产品分析

1. 产品特点

"东海地奖水"具有与众不同的品质，她是从5.7亿万年前形成的黄土岩板层里提取的，它不仅含有一般矿泉水都有的矿物质，还含有纳米大小的、肉眼看不见的、丰富的黄土成分矿物质，在防止老化、促进新陈代谢及治疗过敏皮肤炎方面有着卓越效能，属多功能天然矿泉水。

2. 优劣势分析

（1）优势。

①顺应消费趋势。虽然高档水在天津市场还没有形成较大的规模，但随着人们收入水平的提高，一部分高收入阶层越来越注重对高品质生活水平的追求。通过我们对超市经营者的走访也印证了我们的判断。同时，目前天津高档水市场尚未形成所谓的领导品牌，因此"东海地奖水"的进入将会是一个比较好的契机。

②产品自身品质。"东海地奖水"自身具有独特的品质，与欧美高档矿泉水有着很大的差异性。只要我们能够向目标市场准确传递这种产品的特性，在欧美高档水产品特性不太突出的情况下，"东海地奖水"还是具有一定的优势的。

（2）劣势。

①品牌知名度低。"东海地奖水"进入中国市场不到一年，其品牌知名度远不能与已进入中国市场多年的欧美高档水相比。同时，由于进入时间太短，地奖水在中国的广告宣传、营业推广、公关策略等尚未给中国消费者留下多少印象。通过我们在家乐福、沃尔玛及家乐等天津主流超市对消费者的现场访谈活动中发现，几乎没有人知道在中国市场上有"东海地奖水"这一产品。由此可见，"东海地奖水"虽然品质上乘，但缺少的是品牌知名度、美誉度等无形资产，急需加强品牌推广活动。

②消费者对产品认知存在国别与原产地效应。中国的消费者非常关注产品的国别与原产地，并以此来判定产品的品质。同样品质的产品，因原产国不同就会在中国消费者的心目中形成不同的地位。中国的消费者往往认为欧美发达国家、日本的产品具有更高的品质，H国产品次之，然后是东南亚与本土产品。因此，在法国、意大利、加拿大等欧美高矿泉水已经进入天津市场的情况下，消费者不可避免地将要拿地奖水与“依云”等矿泉水进行比较，并会由此得出对“东海地奖水”不利的评价。

（三）问题与机会分析

1. 问题

（1）“东海地奖水”尚未正式进入天津市场，广告宣传、营业推广等活动还未开始，消费者对该产品几乎没有认知。

（2）包装设计缺乏特色，不能有效突出产品卖点，不能吸引消费者。

（3）产品价格偏高，同样500毫升的瓶装水，价格比现有天津超市的高档矿泉水高近50%。

（4）天津虽为中国的四大直辖市之一，但消费水平较北京和上海两地还有不小的差距。同时，天津地区的消费者消费普遍比较保守，他们接受新的生活理念需要较长的时间。

2. 机会

（1）天津市近年来经济发展迅速，滨海新区已被国家确定为投资的重点，投资者、高级人才不断涌入，必将带动天津高档消费品市场的快速发展。另外，目前天津高档水产品潜在消费市场尚未被充分开发，高收入目标消费者数量可观。

（2）天津是H国人聚集的重要区域之一，H国著名的大企业的生产基地均在天津。作为H国产品的“东海地奖水”将会更易为天津当地的H国人将接受。

（3）由于与H国经贸关系密切，天津消费者对H国产品的认知度较高。

四、营销策略

（一）市场策略

1. 产品定位

“东海地奖水”是天然的好水，是大自然赐予我们的礼物。她是从5.7亿万年前形成的黄土岩板层里提取的，在防止老化、促进新陈代谢及治疗过敏皮肤炎方面有着卓越效能，属多功能天然矿泉水。每一滴地奖水，都要经过146年左右的土壤渗透，基于地奖水的这一独特品质，我们赋予“我们喝近代工业之前的天然雨水”这一自然而朴素的定位。

2. 近期营销重点

（1）树立品牌形象，传递产品价值。“东海地奖水”的品牌还不为天津地区消费者所熟知，因此，必须通过广告宣传、营业推广和人员推销等多种方式，尽快提升“东海地奖水”的知名度。广告方面可以采用软硬结合的策略，硬广告主要通过天津当地的媒体树立品牌的知名度；软广告主要通过邀请一些专家、学者在《今晚报》、《每日新报》等报纸副刊上开设水与健康等专栏来影响目标消费者的消费理念，同时传递“东海地奖水”的独特品质。同时，课题组计划在网络论坛中发表文章，介绍“东海地奖水”并制造新闻吸引受众的关注。

（2）进入高档会所，直接面向高收入人群。天津地区有为数众多的高尔夫球场、五星级宾馆、高档酒店和一些私人俱乐部，这些地方是富人的聚集区。课题组将采取人员直销的方式进入该部分市场，并积极发展地奖水会员。

（3）进入主流超市，提高铺货率。大型超市是天津地区零售市场的主力军，据统计2012年天津市40%左右的消费品零售额由20多家大型超级市场所实现。大卖场的影响力绝非众多的小型零售店所能相比。目前天津市场上的高档矿泉水基本上都已进入家乐福、沃尔玛、家乐、易买得等超级市场。对于高收入阶层而言，他们的时间比较宝贵，往往倾向于较长一段时间去大型超市一次性购物，而一般社区店他们则很少光顾。

3. 定价策略

地奖水为“更好的水”，是高品质生活的象征。其价格应高于同类产品，但不能过高。建议在天津市场上，“东海地奖水”的价格以高出依云矿泉水20%为宜。

4. 零售策略

（1）派发样品，发放产品宣传单。在零售点和高档社区、会所进行小包装产品派发，并附送产品宣传资料。绝大多数消费者对任何赠送礼物的活动都会产生兴趣。

（2）提供优惠券。向消费者派发优惠券，促使其采取购买行为。但注意一点：本产品定价一旦确定，不宜降价。

5. 包装策略

（1）建议在包装上突出原产地特征，在文案中强调“146年前的天然雨水今日上市”，着重描述这种矿泉水的独特品质。

（2）增加1000毫升大包装，增加净含量实际上等于增加销售。

（3）在进入市场初期，每瓶“东海地奖水”都附有水与养生的小册子。

（二）公共关系策略

1. 顾客关系

（1）提供高品质的产品与服务，开设客户热线，及时听取客户的意见。

（2）提供给客户《水与健康》手册，着重介绍地奖水的独特品质与多种功能（如洗脸可以去除疲劳、防止视力衰退，并介绍正确的使用方式）。

（3）定期举办顾客座谈会收集反馈资料。

2. 与经销商关系

（1）向经销商介绍公司实力、产品品质，描绘产品的发展远景，说明公司的政策，加深相互了解，增强经销售对产品的信心。

（2）与卖场工作人员建立良好的关系，争取商品能够有一个比较好的商品摆放位置，派驻营销专业的大学生去卖场促销。

（3）积极受理经销商的投诉，共同协调解决问题。

3. 促销活动

（1）组建会员俱乐部。让消费者填写入会并推荐一名好友作为消费对象，填写三人以上地址者可获小礼品一份。会员将定期收到公司活动信息，当消费到一定金额时，公司将免费配送。

（2）举办讲座。组织消费者参加由“东海地奖水”公司组织的健康讲座，介绍水与养生知识，分析地奖水产品特色，分享“东海地奖水”给消费者带来的健康享受。

（3）新闻发布会。召开“东海地奖水”正式进入天津市场新闻发布会，邀请多家媒体记者到访，营造上市气氛，提升品牌知名度。

（三）广告策略（略）

五、天津市场启动资金费用预算（略）

六、预期成果

（1）提供“东海地奖水”公司进入新市场的成熟运营模式，使“东海地奖水”得以低成本、低风险的方式进入中国其他区域市场。

（2）实现“东海地奖水”在天津市场第一年销售额超50万元的目标，树立“东海地奖水”在天津市场良好的品牌形象。

（3）提升“东海地奖水”的知名度与美誉度，为今后东海公司在天津市场的销售奠定坚实的基础。

（4）使天津更多的消费者通过饮用“东海地奖水”而享受高品质的生活并获得身体的健康。

思考讨论题

试对该市场开拓计划进行评述。

第 6 章

目标及目标管理

内容提示

目标是组织在一定时期内所期望达到的预期成果，它既是管理活动的起点，又是管理活动的终点。目标不仅为组织确立了明确的方向，同时也为组织决策和绩效考核提供了标准和依据。目标及目标管理是管理活动的重要内容。本章从介绍目标的概念和作用开始，重点阐述了目标的确定、目标管理的产生和发展以及目标管理的基本特点。并在此基础上对目标管理的实施过程与评价进行了较为详细的分析。

【开篇引例】

某房地产企业的目标管理

某年，北京一家著名的房地产企业由于工期要求很紧，制定了力度非常大的奖罚激励制度，公司从上到下层层实行目标管理，要求必须按时完工。所有人在强大的压力下，日夜加班，总算是按时完成了这栋大楼的建设，成了公司成功目标管理的典范。

但好景不长，半年后该楼房一侧地基下沉了30厘米，楼体出现了大量裂缝，经技术鉴定是施工单位没有按施工要求施工。事实上，在目标管理的期限内，他们根本不可能用常规施工方法完成地基，再加上冬季施工，所以问题很快就暴露出来了。这栋楼成了这个创业老板挥之不去的一块心病，购买了这栋房屋的住户，心里更不是滋味，以各种方式表达他们的愤怒——公司负责这栋楼的一个副总的衬衣被撕坏了3件。

这个房地产公司目标管理的失败说明了以质量和公司长期利益为代价的目标管理是没有意义的，数字目标往往不能反映公司最主要的东西，而且很难制定合理、准确的目标，如果制定的目标超过了系统的能力，就要强制人们实现该目标，这时，就会出现戴明所说的：“人们在无法实现目标时，就会有‘移山’的精神，就会出现‘亩产万斤的良田’”。

资料来源：李海峰、张莹，《管理学——原理与实务》，人民邮电出版社2011年版，第67页。

6.1 目标概述

目标是管理活动的起点和终点，任何组织的管理活动都是围绕着一定的目标而开展的。如果组织失去了目标，那么管理活动也就无从谈起。由此可见，确立组织目标在管理活动中的占有多么重要的地位。为了使学习者更好地认识与了解目标，下面我们对目标的含义、分类、特征和作用做一下简单的介绍。

6.1.1 目标的含义

目标是组织在一定时间期限内，通过努力争取达到的、可以明确描述的理想状态或预期成果，它不仅规定了组织的活动方向，而且还表明了组织存在的意义。

理解目标的含义，应把握以下几个基本点。

（1）目标必须具有明确的实施主体，即“由谁来实现目标”。

（2）目标的实现受时间的限制。不管是长期的战略目标，还是短期的战术目标，组织的目标都应该有一个明确的期限。如果没有关于时间的界定，这样的目标就失去了存在的意义。

（3）目标应该有明确的预期成果描述，否则的话，所提的目标不过是一句空洞的口号。比如有的企业提出争取在未来5年内成为行业内强有力的竞争者；某大学提出在5年内争创国内知名的大学等，从严格意义上讲，都不能算是真正的组织目标。

6.1.2 目标的分类

组织目标并非是单一的，这些目标可以依据不同的划分标准进行分类，并且在这些目标之间存在着直接或间接的联系，形成一个互相关联的体系。最常见的目标分类方法有三种，即按照目标的时间分类、按照目标的内容分类和按照目标的层次进行分类。

1. 目标的时间分类

组织目标可以依据时间的长短划分为长期目标、中期目标和短期目标。其中5年及5年以上时间内要实现的目标称为长期目标；5年以内、1年以上时间内要实现的目标为中期目标；而1年以内时间里要实现的目标则称为短期目标。这三种目标中，由于长期目标的时间跨度较长，期间发生变化的因素很多，因此在具体的实施过程中，组织应该根据环境的变化不断对其进行调整。三种目标之间的关系表现为：短期目标是实现中、长期目标的基础，长期目标是短期与中期目标的最终体现。上述三种目标形成了如下的目标体系，如图6－1所示。

2. 目标的内容分类

组织目标也可以根据其不同的活动内容进行分类。例如，一所高校可以有科研目标、教学

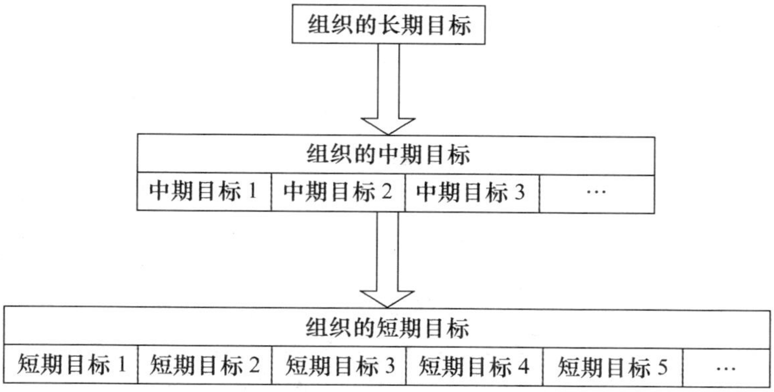

图 6－1　时间进度目标体系

目标、毕业生就业目标；一家企业可以有赢利目标、市场占有率目标、劳动生产率目标等。对于国家或一些大型组织来说，其目标可以按照组织的不同活动内容分为经济目标、政治目标以及社会目标等；而对于一些规模较小的组织，它们的目标则多集中于组织自身发展的方面，较少涉及政治目标与社会目标。通常不同的组织由于其活动内容的不同，它们所提出的目标也是不同的。

对于一个组织而言，不同类型的目标之间不是孤立存在的，它们相互关联并由此形成一个内容上紧密衔接的目标体系，如图 6－2 所示。

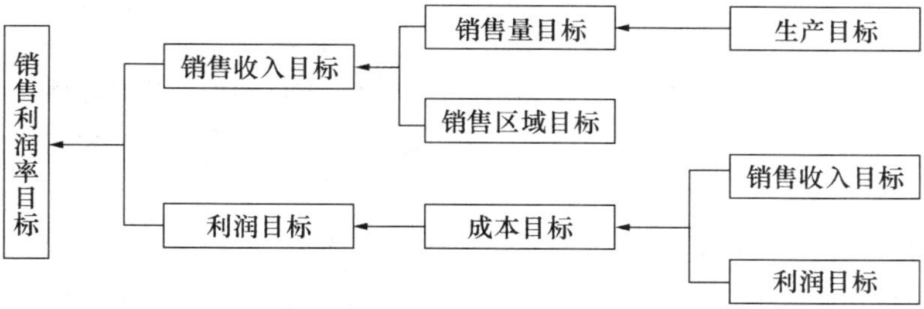

图 6－2　销售利润率目标体系

3. 目标的层次分类

根据处于不同组织层次上的管理人员所制定目标的不同，可以将其目标划分为多个层次。以企业为例，其目标可以分为：宗旨与使命、战略目标、战术目标和作业目标等四个层次。其中，宗旨与使命由董事会制定，是企业目标的最高层次，而战略目标、战术目标和作业目标则分别由高层管理者、中层管理者和基层管理者制定。根据组织目标由高层到基层的层次性，组织目标也相应的形成了如下的体系，如图 6－3 所示。

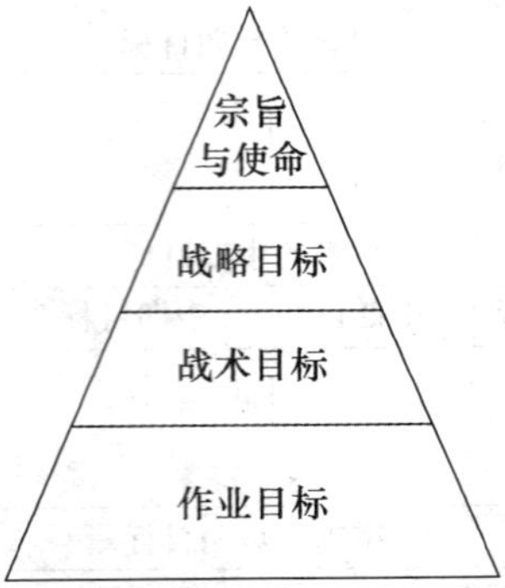

图6-3 组织层次目标体系

6.1.3 目标的特征

组织目标是由总目标和子目标所共同形成的一个有层次的体系和网络，而非仅仅是一个期望达到的指标。目标具有一些比较明显的特征，概括起来主要有以下几点。

（1）目标的层次性。组织目标是一个多层次的目标体系，无论是在纵向上还是在横向上，都可以划分为许多层次。在纵向上，组织存在一个总体目标，这个目标随着组织层级被层层分解，直至被分解为多个具体的作业目标。在横向上，“一个组织存在着一个核心目标，围绕着这个核心目标又有一系列具体的支持性目标，核心目标的实现取决于支持性目标的实现情况”①。

（2）目标的统一性。目标的统一性是指，在组织的各种目标中，总目标体现了组织的目的和任务，明确规定了组织全部活动的方向。组织内部各部门、各分支机构和每一个成员的个人目标，都必须服从于总目标。

（3）目标的可行性。目标的可行性是指组织的目标高低适度，既与组织的能力和资源相匹配，又与组织的环境相适应。如果组织制定的目标过高，会使组织成员失去信心，挫伤他们的工作积极性；反之，则会使组织成员觉得目标缺乏挑战性，对他们难以产生激励作用。

（4）目标的先进性。目标是组织对未来理想状态的一种追求，也可以认为是全体组织成员在一定时期的理想。如果目标不具有先进性，组织成员便失去了为之努力的热情。从某种意义上说，组织目标的先进程度决定着组织的先进程度。

（5）目标的时限性。时限性是目标的突出特征，从目标的定义中我们就可以清楚地看到这一点。任何目标都具有时限性，如果失去了对完成时间的限制，则都不能称之为真正的目标。

① 刘熙瑞、张康之：《现代管理学》，高等教育出版社2000年版，第141页。

从管理的角度上来看，既定目标就是一个组织在一定时间内的自我承诺。

（6）目标的应变性。组织处于不断变化的环境之中，这些变化大多很难被组织准确把握与预测。因此，组织的目标应当能随着情况的变化而相应的调整或做出必要地修改。

6.1.4　目标的作用

目标是组织在一定时间期限内，通过努力争取所要达到的理想状态或预期成果，能够为管理决策确立方向，并可作为衡量实际绩效的标准。目标的作用主要体现在以下四个方面。

（1）目标具有导向作用。管理是组织在一定的环境下，利用现有的资源进行有效的计划、组织、领导和控制活动，以便实现既定目标的过程。如果没有明确的既定目标，也就不会有管理活动的产生。因此，目标的首要作用在于为管理活动指明方向。

（2）目标具有激励作用。明确的组织目标可以激发组织成员的工作积极性，尤其是当组织的目标充分体现了组织成员的共同利益，并与组织成员的个人目标取得最大限度的和谐一致的时候，就会极大地激发组织成员的工作热情和献身精神。这里应该注意的是，要想使目标对组织成员具有激励作用，目标首先要与员工的需求相一致，此外还要具有一定的挑战性。

（3）目标的凝聚作用。组织是一个社会协作系统，它必须有一种凝聚力来团结组织成员，否则管理工作将难以进行。影响组织凝聚力的因素很多，目标就是其中之一。当员工个人利益与组织目标很好地结合在一起的时候，就会把组织成员凝聚在一起。

（4）目标的考核作用。目标是衡量、比较和评价工作绩效的重要标准。没有既定的目标，考核工作就无从做起。

6.2　确 定 目 标

组织运行是复杂的管理过程，在这个过程中要涉及众多的目标。而且这些目标都与各个部门以及每一位员工的任务和利益密切相关，因此，目标的确定也是一个极为复杂的过程。由于部门之间、部门与员工之间，甚至员工与员工之间对目标的看法上或多或少存在着一些差异，必然会导致相互不协调乃至相互矛盾的现象出现。所以，有必要认真研究目标确定的问题。

6.2.1　确定目标的依据

目标的确定取决于制定计划所需要解决的问题。如果对计划所需要解决的问题的实质、特点和范围有明确的了解，并以差距的形式反映出问题的症结，同时能认真找出产生差距的真正原因，那么目标也就不难确定了。如果对问题只有一个比较模糊的印象，或者对问题的性质、特点及原因都不够清楚，就匆忙确定目标，那这样的目标是缺乏针对性、有用性的。确定目标的主要依据如图 6－4 所示。

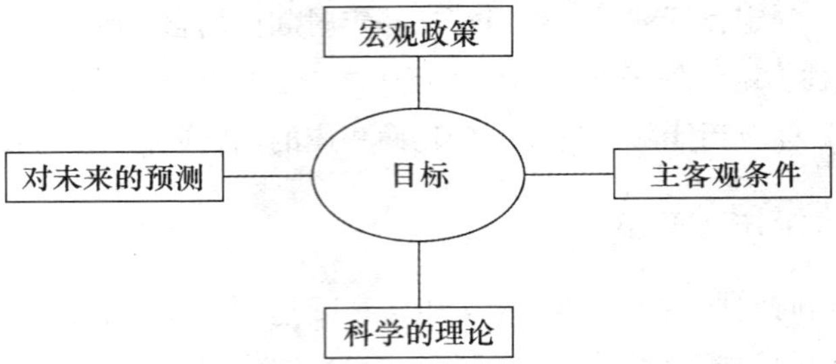

图6－4 确定目标的依据

1. 宏观政策

目标的确定是在一定的宏观政策约束下进行的，各项管理工作的进行必须以国家的主导政策为前提。管理目标的制定，必须与国家计划目标相一致，管理措施的实施必须以执政党和国家的方针政策为依据。例如，我国为了解决能源供应严重不足的矛盾，有关部门制定了若干限制高能耗行业发展的规定。如果一些企业无视这些政策，依然制定扩大高能耗产品的生产规模、提高产品产量的目标，可以想象，这些目标实现起来就困难重重。

2. 科学的理论

管理系统是一个复杂的大系统，不仅面对的问题种类繁多，而且涉及范围十分广泛。因此，要在这种环境下制定既先进又切实可行的目标，绝不是一件容易的事情。那些仅靠主观臆断或凭借经验来制定目标的做法是有害的。只有以科学的理论为指导，才能使管理目标具有科学性。例如，我们在确定管理目标时，不仅要系统分析组织内部各要素之间的相互作用，处理好总目标与分目标、子目标之间的关系，而且还要分析对组织有利和不利的条件以及组织面临的困难和机遇等问题。要解决好上述问题，就必须以科学的理论为指导，否则就会使我们顾此失彼，得不偿失。

3. 对未来发展趋势的预测

目标是对未来一定时期内预期成果的描述，它是指向未来的，这就要求我们必须以科学预测为依据来制定目标。通过科学预测，揭示事物变化发展的趋势，有助于我们在确定管理目标时把握方向，使管理目标具有预见性。例如，欧共体提出的“欧洲经济政治一体化”的战略目标，就是依据对未来世界经济、政治环境等方面做出预测结果而制定的。这一目标，为欧洲的发展指明了方向。

4. 现有的主客观条件

确定管理目标的主观条件主要包括：组织的物质资源条件、人力资源情况、现有管理人员的素质以及上期目标或任务的完成情况等，这些主观条件是确定目标的基础。确定目标时，必须对主观条件进行实事求是的分析，只有这样才能保证确定的目标与实际情况相符，从而使其既具有先进性又具有现实性。

确定管理目标的客观条件主要有：经济环境因素、技术环境因素、社会环境因素、政治法律环境因素和自然资源因素。

经济因素主要包括国内外的经济形势、政府财政和税收政策、银行利率、物价波动、市场状况等。技术环境因素主要指科学技术的发展水平，新技术的使用情况、管理技术以及生活技术和服务技术等。社会环境因素包括风俗习惯、文化传统、教育程度、价值观念、宗教信仰和商业习惯等。政治法律环境因素是指政治制度、政治形式、国际关系、国家法律和发令、政府政策等。自然资源因素主要指地理、气候等自然条件。

上述这些因素都是确定目标的客观依据。因此，在确定目标时，必须从现有的客观条件出发，才能使目标具有现实性。尽管我们说目标是指向未来的，但是它必须立足在现实的基础上，否则，组织所确定的目标将毫无实际意义。

6.2.2　确定目标应满足的条件

成功组织的经验表明，要确定切实可行的组织目标必须满足以下七个条件。

（1）目标的方向要明确。组织要达到什么样的预期成果，一定要有非常明确的描述，不能让人有模糊不清的感觉。

（2）总目标与分目标必须实现有机的结合。组织应该对总目标进行分解，并在此基础上形成上下结合、左右协调的目标体系。

（3）目标必须是有期限的。目标如果失去了时间的限定，将是毫无意义的。目标的期限可以根据性质的不同，而有不同的确定。

（4）目标必须要有量化。凡是能够量化的目标都应该尽量量化，这样有利于保证目标的科学性。

（5）目标一般要明确规定的约束条件。目标可以分为有条件目标和无条件目标两种。有条件的目标是指目标附加一定的约束条件，而无条件目标则是指不附加任何条件的目标。在管理工种中，无条件目标是极少的，大部分的目标都是有条件目标，这就要求我们在确定目标时必须把约束条件规定清楚，从而使制定和评价各种方案时有明确的标准。

（6）目标必须能够落实。这里包括两层含义：其一，目标必须使能够实现的；其二，目标必须层层落实。

（7）目标需要分阶段实现。正确划定目标的时间跨度，充分注意在长期目标的指导下，短期目标的阶段性和连续性。应该有效地把握长期目标和短期目标的相互关系，实现战略上的预见性和战术上的现实性两者之间的有机结合。

6.2.3 影响确定目标的因素

组织存在于由内外部各种因素构成的环境之中，环境为组织的管理活动提供了资源，但反过来也会在诸多方面限制组织的行为。作为管理活动的起点，目标的确定也必然会受到组织所处的内外部环境的制约。一般而言，影响确定目标的因素主要有以下六个方面。

（1）资料获取情况。管理目标的确定是建立在对情报资料的分析基础之上的。任何一个管理目标的制定，都需要制定者充分了解组织的内外部情况，并进行系统的分析，然后根据所掌握的情况进行科学的预测和分析。因此，在确定管理目标之前，组织必须投入相当的力量去进行资料的收集、整理和分析工作，必要时还要进行实地调查，以使情报资料更加全面和准确。

（2）对问题的判断。管理目标的提出是为了解决本组织存在的现实问题。要使目标能够切实可行，就必须对组织的情况和问题做出详细的分析和准确的判断，找出问题的症结所在。例如，某个地方政府制定当地的社区医疗发展规划和目标，就必须在调查分析的基础上明确本地区实施社区医疗将会遇到的主要问题是什么，然后根据问题确定目标及今后的行动方案。

（3）所需的条件。目标的实现有赖于实现目标所需要的各种条件。如果不具备相应的人力、物力和财力资源，要实现既定的目标只能是一种空想。管理目标是建立在一定的条件基础之上的，企图超越条件的限制而去确定目标，必将导致目标制定的失败。例如，有一家农村医院，面临的主要问题是人才匮乏、资金短缺、设备落后并且交通不便，在这种限制条件下，如果该医院提出要在三年内努力成为三级甲等医院的目标，显然是无法实现的。这种不切实际的目标只能加快该医院的衰落。

（4）目标制定者的主观因素。决策者的主观因素也会对目标的制定产生极为重要的影响。决策者的主观因素包括决策者的直觉、性格、曾经的经验和知识等。情况基本相同的两个组织，可能会因为不同的领导人而制定大相径庭的目标。

（5）对目标的理解。对目标的理解程度也是影响确定目标的重要因素之一。在管理工作中，对于同一个目标，不同的人可能会有不同的理解。在一些人看来很有价值的目标，却会被他人视为价值不高或者是没有价值的目标。这主要是由于人们的价值观念不同和对目标的认识、理解不同所造成的。对目标理解和认识上的差异，往往会为组织确定目标带来矛盾和困难。解决这些矛盾的关键不仅在于要首先保证目标的正确性，而且还要求管理者尽量统一组织全体成员对目标的正确理解和认识标准。

（6）目标确定的方法。目标确定的正确与否，在一定程度上也会受到确定方法的影响。正确的方法应该是采取“参与管理”的方法，即由全体组织成员共同参与制定目标。这样可以发挥集体的智慧和力量，也有利于激发下属的工作积极性和工作热情；否则，制定的目标将很难得到全体员工的认可。

6.2.4　多目标的处理

组织中的目标具有多样性的特征。按层次划分，组织目标可以分为宗旨和使命、战略目标、战术目标以及作业目标；按时间划分，组织目标可以分为短期目标、中期目标和长期目标；按内容分类，组织目标又可以分为发展目标、财务目标、营销目标、生产目标、人员培训目标等。下面我们就以一家医院的目标为例，来解释一下目标的多样性。

众所周知，医院是非营利性组织，其宗旨与使命就是为了维护人类的健康，医院必须创造出良好的社会效益。但是，医院同时也需要取得一定的经济效益，否则就难以生存下去。像这种多目标问题的存在，无疑增加了组织对目标进行管理的困难，因此对多目标问题必须给予足够的重视。

对于多目标问题的处理，一般应遵循以下两个原则。

1. 在满足计划需求的前提下，尽量设法减少目标的个数

减少目标个数常用的方法有以下几种。

（1）首先对各个目标的情况做一个通盘的考虑，去除不必要的目标。下列情况中目标应该减掉：①不可能实现的目标；②两个根本对立而又难以协调的目标，应该有所取舍；③两个目标存在从属关系，应去掉子目标；④若干个目标基本相同，可以合并成一个目标。

（2）根据各目标的情况分清主次，将主要目标列为组织目标，次要目标降为约束条件。例如，在企业管理中提出：①提高市场占有率；②提高产品质量；③提高设备使用率；④提高人员素质；⑤提高员工满意度；⑥ 降低原材料采购价格；⑦ 降低库存水平；⑧降低非经营性开支等诸多目标。通过重要性比较，我们可以将其中的①列为主要目标，而将⑥～⑧列为约束条件。对主要目标要力求使之完善，而对约束条件只要求它做到不低于或不高于某个限度即可。

（3）将几个相关目标用函数综合在一起，形成一个综合目标。我们可以用下面的数学公式表示：

$$G=f(g_1, g_2, g_3, \cdots, g_n)$$

即综合目标就是各目标（g_1，g_2，g_3，…，g_n）的函数。我们可以将上述的目标综合成“提高企业经营管理水平”这样一个总目标，则提高市场占有率（g_1）、提高产品质量（g_2）、提高设备使用率（g_3）、提高人员素质（g_4）、提高员工满意度（g_5）、降低原材料采购价格（g_6）、降低库存水平（g_7）以及降低非经营性开支（g_8）均为总目标函数的自变量。

2. 对各个目标的重要性进行分析

我们可以根据重要性的大小，将目标排成顺序，在进行计划管理时，应首先把注意力集中于重要性大的目标上，然后再考虑其他次要的目标。常用的确定目标重要性的方法主要有以下两种。

首先，把全部目标分为“必须达成的”和“希望达成的”两大类。然后，在每一类中，再按照轻重缓急排成顺序。这样，在选定目标时，就可以首先把注意力集中在必须达成的而且重要性大的目标之上，淘汰那些满足不了这些条件的目标，然后再考虑对其他的目标进行选择。

其次，根据各目标的程度赋予它相应的权数，根据权数的大小，确定目标的取舍。值得注意的是，在多目标的情况下，决策者应该避免忽视或漏掉一些与决策有关的目标。下面就是一些容易被忽视的目标：①长期目标。因为长期目标的实现需要较长的时间，不能对决策者形成时间上的紧迫感，所以容易被忽视。②无形目标。无形目标一般无法直观地表述或量化，所以容易被忽视。例如，一家企业可能注意了所有的有形目标，但却忽视了诸如提高员工士气等无形目标。③社会目标。像道德风尚、环境污染等这样的社会目标，因与企业的经济效益没有直接的联系，所以也容易被忽视。

6.3 目标管理的产生和发展

目标管理是20世纪50年代出现于美国的一种新的管理制度，最早提出此概念的是美国管理学家德鲁克。1954年，德鲁克在他的著作《管理的实践》一书中，用通用汽车公司联邦分权制的实例，对目标管理进行了系统的阐述。目标管理的概念一经提出，就引起了企业界的广泛关注。20世纪50年代末期，日本和西欧各国也相继引入了目标管理。如今目标管理已经在各类管理活动中得到了广泛的应用，并成为最受管理者欢迎的管理方式之一。

6.3.1 目标管理的产生

目标管理作为一种管理方法和管理哲学，是由美国管理学家彼得·德鲁克在1954年出版的专著《管理的实践》中首先提出来的。德鲁克提出目标管理的思想是有一定的历史背景的。他在分析古典管理理论和行为科学理论的基础上，认为“古典管理理论偏重于以工作为中心，而忽视了人的一面；行为科学理论又偏重于以人为中心，而忽视了人同工作的结合。因此，这就需要有一种新的管理方法，将上述两种思想综合起来，将为实现组织目标所需要做的工作和做这些工作的人结合起来，通过鼓励工人参与管理，使他们感到工作的兴趣和价值，从工作中满足其自我实现的需要。”[①]德鲁克指出，凡是工作状况和成果直接地、严重地影响到企业生存和繁荣发展的部门，目标管理都是必需的。

由于德鲁克的目标管理思想突出了目标的可考核性和可分解性，主张实行定量的、客观的标准去衡量管理绩效和进行工作评价，所以，一经提出就引起了人们的广泛关注，目标管理也因此成为此后组织进行工作评价的主要方法。

德鲁克的上述见解和主张，在当时的企业界和管理学界产生了巨大的影响，并为目标管理在管理实践中的应用奠定了坚实的基础。

此外，美国的另外两位学者道格拉斯·麦戈雷格和爱德华·施莱也对目标管理的理论做出了贡献。麦戈雷格在1957年发表文章批评了当时流行的主管人员对下属的个人价值的评价。他认为："应该在事先规定的目标基础上进行评价，评价重点是工作成效而不是个人品格。"[②]麦戈雷格同时指出，推行目标管理可以激发下属，促进他们成长。爱德华·施莱则在《成果管理》一书中，着重强调了目标管理的重要性。他认为："管理目标的明确化，可使整个管理工作融为一体。"[③]此外，施莱还提出了要为企业中每位管理人员规定目标并给予评价的观点。

除了上述提到的三位学者之外，还有一大批的管理学家对目标管理的产生做出了自己的贡献，限于篇幅，我们就不再一一介绍。目标管理的产生是集体智慧的结晶，正是由于众多管理学家的共同努力，目标管理才能得以产生并成为当今世界上一种非常流行的管理体制。

6.3.2 目标管理的发展

在德鲁克提出目标管理的基本思想后，将其理论具体展开的是美国著名的经营顾问希勒，其著作主要有《根据结果的管理》。从此目标管理在应用研究中不断发展，日趋完善。

目标管理方法一诞生，就被企业界广泛采用。据美国某顾问协会的一项调查，在被调查的公司中，有80%都采用了目标管理制度。另外还有一项研究表明，超过300个床位的大医院也都采用了目标管理方法。从应用实践中证明，目标管理不仅可以应用于工业企业，并且也可以应用于金融、事业单位等各行各业的管理，使其提高管理效果。

日本是世界上引进目标管理较早的国家。早在1957年日本玻璃公司（日本硝子会社）就引进了这种方法，该公司的东京芝浦电气股份有限公司等许多企业亦相继采用。到1965年，目标管理已在整个日本企业界普及。日本引进目标管理以后，同本国传统的管理方法，以及已经引进的一些管理制度结合起来，取长补短，充实提高，形成了具有日本特色的效率更高的管理制度，并且取得了相当大的经济效益。

哈佛大学的企业管理专家亨利·莱文森在1970年发表了一篇题为《根据谁的目标进行管理》的文章，认为现行的目标管理有以下几个缺陷。

（1）没有被目标所包括的工作，容易被忽视；

（2）有时人们只注意个人目标，而忽视了工作的相互依赖关系；

（3）目标管理仍有忽视人性的地方。

莱文森针对这些问题，提出了相应的解决办法，如人与人、部门与部门之间应建立"真诚的同伴关系"，不应"把人当作物来看待"；每项目标应符合由集体制定的整个部门的目标。每个人对集体的贡献也应采取集体评价的办法，依据整个集体完成目标的程度决定奖励的多少；除个人与集体目标以外，还应该制定由个人和顶头上司共同完成的目标，这样不仅有利于上下级之间的密切合作，而且还有利于下级对上级的监督和评价。

莱文森等人对目标管理的深入研究和重要补充，丰富了目标管理的基本理论，充实了目标管理的具体做法，有力地推动了目标管理的应用实施。

6.4 目标管理的概念与特点

在6.3一节中，我们已经就目标管理的产生和发展做了简单的介绍，为了更好地认识和把握目标管理的实质，下面我们将对目标管理的概念和特点做进一步的分析。

6.4.1 目标管理的概念

彼得·德鲁克在《管理的实践》一书中，第一次提出了目标管理的概念："通过目标和自我控制进行管理。"随后在《管理——任务、责任、实践》一书中他对此做了进一步阐述。

德鲁克认为，并非有了工作才有目标，而是相反，有了目标才能确定每个人的工作。因此"企业的使命和任务，必须转化为目标"，管理者应该通过目标对下级进行管理。当组织高层管理者确定了组织目标后，必须对其进行有效分解，将组织目标转变成各部门以及个人的分目标，管理者依据分目标的完成情况对下级进行考核、评价、奖励和惩罚。

德鲁克认为，只要一个领域的绩效和成果对企业的生存和兴盛有直接的利害关系，就要在这个领域制定目标。"如果一个领域没有特定的目标，这个领域必然会被忽视。如果没有方向一致的分目标指示每个人的工作，则企业的规模越大，人员越多，专业分工越细，发生冲突和浪费的可能性就越大。企业每个管理人员和工人的分目标就是企业总目标对他的要求，同时也是员工对企业总目标的贡献。只有完成每一个目标，企业总目标才有完成的希望，而分目标又是各级领导人员对下属人员进行考核的主要依据。德鲁克还认为，目标管理的最大优点在于它能使人们用自我控制的管理来代替受他人支配的管理，激发人们发挥最大的能力把事情做好。"①德鲁克的观点被认为是目标管理的最基本的思想。

我们可以从以下的定义中来更好地来认识目标管理。乔治·奥迪恩斯认为："目标管理是上级和下级在一起制定的共同目标，用预期结果来明确个人的主要责任领域，并且用这些方法协调各部门的活动和评价每个成员的贡献的过程。"②美国旧金山国际管理大学教授海因茨·韦里克认为："目标管理是以系统方法综合诸多关键管理因素，有意识地导向组织目标与个人目标，并高效率实现目标的一个全面的管理系统。"③已故管理学大师哈罗德·孔茨认为："目标管理是一个全面的系统，它用系统的方法，使许多关键活动结合起来，有意识地瞄准组织目标和个人目标并有效地和高效率地实现它们。"④

---

① 引自 http：//www. sxad. com. cn/showDetails。

②③ 海因茨·韦里克著；李平，徐谡译：《卓越管理——通过目标达到最佳绩效》，成都电讯工程学院出版社1988年版，第17页。

④ 哈罗德·孔茨，海因茨·韦里克著：《管理学》（第十版），经济科学出版社1998年版，第95页。

综合以上的观点，我们认为目标管理实质上是一种鼓励全体员工积极参与工作目标制定并将组织目标与个人目标有机结合在一起的管理理论。目标管理是以相信人的积极性和能力为基础的，企业各级领导者对下属人员的领导，不是简单地依靠行政命令强迫他们去干，而是运用激励理论，引导职工自己制定工作目标，自主进行自我控制，自觉采取措施完成目标，自动进行自我评价。目标管理通过诱导启发职工自觉地去干，其最大特征是通过激发员工的生产潜能，提高员工的效率来促进企业总体目标的实现。它强调员工的自我控制和自我管理，以工作成果而不是工作行为为导向。

6.4.2　目标管理的基本特点

目标管理能够实现组织目标与个人目标、工作因素和人的因素之间相互融合，与传统管理方法相比较，目标管理主要具有以下基本特点。

（1）实行参与管理。目标管理实际上是一种参与式的、民主的管理制度。在目标的制定和实施过程中，各级组织、部门动员其下属参加目标的制定和分解，确保每一名员工都有机会充分发挥各自的见解，并积极讨论组织目标及个人目标。这一过程是上下级充分沟通的过程，而不是传统的上级命令、指示，下级被动接受的过程。这种参与式的管理方法，可以促进员工对目标的全面、深刻的认识，而且还有利于协调组织目标与个人目标之间的关系。

（2）强调自我控制。目标管理方法假设下属人员是愿意承担责任、愿意为组织做出贡献并且愿意有所成就的。在这种假设下，目标管理实施以下属的自我管理为中心的管理方法。即下属可以根据明确的目标、责任和奖励与惩罚标准，自我评价工作的标准与进度，并根据具体的情况，自我安排工作进度计划、采取纠偏措施和改进工作效率。用员工的自我控制代替传统的管理者对下属的监督和控制，是目标管理的重要贡献之一。

（3）重视工作成果。目标管理非常强调成果，这也是它与其他管理方法的重要区别之一。目标管理并不要求或强行规定下属如何去做，而是以目标为标准考核和评价他们的二作成果。下属可以在保持既定目标的情况下，选择适合自己的方式、方法，这样有利于激发下属的主观能动性和创造性。

（4）具有系统的目标体系。目标管理方法将组织的总目标层层分解，并通过自上而下和自下而上两种途径制定出各分支机构和员工的目标，由此形成纵横交错、相互联系的目标体系。具体做法是，最高管理层确定了总目标之后，各部门主管根据总目标制定本部门的目标，而部门的下属单位又根据部门目标制定自己的目标，以此类推，直至个人目标的建立。目标体系将全体员工的个人目标与组织的总体目标有机地结合在一起，有利于在组织内部形成合力，激励全体员工为实现组织的目标而努力。

（5）规定时限。目标管理强调时间性，每一个目标的完成都有一个明确的时间期限。这些时间期限有长有短，主要取决于具体的任务要求。但一般来说，组织层次的位置越低，为完成目标而设置的时间往往就越短。

由以上对目标管理特点的分析，我们不难看出，目标管理是一种依据组织整体目标，并由各个组织成员根据其工作意愿自我设置个人目标，同时在实施过程中进行自我管理和自我控制的管理方法。目标管理注重工作结果而不是工作行为本身，只要能达到目标，不拘泥于工作的步骤、手段、方法等细节。目标管理将组织的需求和个人的需求有机地结合在了一起，使组织成员因自己设定的目标得以完成而满足了个人的需求，同时在此过程中也为组织目标的实现做出了贡献。

【阅读资料6－1】

保险销售员的故事

有个同学举手问老师："老师，我的目标是想在一年内赚100万元！请问我应该如何计划我的目标呢？"

老师便问他："你相不相信你能达成？"他说："我相信！"老师又问："那你知不知到要通过哪行业来达成？"他说："我现在从事保险行业。"老师接着又问他："你认为保险业能不能帮你达成这个目标？"他说："只要我努力，就一定能达成。"

"我们来看看，你要为自己的目标做出多大的努力。根据我们的提成比例，100万元的佣金大概要做300万元的业绩。一年：300万元业绩。一个月：25万元业绩。每一天：8300元业绩。"老师说。"每一天：8300元业绩，大既要拜访多少客户？"

老师接着说，"大概要50个人。""那么一天要50人，一个月要1500人；一年呢？就需要拜访18000个客户。"

这时老师又问他："请问你现在有没有18000个A类客户？"他说没有。"如果没有的话，就要靠陌生拜访。你平均一个人要谈上多长时间呢？"他说："至少20分钟。"老实说："每个人要谈20分钟，一天要谈50个人，也就是说你每天要花16个多小时在与客户交谈上，还不算路途时间。请问你能不能做到？"他说："不能。老师，我懂了。这个目标不是凭空想象的，是需要凭着一个能达成的计划而定的。"

【点评】

目标不是孤立存在的，目标与计划相辅相成的。目标指导计划，计划的有效性影响着目标的达成。所以在执行目标的时候，要考虑清楚自己的行动计划，怎么做才能更有效地完成目标，是每个人都要想清楚的问题，否则，目标定的越高，达成的效果越差！

资料来源：http：//blog. vsharing. com/zhaorilei/A1093701. html，作者赵立磊。

6.5　目标管理的实施

6.5.1　目标管理的实施过程

目标管理的实施是一个系统的过程，主要包括确定整体目标、建立目标体系、确定责任、组织建设以及目标的评价与反馈。下面就具体介绍一下各实施环节的主要内容。

（1）确定整体目标。目标管理的建立是在组织整体目标的框架下，由各部门和各单位、各级管理层的子目标所构成的目标网。确定整体目标对企业而言至关重要，它是组织进行有效的目标管理的保证。

企业的整体目标同企业战略和宗旨一样，由最高管理层制定。在制定过程中要考虑到由子目标反馈的而整体目标没有考虑的因素。组织的整体目标是一个初步的、粗略的目标。因此，在高级管理层制定整体目标时应留有余地，以便进行修正和调整。

整体目标属于目标的范畴，因此它有时间和内容两种不同的划分方法。按时间可以按中期、长期和年终目标划分。按内容可以有数量和质量目标的划分。所谓数量目标是指那些定量的、可考核的目标；质量目标是那些不适宜用数量表示的目标。一般而言，管理者在制定目标时不可能绝对化地将一个目标数量化或质量化，而是将两者有机结合起来，使之具有实际的可操作性。

（2）建立目标体系。建立目标体系是实施目标管理的第二个关键环节。通过将组织整体目标层层展开、具体落实以及正确制定下属人员的工作目标，进而形成组织的目标体系。

组织目标一般按纵向和横向展开。纵向展开指的是在整体目标范围内，按不同管理层将整体目标逐级分解，层层分解，层层包含，使各管理层都有各自相协调、相适应的子目标，这需要正确的授权来完成，这体现了组织纵向间的有机联系。横向展开指的是在各管理层中的不同部门或单位之间的等级目标横向联系，这有利于各部门之间的联系。

纵向与横向的体系划分将整个企业由最高层到个人都有机联系在一起，在企业内形成凝聚力。值得注意的是，各级子目标的制定不是由上级管理者随意、武断地制定的，而是在其鼓励、引导下由各级部门自己制定，最后由上级批示、确立。

（3）确定责任。实施目标管理重要的一点，就是要尽可能使每个目标和子目标都应是部门或某个人的明确责任。因此在目标管理过程中，必须对各部门和相关人员的责任有一个明确的规定。

（4）组织建设。为了确保组织目标能够得以实现，在组织的目标体系形成之后，还需要做好目标实施所需的各项组织工作。在组织建设时，要特别注意把握好两点：一是高层领导者的管理要多体现在指导、协调、提出问题、提供信息情报以及创造良好工作环境方面；二是高层领导者要更多地把权力交给下级成员，充分依靠执行者的自我控制完成目标任务。

（5）目标评价与反馈。成果评价既是实施奖励与惩罚的依据，也是实施自我控制和自我激励的良好手段。目标管理的成果评价不仅仅是指上级对下级的评价，而且还应该包括下级对上级的评价、同级关系的部门间的相互评价以及各层次的自我评价。这些相互评价和自我评价，有利于组织活动的控制、协调，同时也有利于促进自我激励、自我控制和自我完善。

反馈对绩效有积极的影响，它可以使人们知道其努力的水平是否足够或是还得加强，它能诱使人们在实现了原先的目标后进一步提高他们的目标，而且使人们了解他们的行动方式的效果。

【阅读资料6-2】

目标管理的具体做法

目标管理分三个阶段：第一阶段为目标的设置；第二阶段为实现目标过程的管理；第三阶段为测定与评价所取得的成果。

1. 目标的设置

这是目标管理最重要的阶段，第一阶段可以细分为以下四个步骤。

（1）高层管理预定目标。这是一个暂时的、可以改变的目标预案。既可以由上级提出，再同下级讨论；也可以由下级提出，上级批准。无论哪种方式，必须共同商量决定。其次，领导必须根据企业的使命和长远战略，估计客观环境带来的机会和挑战，对本企业的优劣有清醒的认识，对组织应该和能够完成的目标心中有数。

（2）重新审议组织结构和职责分工。目标管理要求每一个分目标都有确定的责任主体。因此预定目标之后，需要重新审查现有组织结构，根据新的目标分解要求进行调整，明确目标责任者和协调关系。

（3）确立下级的目标。首先明确组织的规划和目标，然后商定下级的分目标。在讨论中上级要尊重下级，平等待人，耐心倾听下级意见，帮助下级发展一致性和支持性目标。分目标要具体量化，便于考核；分清轻重缓急，以免顾此失彼；既要有挑战性，又要有实现可能。每个员工和部门的分目标要和其他的分目标协调一致，支持本单位和组织目标的实现。

（4）上级和下级就实现各项目标所需的条件以及实现目标后的奖惩事宜达成协议。分目标制定后，要授予下级相应的资源配置的权力，实现权责利的统一。由下级写成书面协议，编制目标记录卡片，组织汇总所有资料后，绘制出目标图。

2. 实现目标过程的管理

目标管理重视结果，强调自主、自治和自觉，这并不等于领导可以放手不管，相反由于形成了目标体系，一环失误，就会牵动全局，因此领导在目标实施过程中的管理是不可缺少的。首先进行定期检查，利用双方经常接触的机会和信息反馈渠道自然地进行；其次要向下级通报进度，便于互相协调；再次要帮助下级解决工作中出现的困难问题，当出现意外、不可测事件严重影响组织目标实现时，也可以通过一定的手续，修改原定的目标。

3. 总结和评估

达到预定的期限后，下级首先进行自我评估，提交书面报告；然后上下级一起考核目标完成情况，决定奖惩；同时讨论下一阶段目标，开始新循环。如果目标没有完成，应分析原因总结教训，切忌相互指责，以保持相互信任的气氛。

资料来源：http：//www. 360doc. com/content/10/0823/01/1809691_ 48057664. shtml

6. 5. 2 目标管理理论的应用及评价

1. 目标管理理论的应用

目标管理将目标作为管理手段，通过目标进行管理，强调自我控制，并注重对工作成果的管理。也就是说，目标管理是由组织的成员亲自参与目标的制定，“将他们各自的行为约束在确保目标实现的计划标准状态中，把‘以目标实现为前提的管理’转化为以目标控制为手段，通过实现成员各自工作过程的‘自我控制’，努力达到各自的目标，从而实现组织目标的管理方法和制度”（孙慧中，2002 年）。目标管理理论是在泰勒的科学管理论和梅奥的人际关系理论的基础上发展起来的，其基本原则是依据组织外部环境和内部条件的综合平衡。目标管理以明确的目标作为对组织成员工作成果的考核标准，显著地提高了对组织成员评价和奖惩的客观性和合理性，大大激发了组织成员的积极性和创造性。目标管理特别适合对各级管理者的管理，因此又被称为“管理中的管理”。如今，目标管理已广泛应用于管理的各个领域，成为一种非常有效和受欢迎的管理制度和方法。

在实施目标管理时，必须注意以下几点。

（1）管理者必须知道什么是目标管理，为什么要实行目标管理。如果管理者本身不能很好地理解和掌握目标管理的原理，那么，由其来组织实施目标管理也是一件不可能的事。

（2）管理者必须知道公司的目标是什么，以及他们自己的活动怎样适应这些目标。如果公司的一些目标含糊不清、不现实或不协调一致，那么主管人员想同这些目标协调一致，实际上是不可能的。下面一则案例很能反映问题。

一家制药公司决定在整个公司内实施目标管理，根据目标实施和完成情况，一年进行一次绩效评估。事实上他们之前在为销售部门制定奖金系统时已经用了这种方法。公司通过对比实际销售额与目标销售额，支付给销售人员相应的奖金。这样销售人员的实际薪资就包括基本工资和一定比例的个人销售奖金两部分。

后销售大幅度提上去了，但是却苦了生产部门，他们很难完成交货计划。销售部抱怨生产部不能按时交货。总经理和高级管理层决定为所有部门和个人经理以及关键员工建立一个目标设定流程。为了实施这个新的方法，他们需要用到绩效评估系统。生产部门的目标包括按时交货和库存成本两个部分。

他们请了一家咨询公司指导管理人员设计新的绩效评估系统，并就现有的薪资结构提出改变的建议。他们付给咨询顾问高昂的费用修改基本薪资结构，包括岗位分析和工作描述。还请咨询顾问参与制定奖金系统，该系统与年度目标的实现程度密切相连。他们指导经理们如何组织目标设定的讨论和绩效回顾流程。总经理期待着很快能够提高业绩。

然而不幸的是，业绩不但没有上升，反而下滑了。部门间的矛盾加剧，尤其是销售部和生产部。生产部埋怨销售部销售预测准确性太差，而销售部埋怨生产部无法按时交货。每个部门都指责其他部门的问题。客户满意度下降，利润也在下滑。

（3）目标管理所设置的目标必须是正确的、合理的。所谓正确，是指目标的设定应符合企业的长远利益，和企业的目的相一致，而不能是短期的。合理的，是指设置目标的数量和标准应当是科学的，因为过于强调工作成果会给人带来压力，导致不择手段的行为产生。为了减少选择不道德手段去达到这些效果的可能性，管理者必须确定合理的目标，明确表示行为的期望，使得员工始终具有正常的“紧张”和“费力”程度。

（4）所设目标无论在数量或质量方面都具备可考核性，也许是目标管理成功的关键。任何目标都应该在数量上或质量上具有可考核性。

2. 目标管理理论的评价

目标管理理论在德鲁克等人创立之后，获得了很快的发展，受到世界各地企业管理者的欢迎。实践也已经证明了目标管理是一种富有成效的、成功的管理方法和制度。突出的例子是日本在战后的迅速崛起。日本人在总结其成功经验时认为，技术和管理是推动其社会进步的两个车轮。而日本企业管理水平的提高，主要得益于从美国引进了质量管理和目标管理。这足以证明目标管理的巨大价值。不过，我们同时也应该看到，目标管理并不是万能的，与其他所有的管理方法与制度一样，其自身也存在着一些不可避免的缺点。下面我们就从目标管理的优点和缺点两个方面对其进行评价。

（1）目标管理的优点。目标管理的优点主要体现在以下四个方面：①目标管理有助于提高管理水平。目标管理不仅要求组织有整体目标，而且要求各个部门甚至是每个成员都有自己明确的目标和责任。这有助于促使目标的承担者去思考采取什么样的措施去实现目标，配备什么样的人员以及需要什么样的资源和帮助等，从而有利于组织各方面管理水平的提高。②实施目标管理有利于调动员工的积极性、主动性、创造性，并能够增强其责任心。目标管理通过民主协商的方法使目标逐级到个人，使每个人的利益与责任直接挂钩。同时，目标管理通过授权给予员工相当程度的自由处置权，使其工作更加积极主动。③目标管理有利于组织实施更有效的控制。目标管理通过自我控制和组织控制相结合的方法，实现了双重控制，这大大提高了组织控制工作的及时性和有效性。④实施目标管理有助于暴露组织结构中存在的缺陷。

（2）目标管理的缺点。目标管理的缺点主要可以分为两类，具体表现在以下几个方面：①恰当的目标不易准确地确定。目标管理首先要求组织必须将其目标进行较为准确的描述，但是，有些目标的确定是相当困难的；②目标管理过分强调短期目标，而忽视组织的长远目标，这样容易使短期目标与长期目标脱节，最终导致组织只注重短期利益而较少考虑长期利益；③目标管理缺乏一定的灵活性。按照目标管理的要求，目标一旦制定就不能再更改，以便于组织对目标实施的结果进行检查和评价。由于现实中不确定的因素很多，有时对目标进行修改是必要的，但如果修改目标的话，必将给目标管理的实施带来一定的困难。

本章习题

一、单选题

1. 目标管理理论的理论基础是（　　）。

A. 科学管理理论　　B. 行为科学理论

C. 组织理论　　D. 科学管理理论与行为科学理论的有效统一

2. 目标管理是一个全面的（　　），它用系统的方法，使许多关键活动结合起来。

A. 管理系统　　B. 评估工具

C. 指标体系　　D. 激励手段

3. 目标不是一成不变的，一般来说，（　　）应保持一定的稳定性。

A. 利润目标　　B. 短期目标

C. 中期目标　　D. 长期目标

4. 企业管理层次的差异决定了目标体系的垂直高度。这样，企业目标就成了一个有层次的体系和网络，即是目标的（　　）。

A. 层次性　　B. 多重性

C. 变动性　　D. 复杂性

5. 目标管理容易导致的不利因素是（　　）。

A. 管理者依据环境变化进行不断修正

B. 没有引入目标的其他工作容易受到忽视

C. 各级主管对目标管理的整个体系做耐心解释

D. 管理者随时对目标进行评价，一旦发现偏差即迅速调整

6. 目标管理产生于（　　）。

A. 20 世纪 30 年代　　B. 20 世纪 40 年代

C. 20 世纪 50 年代　　D. 20 世纪 60 年代

7. 对于组织中第一线的基层组织来说，其目标管理周期应是（　　）。

A. 1 年　　B. 1 年以下

C. 半年　　D. 半年以下

8. 首先提出目标管理概念的管理学家是（　　）。

A. 西蒙　　B. 泰勒

C. 法约尔　　D. 德鲁克

二、多选题

1. 目标管理的特点是（　　）。

A. 实行参与管理　　B. 强调自我控制

C. 重视工作成果　　D. 具有系统的目标体系

E. 规定时限

2. 目标管理的优点有（　　）。

A. 有利于提高管理水平　　B. 有助于实现长期目标

C. 有利于调动员工积极性　　D. 有利于组织实施有效控制

E. 有利于暴露组织结构中存在的缺陷

3. 目标制定的原则是（　　）。

A. 先进合理　　B. 目标适量

C. 期限适中　　D. 效益至上

E. 目标数量化

4. 目标设立是目标管理的重要过程，在此过程中应注意（　　）。

A. 目标要略高于企业当前的生产能力，保证企业通过努力实现

B. 保证质与量的结合

C. 目标期限要适中

D. 目标数量要适中

E. 目标越高越好

三、简答及论述题

1. 简述目标的概念和作用。

2. 如何确定目标，确定目标时应注意哪些问题？

3. 何谓目标管理，它的基本思想是什么？

4. 如何有效地实施目标管理？

5. 试论述目标管理的优缺点。

案例讨论

东芝公司的目标管理

谈到土光敏夫的时代，不能不提及东芝公司独具特色的目标管理方式。目标管理作为一种先进的管理方式，并非由日本人首创，但是东芝公司接受和借鉴了德鲁克的目标管理的管理理念，并应用到实践，有效地提升了企业的绩效。东芝公司的目标管理主要包括以下四个部分。

（1）制定目标。在目标管理实施中，东芝公司首先把目标的制定放在首位。在制定目标时要求两点：员工的目标和企业的目标保持一致；每个人都要制定切实的目标。另外，在制定目标时还遵守了以下原则：目标数量不宜过多，目标的内容具体明确、目标难度以略高于本人能力为准，不能失去长远的观点等。

（2）东芝目标管理的特征。东芝目标管理的特征主要包括两点：直接结合经营需要的一贯性，即目标管理必须从企业的整个经营体制出发，保持完整的一贯性；以个人为中心提高能力，具体来说，每个人的目标，是按照本人的能力、适应性和性格等特点确定的。

（3）目标管理的结构。东芝公司的目标管理，重要的前提就是相信每个人的能力和积极性，恰如其分地明确每个人的工作和任务，然后通过权力下放和自我控制，确立好整体的目标体系以及每个人的目标体系。在目标管理的最后阶段，实施成果评价，并与绩效考核挂钩，给予相应的奖惩措施，提高员工的积极性。

（4）目标管理的实施。在东芝目标管理的实施过程中，坚持少而精主义和能力主义。此外，在实施过程中还坚持信任下级的原则，适当下放权限，上下级之间建立信任；最后，依据达到程度、困难程度、努力程度三个要素进行成果评价，进行相应的奖励，保证目标管理的有效性。

资料来源：王春丽莉，“对东芝公司目标管理案例的分析”，载《中国市场》，2011年2月。有删改。

思考讨论题

东芝公司目标管理的成功之处何在？你认为还有哪些不足之处？

第 7 章

预　　测

内容提示

预测即是研究如何对未来状况做出估计的专门技术。古人云“凡事预则立，不预则废”，由此可见预测的重要作用。就管理工作而言，为减少未来决策的盲目性，降低决策可能遇到的风险，在做出决策之前，都必须对未来做出估计，并以这种估计作为决策的依据。本章主要讨论预测的基本知识、管理预测的类型和技术、预测的步骤及评价等内容。

【开篇引例】

李厂长的生产预测

某童装厂近几年沾尽了独生子女的光，生产销售连年稳定增长。谁料该厂李厂长这几天来却在为产品滞销、资金周转不畅而大伤脑筋。原来，年初该厂设计了一批童装新品种，有男童的香槟衫、迎春衫，女童的飞燕衫、如意衫等等。借鉴成人服装的镶、拼、滚、切等工艺，在色彩和式样上体现了儿童的特点——活泼、雅致、漂亮。由于工艺比原来复杂，成本较高，价格比普通童装高出了 80% 以上，比如一件香槟衫的售价在 160 元左右。为了摸清这批新产品的市场吸引力如何，在春节前夕厂里与百货商店联合举办了“新颖童装迎春展销”，小批量投放市场十分成功，柜台边顾客拥挤，购买踊跃，一片赞誉声。许多商家主动上门订货。连续几天亲临柜台观察消费者反映的李厂长，看在眼里，喜在心上，不由想到，“现在都只有一个孩子，为了能把孩子打扮得漂漂亮亮的，谁不舍得花些钱？只要货色好，价格高些看来没问题”。他决心趁热打铁，尽快组织批量生产，及时抢占市场。

为了确定计划生产量，以便安排以后的月份生产，李厂长根据以往的月销售统计数，运用加权移动平均法，计算出以后月份预测数。考虑到这次展销会的热销场面，他决定生产能力的 70% 安排新品种，30% 为老品种。2 月份的产品很快就被订购完了。然而，现在已是 4 月初了，3 月份的产品还没有落实销路。询问了几家老客商，他们反映有难处，原以为新品种童装十分好销，谁知2月份订购的那批货，卖了一个多月还未卖1/3，他们现在既没有能力也不愿意继续订购这类童装了。对市场上出现的近180度的需求变化，李厂长感到十分纳闷。他弄不明白，这些新品种都经过试销，自己亲自参加市场调查和预测，为什么会事与愿违呢？

资料来源：http：//www. jlrtvu. jl. cn/wlkc/course/180001510 －1/205 －02. htm，有删改。

7.1 预 测 概 述

在当今科学、技术和经济迅猛发展、信息量不断膨胀的年代，进行正确的决策越来越难。经验证明，在决策工作中出现的很多挫折是由于前提工作做得不好造成的。现代管理的特点之一是强调预见性，因此，管理人员如果能对未来发展情况做出准确的预测，无疑就能为人们做出合理的决策提供依据，从而使决策者少犯错误、不犯错误，会比那些不进行预测或是不能进行准确预测的管理人员取得更多的成功机会。

7.1.1 预测的概念及要点

预测（forecasting）是指人们对客观事物未来发展的预料、估计、分析、判断和推测，这是人们对预测普遍熟知的解释。人们不论做什么事，事前总是有个设想、有个预计、有个估算，设想这件事可能有什么样的结果，做起来可能和哪些方面发生关系，可能受到哪些因素影响，以及应该怎样去做，等等。

现代管理学所使用的预测概念比上面的解释具有更丰富的内容。它已融现代自然科学和社会科学于一体，大量运用观察、归纳、演绎、推理等分析方法，运用数学模型和实验方法，根据客观的资料、主观的经验和教训，探索客观事物发展变化的趋势和量变的程度，并在技术上力求提高预测的可靠性和精确度。下面我们给出现代管理学对预测的一般定义：预测，就是根据事物过去发展变动的客观过程和某些规律性，参照当前已经出现和正在出现的各种可能性，运用现代管理的、数学的和统计的方法，对事物未来可能出现的趋势和可能到达的水平所做的一种科学推测。

这是以定量分析为基本内容的现代科学管理条件下对预测概念的解释。它由人（预测者）、知识（预测依据）、手段（预测方法）、事物未来状况（预测对象）、结果（预测结果）五个要素组成（见图7－1）。

（1）预测是由人来做的。人是预测活动的主体，预测的具体执行者，如果没有人，也就不存在预测。预测者可以预测的对象很多，可以是其本身，也可以是其他任何人、任何集团或任何其他事物；可以是简单的，也可以是复杂的；可以是一种，也可以是多种。

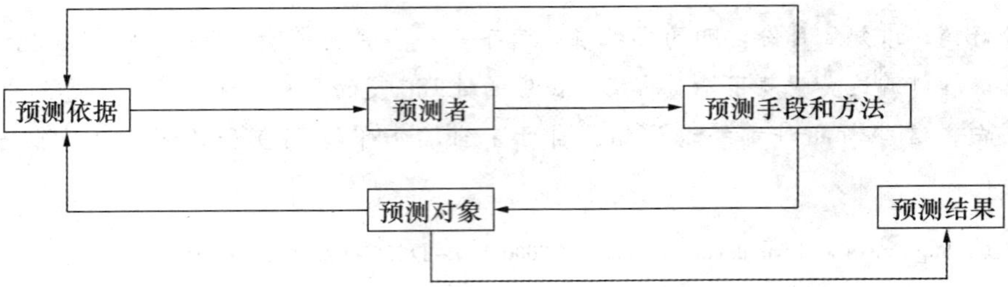

图7－1　预测概念关系

（2）预测必须依据人们已经掌握的知识。预测质量高低、是否可靠，与人们所掌握的知识密切相关。知识为预测提供基础，如果对事物的过去和现状一无所知，就很难做出有根据的预测。知识是前人经验的积累，知识反映客观真实的程度，对预测有重大影响。预测的对象越复杂，所需要的知识就越多。古代的求神问卦、占卜吉凶，尽管也是试图去预知未来，但充满了迷信和唯心主义色彩，说明人类早期处在蒙昧时代，还没有掌握足够的科学知识，因此不可能做出真正的预测。即使在科学技术发达的今天，人类已经掌握了丰富的科学知识，还是不能对任何事物都做出精确的预测，这是因为在人们所继承的知识中，还有许多没有被证明为真理。因此，为了做出合理有效的预测，就必须尽可能地获得预测对象的相关知识。

（3）预测的手段和方法，也是影响预测质量的一个重要因素。假设、推理、计算、估计、统计和数理统计等，都被不同程度地作为预测方法和手段来运用。掌握科学知识的多寡、手段和方法的运用是否恰当，是决定一个预测是否科学的关键。科学的预测，是人们利用所掌握的科学知识和科学手段去获得有科学依据的预测。反之，人们在不能获得足够的科学知识，也没有有效的科学手段的情况下所做出的预测则往往是非科学的预测。

（4）作为预测对象的事物未来或未知状况。人们所要预测的不是事物的历史和现状，而是它的未来或未知。尽管事物的未来或未知离不开它的历史和现状，但由于历史和现状已为人们所知，用不着人们去预测，对其了解只有多寡之别，一般不存在未知问题。一个历史事件，既然成为历史，它必是已经发生过的事件而不是未来的事件。知的客观存在才能称为未知；凡是未来的东西都可以包括到未知领域中去，但凡是未知的可能由于种种原因，现今无人知晓，但它对人类来说却不是什么未知，至少历史事件发生的当时，有一部分人是当事者，而另一部分人是目击者或者知情者。因此，只有对那些不了解它存在的人来说，它才是未知。预测概念所指的未来或未知是有严格范围的，只有那些迄今为止尚未出现、尚未发生或尚未存在的东西，才能称为未来；只有那些对全人类来说完全是未知的东西，却不一定是现在还不存在的东西。例如，自然界中我们未曾揭开的奥秘，它们却一直存在于客观世界当中。认清上述未来和未知的范围，以及它们之间的关系，对我们理解预测这一概念是至关重要的。

（5）预测必须形成预先的推知和判断，即预测结果。预测是通过预测结果体现出来的，预测活动的目的，是要利用所获得的预测结果为决策或其他管理业务的需要服务。如果没有预测结果，预测就不能成立，更谈不上为决策提供依据。在此要素中，首先强调预先，然后强调推知和判断。预先，表明预测结果（推知和判断）早于预测对象的未来；推知和判断，表明对事物的未来状况（性质、特点、时间、空间、规模、数量等）所做出的预报和预言。

以上是一个完整的预测概念中必须十分明确的五个基本要点。从某种意义上说，也可以看成是对科学预测的五个基本要求。只有符合这五个基本要求，才有可能取得较为理想的预测结果。

7.1.2 预测的分类

根据研究任务的不同，按照不同标准，预测可以有不同的分类。常用的有以下几种分类。

1. 按照预测的范围或层次分类

根据预测的范围或层次不同，可分为宏观预测和微观预测。

（1）宏观预测。宏观预测是指对整个国家或一个地区、一个部门技术经济发展前景的预测。它是以整个社会经济发展作为考察对象的，研究社会经济发展中各项有关指标的发展水平、发展速度、增长速度以及相互间结构、比例和影响的关系。如对全国和地区社会再生产各环节的发展速度、规模和结构的预测；对社会商品总供给、总需求的规模、结构、发展速度和平衡关系的预测等。

（2）微观预测。微观预测是指对某一具体预测目标（如一个企业、一项产品、一项技术、一项工艺等）的发展前景所做的预测。通常，它以某一经济单位的技术经济活动作为考察的对象。例如，某企业某项产品市场占有率预测，某一产品生产成本的预测等。微观预测的目的是为企业进行合理的资源分配、技术开发、生产组织信息，以取得较好的经济效益。它是企业制定生产经营决策、编制和检查计划的依据。

工业企业的预测，属于微观技术经济预测的范畴。根据工业企业经营管理的需要还可分为：经营环境的发展变化预测、市场预测和技术预测。

宏观预测与微观预测之间有着密切的关系，微观预测是宏观预测的基础，宏观预测是微观预测的综合，两者互为补充。

2. 按照预测对象的多少分类

按预测对象的多少，可分为单一预测和复合预测。

（1）单一预测。单一预测是对预测对象只限于单一事物的预测，即预测单一事物今后发展变化的趋势和可能达到的水平。单一预测只能得到一个预测值，或者以某一预测值为主的一套预测值。

(2) 复合预测。复合预测是指预测对象同时包括几个互相联系事物的预测，从其相互联系和相互制约中，同时预测这几个有关事物今后发展运动的可能趋势和可能达到的水平。复合预测可得到一组预测值，或者分别以几个预测值为主的几套预测值。

3. 按照预测周期的长短分类

按预测时间的长短，可分为短期预测、中期预测和长期预测。

(1) 短期预测。短期预测是指预测周期在1年或1年以内的预测。短期预测的任务在于安排零售商品供应、原材料供应、零配件供应和企业的生产作业计划等。一般来说，短期预测主要用于产品销售预测。

(2) 中期预测。中期预测是指预测周期在1～5年之间的预测。中期预测主要是为了有计划地扩大再生产或扩充业务而需要组织扩建或新建时采用的，是制定经济发展5年计划、规定5年发展任务的依据。

(3) 长期预测。长期预测是指预测周期在5年以上的预测。长期预测通常用来规划远景，勾画未来粗略的轮廓，是制定国民经济长期规划和战略目标的依据。如国民经济发展规划预测、环境预测均属于长期预测。

需要指出的是，由于预测对象的性质和要求不同，预测周期的划分也不同。经济和需求预测要求误差小、见效快，预测周期一般都比较短；技术预测则很少能在短期内见效，因为科学技术的发展需要一个较长的过程，往往需要5年到10年甚至更长的时间。预测的周期越长，不肯定性就越大，预测结果的参考价值和可靠性也越差。预测周期的长短主要取决于决策的需要。

4. 按照预测时间的性质分类

按时间的性质分类可分为动态预测和静态预测。

(1) 动态预测。动态预测指根据经济预测对象的历史与现状对其未来发展前景和可能出现的结果的预测。所谓动态，指预测对象在时间上的变动，而不是指预测对象指标值的变动。预测对象的指标值总是变动的，否则没有必要进行预测。

(2) 静态预测。静态预测是不考虑时间变化，在同一时间上由已知事物推测未知事物。根据一定时间事物之间的因果关系，由事物的因推测事物的果。

5. 按照预测方法的特征分类

根据预测方法的特征，可分为定性预测、定量预测、综合预测。

(1) 定性预测。定性预测是一种直观预测，由预测者根据自己掌握的实际情况、实践经验、专业水平，对经济发展前景的性质、方向和程度做出判断。主要用于研究和探讨对象在未来所表现的性质、状态，例如事物发展的总体趋势，事件发生和发展的各种可能性及其造成的影响，目前确定并将要执行的决策是否会达到制定决策的目的等。这类预测主要是凭借预测者主观经验和逻辑推理能力，对事物未来表现的性质进行推测和判断。

（2）定量预测。定量预测是在掌握历史数据和统计资料的基础上，运用数学或其他分析技术建立可以表现数量关系的数学模型，并利用它来计算预测对象在未来可能出现的数值。如对总产值、销售量、利润额、人口增长率等的预测，多采用定量预测法。

（3）综合预测。综合预测是结合使用定性预测法与定量预测法两种方法，来分析预测问题。

6. 按照预测的限制条件分类

事物的发展是多种因素共同作用的结果，人们的决策也可能会对事物的发展起主要的影响作用。按照事物发展结果与决策的关系，即限制条件，预测可分为条件预测和无条件预测两类。

（1）条件预测。它是指以决策方案作为主要限制条件所进行的预测。决策方案的不同，得到的预测结果也不同。例如，企业销售产品进行不进行广告宣传，所得到的销售效果将是不一样的。因此，就需要分别以做广告和不做广告为限制条件去预测销售量，这就是条件预测。在对多种预测方案进行比较选优时，所进行的预测大多数是条件预测。

（2）无条件预测。它是指不必考虑决策条件或决策方案对预测对象影响时所进行的预测。这是相对于条件预测而言的。例如，企业对某种产品寿命周期所进行的预测就是无条件预测，因为可以认为产品生命周期的发展基本上是与本企业的决策无关的。

7. 按照预测的内容分类

根据预测的内容，可以把预测分为科学预测、技术预测、社会预则、经济预测、军事预测等。

7.1.3 预测的特征

了解预测的特点，有助于预测者实事求是地、客观地看待预测的结果。一般来讲，预测有以下三个特点。

（1）科学性。预测的科学性表现在预测有充分的理论根据，基于能指导实践的理论，基于详尽的调查研究，基于系统而可靠的资料，基于科学的方法和计算工具等，运用科学的程序、方法和模型，分析预测对象与有关因素的相互联系，从而揭示和总结出预测对象的特性和变化规律。同时，预测又不缺乏艺术性。预测工作的质量很大程度上取决于预测工作者进行调查研究、搜集资料、分析数据、提出假设、选择方法、建立模型、推理判断的技巧，以及预测工作者自身的素质、经验及能力。

【阅读资料7-1】

英国商人的失算

1840年鸦片战争以后，英国商人为打开了中国这个广阔的市场而欣喜若狂。当时英国棉纺织业中心曼彻斯特的商人估计，中国有4亿人，假如有1亿人晚上戴睡帽，每人每年用两顶，整个曼彻斯特的棉纺厂日夜加班也不够，何况还要做衣服呢！当时中国的一些富人是有购买这些产品的能力的。于是他们把大量的洋布送到中国，甚至带来了吃饭的刀叉和娱乐的钢琴。结果与他们的梦想相反，中国人没有戴睡帽的习惯，衣服也是自产的丝绸或土布，洋布根本卖不出去。

（2）近似性。虽然人们对客观世界的认识能力不断提高，但也不可能完全避免预测结果的近似性和随机性。预测的对象是现实事物的未来状态和未来发生的事件，然而事物的发展不是简单的重复，这些事件和状态具有不确定性，总要受各种不断变化着的因素的影响。因而事前的预测与实际结果往往会出现一定的偏差，只能是一个近似值。所以人们不能奢求预测结果百分之百准确。

（3）局限性。预测者对研究对象的认识，往往受其学识、经验、观察分析能力的限制。此外，也由于掌握的资料和情报不够准确和完整，或建立模型时简化了一些因素等，这些原因导致预测的分析不够全面，所以预测又具有一定的局限性。

正确认识预测的特点，可以避免不正确的看法妨碍预测的研究应用。不加分析地怀疑和否定预测结果，将使计划和决策没有足够的依据。绝对相信预测结果，又会使实际工作缺乏弹性和灵活性；过分苛求预测的精确度，则是不够客观和现实的要求。事实上，只要预测有较充足的依据，达到一定精确度，就可用于指导实际工作。

7.1.4 预测的作用

预测科学作为一门新兴的学科虽然历史很短，但它已经充分显示了强大的生命力。这主要是因为预测科学具有广泛应用的价值。应用它的理论和方法，可以综合地分析和预测社会的发展趋势，调查和预测科学技术的未来。利用预测科学可以研究有关人口、粮食、资源、能源、城市规划、交通运输、人才培养、环境、家庭和文化生活等重大问题的发展动向和对策。掌握预测科学，可以帮助我们克服工作中的盲目性，提高科学的预见性，正确地采取行动。大至世界事务、国计民生，小至个人日常生活中的家庭琐事，无不涉及预测未来。

1. 预测是决策的前提

预测与决策都同未来有关。预测要说明的是未来的情况；决策要解决的问题是如何根据这些情况，使未来的发展符合决策者的目的和要求。因此，在决策前需要由预测提供有关未来的信息，以便通过可控因素对未来发展施加影响。

2. 预测可以避免决策片面性和决策失误

随着社会的飞速发展，影响行为结果的因素越来越多，这使决策者越来越难以判断或者越来越容易做出错误的判断。预测能使决策者对未来的无知或少知降到最小限度，借助预测，决策者对未来的进程有科学的认识，这样决策的准确率就会提高；如果离开预测，决策就会失去客观依据而陷入盲目的状态，使决策者失误频发。

3. 预测是提高管理预见性的一种手段

管理者只根据过去的情况作出的决策，往往是只顾及眼前利益的，缺乏长远眼光约。通过历史数据对未来情况进行预测，能够使决策者对未来未发生的事件有提前的了解和把握，从而能够从未来角度出发作出有利于企业长远发展的决策。

4. 预测是决定成败的重要条件

盲目的行为，则往往导致经济活动的失败。正确的经济预测能够最大限度地减少决策和计划的风险，能使管理者掌握主动，从而取得良好的经济效益和社会效果。

总之，预测科学是探索人类未来，运用科学的预测方法和手段研究人类社会、政治、经济、军事、科学技术的发展变化的前景的一门科学。它提供发展变化对未来社会近期、中期、远期的影响和应变对策。

7.2 预测的基本原则和程序

7.2.1 预测的基本原则

世界是物质的，物质是运动的，物质的运动是有规律的，规律是可以被人们认识的。认识事物的发展规律，利用规律的必然性，是科学预测应该遵循的总原则。

通过大量的观察和研究，在现代科学预测中，人们往往从几个不同的角度对预测对象的变化规律加以研究，这些角度也可以称为预测的基本原则。

（1）延续性原则，又称惯性原则。每事物的发展都是遵循一定的规律的，并且这种规律还会持续地发展下去影响未来，这个特点又被称为“惯性”。例如，许多领域宏观经济活动的发展过程就常常表现出较强的延续性。因为任何经济总是在原有的基础上向前发展的，今天的经济状况是昨天的延续和发展；同样，未来的经济状况也是在今天的基础上发展起来的。如果我们对事物发展的延续性有所了解，那么，无疑会为预测提供依据。

（2）类推性原则。很多事物之间的发展变化规律及其相似，因此我们能够通过已出现的类似事物的发展情况，根据将发展事物的变化特征，对将发展事物的前景做出预测。通常说“举一反三”、“以此类推”就是这个道理。例如，通过了解单位某部门的情况，推断出该单位的总体状况；研究某项新产品在某地区的市场销售状况，可以类推预测与之相似地区也将出现类似的销售状况；了解历史上某些管理方法的应用情况，可以预测该方法在类似环境下的使用效果，等等。

（3）相关性原则。任何事物的发展变化都不是孤立的，都与其他事物的发展存在或大或小的相互影响、相互制约、相互促进的关系。在经济领域中，这种关系更是普遍存在。例如，经济复苏时期，老企业忙着增加厂房设备、劳动力，新企业也纷纷涌现，金融市场资金需要量急剧增加，贷款利率相应上升。又如，任何一个部门的发展也必须有其他部门的配合，就是说它既会影响到其他部门的发展，同时也受到这些部门的发展状况的制约。因此，找到事物的相关规律，找到其相互依存的因果关系，对预测的实现至关重要。

在实际预测中，充分地了解掌握这些基本原则，才能准确地选择与预测相关的资料，建立正确的数学模型，并最终提高预测结果的准确程度。

7.2.2 预测程序

为保证预测工作的顺利进行，必须合理地安排其工作进程。通常的预测程序或步骤包括以下八个阶段（见图7－2）。

（1）确定预测的目标。预测的第一个环节是确定预测目标，这是针对某次具体预测而言，目标明确才能有的放矢。确定目标包括确定预测的范围、领域和时间要求，而且必须服从决策者的要求。因此，当对一个事物的变化进行预测时，首先要了解决策者的要求，并据以确定属于哪类预测、满足哪些标准等，这些都涉及对预测工作各阶段的具体要求和需要采用的具体做法。

值得指出的，许多预测工作的总目标一开始并不十分明确，因为决策者们往往只是提出问题和要求，而不可能加以深刻的说明。因此，在立题阶段，预测工作者需要和决策工作者反复进行对话，在对话过程中双方统一认识，明确预测的边界范围和主体结构。

（2）资料的收集和整理。资料是进行预测的依据。根据问题的性质和预测目标的要求，收集有关预测对象历史的和目前的资料。另外，要大量收集预测的背景材料，即有关的科学技术、经济、社会、政治和文化等方面的材料。有时，还要收集国内外同类经济预测研究的成果。资料收集工作必须是有目的地进行的。

整理资料时，要着重解决时间序列和相关表的编制问题。由于涉及历史资料和相关其他方面资料，难免会出现事物性质、地区范围、计算价格和计算方法等方面的可比性问题，这就需要做出必要的调整，使其相互可比。对搜集来的资料还要根据预测的目的要求加以选择，特别

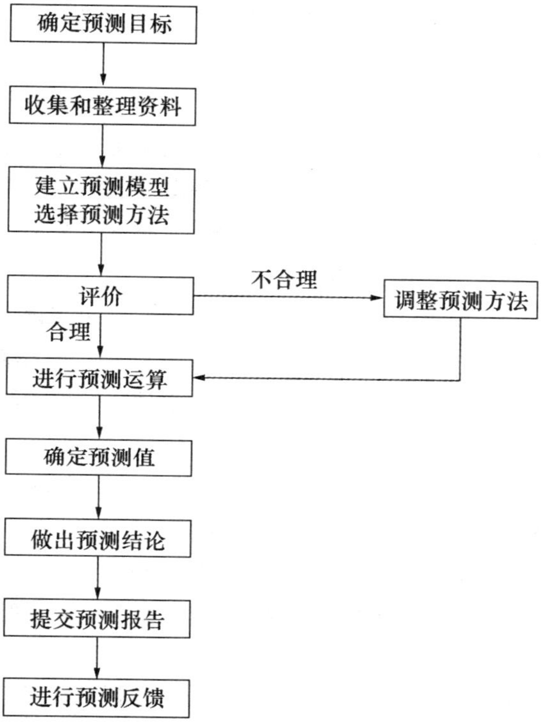

图 7－2 预测的基本步骤

是对那些在准确性方面存在问题的资料，除非采取了必要的措施加以处理，应该坚决不予采用，以保证运算的质量。

（3）建立预测模型，选择预测方法，进行预测运算。这是预测程序的核心。在收集整理资料和征询专家意见的基础上，经过对比、检验、修正，建立符合预测对象和预测需要的预测模型。有了预测模型就可以进行预测运算，包括对数学模型的求解。在具体进行预测运算的过程中，要根据预测的目的、预测对象的特点、占有资料的情况、预测费用以及预测方法的应用等条件来决定，比如有的应用时间序列外推法，有的应用相关分析法，有的则宜于采用专家综合评定法等。但在多数情况下，为了尽量降低预测误差，求得比较符合未来实际情况的预测结果，可以对同一预测对象的同一预测要求同时采用两种或两种以上不同的预测技术方法，以便将运算结果进行综合、对比、平衡并取其最优解。

（4）调整预测方法。在整个预测过程中，还要经常利用预测本身的实践经验，利用预测值与实际情况之间的差距去调整预测的组织方式和技术方法等问题。如果预测工作实践证明，某种预测组织方式和技术方法在人力、物力和财力消耗方面是过大的、不经济的，在时间上是不及时的，预测结果与实际情况之间的误差是超过所允许的范围的，那么，要在可能的条件下及时调整这种组织方式和技术方法，力求在经济、节约和及时的条件下取得较为可靠的预测结果。

（5）确定预测值。预测运算所得到的结果是根据预测对象的历史条件和发展运动的历史因素得出的，随着时间的发展，这些因素的影响程度可能会发生变化，也可能产生一些新的影响因素，以致今后可能出现新的发展趋势和发展速度，因此不能简单地作为最后预测值，应参照当前已经出现的各种可能性，利用正在形成的各种趋势、征兆、苗头，进行综合对比，判断推理，对预测初值做必要的调整，最后确定预测值。

（6）做出预测结论。由于预测过程受各种因素的干扰，会出现误差，我们不能轻易地把初步结果当做预测的结论。因此，对于初步预测的结果还必须进行深入细致的分析研究，尽量考虑到各种可能出现的情况，并进行必要的调整、补充，最后再做出预测结论。这样就能使预测更准确一些。

（7）提交预测报告。将预测结论总结成预测报告，提供给决策机构或部门，作为编制计划、制定决策和拟定策略的依据。预测报告主要内容有：预测的题目（项目）；预测依据资料的名称及其来源；预测选择的数学模型及其依据；参加预测成员姓名及素质；预测过程和反复验证情况；预测值及修正值，修正的依据；预测的建议；预测者签名盖章。

（8）进行预测反馈。预测反馈是指根据事物发展变化，经常将实际情况或数据与预测的结论相比较，分析研究出现偏离的原因，以便在实际中及时纠正预测误差。这样做既有利于不断改进预测工作、提高预测精度，因此，也是预测不可忽视的一个重要步骤。

总之，预测过程是一个预测资料、预测技术和预测分析的结合过程。预测资料是预测的基础和出发点，预测技术的应用是核心，预测分析则贯穿了预测的全过程。可以说，没有预测分析，就不成为预测。

7.3 预测的方法

管理预测是预测技术与具体的经济信息相互结合的过程。预测技术是对经济现象进行预测分析时所采用的手段、方式和途径，是对各种预测所需信息资料进行加工、处理、分析并得到预测结论的技术。科学的预测技术是准确的预测结果的必备条件，也是管理预测分析的核心。

近几十年来，随着预测在管理工作中日益受到重视以及预测的广泛应用，预测方法也日益增多。但根据这些预测技术的性质，我们基本上可以把它们归纳为两方面的内容，即定性预测法和定量预测法。

7.3.1 定性预测法

定性预测法也称直观判断法，是指根据有限的信息，判断人的个人的经验、知识水平和综合分析能力，判断未来事件的发展状况和发展前景，揭示某些不确定因素的方法，是市场预测中经常使用的方法。这种方法不需要用高难的数学方法和先进的预测工具，简单易行，便于发动群众集思广益进行预测，一般在缺乏完备、准确的市场资料的情况下采用。主要包括集合意见法与专家预测法两大类。

1. 集合意见法

这种方法是由预测人员召集企业的管理者、业务人员，根据已收集的信息资料和个人的经验，对未来做出判断预测，最后由组织者把预测方案、意见集中起来，用平均数的方法进行数学处理，并根据实际工作中的情况进行修正，最终取得预测结果的方法。这类方法适合于做短期预测。主要有以下三种方法。

（1）集合经营与管理人员意见法。集合经营与管理人员意见法是首先由经理根据经营管理的需要，向下属管理单位和业务人员提出预测项目和预测期限的要求；然后下属管理单位及业务人员依据经理要求提出各自的预测方案；最后再将经理、管理人员、业务人员各自的预测方案，进行综合分析，确定出企业的市场预测值。这种方法就是将经理、管理人员、业务人员的预测方案加以归纳、分析、判断，以便全面考虑企业各方面的情况，广泛征求各层人员的意见，使预测值更能反映实际情况。这种领导和群众相结合，质的分析和量的分析相结合的方法，比较适合我国商业企业管理状况。

（2）集合业务人员意见法。集合业务人员意见法就是集合所属经营机构的业务人员、分支机构的业务主管人员、有业务关系的批零企业的业务主管人员以及联合企业的业务主管人员的预测意见而进行的市场预测。这种方法所集合的业务人员意见，既包括企业内部业务人员的意见，也包括与企业有业务关系的外单位业务人员的意见，所以，必须从两个方面来进行预测，最后加以归纳、分析，得出预测值。

（3）业务人员意见综合法。业务人员意见综合法就是提供预测的人员仅限于企业内的业务人员，如零售企业的采购员、售货员。这种预测方法与上述两种方法性质相同，其特点是在预测人员的选择上仅限于企业内部，并且都是业务人员。由于他们缺少对宏观影响因素的分析，预测结果不免带有一定的局限性。所以，这种方法可以用于短期预测，但不宜做中期和长期预测。因此，在使用这种方法时，一定要把握住预测期的长短，否则将失去意义。

2. 专家预测法

专家预测法是基于对预测有丰富经验的专家的知识与分析判断能力，在分析各方面资料的基础上，对未来发展变化的趋势做出可靠的预测。专家预测法在具体操作上有许多方式，如专家会议法、德尔菲法等。

（1）专家会议法。专家会议法又称会议调查法，是指预测人员邀请有关方面的专家，采用会议的形式，向与会人员获取预测信息，经判断和推算，预测经济现象发展前景的一种直观预测法。采用这种方法，不是依靠一个或少数专家，而是依靠许多专家或专家集体通过会议讨论，并在专家们分析判断的基础上，综合专家们的意见，对经济现象如对产品的市场需求及其发展趋势等做出的预测。由于专家的知识面广、信息量大、考虑的因素多，因此这种方法能集思广益，充分发挥集体智慧，讨论的问题也较为透彻，往往能提供多个可行的方案或提出许多有益的意见。

（2）德尔菲法。德尔菲法于前面第4章中介绍过。这种方法适用于资料很少、未知因素很多的预测主题。德尔菲法能够对预测对象在未来发展中的各种可能和期待出现的前景做出概率估计，使之获得非常重要的且以概率表示的明确答案，为决策者提供多方案选择的可能性。德尔菲法既可用于短期、中长期预测，也可用于远景规划；不仅可以预测事物的量变过程，也可预测事物的质变过程，特别是用于中长期和远景规划，被称为最可靠的预测方法和最理想的决策工具。

7.3.2 定量预测法

定量预测方法是指利用比较完备的信息资料，运用数学模型，从数量上推测客观事物发展变化趋势的预测方法。运用定量预测方法能够客观、准确地把握未来事件的发展程度，为决策提供科学的数据资料。但是这种方法计算量大，对数据的真实、准确度要求极高，多应用于具有完备的、真实的、可靠的相关资料的情况。主要包括时间序列预测法和线性回归预测法两大类。

1. 时间序列预测法

时间序列预测法又称为趋势预测法，是指对同一经济现象或特征值按时间先后顺序排列历史资料，根据事物发展的连续性预测市场未来的变化趋势。时间序列预测法应用范围比较广泛，如对商品销售量的平均增长率的预测，季节性商品的供求预测，产品的生命周期预测，等等，都可以采用时间序列分析法。这类方法直接从时间序列统计数据中找出反映事物发展的演变模式，所以比较简单，在预测中经常采用。常用的方法主要有平均数法、指数平滑法、趋势外推法和季节指数法等。

（1）平均数法。平均数法是趋势预测法中最简单的一种，它是以一定时期内预测目标的时间序列的平均数作为下期预测值的预测方法。平均数法可以分为算术平均数法和移动平均数法两种。

①算术平均数法分为简单算术平均数法和加权算术平均数法。

简单算术平均数法是利用简单算术平均数在时间序列上形成的平均数动态数列，以说明某种经济现象在时间上的发展趋势。简单算术平均数比较适合于预测对象变化趋势比较稳定的短期预测。其计算公式为：

$$X_t = (S_{t-1} + S_{t-2} + \cdots + S_{t-n}) / n$$

式中：n——观测期的长度；

S_{t-n}——$t-n$ 时期的时间序列观测值；

X_t——t 时期的预测值。

例：某企业销售甲产品，8 月份的销售量为200 万件，9 月份的生产量为300 万件，10 月份的销售量为400 万件，则 11 月份的销售量预测值用简单算术平均数法计算为：

$$X_{11} = (400 + 300 + 200) / 3 = 300 \text{（万件）}$$

加权算术平均数法是通过对不同的数据按其重要性乘以不同的权数，来计算平均数，并以此计算预测值。简单算术平均数法将过去的不同历史时期的数据等同看待，实际上近期的数据对预测值的影响作用应当更大一些，而远期的则小一些。我们通过赋予近期的数据较大的权数，远期的数据较小的权数，一定程度上克服了简单算术平均数法远近不分的缺点。其计算公式为：

$$X_t = (S_{t-1}f_{t-1} + S_{t-2}f_{t-2} + \cdots + S_{t-n}f_{t-n}) / (f_{t-1} + f_{t-2} + \cdots f_{t-n})$$

式中：n——观测期的长度；

S_{t-n}——$t-n$ 时期的时间序列观测值；

f_{t-n}——$t-n$ 时期的权数；

X_t——t 时期的预测值。

例：仍以上例计算，8 月份的权数取为 1，9 月份的权数取为 2，10 月份的权数取为 3，则 11 月份的销售量预测值用加权算术平均数法计算为：

$$X_{11} = (400 \times 3 + 300 \times 2 + 200 \times 1) / (3 + 2 + 1) = 333.33 \text{（万件）}$$

②移动平均数法。移动平均数法是利用过去若干实际值的移动平均数来进行预测的一种方法。它是从算术平均数法的基础上发展起来的，同时又克服了算术平均数法不能反映事物发展过程和发展趋势的缺点。常用的移动平均数法有简单移动平均数法和加权移动平均数法。

简单移动平均数法一般用于预测对象的时间序列长期趋势基本平衡的状况，以一组实际数据的平均值作为下一期的预测值。这种方法擅长揭示发展的长期趋势。其计算公式为：

$$X_{t+1} = (S_t + S_{t-1} + \cdots + S_{t-n+1}) / n$$

式中：n——移动平均的期数；

S_t——t 时期的时间序列观测值；

X_{t+1}——$t+1$ 时期的预测值。

例：某企业销售甲产品，从 2006 年 1 月到 4 月的销售量如表 7－1 所示，用简单移动平均数法计算 5 月份的销售量。

表 7－1　　2006 年企业甲产品销售量　　单位：万件

月　份	1 月	2 月	3 月	4 月
销售量	200	300	280	410
预测值				260

取 $n=3$ 来计算移动平均数，则

$$X_4=(280+300+200)/3=260\text{（万件）}$$

$$X_5=(410+280+300)/3=330\text{（万件）}$$

加权移动平均数法是在简单移动平均的基础上再做加权移动平均。这种方法可以消除简单移动平均法产生的不合理偏差和滞后问题。其计算公式为：

$$X_{t+1}=(S_tf_t+S_{t-1}f_{t-1}+\cdots+S_{t-n+1}f_{t-n+1})/(f_t+f_{t-1}+\cdots f_{t-n+1})$$

式中：n——移动平均的期数；

S_t——t 时期的时间序列观测值；

f_t——t 时期的权数；

X_{t+1}——$t+1$ 时期的预测值。

例：仍以前述例题为例，权数设计为：（应当注意，使用加权移动平均法时，权数之和应等于 1）

表 7－2　　权重分配

t	$t-1$	$t-2$
0.5	0.3	0.2

取 $n=3$ 来计算移动平均数，则

$$X_4=(280\times0.5+300\times0.3+200\times0.2)/(0.5+0.3+0.2)=270\text{（万件）}$$

$$X_5=(410\times0.5+280\times0.3+300\times0.2)/(0.5+0.3+0.2)=349\text{（万件）}$$

（2）指数平滑法。指数平滑法是将上期实际值与预测值之间的差额为依据与平滑系数相乘，再加上上期预测值作为本期预测值的一种预测方法。从前面的移动平均数法 可以看到这种方法大量选择了近期数据，同时简单的移动平均数法是对历史数据的等同利用，加权移动平均数法虽然按照时间的远近给予数据不同的权数，但权数的确定没有一定的规律可循，虽然简单易行，但预测精度难以掌握，在实际预测时会发生较大的偏差。指数平滑法是对移动平均法的改进和发展，可以通过平滑系数的选择来调节近期数据的作用，同时又不舍弃远期数据的影响，多用于中短期发展趋势的预测，所有预测方法中，指数平滑是用得最多的一种。其计算公式为：

$$X_{t+1}=X_{t+a}\times(S_t-X_t)=a\times S_t+(1-a)\times X_t$$

式中：a——平滑系数（$0<a<1$）；

S_t——t 时期的实际数据；

X_t——t 时期的预测数据。

例：某企业2006年第1季度的销售额为380万元，预测值为400万元，用指数平滑法预测该企业2006年第2季度的销售额。

若取 a＝0.1，则第2季度的销售额为

$$0.1\times380+(1-0.1)\times400=398\text{（万元）}$$

若取 a＝0.3，则第2季度的销售额为

$$0.3\times380+(1-0.3)\times400=394\text{（万元）}$$

若取 a＝0.5，则第2季度的销售额为

$$0.5\times380+(1-0.5)\times400=390\text{（万元）}$$

若取 a＝0.9，则第2季度的销售额为

$$0.9\times380+(1-0.9)\times400=382\text{（万元）}$$

从计算结果中我们看到，平滑系数取值不同，预测结果不同，因此，平滑系数的选取至关重要。平滑系数的选择主要依赖于时间序列的发展趋势波动性和预测者的主观判断，大致可分为五种情况：时间序列数据呈现较稳定趋势时，应选较小的 α 值，一般可在0.05～0.20之间；当时间序列数据较小波动时，α 值可在0.1～0.4之间；当时间序列数据波动很大，呈现明显的上升或下降趋势时，应选择较大的 α 值，一般可在0.6～0.8之间；当时间序列数据波动极大时，α 的取值在0.6～1之间；如果时间序列数据不易判断时，取几个不同的 α 值进行试算，比较不同的预测标准误差，选取标准误差最小的 α 值。

（3）季节指数法。经济活动中，某些经济现象往往受季节因素的影响而呈现出季节变动的规律性，如电暖器、冷饮、防寒服等往往受季节影响而出现销售的淡季和旺季之分。季节指数预测法就是根据经济现象按月（季）编制的时间数列资料，以一定的统计方法测算出反映其季节变动规律的季节指数，并利用季节指数进行近期预测的一种时间序列预测法。这种方法，必须具有3～5年以上的资料按月（季）编制时间序列，才能保证所计算出来的季节指数符合客观实际，有较高的代表性。

其预测步骤为：首先，收集历年各月或各季的数据资料。其次，求出各年同月或同季的平均数（A_t）。第三，求数据资料中所有月份或季节的总平均值（B）。第四，计算同月或同季度的季节指数（$S_t=A_t/B$）。最后，用未来季度的没有考虑季节影响的预测值，乘以相应的季节指数，取得预测年度内各月或各季度包含季节变动的预测值。

例：某公司从2001～2003年每一年各季度的家电用品销售量见表7－3。假设该公司2004年家电用品的销售量以2003年的销售量为依据按8%递增，预测2004年各季度家电用品的销售量。

第一步：计算各季度的平均销售量 A_t：

第 1 季度　　324/3 = 108（万件）

第 2 季度　　414/3 = 138（万件）

表 7 - 3　　**某公司各季度家电用品平均销售量**　　单位：万件

年　份	年度销售量	第 1 季度	第 2 季度	第 3 季度	第 4 季度
2001	469	90	125	104	150
2002	569	120	154	130	165
2003	519	114	135	150	120
合计	1557	324	414	384	435

第 3 季度　　384/3 = 128（万件）

第 4 季度　　435/3 = 145（万件）

第二步：计算每季度的总平均销售量 B：

1557/3/4 = 129.75（万件）

第三步：计算季节指数 $S_t = A_t/B$：

第 1 季度　　108/129.75 = 83.24%

第 2 季度　　138/129.75 = 106.36%

第 3 季度　　128/129.75 = 98.65%

第 4 季度　　145/129.75 = 111.75%

第四步：计算 2004 年没有考虑季节影响的各季度平均销售量：

519 ×（1 + 8%）/4 = 140.13（万件）

第五步：计算 2004 年考虑季节影响的各季度预测销售量：

第 1 季度　　83.24% × 140.13 = 116.64（万件）

第 2 季度　　106.36% × 140.13 = 149.04（万件）

第 3 季度　　98.65% × 140.13 = 138.24（万件）

第 4 季度　　111.75% × 140.13 = 156.60（万件）

（4）趋势外推法。趋势外推法又称趋势延伸法，它是根据预测变量的历史时间序列揭示出的变动趋势外推将来，以确定预测值的一种预测方法。趋势外推法通常用于预测对象的发展规律是呈渐进式的变化，而不是跳跃式的变化，并且能够找到一个合适函数曲线反映预测对象变化趋势的情况。实际预测中最常采用的是一些比较简单的函数模型，如线性模型、指数曲线、生长曲线、包络曲线等。由于趋势外推法所使用的函数模型繁多，且计算复杂，这里就不一一举例说明了。

2. 线性回归预测法

在社会经济现象中，许多经济变量除了受时间变化的影响外，还可能受很多因素的影响，如广告投入量与产品销售量、原材料价格与产品成本、居民收入变化与购买力投向变化等。当一个经济变量发生变化后，会带来另一经济变量发生相应的变化，两种经济变量之间的这种相互影响、相互依存的关系，称为因果关系。线性回归预测法就是寻找变量之间的因果关系，并将这种关系用数学模型表示出来，通过历史资料计算两种变量的相关程度，从而预测未来情况的一种方法。这种数学模型被称为线性回归模型。即：

$$Y=f\ (X_1,\ X_2,\ X_3,\ \cdots,\ X_n)$$

其中，Y 是因变量，也是预测对象；X_i 代表 $X_1 \sim X_n$ 中的任一变量，也是影响预测对象变化的因素。

线性回归预测法是一种比较科学的预测方法，但需要具备一定的条件，如经营管理达到一定水平，具有系统、完整的数据，必要的现代化手段等。

按照自变量的个数，线性回归预测法可分为一元回归预测、多元回归预测。

（1）一元回归预测法。一元回归预测法就是运用两个变量间相互依存的关系形成数学模型，然后根据相关历史资料，进行市场预测的方法。期预测模型为：

$$Y=a+bX$$

其中：a，b——回归系数；

X——自变量；

Y——因变量。

计算公式如下：

$$b=(n\sum X_iY_i-\sum X_i\sum Y_i)\ /\ [n\sum\ (X_i)^2-(\sum X_i)^2]$$

$$a=(\sum Y_i-b\sum X_i)\ /n$$

其中：n——实际数据数量值。

例：某公司 2001 ~2005 年的销售总额与资本需要量，如表 7 -4 所示，同时对该公司 2006 年的资本需要量做了估算，预计比 2005 年增长 20%，要求应用回归模型预测公司 2006 年的销售总额。

第一步，整理表中数据（见表 7 -5）。

第二步，利用公式计算 a，b 值。

$$b=(5\times229500-337\times3130)\ /\ (5\times24949-337^2)\ =8.29$$

$$a=(3130-8.29\times337)\ /5=67.254$$

第三步，将 a，b 代入一元线性回归模型：$Y=67.254+8.29X$。

表 7-4　　某公司销售数量与资本需要量　　单位：万元

年　度	资本需要量（x）	销售总额（y）
2001	60	500
2002	30	350
2003	75	680
2004	82	750
2005	90	850

表 7-5　　回归直线方程数据整理表　　单位：万元

年　度	资本需要量（x）	销售总额（y）	XY	X^2
2001	60	500	30000	3600
2002	30	350	10500	900
2003	75	680	51000	5625
2004	82	750	61500	6724
2005	90	850	76500	8100
$n=5$	$\sum X=337$	$\sum Y=3130$	$\sum XY=229500$	$\sum X^2=24949$

第四步，应用模型求预测值：

2006 年公司资本需要量比 2005 年增长 20%，则 2006 年资本需要量为 90 ×（1 + 20%）= 108（万元）

将 2006 年的资本需要量代入已求解模型，则可计算出该公司 2006 年销售总额的预测值：$Y=67.254+8.29\times108=962.574$（万元）

（2）多元回归预测法。回归预测法是以预测目标为因变量（Y），影响预测目标的因素为自变量（X），同时探讨两个或两个以上自变量与因变量（X_1，X_2，…，X_n）的相关关系，建立回归预测模型，据此开展未来情况的预测就是多元回归预测法。多元回归预测法的预测步骤与一元线性回归预测法的预测步骤基本相似，只是扩展了回归方程式的自变量数量，增加了解联立方程的过程和统计检验的复杂程度。其回归模型为：

$$Y=a+b_1X_1+b_2X_2+\cdots+b_nX_n$$

定量预测与定性预测各有优、缺点，可以相互补充，在实际工作和总可以将这两种方法结合使用，以便从定性和定量两个方面了解事件的发展变化趋势，预测的结果将会更为准确。

7.3.3 预测精度的评价和方法的选择

预测精度是衡量预测质量高低的一个重要指标，反映了预测方法或模型对未来的预估能力，是人们在预测工作中最关心的问题之一。然而，预测是一个包括资料的收集、分析和处理、预测方法的比较和选择、预测结果的评价和使用等多环节的复杂过程，每一环节对预测精度都有影响。如果想尽量减少误差，获得高精度的、可靠的预测结果，就必须充分了解影响预测精度的主要因素，以及熟悉预测精度的评价指标是如何构成的。

1. 影响预测精度的主要因素

（1）资料情报。我们了解预测对象的特性、演变趋势和最新动态，对相关因素的分析，建立预测模型及求取预测值，都需要历史资料和最近的情报。如果资料不准确，预测就会出现较大误差，预测结果准确，就无从谈起；资料缺乏，情报不及时，就无法进行深入的预测研究；资料过于陈旧，就会削弱经济现象过去、现在与未来之间的有机联系，无法准确反映未来经济发展的趋势。因此，数据资料和情报质量的高低直接影响着预测精度的大小。完整、准确、全面和适用的资料是提高预测精度的重要条件。进行预测，必须全面地、系统地掌握有关历史的和现实的统计数据及有关信息。

管理预测中最常用的统计资料是时间序列资料和截面资料。前者反映经济变量的历史变化情况，容易获得，成本较低，但常常不能直接使用，需要进行修正和处理；后者反映不同因素的单独影响，不易获得，成本较高，但在经济结构发生很大变化时，如经济调整时期，用近期的截面资料进行预测通常要比用时间序列资料进行预测的精度高。在可能条件下，应尽量将时间序列资料和截面资料结合使用，合理、充分地利用一切可以得到的、正确的、有用的资料，力争使数据资料引起的预测误差减小到最低限度，以获得较高的预测精度。

（2）工作方法。这里所讲的工作方法，是指在预测的各个阶段需要利用的各种方法或技术，如收集原始资料及对原始资料进行加工整理的方法，选用基本的预测方法，建立预测模型的方法，选择最优预测模型的方法，对预测模型进行检验的方法，自变量（或外生变量）的预测方法，调整预测值的方法等。进行预测时，预测方法是否有效，直接影响着预测的质量和决策的科学性。

任何一种预测方法和模型都是对经济系统的简化和抽象，它所描述的变量必须是有选择的，它所包含的信息是有限的。任何一种模型又都有自己的假设前提，有自己的特点和适用场合，不可能在一种模型中考虑到所有的已知因素，也不可能在一个模型中包含所有的相关环境信息。因此，预测者必须深入了解各种方法的假设条件、基本原理、特性、工作步骤、计算过程及适用范围等问题，选择合适的工作方法。

（3）分析判断。预测者的判断，贯穿了预测活动的全过程。资料的取舍与整理、模型的选择、预测值的评价与修正等，都有赖于预测者的分析判断才能确定。预测者的知识、经验、观察思考和判断能力的高低，对经济活动深入了解的程度和对经济理论的掌握程度，在预测过程的每一阶段都起到决定性的作用，对预测结果的准确性具有重大影响。因而分析判断被认为是影响预测精度诸因素中最重要的因素。

（4）预测期限。预测的本质是根据过去的已知推断未来的未知，或者说是将过去的趋势向外延伸而预测未来。所以，预测期限的长短及未来经济发展的稳定性程度，对预测的精确度也有一定的影响。一般来说，预测的期限越短，外部环境和条件的变化可能较小，预测结果越趋于准确；反之，预测的期限越长，在预测期间的外部环境和条件可能发生重大变化或根本性变化，这些变化在建立预测模型时，未曾估计到，从而会使预测结果产生较大误差，甚至发生趋势性错误。

影响预测精度的因素很多，这里不再一一列举。总之，预测作为一门科学，也可以视为一种艺术，或者说是一门应用经济法则的艺术。正如阿兰·格林斯潘所说："预测是一种艺术，它可以识别经济过程中的压力或不平衡，了解以什么方式来解决它们。"在进行预测时，需要预测者以求真务实的科学态度，不断实践、不断总结预测经验，培养敏锐的观察力，正确处理影响预测精度的各种因素，从而得到准确的预测结果。

2. 预测精度的评价指标

即使是最好的预测，也存在着不测因素，因此预测值与实际值之间总会有一定误差。但误差是可以控制的，这点体现了预测的科学性。所以，分析、评价、确定预测值是要对初步预测结果的可靠性、准确程度进行验证，估计预测误差的大小，进行统计检验。在分析评价的基础上，修正初步预测值，得到最终的预测结果。

预测精度是指预测误差分布的密集或离散程度，其水平取决于模型结构稳定性、外生变量预测与实际数据的精确性及模型设定与估计水平的精确性等。预测误差是实际值与对应的预测值之间的离差，它的大小反映了预测的精确程度。预测误差小，表明预测精度高；反之，预测误差大，表明预测精度低。既然预测会有误差，那么怎样判断误差的大小，度量预测精度，就成为预测工作中不可缺少的一环。预测精度的高低，可以用编制误差分布表或绘制误差直方图的方法，比较其离散程度，但这种方法既麻烦亦不便使用。通常，人们用数值的形式作为表示精度大小的指标。衡量预测精度的指标很多，它取决于实际值与预测值进行比较的定义形式。

3. 预测方法的选择

管理预测的主要问题是预测方法的合理选择。可以说，对给定的预测课题选择适当的预测方法进行预测，是整个预测过程的核心，是决定预测质量的关键环节。选择预测方法不仅要根据预测对象的特性，而且要考虑到能够应用的预测方法自身的特性，以及预测成本和预测收益之间的对应关系等。下面对如何选择预测方法做一简单论述。

（1）决策的目的。管理预测是决策科学化的工具，是国家编制计划、预见计划执行情况、加强计划指导的依据，也是企业改善经营管理的有效手段之一。因此，决策的目的不同，对预测的要求也不同。决策按其目的不同，可分为控制性决策和计划性决策。控制性决策是指决策目的在于控制经济过程，而目的在于计划的决策统称为计划性决策。以控制经济过程为出发点的决策，要求预测方法具有先期揭示和识别客观过程某些变化的能力，从而尽可能早地发现失控的现象和原因，以便及时采取措施予以纠正。对于计划性决策，通常假定经济过程现有的发展模式继续延续到未来，因此预测的目的重点是识别这种模式，并进而推测未来。

（2）决策的详细程度。不同层次决策问题的详细程度不同，包含决策项目的多少也不同。每个项目涉及的时间周期不同，影响因素也不同。因此，选用的预测方法也要视情况而定，例如部门一级，它考虑的是行业的发展决策问题，而公司关注的是产品的发展决策问题。

（3）时间范围。不同预测方法预测的时间范围是不同的。有的预测方法在较长的时间范围里能得到准确的预测结果，在较短时间内却难以发挥作用；而有些预测方法适宜应用于较短时间范围的预测。有的预测方法在不同的时间范围预测的效果是不同的。如运用德尔菲法做较长时期预测，其结果有偏于悲观的倾向；做较短时间预测往往得出乐观的结论。同时，任何预测模型都有它的预测有效超前期，有效超前期是指模型用于预测的最长期限，而且随预测模型的不同而不同。它的确定是很困难的，一般采用历史资料估计得出。预测模型有效超前期的概念对选择有效的预测方法具有重要作用。如果预测时点或预测区间超出了该模型的有效超前期，则用该模型对问题的预测是无效的；反之，则该模型对问题的预测可能就是有效的。因此，针对给定的预测对象选择适合的预测方法，首先要明确预测方法所适用的预测的时间范围，判定预测时点或区间是否在该预测模型的有效期之内。

（4）预测方法的精度。预测方法的精确度是选择预测方法的一个重要标准。进行预测时，要使所选方法的计算精度基本上能满足研究目的和任务所提出的要求。对于要求不太高的经济预测项目，可以选择比较简便的预测方法，如随手作图法、比例测算法、平均数法等。对于要求精确度高、误差小的预测项目，需要采用较为复杂的模型方法进行计算和预测，如多元回归分析法、经济计量模型等；也可同时采用多种预测方法，比较预测结果，以便从中择优选用；或可采用组合预测法，将不同的经济预测方法得出的有差异的预测结果进行综合，从而得到一个最大限度地利用有用信息的协调解，尽可能有效地提高预测精度和可靠性。

（5）数据资料的特点。选择预测方法要在确保预测资料真实可靠的基础上，充分考虑到特定预测对象数据资料的特点，分析它的变化趋势，据此选择恰当的方法。因为信息资料是建立预测模型的“原料”，如果所搜集的历史数据不能确切反映社会经济发展变化的规律，则由此所建立的预测模型就会失真，进行的预测结果就会产生偏差，造成决策失误。加之，很多预测方法往往对不同类型的数据资料的处理效果也是不同的，所以，了解资料的特点和类型是正确应用预测方法的一个重要的前提。

（6）模型的类型。每一种预测方法都是根据预测对象的某一特征，寻找预测对象的发展变化规律，从而利用发现的规律来对预测对象的未来进行预测。而每一种预测方法会由于数学处理的不同，形成一系列的预测模型。

在实际预测工作中，可以根据时间序列的散点图及阶差等选择恰当的数学模型，以取得较好的趋势外推效果。如果是用因果分析预测模型进行预测时，自变量的选择一定要能够说明它是影响预测目标变化的主要因素，并与有关经济理论和客观规律相一致，选择恰当的预测模型。自变量与因变量要高度相关，回归效果才会显著。只有选择了合适的预测模型，才能提高预测的精度。

（7）预测方法的成本。选取任何一种预测方法对预测对象进行预测时，都应考虑预测方法的成本问题。预测方法的成本是指进行预测的整个阶段所花费的费用。一般来说，精度要求高，所花费的成本也就相应的高。因此，有必要根据研究的目的和任务，权衡两者的轻重，从而决定使用哪一种预测方法。就目前的预测实践来看，预测方法的成本具体包括在研制预测模型阶段、收集和储存资料阶段、实际运用和维护阶段的费用。而预测费用主要来自于计算过程中和资料收集过程中。不同的方法，所需的费用也是不同的。例如，定性预测方法往往比定量预测方法花费大，主要用于调查研究方面。就定量预测方法而言，在目前所使用的时间序列预测方法中，指数平滑方法所需的费用是最低的，经济计量模型花费的研制费用大。

（8）预测方法的适用性。预测方法的适用性是指预测方法在所处的环境中实际应用的可能性，能否满足管理决策的需要。任何一种预测方法都有其适用条件和环境。如在环境急剧变化时期，因果模型可以在模型需要修正时便于环境扫描信息，只有所选取的预测模型是适合于预测对象的，才能保证一定的精度。同时，任何预测方法也不是一成不变的。事实上，随着预测技术的发展，一些预测方法会得到补充和完善，新的预测方法也会层出不穷。

此外，预测的结果要为决策服务这一要求，也要求预测者在选择预测方法时，必须根据自己的各种条件，选择适用的方法。包括观测方法的难易程度、预测费用和时间长短等对预测者是否适用。如果预测者的计算能力和设备、预测费用和时间等条件都具备，则可以将预测精度作为选择预测方法的主要考虑因素。同时，力争便于管理人员和决策者对方法的理解。只有让他们充分了解方法使用的前提条件、适用范围以及局限性，并对预测结果做出合理的解释和评价，他们才乐于接受和应用于决策。

因此，综合以上选择预测方法的标准，不论从预测对象的角度，还是从预测方法自身特性的角度，都要在经济理论的指导下，根据预测对象的变化规律以及遵循预测的精确性、适用范围、时限性、适应性等原则来选择预测方法和预测模型。在具体运用时根据预测的目的和占有的资料，有时也可以同时采用几种方法进行预测，以便相互检验和补充，选择符合客观实际的预测方法，提高预测的质量。

本章习题

一、单选题

1. 下列不属于预测特点的是（　　）。

A. 科学性　　B. 局限性

C. 近似性　　D. 稳定性

2. 按照预测的范围可将预测分为（　　）。

A. 宏观预测和微观预测　　B. 单一预测和复合预测

C. 动态预测和静态预测　　D. 条件预测和无条件预测

3. 预测的首要步骤是（　　）。

A. 筹措预测费用　　B. 确定预测目标

C. 建立预测模型　　D. 收集分析资料

4. 在预测过程中，如果缺乏或难以获取足够的数据资料，而主要运用个人的经验和知识进行判断，这时需要采用（　　）。

A. 时间序列法　　B. 定性预测法

C. 定量预测法　　D. 简单平均法

5. 某公司生产某产品的固定成本为50万元，单位可变成本为40元，产品单价为80元，若企业目标利润为30万元，部企业应完成多少产销量（　　）。

A. 12500件　　B. 25000件

C. 20000件　　D. 40000件

6. 现实经济生活中，往往要预测的变量和因果变量都不止一个，并且它们之间存在互为因果关系，这就需要将多个回归方程联立求解。这种预测方法称为（　　）。

A. 时间序列法　　B. 回归分析法

C. 计量经济学法　　D. 销售人员意见综合法

7. 在缺乏完备、准确的市场资料的情况下采用的预测方法是（　　）。

A. 平均数法　　B. 专家预测法

C. 指数平滑法　　D. 线性回归预测法

8. 对精度要求不太高的经济预测项目，可以选择的预测方法是（　　）。

A. 随手作图法　　B. 多元回归分析法

C. 经济计量模型　　D. 组合预测法

二、多选题

1. 预测的组成要素包括（　　）。

A. 预测者　　B. 预测结果

C. 预测对象　　D. 预测方法

E. 预测依据

2. 预测的基本原则是（ ）。

A. 延续性原则
B. 类推性原则
C. 比较性原则
D. 相关性原则
E. 效益性原则

3. 下列项目属于定量预测法的是（ ）。

A. 集合意见法
B. 德尔菲法
C. 趋势外推法
D. 指数平滑法
E. 季节指数法

三、简答及论述题

1. 什么是预测？预测的组成要素有哪些？
2. 预测的特征是什么？举例说明预测在企业经营管理中的作用。
3. 简述预测的类型与技术分类。
4. 简述预测的基本步骤。
5. 影响预测精度的主要因素有哪些？列举几个预测精度的评价指标。

案例讨论

佩氏农庄的失策

美国西部的佩珀尔基农庄是个在历史上享有盛名的农庄。20 世纪 70 年代，这个农庄几乎成了传统和优质农副产品的代名词。无论是新鲜蔬菜还是速冻食品，只要是冠以佩尔基的品牌，在市场上就很抢手。

1979 年，佩氏农庄准备扩大战果，农庄的董事们聚集在一起，进行了长时间的酝酿，他们认为，人们的饮食模式正在改变，传统的家庭用餐方式已经衰退，人们需要在无规则的时间里食用味道鲜美、数量不多却饶有趣味的“非正餐”食品。1980 年初，佩氏农庄推出了夹心膨化型面制糕饼类食品。1980 年 3 月，这条食品线在加州的贝克斯菲尔德经过了小范围试验。试验结果表明，这种食品与三明治相比更能引起人们的食欲，且烹调方便，价格便宜。于是，他们将其命名为“得利”食品。董事们预测，这种食品上市后的一年中，销售额不会低于 4000 万美元这一保本数量。

但是，一年之后，“得利”食品的销售额只有 3500 万美元，大大低于佩氏农庄的事先所料。这是该农庄有史以来的第一次严重失利。农庄的老板德鲁奇先生承认，“得利”食品的牛馅肉质太老，令消费者不满意；消费者并没有真正接受“得利”的新口味；更重要的是，“得利”食品在早期决策中不明确，是为谁而生产、准备卖给谁，至今仍不清晰。“看来，我们的运气不佳，我们必须寻求新的机遇。”德鲁奇说，“产品也要有特色。”

1982年5月，佩氏农庄的董事们又坐到了一起，重新设计新的方案。“我们一直销售别人的优质饼干，为什么自己不能生产呢?”一位董事说。大家对这一提议很感兴趣，他们决心这次首先把目标市场找准。“据可靠消费，三部系列电影片《星球大战》将于1983年春天上映，这将赐予我们儿童饼干市场的良机。”另一位董事说。后经考察，证实了《星球大战》上映的内容和时间，董事会形成一个“万无一失”的方案。

就在《星球大战》系列电影第三部上映的1983年春天，佩氏农庄的“星球大战饼干”批量上市。起初，确实迎合了儿童的心理，销势看好，佩氏开足马力生产。时过几个月，形势急转直下，很多超级市场表示不愿意销售这种饼干。他们认为，这种饼干的出厂价太高，他们不得不把零售价订为139美元，这已超过了当时市场上任何一种儿童饼干的价格。佩氏农庄接纳了零售商的建议，设法降低成本，这样，又使“星球大战”饼干的一些质量指标低于正常标准，最终，致命的是超级市场拒收“星球大战”饼干。

在“星球大战”饼干刚刚出现滞销现象的同时，佩珀尔基农庄的董事们又举行了“拯救佩珀尔基”商讨会，作出了引起一种新的高质量产品——非过滤优质苹果汁。当时，美国消费者购买的80%的苹果榨汁都是经过过滤的，用透明的容器盛装，感观十分清徹爽净，儿童消费占有很大的比例。佩氏将这新产品在两个地区投入试销，取得了令人喜舞的结果。于是，佩氏就地购买了一家大型食品加工厂。1984年初，印有“佩珀尔基农庄”名称的苹果汁在康涅狄格州铺天盖地。但是，当农庄将这种“味美甘润的天然苹果汁”推向美国其他市场时，却招致不幸。那时候，美国人对天然的并带有果肉的水果饮料并未发生兴趣，人们甚至对这种未经过滤的、有许多絮状物的水果液体望而生畏；另外，产品名称和广告中没有一点“适宜于儿童”的字样和针对儿童或其父母的劝说。销售不畅迫使农庄以优惠价（较大幅度降低价格）出售产品，而降价又引起人们对产品质量更大的猜疑，形成恶性循环。这使佩珀尔基农庄第三次陷入困境。1984年财政年度，佩氏农庄的经营利润下降了18%。到1985年，那家巨大的食品加工厂整个关闭，至此，优质苹果只能作为自饮的“苦汁”。

资料来源：兰苓主编，《市场营销学》，机械工业出版社2011年版，第104~105页。

思考讨论题

1. 试分析佩珀尔基农庄推出一系列产品均告失败的原因。
2. 从本案例中我们可以得到哪些启示?

第 8 章

组　　织

内容提示

组织是管理的载体，组织建设是管理工作有效开展的根本前提。组织既是一种结构，又是一种实现管理目的的工具；既是一个合作的系统，又是一种配置资源并进行运作的过程。因此，组织在经营管理中占有重要的地位。本章主要学习组织的概念与职能、组织设计的原则与程序、组织结构的分类以及组织有效运行方面的内容。

【开篇引例】

CMP 出版公司组织结构的演变

Gerry 和 Lilo Leeds 是一对夫妇，他们于 1971 年建立了 CMP 出版公司。他们所设立的组织结构将所有重大决策都集中在他们手中，公司运作得非常好。到 1987 年，公司出版的 10 种商业报纸和杂志都在各自的市场上占据了领先地位。他们所服务的计算机、通讯技术、商务旅行和医疗保健市场也为公司成长提供了充分的机会。

1987 年情况发生变化：想约见 Gerry 的人早上 8：00 就要在办公室外等候；员工越来越难以得到对日常问题的答复；要求快速反应的决策常常被耽误。

当初设计的组织结构，对这个成长中的公司已经不适应了。

认识这一问题后，他们立即对公司组织进行了重组。

（1）将公司分解为可管理的单位——分部。每个分部配备一名经理，授予足够的权利。

（2）设立出版委员会负责监管这些分部。他们夫妇和各分部经理都是该委员会的成员。

分部经理向委员会汇报工作，委员会负责确保各分部按公司的总战略运作。

组织结构变革的效果是：共出版了 14 种刊物，年销售额达到近 2 亿美元，公司收益按公司设定的 30% 的年增长率目标不断增加。

8.1 组织的含义与职能

8.1.1 组织的含义

组织是管理活动的载体，没有组织，管理活动也就无从谈起。组织的建立和发展，是社会化大生产和专业分工的必然产物。作为管理的一项重要职能，组织工作在经营管理活动中占据着十分重要的地位，良好的组织建设是我们有效实现各种管理目标的必要前提和保障。

社会中存在着各种各样的组织，家庭是一个组织，政府、学校、医院以及作为社会经济最重要细胞的企业也是组织。我们每个人都或多或少地加入其中一个或多个组织，这些组织将我们紧密地编织其中。此外，尽管我们不是某些组织中的一员，但这些组织同样在影响着我们的工作和生活。人类的现代文明就是建立在这些有组织的人类活动之上，因此，学习管理学需要我们对组织有较为深入的认识。

由于看待问题的角度不同，学术界形成了关于组织的多种认识。从广义上说，组织是指由诸多要素按照一定方式相互联系起来的系统。从狭义上说，组织就是指人们为实现一定的目标，互相协作结合而成的集体或团体。归纳起来，组织包括以下两层含义：一是指两个或两个以上的个人为了实现共同的目标而组成的有机整体；二是指组织活动和组织工作。前者是组织的名词含义，后者是组织的动词含义。两者侧重点有所不同。

根据以上描述，我们可以将组织的概念描述为：组织是以一定的计划任务为前提，按照某种权力责任关系原则，将所要进行的活动进行分解与合成，并把组织成员编排和组合成一个分工协作的管理工作系统或管理机构体系，以便实现组织内外部环境的优化组合，从而圆满实现既定的目标的管理过程。

在理解组织的概念时，我们应该注意以下几点：第一，组织是由一群人所组成，组织中必须要有组织成员；其次，组织都是有目标的，组织的目标即为群体成员的共同目标；第三，组织是一个系统化的结构，组织成员按照分工合作体系有效组合。

8.1.2 组织的职能

管理的组织职能就是通过建立、维护并不断改进组织结构以实现有效的分工、合作的过程①。

组织能够完成个体独立活动所不能实现的目标，其职能可以概括为：为有效实现组织目标，建立组织结构，配备人员，使组织协调运行的一系列活动。具体而言，组织的职能主要体

① 杨文士等，《管理学》（第3版），中国人民大学出版社2011年版，第117页。

现在以下几个方面。

（1）分配工作。通过组织工作把企业的总体目标分解落实到每位成员身上，转化成每位组织成员的工作任务。

（2）确定权责关系，促进沟通与协调。权责关系是组织的核心要素，其确定了组织的信息沟通渠道并使领导功能得以体现。组织工作使每位组织成员都明确其具体的责任，使他们清楚在工作中必须对谁负责，是谁向他们分配工作并对他们进行管理。

（3）构建分工合作体系，提高效率和工作质量。即通过组织工作使组织成员相互协作，共同完成工作任务。也就是实现人们常说的“协同效应”，即一个有效的群体共同努力往往要大于群体成员单独努力的效果的总和。

（4）培养能力，促进组织成长。组织工作的深层次功能是为了培养出一种能力，一种能够支撑企业成长的能力，这是组织的核心功能所在。

上述功能由表及里形成了功能层次体系，见图 8－1。

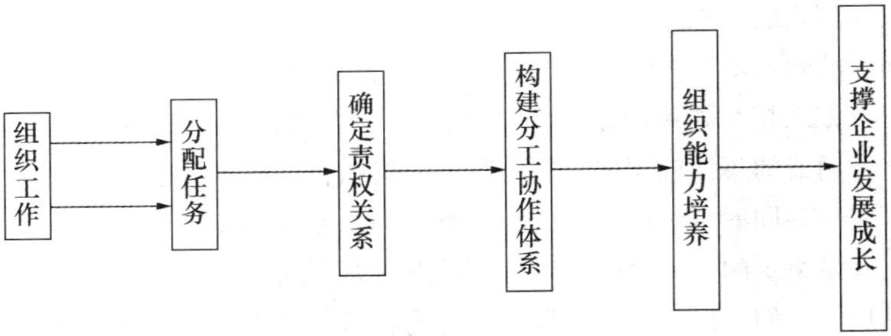

图 8－1　组织管理工作层次结构

资料来源：张玉利主编，《管理学》，南开大学出版社 1999 年版，第 152 页。

8.2　组织设计

8.2.1　组织设计的原则

组织设计的原则，即如何对组织进行设计，以泰勒、法约尔、韦伯等为代表的古典管理学派，提出了许多有重要启示意义的观点。这些观点对于我们如今进行组织设计仍有十分重要的指导作用，仍然是我们必须遵循的基本原则。这些原则主要体现在以下几个方面。

1. 目标统一原则

目标统一原则是指组织中的所有部门及成员的贡献越是有利于实现组织的目标，组织的结构就越是合理。组织就是为了实现目标而创立的协作系统，建立组织是达到目标的手段。共同的目标是组织建立和存在的客观基础。没有共同一致的目标，就不可能建立起组织，即使临时建立起来了，也不可能长久生存下去。只有有了明确一致的目标，组织的各个部门和全体成员才有合作的基础，才有共同的行动方向。否则，既不可能产生合作的意向，更不可能有合作的行动。共同的目标还是完善和发展组织的客观依据。对组织的完善和发展必须以有利于共同目标的实现为依据，否则就是对组织的破坏。

2. 分工与协作原则

分工与协作是组织设计的重要原则。为了实现组织目标必须进行劳动分工。劳动分工不仅有利于提高工作效率，也有利于培养某一领域的专家型人才。但管理工作是一种复杂的社会活动，管理的各种职能是一个有机的整体，是不可分割的。组织目标的实现需要组织成员彼此合作来共同完成，因此，在强调专业分工的时候，还要加强协作管理。

组织的协作方式如图 8－2 所示。

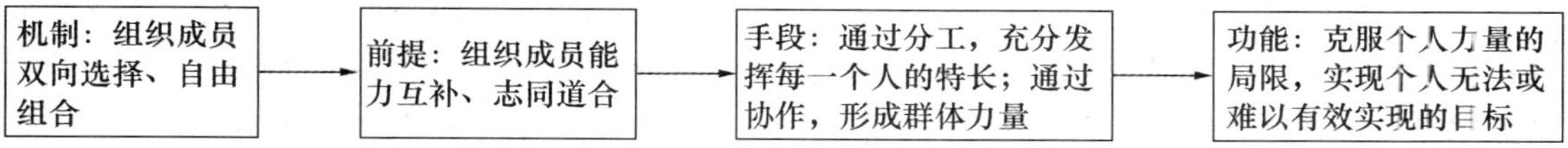

图 8－2　组织的协作方式

【阅读资料 8－1】

亚当·斯密的劳动分工理论

1776 年 3 月，亚当·斯密在《国富论》中第一次提出了劳动分工的观点，并系统地阐述了劳动分工对提高劳动生产率和增进国民财富的巨大作用。

斯密说，一个劳动者，如果对于这职业（分工的结果，使扣针的制造成为一种专门职业）没有受过相当训练，又不知怎样使用这职业上的机械（使这种机械有发明的可能的，恐怕也是分工的结果），那么纵使竭力工作，也许一天也制造不出一枚扣针，要做 20 枚，当然是绝不可能了。但按照现在经营的方法，不但这种作业全部已经成为专门职业，而且这种职业分成若干部门，其中有大多数也同样成为专门职业。一个人抽铁线，一个人拉直，一个人切截，一个人削尖线的一端，一个人磨另一端，以便装上圆头。要做圆头，就需要有两三种不同的操作。装圆头，涂白色，乃至包装，都是专门的职业。这样，扣针的制造分为 18 种操作。有些工厂的 18 种操作，分由 18 个专门工人担任。当然，有时一人也兼任两三门。我见过一个这种小工厂，只雇用 10 个工人，因此在这一个工厂中，有几个工人担任两三种操作。像这样一个小工厂的工人，虽然很穷困，他们的必要机械设备虽很简陋，但他们如果勤勉努力，一日也能成针 12 磅。从每磅中等针有 4000 枚计，这 10 个工人每日就可成针 48000 枚，即一人一日可成针 4800 枚。如果他们各自独立工作，不专习一种特殊业务，那么，他们不论是谁，绝对不能一日制造20枚针，说不定一天连一枚针也制造不出来。他们不但不能制出今日由适当分工合作而制成的数量的1/240，就连这数量的1/48000，恐怕也制造不出来。

亚当·斯密最早提出了分工论，在当时起了很重要的作用，因为分工可以提高效率，所以到20世纪初，亨利·福特就把生产一辆车分成了8772个工时。分工论成为企业管理的主要模式。

劳动分工理论对于管理理论的发展起到了十分重要的作用，后来的专业分工、管理职能分工、社会分工等理论，都与斯密的这一学说有着“血缘关系”。

资料来源：MBA智库百科（http://wiki.mbalib.com/wiki/）。

3. 统一指挥原则

按照早期管理学家的观点，在组织设计时应该保证组织中的任何一位员工只服从一个上级并接受他的指挥，为达到同一目标而从事的组织活动只能在一个领导和一个计划下进行。虽然该原则在项目管理活动时可能被打破，但依然为绝大多数企业在组织设计时所遵循。

4. 职权对等原则

职权对等原则是指权力与责任应该保持一致，即：有权必有责，有责必有权，权责对等。只有权力没有责任，必然会导致无权负责、无力负责、无法负责的局面；反之，只有权力而不承担任何责任，无疑会造成权力的泛滥、腐败的滋生，产生十分严重的后果。

5. 管理幅度原则

管理幅度是指一名上级领导能直接而有效地领导下属的可能人数。管理幅度容易受到工作性质、管理者自身能力、下属的成熟程度等诸多因素的影响，因此，一个管理人员直属的下级人员数量是有一定限度的。古典管理理论认为，每一个上级领导人所管辖的相互之间有工作联系的下属不应超过5~6人。

法国早期的管理学家格拉丘纳斯（V. A. Graicunas）在1933年指出，管理幅度以算术级数增加时，管理者和下属间可能存在的相互交往的人际关系数将以几何级数增加。他把上下级之间的关系划分为三种类型：①直接的单一关系，即上级直接个别地与下级发生联系；②直接的组合关系，即上级与下属人员的各种可能组合之间发生联系；③交叉关系，即下属之间彼此发生联系。[1]

那么，在一定的管理幅度下可能存在的联系总数或人际关系数，可用如下的公式来表示：

---

① 李东进，秦勇主编：《管理学原理》，中国发展出版社2006年版，第170~171页。

$$C = n\ (2^{n-1} + n - 1)$$

式中：C 为可能存在的人际关系数；n 为管理幅度。

例如，$n=2$ 时，$C=2\times\ (2^{2-1}+2-1)\ =6$

$n=3$ 时，$C=3\times\ (2^{3-1}+3-1)\ =18$

$n=4$ 时，$C=4\times\ (2^{4-1}+4-1)\ =44$

而当 $n=5$ 时，则 $C=5\times\ (2^{5-1}+5-1)\ =100$

由此可见，随着下属人员的增多，相互联系的总量急剧增加，组织内部的关系迅速变得错综复杂，因而使管理工作也变得更加复杂。当 $n=10$ 时，C 几乎就是一个天文数字。因此，必须妥善处理方方面面的各种关系，才能保持协调，这就需要科学地确定管理幅度问题。

6. 因事设职与因人设职相结合的原则

组织设计的根本出发点是为了实现组织目标，使目标活动的每项内容都落实到具体的部门和岗位，即所谓的“事事有人做”。故在组织设计过程中，必须首先考虑工作的特点和需要，做到因事设职、因职用人。同时，在组织设计时也要考虑到人的因素，要根据职位的需要配备适当的人，确保“有能力的人有机会去做他们真正胜任的工作”。

8.2.2 组织设计的程序

组织设计首先必须根据组织目标确定相应的基本业务；再根据业务流程、组织规模、技术特点等设置相应的机构和相关职务，并按照职位配置人员，即“因事设人”。一般说来，一个完整的组织设计程序包括以下几个步骤。

（1）确定组织设计的原则。即根据组织的性质、特点、目标及组织所面临的内外部环境等因素，确定进行组织设计的方针和原则。

（2）确定组织职能。确定组织所需要的管理职能，层层分解到各项管理业务和工作中。

（3）设计组织结构框架。这是组织设计的主体工作，即确定应采取的组织结构的基本形式，进而确定需要设置哪些单位和部门，并把性质相同或相近的业务活动划归适当的单位和部门负责，形成层次化、部门化的组织结构体系。上述步骤也可简单描述为确定组织结构图的过程。

（4）设计组织的联系方式。通过设计不同管理层次之间、平行管理部门之间的协调方式和控制手段，从而使组织的各个组成部分联结为一个整体。

（5）人员的配备和训练。即根据各单位、部门所分管的业务工作的性质和对人员的素质要求，挑选和配备称职的人员及其行政负责人，明确其职务和职称，并进行必要的培训工作。

（6）制定相关规章制度。为了组织结构的正常运行，还需要设计一套良好的规章制度，如奖惩制度、考核制度、激励制度等。

（7）反馈与修正。组织设计是一个不断完善的过程，在组织运行过程中，有关部门要根据各种反馈信息定期或不定期地对原有组织设计做出修正，不断完善。

8.3 典型的组织结构

8.3.1 直线制组织结构

1. 直线制组织的典型结构形式

直线制，又称单线制，或称军队式组织，它是最早使用也是最为简单的一种结构，是一种低部门化、宽管理幅度、集权式的组织结构形式。这里的直线关系即为上下级间直接指挥和命令的关系。该组织结构的特点如下。

（1）组织中每一位主管人员对其直接下属有指挥和监督权。

（2）组织中下属成员只能向一位直接上级报告，即一人只听命于一位领导。

（3）组织中也不设专门的职能机构，是高度的集权化形式。

（4）主管人员在其管辖范围内有绝对的职权或完全的职权。

直线型的组织结构如图 8－3 所示。

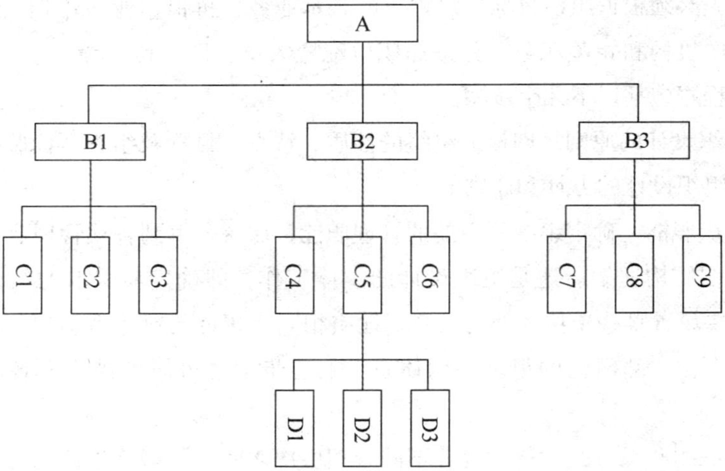

图 8－3　直线制组织结构

2. 直线制组织结构的主要优缺点

（1）直线制组织结构的主要优点：①组织结构简单明了，所有的人都明白工作中该向谁负责并听命于谁的指挥；②权力集中，指挥管理统一，不易发生推诿现象；③责任与职权明确；④决策迅速，容易把握机会。

（2）直线制组织结构的主要缺点：①组织结构比较呆板，缺乏弹性；②不同部门之间协调困难；③强调下级对上级绝对服从，一方面容易产生专制，另一方面是容易妨碍下属发挥工作的主动性与创造性，使下属墨守成规；④当某些有能力的管理人员突然离职，很难找到合适的替代者；⑤组织的管理人员须具备全面的管理能力，对管理人员的要求较高，同时，管理导者容易陷入日常事务之中，因而不利于集中精力研究与思考企业生存与发展；⑥ 未设职能机构，不利于专业化管理水平的提高。因此，这种组织形式只适用于那些没有必要按照职能实行专业化管理的小型组织。

8.3.2 职能制组织结构

1. 职能制组织的典型结构形式

职能型组织结构亦称 U 型组织，又称为多线性组织结构。该结构起源于 20 世纪初法约尔在其经营的煤矿公司担任总经理时所建立的组织结构形式，故又称“法约尔模型”。它是按职能来组织部门分工，即从企业高层到基层，均把承担相同职能的管理业务及其人员组合在一起，设置相应的管理部门和管理职务。图 8－4 是直线职能制组织结构的简单形式。

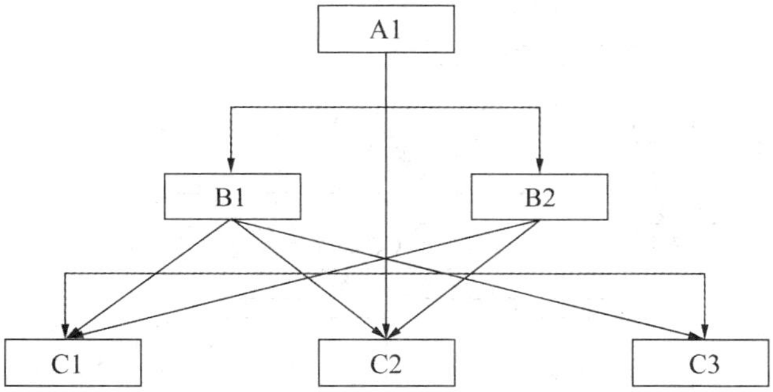

图 8－4　职能制组织结构

在职能制组织结构里，成员都被安排去完成各自部门的工作目标，计划和预算依据职能来制定，并反映各部门的资源耗用，主要的权力和影响则来自职能部门的高层管理者。这种组织不需太多的横向协调，主要通过纵向层级来实现组织的控制与协调。

2. 职能制组织结构的优缺点

优点：适应了大生产分工合作的要求，提高了专业化管理水平，降低了设备和职能人员的重复性，减轻了高层管理者的责任压力，使其能专心致力于最主要的决策工作。

缺点：组织中常常因为片面追求职能目标而看不到全局的最佳利益。没有一项职能对最终结果负全部责任。职能经理们的职能只涉及组织的一部分，对其他职能的接触非常有限。因此，这种结构不能给管理者带来关于整个组织活动的广阔视野。

职能制结构的典型特征是其目标主要在于内部效率和技术的专门化，适合于外部环境相对稳定，技术相对成熟，属于例行性技术，跨职能部门间不需要太多依赖的小型或中型企业。在相当简单、稳定的环境中，职能型结构可能是最理想的选择。

8.3.3 直线职能制组织结构

1. 直线职能制组织的结构形式

直线职能制也叫直线参谋制，是一种最常见的组织结构形式。它是在直线制和职能制的基础上，取长补短，吸取这两种组织结构的优点而建立起来的。其主要特点是：以直线制为基础，在组织中设置了两套管理系统。一是按统一指挥原则建立的直线指挥系统，二是按职能分工原则建立的职能管理系统。直线领导机构和人员在自己的职责范围内有一定的决定权和对所属下级的指挥权，并对自己部门的工作负全部责任。而职能机构和人员，则是直线指挥人员的参谋，不能对直接部门发号施令，只能进行业务指导。

典型的直线职能制组织结构如图 8－5 所示（其中 B1、B2、D1、D2 为职能部门）。

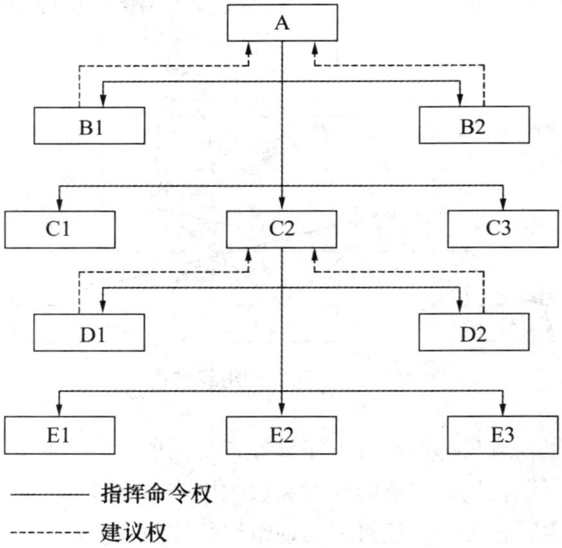

图 8－5　直线职能制组织结构

2. 直线职能制组织结构的主要优缺点

优点：保持了直线制统一指挥的优点，又吸取了职能制发挥专业管理职能作用的长处，提高了管理工作效率，为各级直线指挥人员进行有效的组织和指挥提供了组织保证。

缺点：权力集中于最高层，下级缺乏必要的自主权，员工士气低落；各专业职能部门之间缺乏有效的沟通渠道，横向联系差；直线部门与参谋部门容易产生矛盾和摩擦；各职能部门与直线指挥部门之间的目标不统一，容易产生矛盾；增加了管理岗位，管理费用较高。

直线职能制比较适用于规模不大、经营单一、外部环境比较稳定的组织。我国目前有众多企业采用这种组织结构形式。

8.3.4 事业部制

1. 事业部制组织的结构形式

事业部制简称 M 型结构（Multidivisional Form），又称分权制，或称部门化结构，是美国通用汽车公司总裁斯隆于 1924 年首先提出的，所以又被称为斯隆模型。事业部制是为满足企业规模扩大和多样化经营对组织机构的要求产生的一种组织结构形式。具体的设计思路为：在总公司领导下设立多个事业部，把分权管理与独立核算结合在一起，按产品或按地区或按市场（顾客）划分经营单位（即事业部），每个事业部都有自己的产品和特定的市场，能够完成某种产品从生产到销售的全部职能。事业部不是独立的法人企业，但具有较大的经营权限，实行独立核算、自负盈亏，是一个利润中心。从经营的角度上来说，事业部与一般的公司没有什么太大的不同。

事业部制的管理原则可以概括为：集中决策、分散经营、协调控制。其突出特点是总部集中决策，而由事业部独立经营。事业部制的典型结构如图 8－6 所示。

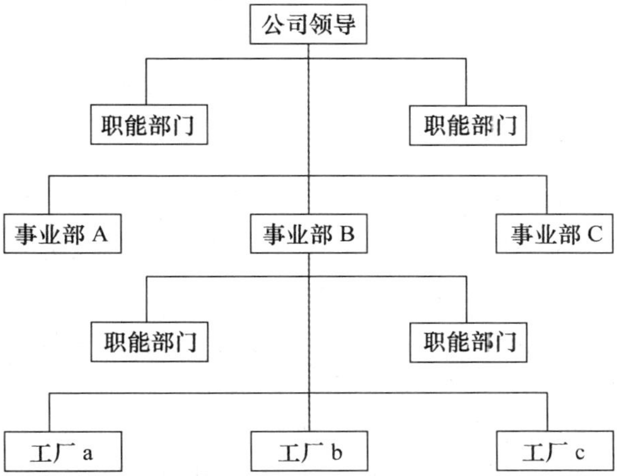

图 8－6 事业部制的典型结构

【阅读资料8－2】

通用汽车公司与事业部制

当A. P·斯隆接受通用汽车公司时，幼稚的汽车市场完全处于福特公司的统治之下。亨利·福特带领他的公司率先掌握了大规模生产技术。在1920年，福特公司每一分钟便造出一辆车，著名的黑色T型车占据了60%的市场份额，通用公司仅仅占有12%。在这种情况下，人们普遍认为与福特竞争的唯一出路就是规模很小的豪华车市场，斯隆则另辟蹊径，将注意力集中在当时尚未形成的中间市场。斯隆的目标就是为“各种钱包和各种目的”供应汽车。当时，通用汽车公司极难控制，这家由多个公司组成的集合体生产八种型号的汽车，彼此相争的激烈程度绝对不亚于总公司和福特之间的竞争。斯隆下定决心要把这个成分杂乱的集合体改造成联系紧密的组织。

1920年，斯隆将公司按八个事业部的形式组织起来——五个汽车事业部和三个配件事业部。每个事业部都为它全部的商业活动负责，拥有自己的工程部、生产部和销售部，但是必须接受负责全面政策和财务的总部机关监督。营业单位有半自治权，但应负责保持它在特定市场的市场份额和盈利率。钱德勒这样描写这个系统：“每个营业单位负责人所负的责任都十分广泛。每个这样由负责人所领导的单位拥有各种必要的职能，完全有能力充分发挥积极性和进行合理发展。”这项被斯隆称之为“联邦式分散管理制”政策的实施，标志着这种分散管理制、多事业部制组织的诞生。

事业部的体制使得斯隆既能利用公司的规模效益，又不致变得臃肿笨拙，高层管理人员能腾出更多的精力来考虑战略问题，操作方面的决定则由总部下放给第一线的人们。到1925年，通用汽车公司超过了福特公司，前者拥有新的组织形式，每年都会推出新款车型，而后者始终坚持毫无变化的黑色T型车。各事业部的良性竞争激发了人们的创造欲望，总体资源的共享又为各事业部提供了发展机会。

2. 事业部制组织结构的优缺点

（1）主要优点：① 事业部制以分权管理为基础，使高层管理者从日常事务中解脱出来，专心致力于制定公司的长远规划和战略决策；②通过权力下放，使各事业部更加接近市场和顾客，有利于增强对市场的适应能力；③各事业部独立经营，可以发挥其灵活性和主动性，并进而增加企业的灵活性和适应能力；④有利于促进各事业部之间的竞争；⑤ 有利于公司适时调整产品结构和经营方向，可以更好地适应市场需要；⑥ 由于各事业部经营产品（地域等）各不相同，有利于降低经营风险；⑦便于考核和评价各事业部的经营绩效；⑧ 有利于培养和训练管理人才。

（2）主要缺点：① 事业部制组织结构中的某些职能部门重复配置，管理岗位增加，易导致企业总成本的上升和效率的下降；②由于各事业部独立核算、自负盈亏，事业部往往只考虑自身的利益，忽视整体利益。这将影响事业部之间的协作，不利于公司的整体发展；③事业部之间存在着竞争关系，容易造成各事业部之间在人员、信息、技术等方面的交流困难；④ 各事业部及相应职能部门的设置，使管理机构和管理人员大为增加，管理成本提高。

由于上述这些因素限制，事业部制不适合规模较小的组织。只有当组织规模足够大，且其下属单位能够成为一个“完整的单位”时才较为适用。

8.3.5 矩阵制

1. 矩阵制组织结构

矩阵制组织结构是由纵横两套管理系统组成。纵向系统是指原有的职能部门体系，横向系统是指为完成某一临时任务而组成的项目小组系列。纵横两个系统交叉，形成“矩阵结构”。见图8－7。

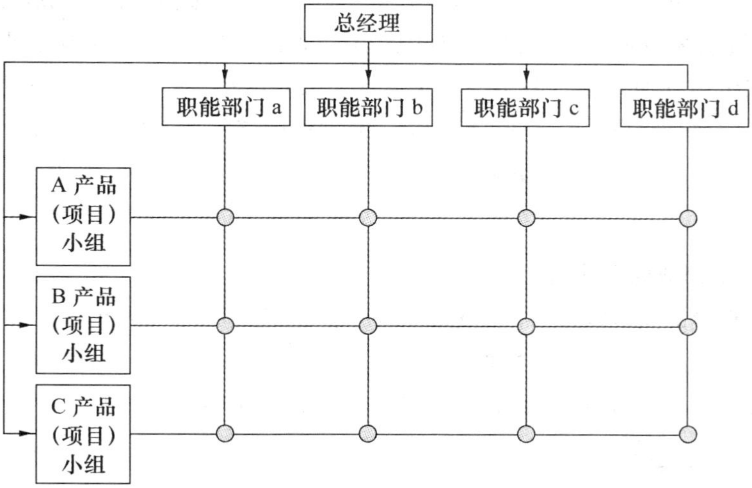

图8－7 矩阵制组织结构

从图8－7中可以看出，在开展A、B、C三个项目时，项目小组把原来隶属于各不同职能部门的专业人员集中在一起，组成三个项目的横向领导系统。这样，在A、B、C三个项目小组的每一位成员要接受两个方面的领导：在执行日常工作任务方面接受原职能部门的垂直领导；在执行A、B、C三个项目任务时则接受项目负责人的横向指挥。显然，矩阵制组织形式打破了“一人一个老板”的命令统一原则，大大提高了管理组织的灵活性。

2. 矩阵制组织结构的优缺点

（1）主要优点：①将企业管理中的纵向联系与横向联系较好地结合了起来，有利于加强不同部门之间的协调和合作，提高了灵活性，有利于提高工作效率；② 把不同职能部门的专业人员组织在一起，有助于激发人们的积极性和创造性，提高其技术水平和管理业务水平；③项目小组所担负的产品或项目，可以根据情况变化而变动，能较快地适应市场需求的变化；④ 对人力资源的运用富有弹性，同一职能部门的知识和经验可以运用于不同的项目或产品之中，能充分发挥各种职能专家的作用；⑤有利于培养综合型、具有较强组织协调能力的高级管理人才。

（2）主要缺点：① 多头领导，极易引发项目经理与职能部门经理之间的权力争夺；② 组织中的各种关系比较复杂，协调工作困难；③双重指挥链，使得管理成本成倍增加；④临时性的机构易导致项目团队中的员工责任心不强。

8.4 非正式组织

组织设计的目的是为了建立合理的组织机构，设计的结果是形成所谓的正式组织。这种组织有明确的目标、任务、机构、方针、职能、规章制度以及由此形成的各成员间的责权关系。除此之外，组织成员在共同工作和交往过程中，还会形成与正式组织相对应的非正式组织。

这些非正式组织普遍存在于各类组织中，或积极，或消极；或健康，或庸俗；有建设性的，也有破坏性的；有的是可以倡导、鼓励的，有的是应该限制、禁止的；有的存在的时间是极其短暂的，有的存在的时间又是相对较长的。但无论组织设计如何，完善的非正式组织始终是客观存在的。

1. 非正式组织形成的主要因素

非正式组织形成的因素很多，概括起来主要有：有满足情感和友谊的需求；价值观一致，有着共同的爱好、兴趣和追求；有类似的经历或现实境遇，有共同的生活体验；存在某种社会关系，如因师徒、同乡、同学等关系而形成某一个特定的小团体。

2. 非正式组织的特征①

（1）非正式组织存在群体目标和行为准则。非正式组织之所以能够形成，是因为具有一定的群体目标和行为准则。但非正式组织的群体目标和行为准则与正式组织的目标和行为准则是不一致的。正式组织的活动以成本和效率为主要标准，要求组织成员为了提高活动销量和降低成本，而确保形式上的合作，并通过对他们在活动过程中的表现予以奖励或惩罚来引导他们的行为，因此维系正式组织的主要是理性原则。而非正式组织主要以感情和融洽的关系为标准，它要求其成员遵守共同的、往往是不成文的行为规则。无论这些行为规则是如何形成的，非正式组织都有能力迫使其成员自觉或不自觉地遵守。因此，非正式组织的群体目标和行为准则影

---

① 孙慧中：《管理学原理》，中国财政经济出版社 2002 年版，第 204 ~ 205 页。

响和制约着组织成员的个体行为。

（2）非正式组织有较为一致的群体价值观。同正式组织一样，非正式组织的存在也要受到社会环境的影响，社会规范、习俗、伦理和道德观念等对非正式组织的规范和行为标准的确立有着重要的影响。任何非正式组织都有自己约定俗成的一套行为规范和标准，组织成员如果违背了这些行为规范，就会受到其他成员的歧视和惩罚。实践证明，非正式组织的道德规范和行为准则对组织成员的激励和约束效果，有时会比来自正式组织的规范要明显得多。

（3）非正式组织有较强的凝聚力。从正式组织形成的原因中可以发现，无论是什么性质的非正式组织，尽管它们形成的原因各不相同，但组织成员之间都具有共同的基础，这一共同基础决定了非正式组织往往比正式组织具有更强的群体凝聚力。此外，由于正式组织的群体价值观的存在，也使组织成员之间容易协调，是他们有相互理解和支持的感情基础，愿意同心同德地维护本组织的生存和发展。

（4）非正式组织具有不稳定性。由于非正式组织是自由结合而成的，它的存在和发展需要相应的客观条件，例如同一个工作环境。如果他们所在的条件发生了变化，则非正式组织就有可能解散。有些情况下，条件的改变可以使原来的非正式组织转化为另一种非正式组织，也有可能转化为一种正式组织。

3. 非正式组织对正式组织的影响

非正式组织对正式组织的影响既有积极的一面，也有消极的一面。积极的方面主要如下。

（1）非正式组织有助于完善信息沟通渠道。正式组织的信息沟通往往由于等级森严、机构林立、层次重叠而变得沟通不畅。而非正式组织则可以通过灵活的、自由的、非正式的各种沟通渠道来传递信息，交流意见，表达意愿，其沟通网络可以触及组织的每一个角落。

（2）非正式组织有助于及时处理某些突发事件。由于正式组织有事先制定的工作程序、制度，有严密的工作分工与权责范围，因此对于动态环境中随时发生的一些问题缺乏一定的应变能力。而非正式组织具有高度的弹性，对于随时发生的紧急问题，能够利用各种社会关系进行有效的、及时的疏通与处理。

（3）非正式组织具有很好的协调功能。如果对非正式组织引导的好，其内部和谐、团结的优势就可充分体现出来，可以帮助正式组织协调各种工作关系。

（4）非正式组织的存在可以分担正式组织中管理人员的部分领导责任。员工的行为往往深受其所属非正式组织的影响，如果主管人员能够与非正式组织建立良好的合作关系，则非正式组织的成员则会积极、主动地配合其工作，从而减轻其工作负担。

（5）非正式组织可以起到必要的制衡作用。非正式组织的群体一致性会对正式组织的管理者产生一定的压力，促使其注意工作方法，加强自身的廉洁自律，从而减少权力的滥用。

当然，非正式组织对非正式组织的消极作用也不可忽视，突出的问题有：第一，非正式组织的目标如果与正式组织冲突，则可能会对正式组织的管理工作产生破坏性的影响。第二，非正式组织往往会抵制变革。非正式组织拥有无形的力量，维护着自身的权益。当组织要采取变革性措施，并且这些变革措施将触及非正式组织成员的自身利益时，他们必然会采取措施进行抵制。此外，非正式组织的存在还容易滋生、传播谣言，也容易造成角色冲突。同时，群体一致性的压力也会抑制组织成员的才能。更为严重的是，非正式组织容易拉山头、搞宗派，产生小团体作风，从而破坏组织团结。

4. 对非正式组织的控制与引导

非正式组织的影响是客观存在的，在组织工作中，要加强对非正式组织的控制与引导，既利用其积极的一面，又要把它的消极作用降至最低限度。首先，应该承认并尊重非正式组织；其次，应改善与非正式组织的信息沟通渠道；再次，从管理手段上加强对非正式组织的引导。

本章习题

一、单选题

1. 职能型组织结构的最大缺点是（　　）。

A. 横向协调差　　B. 多头领导

C. 不利于培养上层领导　　D. 试用性差

2. 组织规模一定时，组织层次和管理幅度呈（　　）。

A. 正比关系　　B. 指数关系

C. 反比关系　　D. 对数关系

3. 直线型组织结构一般只适用于（　　）。

A. 需要按职能专业化管理的小型组织

B. 没有必要按职能实现专业化管理的小型组织

C. 需要按职能专业化管理的中型组织

D. 需要按职能专业化管理的大型组织

4. 事业部制组织结构产生于20世纪（　　）。

A. 20年代　　B. 30年代

C. 40年代　　D. 50年代

5. 部门划分最原始简单的方法是（　　）。

A. 按人数　　B. 按时间

C. 按产品　　D. 按职能

6. 提出上下级关系理论的是法国管理顾问（　　）。

A. 法约尔　　B. 格拉丘纳斯

C. 马基雅维利　　D. 马斯洛

7. 下列哪种组织结构又被称为“斯隆模型”（　　）。

A. 职能制　　B. 矩阵结构

C. 多维立体结构　　D. 事业部制

8. 管理幅度是指一名主管人员有效地监督、管理其直接下属的（　　）。

A. 工作情况　　B. 人数

C. 年限　　D. 档案

9. 采用“集中政策，分散经营”的组织结构是（　　）。

A. 直线型　　B. 职能型

C. 事业部型　　D. 矩阵型

10. 组织设计的前提和关键是（　　）。

A. 劳动分工　　B. 协调

C. 部门化　　D. 管理层次确定

二、多选题

1. 组织结构的类型有（　　）。

A. 直线制　　B. 直线职能制

C. 扁平结构　　D. 事业部制

E. 矩阵结构

2. 矩阵型组织结构的优点有（　　）。

A. 灵活性强　　B. 适应性强

C. 便于沟通意见　　D. 有利于接受新观点、新方法

E. 稳定性好

3. 直线型组织结构的优点主要有（　　）。

A. 结构比较简单　　B. 责任和职权明确

C. 作决策比较容易和迅速　　D. 减轻了上层主管人员的负担

E. 管理幅度大

三、简答及论述题

1. 试论述组织的基本功能。

2. 直线职能制结构的优缺点是什么？

3. 组织设计的基本原则是什么？

4. 论述事业部制组织结构的优缺点。
5. 简述非正式组织的特征。

案例讨论

组织结构变化带来的新问题

某研究所从事业单位转制为企业后，为有效提高资源配置能力，更好地应对市场竞争，打破了原来根据专业划分的组织结构，并根据不同的产品类型特点将技术工程部门分成了四个事业部。同时，为了充分调动各个事业部员工的积极性、保留骨干员工，使薪酬具有激励性，该所将四个事业部的工资体系做了较大改革。首先，将事业部的业绩与事业部的收入总额挂钩；其次，在事业部内部实行二次分配，由事业部根据各自的效益自主分配，员工工资主要采取固定工资加项目奖金，固定工资主要包括基本工资、岗位工资，而项目奖金的分配则根据项目核算结果，与项目的实施成本、利润挂钩。

新薪酬制度的实施，初期极大地提高了各事业部的积极性，使业绩得到有效提升。但一段时间后发现，尽管事业部业绩得到了较大提高，基本实现了效益与收入挂钩的目的，但是在事业部内部却因为薪酬分配问题出现了不和谐的声音，甚至与原来的设想背道而驰。员工A认为，目前项目奖金在分配上还是根据员工个人现有岗位工资等级进行分配，相同等级员工不管在项目中的实际贡献，只要干同一个项目，奖金是一样的，没有与自己在项目中的实际贡献挂钩，这是不公平的；骨干员工B则认为，骨干员工在项目中发挥了关键作用，而正是因为在项目中付出的比较多，因此很难同时干好几个项目，而一些普通的员工则同时干几个项目，最后，普通员工与骨干员工拿的奖金没少多少，骨干员工的回报没有体现出骨干员工在项目中的重要作用。正是因为这些因素，对一些优秀员工的工作带来了较大的负面影响，更有甚者因此而辞职，给企业的发展造成了很大影响。

思考讨论题

1. 该公司的组织结构是如何变化的？为什么要不断变化？
2. 如何解决该公司组织结构变化所带来的新问题？

第 9 章

组织文化

内容提示

从20世纪80年代起，组织文化日益受到管理学界的重视，这一非技术、非经济的因素成为了影响组织发展的重要因素之一。本章系统介绍了组织文化的相关知识，包括组织文化的概念、组织文化与民族文化的关系、组织文化的功能和组织文化的建设。

【开篇引例】

企业文化典范——玫琳凯文化

玫琳凯公司在致力于为消费者提供高质量的产品的同时，一直以积极的价值观及相互关爱的精神实现公司的使命，诸如不断提出“我能，你也能!”“你能拥有一切!”等催人奋进的口号鼓舞人心；以“你要别人怎样对待你，你也要怎样对待别人”的黄金法则指导员工的行为；每年都去举行足可媲美美国小姐选举的颁奖仪式，向表现优异的销售人员颁发粉红色的卡迪拉克、钻石等礼品，届时就会有成千上万名玫琳凯的销售顾问聚集到德克萨斯州的达拉斯，接受他们的荣誉，从而引导企业文化不断先前发展，使员工和公司之间的融合更为紧密，使员工更加努力地工作。正因为如此，才使“玫琳凯”在成立不到40年的时间里由当初资金仅5000美元、占地面积仅500平方英尺（1平方英尺≈0.929平方米）的店铺发展到今天连续10年销售额超过20亿美元、业务扩展至全球27个国家和地区的世界知名大企业，并成功跻身世界500强，成为其中唯一一家女性公司，同时还获得了如“全美100家最值得员工工作的公司”“全美十佳妇女就业公司”等各项殊荣。

9.1 组织文化概述

9.1.1 组织文化的定义

我们每个人都有自己的性格：开朗、热情、爱冒险……一个组织也有自己的“性格”——鼓励创新、团队精神、人人平等、崇尚自由……这些“性格”就是组织文化。概括来说，组织文化是组织在实践活动中形成的并为组织成员普遍遵循的共同价值观念和行为准则。

所有的组织都有自己的组织文化，但组织文化对员工的影响程度不同。员工普遍具备相同的价值观并强烈认同，价值观可指导员工行为的称为“强文化”；组织价值观只存在于少数高层管理者中间，员工不太认同组织价值观并且不能指导其工作的称为“弱文化”。强组织文化对员工和管理者的影响都很大，由于人人都知道该怎么做，工作绩效会因此提高，但也因为组织文化影响比较大使员工容易因循守旧，妨碍进行新的尝试和探索。

【阅读资料 9－1】

两种截然不同的组织文化对比

组织 A 是一家制造公司，要求管理者将所有的决策以书面形式记录下来——优秀管理者是能够用大量准确数据为提案提供支持的人；不鼓励具有开创性但可能导致重大变革和风险的决策，如果管理者计划失败就会被公开批评或惩罚，因此管理人员尽量实施中规中矩的构想，公司里大家常说的一句话是：“没坏就不修。”公司制定了大量的规章制度，监督员工严格执行。公司关心的是业绩，不管对员工个人有什么影响。以人为单位制定工作任务，组织中部门和权力划分明确，要求员工与工作领域外或权力范围外的员工尽量不进行正式交流。虽然上级往往是决定加薪和晋升的主要因素，但绩效评估和奖励强调的是个人努力。

组织 B 是一家制造公司，奖励冒险和变化，鼓励具有好点子的管理者或普通员工大胆去做，失败被视作“学习经验”。公司规章制度少，监督松散。公司关心业绩，但认为业绩来自正确对待员工。以团队为单位制定工作任务，鼓励团队成员越级和职能领域进行交流，鼓励团队之间展开竞争。团队和个人的奖金与工作成绩挂钩，员工有相当大的自主权选择如何实现工作目标。

资料来源：斯蒂芬·P·罗宾斯、玛丽·库尔特，《管理学》，中国人民大学出版社 2008 年版，第 58～59 页，略有删改。

9.1.2 组织文化的形成和继承

组织文化的形成很大程度上来自于创始人。创始人在组织成立之初提倡的价值观和行为准则主要是自己性格特点和亲身经历的反映。例如，韩国现代集团员工说现代汽车的生产历史是“以创造神话为目标，不断地克服与挑战的历史”，体现了创始人郑周永激进好胜的性格；步长集团“鼓励冒险，容忍失败”的企业文化则来自于创始人赵步长早期的奋斗经历。在日常工作中，创始人不仅口头倡导，而且身体力行，通过自己对身边人的影响，进而对全体成员产生潜移默化的作用。但创建者的个人愿景、目标、价值观最初都具有一定的强制性，下属不得不顺从。只有成员在其指导下不断成功完成任务，产生成就感和喜悦感，成员才会认为这些都是正确的思考和做事方式，创始人的信念和价值观才会得到肯定和强化，达成成员间共享，最终形成组织文化。

组织成员对组织文化的接受可分为三个阶段。首先，招募新员工时，录用那些价值观和行为准则与组织文化较为一致的人员，保证新员工进入组织后可较快融入新环境。其次，新成员进入组织后，通过参加培训、接受宣传等形式了解、认识、接受组织文化。但这种对组织文化的认识是片面和浮浅的，例如通过入职培训了解组织宗旨、使命、“英雄人物”和“历史事件”等。最后，随着工作的深入，逐渐对组织文化产生切身的体会，例如办公环境、成员间使用的独特词汇、解决问题的有效方式等。

【阅读资料9－2】

苹果公司和乔布斯

苹果公司创始人史蒂夫·乔布斯在人才的使用上极力强调“精”和“简”，他相信由顶尖人才组成的一个小团队能够运转巨大的轮盘，拥有较少的顶尖团队就足够了。乔布斯邀请百事可乐总裁约翰·斯高利加盟苹果时说：“难道你想一辈子卖汽水，不想有机会改变世界吗?”在这样的个人化文化指引下，乔布斯以用户个人化引导产品和服务，以员工个人化塑造公司文化和创新能力，以自身个人化获得自由和惬意的人生。苹果公司最著名的组织文化就是“以下犯上”，娱乐和自由的工作环境，我行我素、稀奇古怪的员工，随时随地随便提出的新主意，都构成了一种高度个人化的元素。员工描述说：“什么中层、部门、领导，这些词统统没有，这就是我们独一无二的地方。”

资料来源：“苹果公司企业文化”，百度百科（http：//baike.baidu.com/view/1285127.htm），有删节。

9.1.3 组织文化的结构

组织文化从结构上可分为三个层次，即表层文化、中层文化和深层文化。每一层次的文化又包含若干不同的构成要素，由此形成了一个有着内在联系的网络图，见图9－1。

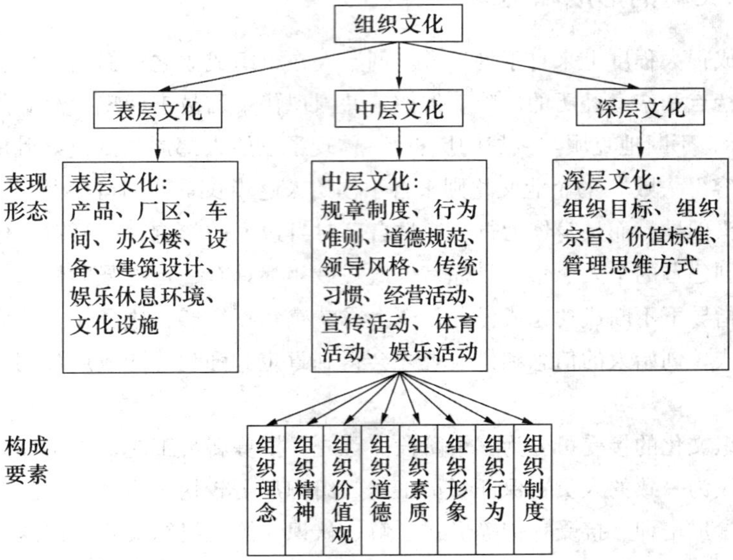

图9－1 组织文化网络图

1. 表层文化

又称为实体文化，是组织文化的外在显现层，是能够看得见、摸得着的文化形态。主要包括产品、厂区、车间、办公楼、设备、建筑设计、娱乐休息环境、文化设施等，是组织文化最直观的部分，也是人们最容易感知的部分。例如，一家企业拥有花园式厂区、整洁的车间、先进的生产管理设备、宏伟的办公楼、一定规模的职工图书馆、设施齐全的健身中心等，说明这家企业经营状况良好，充满活力，重视员工，可使人产生安全感和可信任感。虽然表层的物质文化只是组织文化的最外层，但却是组织的外在形象，是组织及其成员精神风貌的具体反映，是外界对组织评价的重要基础。

2. 中层文化

又称为制度文化，是介于深层理念和实体文化之间的中介层。主要包括两个方面：一是各项规章制度、行为准则、道德规范、领导风格、传统习惯等，以成文或不成文形式被组织成员接受并执行；二是经营活动、宣传活动、体育活动、娱乐活动等各种组织活动，用以增强组织凝聚力。中层文化体现了精神层对组织成员的要求，是组织精神和宗旨的动态反映。良好的中层文化，尤其是个人修养和文化素质，比硬性成文规定更有效，更有助于组织健康发展。

3. 深层文化

又称精神文化，是组织文化的核心。主要包括组织目标、组织宗旨、价值标准、管理思维方式等，是组织成员共同存在的意识形态和价值取向，是组织价值观的体现和概括。深层文化反映了组织成员共同的认识和追求、共同信守的基本信念，是组织长期实践中形成的群体心理定势和价值取向，是组织文化的核心和灵魂。

组织文化的由外到内的三层结构共同构成了一个完整的体系。实体文化是组织文化的外在表现；制度文化是精神文化的转化，为实体文化提供支持；精神文化是根本，对实体文化和制度文化起决定作用，主导组织文化的共性和特性。

9.1.4 组织文化的特征

1. 独特性

每个组织都有自身独特的组织文化，不仅受组织创始人、高层管理人员的影响，还受组织所处时代背景、地域文化、行业特点的影响，逐步形成、变化、调整，成为一个独特的组织文化系统。因此，建设组织文化不能简单模仿或照搬别的组织文化，而是要有目的地学习借鉴，根据自身条件和客观情况具体设计安排。

2. 相对稳定性

组织文化是在组织长期发展中逐步形成的，经历了一个较长时间的复杂的过程，因而具有较强的稳定性，不会简单地因组织结构、产品、服务等变化而发生较大的变化。但这种稳定性是相对的、暂时的，并不是组织文化形成后就一成不变，而是要随着组织发展和环境的改变相应变化，呈现出一个相对稳定的动态特征。

3. 融合可塑性

组织文化具有开放性，在发展过程中，吸收借鉴其他组织的优秀文化，通过人为的努力加以培育塑造，不断充实和自我发展。

4. 指导激励性

组织文化建立了自身的价值取向和规范标准来指导员工行为，把组织目标作为自己追求的目标。积极的组织文化具有激励成员的作用，不是外在推动，而是内在引导，使成员从内心深处产生认同感和归属感，起到相互激励的作用。

9.2 民族文化与组织文化

9.2.1 民族文化的定义

民族文化是一个民族在繁衍生息过程中形成并流传下来的文化要素，包括独特的语言、文字、风俗习惯、文学艺术、道德规范等，它是民族群体在其所处的特定的历史条件和地域环境中逐渐形成的。不同民族文化熏陶的人具有不同的价值观，表现出来的行为方式也有所不同。例如儒家文化强调和谐中庸，体现的是集体主义的观念；而美国文化提倡自由竞争，体现的是个人主义的观念。

9.2.2 组织文化与民族文化的关系

1. 从社会环境角度来看，民族文化是主文化，组织文化是亚文化

每个地区总是存在一定的民族文化，影响当地人的价值观念和行为方式，并形成了固定的文化传统。组织处于当地的大环境之下，组织文化也就是处于民族文化内部的亚文化。

以日本企业和美国企业为例。日本企业非常注重员工的归属感，如员工共同具有的价值观，员工对企业的向心力，企业中的人际关系等，统称“组织风土”，形成了“以人为中心”的组织文化。美国企业则重视竞争机制，尊重每一个员工的个人权利，形成了“以制度为中心”的组织文化。见表9－1。

表9－1　日本企业与美国企业的组织文化比较

	日　本	美　国
民族文化	农耕民族 乡土性与稳定性 儒家文化 集体主义	移民民族 开拓性与流动性 移民文化 个人主义
价值观	积极献身工作 成员间注重协调感情 归属感强	区分工作与生活 强调团结协作，公平竞争 归属感弱
制度设计	终身雇佣制 年功序列制	合同雇佣制 职务工资制

注：从20世纪80年代至今，日本经历了较长时间的经济衰退，其终身雇佣制有所松动。

2. 从组织内部角度来看，组织文化是主文化，民族文化是亚文化

每一个组织从上而下具有自身独特的组织文化，但组织内部的不同部门可能具有自己的文化特点。例如一个跨国公司的国外分公司由于具有不同的地理位置，会受到当地民族文化潜移默化的影响，可能表现出与公司组织文化不一样的文化特征。但在组织内部，必须保证组织文化的主文化领导地位，约束和激励员工按照既定的原则从事生产经营活动，才能保持组织的稳定性。

3. 组织文化与民族文化相互冲突又相互包容

组织文化处于当地的民族文化之中，同时组织内部也存在着不同的民族文化特征。组织文化与民族文化一方面有不同之处，可能会发生冲突，影响组织的正常运转；另一方面组织文化与民族文化又有相似性或包容性，有利于组织的长远发展。相互冲突又相互包容的关系在管理人员不断地整合下相互融合，最终产生一种具有两种文化特征的特有文化。

9.2.3 尊重民族文化，建设优秀的组织文化

民族文化是组织文化的基础，组织文化必须适合于当地民族的文化氛围。将民族文化的优秀传统与组织文化建设的需求进行有机结合，从民族文化中汲取有益成分，建设一种与当地民族文化环境和谐统一的新组织文化，可以有效提高组织竞争力。

我们国家有5000年的文明史，创造了灿烂丰富的民族文化，具有优良的文化传统，这些都是我们宝贵的精神财富。我们应当充分继承优秀的民族文化遗产，将现代管理理念与传统民族文化精华融为一体，将组织成员固有的传统民族文化中的有益观念与组织经营管理需求有机结合，在价值观、经营理念、管理制度、行为规范中体现出来，建设植根民族文化基础之上的优秀的组织文化。

【阅读资料9-3】

韩国企业：共同体式的企业文化

韩国的成功企业非常重视企业中的人和团结精神，积极致力于创立能够反映员工创造性建议和意见的企业文化，提倡承担责任，具备主人翁精神，形成了共同体式的企业文化。

韩国的优秀企业大都以“人才第一”为基点，通过建立企业内部的研修院或利用产业教育机构培育了大量优秀人才。三星集团为了挖掘企业员工的潜在能力，除了总公司设有三星集团综合研修院外，各分公司还分别建立了自己的研修院，并通过海外研修等形式对员工进行有效的教育培训。LG集团通过建立“社长评价委员会”“人事咨询委员会”“人才开发委员会”等机构，对高级管理人员进行系统的培育。

韩国大多数成功企业在“公司成长与健康的劳资关系是同步的”这样一种信念指导下，积极营造“劳资共同体意识”和“劳资和解”氛围，从而使企业的经营活动能够在稳定的劳资关系中顺利进行。韩国众多的优秀企业都制定了诸如“修订福利制度”“员工持股制度”“终生员工”等一系列制度，许多优秀的中小企业常常将企业的经营状况向自己的员工公开，通过经营者与员工之间坚实的人际关系实现劳资和解。正因为有了劳资间的相互信任，企业才克服了许多意想不到的经营危机。

资料来源：“韩国企业：共同体式的企业文化”，载《中国现代企业报》，2008年7月31日。略有删改。

9.3 组织文化的功能

在组织文化的熏陶下，组织成员很容易拥有相同或相近的价值观和道德观，放弃一些不利于组织期望的行为和利益取向，这称为组织文化的正功能，包括凝聚功能、导向功能、约束功能、激励功能、辐射功能、调适功能六个方面。与此同时，组织文化对组织发展也有着潜在的负面作用。组织文化短期内很难发生大的改变，容易形成思维定势，成为组织多元化发展、组织改革、兼并收购的障碍，这称为组织文化的负功能。

9.3.1 组织文化的正功能

1. 凝聚功能

美国学者凯兹·卡思认为，社会系统的基础是人类的态度、知觉、信念、动机、习惯等心理因素，在社会系统中将个体凝聚起来的是心理力量，这种心理力量就是共同的理想与信念。强有力的组织文化通过沟通成员的思想感情，建立起成员与组织之间的相互信任和依存关系，培育组织成员的认同感和归属感。融合成员的观念意识，把成员的信念与组织宗旨和价值观统一起来，形成共同的目标和理想，产生强大的向心力和凝聚力，激发组织成员的主观能动性，为组织的共同目标努力。

2. 导向功能

组织文化对组织成员的价值取向和行为取向具有引导作用，与传统管理单纯强调硬性的纪律或制度不同，这种引导是通过组织文化的塑造来实现的。人们在文化的潜移默化中接受组织目标和共同的价值观念，对事物的评判形成共识，建立共同的价值目标，并为自己认定的价值目标去努力。

3. 约束功能

组织文化对每个组织成员的思想、心理和行为具有约束和规范的作用，这种约束功能与规章制度一类的强制机制不同，是通过成员自身感受产生的认同心理来实现的一种软约束。组织成员受组织中弥漫的文化氛围、群体行为准则、道德规范的影响，自觉地接受规范和约束，并按价值观的指导进行自我管理和控制。

4. 激励功能

组织文化的激励功能是指组织文化具有使组织成员从内心产生一种高昂情绪和奋发进取精神的效应，它能够最大限度地激发员工的积极性和首创精神。组织文化中共同的价值观念、以人为本的和谐人际关系、提高业绩的奖励方法等均可以使成员感到自己行为的价值，这种激励不是一种外在的推动，而是一种内在的引导。

5. 辐射功能

组织文化的辐射功能是指组织文化不仅在组织内发挥作用，对本组织成员产生影响，而且可以通过产品、媒体宣传、个人影响等渠道对社会产生一定的影响。组织文化中的价值观念、职业道德、经营管理思想等不仅可以向社会展示组织形象，还会对社会道德、思想意识等产生较强的影响。例如首钢的经济责任制、华为公司的“狼性文化”等，都产生了较大的社会反响，激发了创新精神和竞争意识，改变了人们的思想观念，这就是组织文化的辐射功能。

6. 协调功能

组织文化的协调功能是组织文化对成员与成员、成员与组织、组织与社会之间产生的调节和适应作用。由于各种原因，组织内部各部门之间、成员之间难免产生一些矛盾，外部则体现为组织与顾客、社会、环境之间存在一些不协调、不适应之处，需要进行调整和适应。组织文化中价值观念、道德规范、处世哲学等可以使组织成员较好地处理这些矛盾，建立一个内部之间的默契配合和与外部的和谐共存。当组织发生变革时，组织文化也可以帮助组织成员尽快适应变革后的局面，减少因变革带来的不适应。例如组织创始人去世，但原有的组织管理体制机制依旧正常运转，组织不会因此产生大的变动，这是因为组织文化发挥作用，创始人的精神和理念已成为组织无形的运作法则。

9.3.2 组织文化的负功能

1. 多样化的障碍

组织成员存在自身个体的差异，例如有的人喜欢冒险，有的人喜欢按部就班，这些差异对于组织的发展是很有益处的。但组织文化具有统一性，要求成员的价值观、思维方式、处理问题的方法等与组织文化一致，这就使组织成员在组织中慢慢被同化，原有的个体特征逐渐消失，导致决策单调，失去了多样化带来的优势。

2. 变革的障碍

组织文化是一种无形的软约束，在组织成员中广泛存在且深入人心。当组织处于稳定的内外部环境时，成员思想和行为的一致性对组织的正常运作而言是很重要的。但另一方面，组织文化长期的无形约束也容易使组织成员形成思维定势，当组织环境快速发生重大变化时，如果组织原有的共同价值观与环境变化相违背，根深蒂固的组织文化就成了组织发展变革的束缚，难以适应环境变化的要求。

3. 兼并和收购的障碍

传统上兼并或收购考虑的关键因素是融资优势或产品协同性，即看目标组织是否具有财务和生产方面的优势，但组织文化是否兼容不冲突也日益得到重视。如果两个组织的组织文化有较大差异，成员间不可避免地出现冲突、矛盾乃至对抗，两个组织无法成功整合，导致兼并或收购失败。例如美国银行为了扩展经营领域于 1983 年收购了史阔伯公司，但两个公司的组织文化存在很大差异，美国银行作风保守，史阔伯公司喜欢冒险，其员工无法适应美国银行的因循守旧的工作方式。1987 年，查尔斯·史阔伯又从美国银行买回了他的公司。

9.4 组织文化建设

组织文化建设是组织有意识地保持发扬积极的、优秀的组织文化，克服组织文化中的消极因素的过程，包括组织文化塑造和组织文化传播两部分。组织文化建设是优化更新组织文化以应对环境变化带来的挑战的过程，是组织发展战略的重要内容之一。

9.4.1 组织文化的塑造

组织文化结构由内到外包括精神文化、制度文化、实体文化三层结构，组织文化塑造也围绕这三个内容展开。

1. 凝练核心价值观

组织价值观念是组织成员普遍存在的信念和行为准则，反映了组织成员共同的认识和追求，是组织长期实践中形成的群体心理定势和价值取向，是组织文化的核心和灵魂。组织核心价值观的确立首先要结合组织自身的具体情况，如组织性质、组织规模、人员构成等，使价值观与组织需要相吻合。其次要考虑组织外部环境，如政治、经济、民族文化、法律制度等因素对组织成员思想意识的影响，有针对性地确立组织价值观，使之符合外部环境的要求。第三，组织价值标准要准确明晰，具有鲜明的组织特点，充分体现组织宗旨和发展方向。第四，组织价值观初步确立后，要征求组织成员的意见和建议，调查组织成员的认可程度，反复修改，直至筛选出符合组织特点且组织成员接纳程度比较高的核心价值观。良好的组织价值观应既体现组织整体利益，又融合组织成员的理想信念，能够体现组织发展方向和目标，成为鼓励组织成员努力工作的精神力量。

2. 完善制度建设

制度建设主要包括领导风格、组织结构、管理制度三个方面。领导风格是领导个人价值观和偏好的体现，一定程度上反映了他的文化修养和性格，与组织文化是一致的。组织结构是组织为了有效整合资源而规定的领导与协作关系，主要受领导体制、外部环境、组织目标、成员思想文化素质等因素的影响，组织机构的设置是一定的组织文化特质的反映。管理制度是组织制定的强制性的规定和条例，主要包括人事、生产管理、经营、分配等方面的规章制度。组织管理制度是组织成员应遵守的准则，能够使成员个人的生产经营活动符合组织整体的要求，时间一长会使员工养成一定的行为习惯，这本身对员工行为是一种很好的引导。完善制度建设是在领导风格的前提下，建立合适的组织结构，制定相应的规章制度，使制度文化与组织文化整体相适应。例如组织领导提倡权威与服从，则需要建立等级严格的组织机构，制定繁多的规章制度条文，严格监管，不鼓励成员越级自由表达个人意见。

3. 优化实体文化

实体文化是组织文化的外在显现层，主要包括组织外观、工作环境、生活娱乐设施等，是组织文化最直观的部分。实体文化的优化过程具体直接，效果明显，但与价值观念的塑造一样，也是一个全面的系统工程。首先要确定整体风格，保证与组织文化一致。例如鼓励创新、崇尚自由的文化氛围下，办公环境色彩不能过分偏冷暗色调，办公设备不宜完全整齐划一。其次选择合适的生产设备、办公设备、生活娱乐设施、文化设施等。这些工作生活设施的购置，不仅能提高工作效率，保证劳动安全，美化生活环境，而且可以提高成员的工作兴趣，激发成员对组织的忠诚度和责任感，增强组织的凝聚力。第三，聘请专业人员对产品、建筑、娱乐休息环境、文化设施等进行全方位的设计，包括色彩、照明、空间结构布局、物品安排等，形成一个全方位的感觉认知。实体文化是组织成员和外部人员进入组织内部后产生的视觉、听觉、触觉及相应产生的心理感受，因此专业化的设计是非常必要和重要的，不仅是组织的外在形象，是外界对组织评价的重要基础，更是影响组织成员工作热情的重要因素。但需要注意的是与专业人员进行有效沟通，让对方完全、准确地理解组织文化的实质和具体反映，才能达到良好的优化实体文化的效果。

9.4.2 组织文化的传播

组织文化是一个长期培育、逐步深入的过程，正如美国著名管理学家托马斯·J·彼得斯和小罗伯特·H·奥持曼在《追求卓越》一书中写到的：“价值观是由高层的经理们分分秒秒、年复一年的行动表现出来的，上上下下透彻了解并深入全体成员心中的东西。”

1. 组织创建人和高层管理人员的影响

正如我们在“9.1.2 组织文化的形成和继承”中讲到的，组织文化的形成很大程度上来自于创始人。组织现行的惯例、传统、行为处事的一般方式，在很大程度上都源于创始人早期的努力，以及他的努力带来的成功。组织在成立初期一般规模比较小，创始人能够用自己的思想意识去直接影响其他成员，随着组织的不断发展壮大，这些价值观念逐步植入组织戒员之间，变得根深蒂固，成为组织文化的核心和基础。

高层管理人员对组织文化也有很大的影响。高层管理者通过自己的日常行为和有意识有目的的宣传倡议，将组织精神、价值观和行为准则渗透到组织成员中去。IBM 的 CEO 山姆·帕尔米萨诺希望员工重视团队工作，他决定从自己的年终奖金中拿出几百万美元奖励团队管理者，他说："如果你们说你们差不多是一个团队，你们就应当成为一个真正的团队。"[①] 美国安然公司曾是世界上最大的电力、天然气及电讯公司之一，但2002年这个拥有上千亿美元资产的公司在几周之内破产了，公司高管多年精心策划财务造假，"安然"成为公司欺诈的代名词。时任安然CEO的安德鲁·法斯托因电话和证券欺诈被判处了十年监禁，他桌上的立方体体现了公司的价值观，上面刻着"安然说翻脸就翻脸"。安然员工描述企业文化是：个人欲望重于团队工作，年轻比智慧更重要，不惜一切代价增加收入[②]。

2. 强化组织成员的认同感

组织文化要在组织成员之间实现广泛共享和强烈共识，需要不断地强化，使成员的个人价值观与组织价值观统一起来。强化组织成员认同感主要有以下几种途径。

（1）教育培训。组织需要帮助成员，尤其是新成员适应组织文化，教育培训是最直接有效的一个手段。通过有目的的培训，不仅可以使成员系统接受组织价值观，与组织文化快速融合，而且可在工作中充分表现出来。例如星巴克咖啡为新员工提供培训，掌握咖啡调制顾问所需的全部技能，包括学习咖啡豆、咖啡机的知识，同时了解、接受星巴克的经营理念。培训完成后，员工可以为顾客详细解说每一种咖啡产品的特性，而且善于与顾客沟通，态度真诚中肯，语气轻缓，与星巴克轻松温馨的气氛融为一体，表现出星巴克崇尚知识、尊重人本位的组织文化。

（2）树立榜样。榜样是组织文化的人格化身，对组织成员具有真实的感召力和影响力。北京公共汽车售票员李素丽在工作中处处为乘客着想，主动搀扶老幼病残孕上下车；耐心为外地乘客指路，到站提醒下车；自制一个小棉垫，当车上人多找不到座位时，让小孩子垫着坐在售票台上。这些虽然都是小事，但体现了公交集团真诚热情为乘客服务的精神。李素丽成为飘扬在全国公交行业的一面旗帜，带动了更多工作人员向她学习，为乘客提供满意周到的服务。

（3）特殊仪式。仪式是组织惯例，一项重复进行的活动，向组织成员直观表述组织价值观。最出名的是玫琳凯化妆品公司为销售代表举办的奖励年会，颁奖典礼在一个巨大的礼堂举行，所有的与会者都穿着高贵迷人的晚礼服。成绩突出的销售人员会获得贵重首饰、貂皮大衣、高级跑车等一系列奖品，并接受台下众人的欢呼。这项盛会通过公开表彰卓越的销售业绩来激发员工的积极性，传达组织的精神：积极、乐观、勇于克服困难，只要足够努力，就能获得成功。

---

① 斯蒂芬·P·罗宾斯，玛丽·库尔特：《管理学》，中国人民大学出版社2008年版，第61页。

② 《怎样保持企业的控制力》，载《商业周刊》，2002－6－6，第68～78页。

9.5 跨文化管理

在全球经济一体化的背景下，企业跨国经营已成为一种趋势和潮流。这些企业在享受全球化所带来的巨大收益的同时，也常为不断涌现的文化冲突而倍感困惑，一些企业，甚至是诸如沃尔玛、家乐福等这些深谙市场和消费者需求的企业都有过跨国经营失败的惨痛经历。这其中，跨文化管理失败是最为重要的原因。

9.5.1 文化差异的影响

不同文化之间存在着一定的差异，有些差异相对较小，如同属于东方文化下的不同国家文化，而有些文化则差异巨大，如东西方文化等。文化差异对企业经营管理有着双重影响，既有可能为企业带来竞争优势，增强企业的灵活性，同时也可能会为企业带来经营风险，使企业陷入经营困境。

1. 文化差异与竞争优势

文化差异为企业带来的竞争优势主要体现在以下几个方面。

首先，在市场方面，文化差异提高了企业对于目标市场文化偏好的理解能力和适应能力。企业通过配置不同文化背景的员工达到与不同顾客群体的相互匹配，从而更加理解顾客的需求，提高企业在市场方面的适应能力。许多在华经营的跨国企业，往往聘请中国本土的管理人员来开拓中国市场，通过实施本土化策略来实现企业的经营目标。

其次，在成本方面，聘用东道国当地的员工不仅可大大节省人力资本，同时也可利用当地员工对文化的熟悉和深入理解，避免因对文化的误解而造成的不必要的沟通障碍，有利于减少市场开拓的盲目性，从而降低信息成本。

再次，在创新方面，文化差异可以为企业提供更广阔的视野，激发解决问题的新思路和新方法，提高企业的创新能力。

2. 文化风险

不同的文化由于价值观念、伦理道德、风俗习惯、思维方式和行为方式的差异，会增加管理的不确定性和复杂性，从而带来经营上的风险。这些风险表现为以下方面。

（1）管理风险。管理风险是指来自母公司的管理人员的管理思想、方法、习惯不被当地员工所认同和接受带来的风险。在一国行之有效的管理方式到了另一个不同文化背景的国家则可能就不再适用。东欧剧变之后，一些西方国家的跨国企业纷纷涌入波兰、匈牙利等国家，以期在这些国家的市场转型期获得良好的发展机遇。他们带着自以为先进的管理理念投资设厂，但多数在经营伊始都遇到了挫折。如福特公司在匈牙利开设汽车工厂，在经营中发现，这些当地的员工对于福特的一套管理模式根本无法接受。多年的计划经济体制已使得匈牙利的工人养成了自由、散漫的工作风格，员工习惯于吃“大锅饭”，对于福特的一套做法非常抵触，最终导致了企业经营效益低下，预期目标无法顺利完成。

（2）种族优越风险。一些西方发达国家的管理人员往往带有较强的种族优越感，他们很难客观地评价他国文化，不自觉地形成所谓的“先见”。这些企业倾向于采用单一的、照搬母国的管理方式，致使企业很难适应当地的社会文化环境。

（3）沟通风险。由于文化差异的客观存在，经常会造成跨国公司在与当地政府、顾客、经销商和员工的沟通障碍。不同文化背景的人们感知世界、对信息的编码、解码的不同，在沟通中往往会存在效率低下、产生误会的情况。如东方人在表达情感时一般比较含蓄，不喜欢正面的争执，习惯于使用一些模棱两可的语言；而西方人则比较直接，有时表现得咄咄逼人，不会迂回，缺少灵活性。这些差异很容易造成沟通上的障碍。

（4）商务礼仪与禁忌风险。如果原有的商务运作管理、业务洽谈习惯等不能适应新的文化环境，也会带来跨国经营失败的风险。如在中国，谦虚被奉为一种美德。所以，在得到别人的赞扬时，中国人常以“哪里”“不好”“不行”“还不够”等来回应。这不符合西方传统，尤其是美国。西方人会对别人夸奖做积极的回应，常说“Thank you”。另外，中国人讲究贬己尊人，把自己的家叫“寒舍”，自己的作品叫“拙作”，称对方为“您”，对方的意见为“高见”“宝贵意见”。而英语中的敬语和谦词则非常少，在英语环境里，不管谈话的对方年龄多大、辈分多长、地位多高，you 就是 you，I 就是 I，用不着像汉语那样用许多诸如“您、您老、鄙人”等敬谦语。所以，在国际商务活动中，中国人的谦虚与贬己常常让西方人感到不礼貌。

在国际商务活动中，举手投足之间往往都能反映出不同的文化特性。比如，商务礼仪中最常见的非语言习惯首推握手。在西方国家，两人握手后马上松开，两人的距离也随即拉开；而中国人为了表示热情和尊重对方，常常握住对方的手久久不放，有时还往往拍打对方的肩和背。对此，西方国家的人会觉得窘迫不堪，他们认为体距太近会显得过于亲密。

又如，在美国和许多欧洲国家，黑色代表着死亡，而在亚洲一些国家白色代表着死亡，在拉丁美洲则一般将紫色与死亡联系在一起。广受国人喜爱的大熊猫在非洲一些国家是禁忌，不能作商标使用，所以中国“熊猫”牌产品难以在非洲一些国家获准商标注册。

【阅读资料9－4】

国外商标注册禁忌

(1) 多数国家《商标法》规定：地理名称不能作为商标注册。例如中国有名的“中华”香烟、牙膏，“上海”电视机、花露水，“青岛”、“北京”啤酒等，虽然很早就在中国注册了，但在国外这样的商标是不能被注册的，因为地理名称在很多国家不能将其注册为商标使用。

(2) 一些国家不准用数字作商标。例如“555”，在巴基斯坦、肯尼亚等国申请注册未被核准。

(3) 瑞典的国旗主要颜色是蓝色，在瑞典蓝色禁止作为商标使用。

(4) 阿拉伯国家禁用黄色作为商标使用。

(5) 法国人认为“黑桃”是死人的象征，“桃花”是不祥之物，因此，“黑桃”和“桃花”在法国是禁止作为商标的图形使用的。

(6) 意大利把菊花当成国花，所以在意大利忌用菊花作为商品的商标。

(7) 日本把菊花视为皇家的象征，忌用菊花作为商标图案。

(8) 拉丁美洲国家把菊花视为妖花，所以在这些国家最好不要在商标上使用菊花图案。

(9) 澳大利亚忌讳用兔作为商标。因为澳大利亚盛产羊毛，重视牧草的繁殖，害怕兔子毁坏草地。

(10) 阿拉伯国家禁用猪的图形作商标。

(11) 英国人忌讳人像作为商品装潢。

(12) 北非一些国家忌讳狗作为商标。

(13) 国际上都把三角形作为警告性标记，因此三角形不能作为商标使用。

(14) 捷克人认为红三角是有毒的标记。例如上海名牌“三角”牌毛巾在捷克注册时需要特别注意。

(15) 在土耳其，绿三角是表示“免费样品”，所以最好不要作为商标使用。

(16) 在许多国家玫瑰花是作为赠送亲友的礼物佳品，但在印度和欧洲一些国家则把它作为悼念品，所以不能用作商标。

(17) 熊猫在非洲一些国家是禁忌，不能作商标使用，中国“熊猫”牌产品难以在非洲一些国家获准商标注册。

(18) 在信奉伊斯兰教的国家不能使用六角形作为商标，因为这些国家禁止这种标志的商品进口。

(19) 英国人把山羊喻为“不正经的男子”，例如“山羊”牌产品在英国很难获准商标注册。

(20) 中文中“芳”字的汉语拼音为“Fang”，而作为英文单词，则是“毒蛇牙、狼牙”的意思，所以在英语作为母语的国家使用可能使人感到恐怖，如果作为商品商标使用，需要特别注意。

(21) 大多数西方国家中，名人的姓名是不可以作为商标进行注册的。

9.5.2 跨文化管理的主要模式

从不同文化相互关联的方式来划分，可将跨文化管理分为文化平行模式、文化覆盖模式和文化交叉模式三种。

1. 文化平行模式①

文化平行模式是两种文化平行共存的模式，也称跨文化管理的本土化模式。这种模式是指跨国公司在保持母公司文化的基础上，将全球视为异质性市场，通过了解和分析各细分地区市场上的消费偏好、习惯、理念等，对不同的地区市场做出相应的反应，即根据各细分市场的特征和消费者需求，设计和生产不同的产品或提供不同的服务。本土化包括产品本土化、营销本土化、产品品牌本土化、研究开发本土化、人力资源本土化等。在这种管理模式下，母公司并不把自己的文化模式强加于各子公司之上，而是根据各子公司的相应情况，将母公司与子公司的文化平行共存。母公司将每一个国家和地区都视为独立的个体，子公司的自治程度很高。子公司努力将其经营活动与东道国的社会、经济、法律和文化融合，设计一套适合东道国本土文化和国情的管理体系。

例如，家乐福采用的就是这种平行文化模式。比如我国台湾地区的居民为纪念亡灵爱烧冥币，台湾家乐福每年销售6500万张冥币；泰国家乐福则出售装满肥皂、牙膏和食品的小塑料桶，这是专门为施舍僧人的顾客准备的；家乐福在巴西的超市中还花钱雇了歌手和乐队，专门在停车场为顾客演唱。

采取文化平行模式的公司大多是一种控股公司的结构（如非参与管理式、部分收购）；或其海外业务部门在一般跨国公司占有重要地位，海外子公司的销售也占很大的比例；或者文化差异较大的企业间的合作。

文化平行模式并非跨文化管理的万能灵药，它也有其缺点，由于重视本土文化，就有可能过于迁就东道国的传统文化，从而削弱母公司的管理经验和技术优势，“入乡随俗”的同时会给未来的发展设立很多的羁绊。而本土化也因为存在若干困难和缺陷而造成实际经营出现若干麻烦。如文化适应困难、沟通不足以及投资成本较大等。

另外，还会出现这样一种情况，如果过分本土化，管理者甚至可能吸纳东道国的某些落后的文化因素，从而造成某种程度的困惑。比如有些跨国公司对它的中国管理员工并不完全要求真正的市场能力，而去要求他们具有很强的关系协调能力、政府公关能力、人际交往能力，甚至包括拿回扣、喝酒能力等。

---

① 张国梁：《企业文化管理》，清华大学出版社2010年版，第189页。

2. 文化覆盖模式

文化覆盖模式是一种强势文化覆盖另一种弱势文化的模式，也可称为跨文化管理的自主性模式。这种管理模式的核心是，母公司派遣人员担任海外子公司的高级主管，通过这些管理人员，把母公司的文化移植到各个地区和国家的子公司中，让子公司的当地员工逐渐适应并接受种种外来文化，并按照这种文化背景下的工作模式开展公司的日常业务。这种模式的优点在于可以高度集权，一切按既定方针办，统一行动，减少企业的运营成本，追求规模经济的竞争优势。

文化覆盖模式也有其缺点，实行这种管理模式的公司往往忽略文化差异的存在，把母公司原有文化生搬硬套于东道国，难以化解母公司外派管理人员与当地员工之间文化、心理和行为的冲突，从而往往难以真正实现富有成效的全球跨国经营，效率虽然高，但效益差。

3. 文化交叉模式

文化交叉模式是指两种文化相互交融的一种模式，又称跨文化管理的融合模式。这种模式较多适用于合资企业。文化交叉模式的优点在于能够减少文化冲突，增强跨国经营企业的文化变迁能力。

不同文化的融合是一个过程，需要经历探索期、碰撞期、整合期和创新期四个阶段。在探索期和碰撞期，随着时间的推移，冲突强度不断增加；在整合阶段的初始期，冲突达到顶点，随后冲突强度不断降低，在创新期达到低点。

需要注意的是，这种消除文化差异，建立新的文化体系的过程不可能是一帆风顺的，经常会受到很大的阻力。一般母公司的文化总是在公司总体文化中占据主要地位，新文化往往难以得到各方面的认同，如果在实施时阻力过大，就有可能将管理引入进退两难的境地。

本章习题

一、单选题

1. 企业在长期的生产经营和管理活动中创造的具有本企业特色的精神文化和物质文化就是（　　）。

A. 企业精神　　B. 企业价值观

C. 企业文化　　D. 企业家精神

2. 成员高度认同组织价值观，并以此指导自己的工作，这种组织文化是（　　）。

A. 强文化　　B. 弱文化

C. 个人主义文化　　D. 儒家文化

3. 组织文化的形成很大程度上来自于（　　）。

A. 组织成员
B. 高层管理者
C. 创始人
D. 组织外部影响

4. 从组织内部来看，民族文化是（　　）文化，组织文化是（　　）文化。

A. 主，亚
B. 主，主
C. 亚，主
D. 亚，亚

5. 下列（　　）体现了组织文化的导向功能。

A. 通过沟通成员的思想感情，建立起成员与组织之间的相互信任和依存关系
B. 潜移默化中接受组织目标和价值观念，对事物的评判形成共识
C. 受组织文化影响，自觉地接受规范和约束，进行自我管理和控制
D. 较好地处理矛盾，建立一个内部之间的默契配合和与外部的和谐共存

6. 组织文化建设包括组织文化塑造和（　　）。

A. 提炼价值观
B. 建设实体文化
C. 强调创建者的作用
D. 组织文化传播

二、多选题

1. 组织文化结构包括（　　）。

A. 表层文化
B. 制度文化
C. 核心文化
D. 实体文化
E. 精神文化

2. 强化成员对组织文化认同感的手段有（　　）。

A. 加强制度建设和监管
B. 树立学习榜样
C. 提供培训
D. 将收入与工作业绩挂钩
E. 举行特殊仪式

3. 下列有关组织文化说法不正确的是（　　）。

A. 许多优秀的企业往往具有相同的文化，如价值观、企业精神等
B. 企业文化是因为人们主观上喜欢标新立异
C. 一个公司历史上长期自然积累而成的文化，如果公司内外情况发生了根本性变化，也决不要改变它
D. 企业文化是一种重视人，以人为中心的企业管理方式，它强调要把企业建成一种人人都具有的社会使命感和责任感的命运共同体。
E. 企业形象是企业文化的隐性形态，是企业文化的载体。

三、简答及论述题

1. 何为组织文化，它包括哪些要素？

2. 简述组织文化的形成过程。
3. 简述组织文化与民族文化的关系。
4. 举例说明组织文化建设应如何进行。
5. 试论述跨文化管理的三种主要模式。

案例讨论

索尼的企业文化

日本索尼公司创建于1946年，原名为“东京通讯株式会社”，当时只有20名工人，500美元资产。50年代，公司创始人井深和盛田昭夫把它改名为“东京通信工业”。现在，索尼公司有72家子公司，4万多员工，在7个国家开设了30多个工厂，在1999年《财富》500强排行榜上，索尼公司排名第31位，营业收入额531.567亿美元，利润14亿美元，资产额531.829亿美元。公司主要生产电视机、摄像机、游戏机等一万多种声像器材和家用电器，其产品营销100多个国家。索尼的成功离不开企业文化建设的功劳，概括起来索尼的企业文化主要有以下几点。

1. 重视科学技术

索尼的创建人深知科学技术的重要性，该公司创立宣言确定，“公司的宗旨是迅速地将战时各种非常进步的技术应用到国民生活中去”，“及时地把各大学和研究所等最有应用价值的优秀研究成果变成产品和商品”。此外，他们还大力引进国外先进技术，如引进美国技术，在日本率先生产出半导体收音机和磁带录音机，花了2.5万美元（当时是一笔巨款）购买了美国半导体晶体管的专利权。

2. 人尽其才

索尼公司为了充分发挥科技人才的积极性和首创精神，推行一种独特的用人制度，即允许并鼓励科技人员根据自己的兴趣、爱好和特长，“毛遂自荐”去申请各种研究课题和开发项目，允许他们在公司各部门、各科研组之间自由流动，各部门领导不得加以阻拦。索尼公司认为，一个人老在一个地方，会因为成功、过于自信而失去创造力，而那些不安于现状、不墨守成规、敢于在各科研组跳来跳去的人，最具创造精神，能激发竞争，增强科技队伍的活力，很多新产品都是他们开发出来的。例如，笔记本式电脑就是34岁的工程师平山“毛遂自荐”到英国考察后开发成功的。这种灵活的用人机制，使许多年轻科技人才脱颖而出，成为课题负责人，或担任了公司重要职务。

3. 不断创新

创新是索尼企业文化的重要内容，也是成功的要诀。公司创建人曾说：“索尼成功的关键是在科学技术、管理、销售等方面不盲从他人，永远不是在别人后面。”“我们的一贯作法是独出心裁，发前人之未发。”现在索尼每年推出约1000种新产品，平均每个工作日4种。在管理方面，索尼也一改一往从名牌大学招聘大学生的传统作法，而采用对毕业生来源“不准问、不准说、不准写”的招聘方式，以客观、公正地评价应聘者，广招天下英才，增强企业活力。

4. 互敬互爱互相尊重

索尼公司从总裁、总经理到每一位员工，都一视同仁，互相敬爱，互相尊重。上班时间，大家都穿一样的夹克衫，在不分等级的餐厅里一起就餐，像一个融洽的大家庭。索尼公司的高级主管、各厂厂长都没有单独的办公室，而是与工人们在一起，以便尽快地认识、熟悉他们。

思考讨论题

索尼的企业文化建设对我们有哪些启示?

第 10 章

人力资源管理

内容提示

人力资源管理是组织的一项基本管理职能。它是以提高劳动生产率、员工工作生活质量及取得经济效益为目的而开展的相关管理活动。本章对人力资源管理的基本职能做了较为完整的介绍，重点阐述了人员招聘、人员培训、绩效考核和薪酬设计等内容。

【开篇引例】

医药企业的人员招聘

芦琳女士曾任葛兰素史克（中国）投资有限公司人力资源部招聘顾问，现为某500强企业医疗健康事业部招聘主管，一直从事人员招聘选拔及发展的相关工作，有着丰富的经验。芦琳分享了在药企多年来的感受和心得。与外界廉价评论截然相反的是，外企对医药代表（以下简称“药代”）的规划管理从人才入口环节就开始了。在外企医药代表的招聘广告上，我们看到的是几条硬邦邦的要求：必须具备医药相关的专业教育背景，必须是本科以上学历；必须具备丰富的市场从业经验，锲而不舍的抗压能力和积极进取的态度等等。

药代的招聘流程也十分正规，需要历经HR、一线销售经理、二线销售经理、销售总监，直到公司最高层招聘主管这四五轮的筛选，才能最终确定是否录用。为了栽培好“苗子”，葛兰素史克每年从全国各大医药学院招收在校学生作为实习生，为他们提供设计完善的学习课程和实习训练机会，实习结束后选拔优秀的学生正式聘为医药代表。

“在招聘环节就严格把关，其实是为了确保流入这个行业的医药代表是具备专业素质和职业精神的优秀人才。”芦琳说：“外界对医药代表有很多误读，我们觉得委屈，但是不会放在心上，因为这个行业对人最大的素质要求就是具有一颗顽强抗挫的心。”

公司对于医药代表的入职培训也相当全面、正规。培训内容涉及产品知识、疾病知识、销售技巧、企业文化和制度以及账目报送等，细致到各个环节。资深的代表会带着新代表进入医院进行实战，直到他们能够独立完成工作，不过这还没有走出试用期。公司会组织一场准新员工考试，内容涉及培训所传授知识、技能，考试形式包括解答产品知识问卷、角色演练、科室会演讲等，对人才进行最后的筛选。经过这样严格的筛选，才有资格进入到公司，成为医药代表候选人。再加入公司半年内，还需要通过“医药代表资格认证”考试，最终才能正式上岗。

10.1 人力资源管理概述

人力资源是组织最活跃的资源。因此，对人力资源的管理，是组织的重要任务之一。本节在介绍人力资源、人力资源管理等基本概念的基础上，阐述人力资源管理对组织的重要意义。

1. 人力资源管理的定义

人力资源（human resource）的概念，起源于20世纪60年代。人力资源管理（human resource management）是管理科学和经济科学两大学科相互渗透、融合的结晶，也是当代管理科学研究中最具应用价值和最受关注的领域之一。

与人力资源的概念相对应，人力资源管理的定义同样，也有广义和狭义之分。

（1）狭义的人力资源管理。目前，狭义的人力资源管理主要有四种：①是指运用现代化的科学方法，对与一定物力相结合的人力进行合理的培训、组织与调配，使人力、物力经常保持最佳比例，同时对人的思想、心理和行为进行恰当的诱导、控制和协调，重点发挥人的主观能动性，使人尽其才，事得其人，人事相宜，以实现组织目标。②是指一个组织为了实现组织目标，提高效率，运用心理学、社会学、管理学和人类学等相关的科学知识和原理，对组织中的人力资源进行规划、培训、选拔录用以及考核激励的计划、组织、控制和协调的活动过程。③是指以从事社会劳动的人和有关部门的事的相互关系为对象，通过组织、协调、控制以及监督等手段，谋求人与事以及共事人之间的相互适应，实现充分发挥人的潜能，把事情做得更好这一目标所进行的管理活动。④是指为了实现组织的战略目标，组织利用现代科学技术和管理理论不断地获得人力资源，并且对所得的人力资源进行开发、调控及整合，并支付合理的报酬使其得以有效地开发和利用。

（2）广义的人力资源管理。目前，广义的人力资源管理主要有两种：①是指影响员工的行为、态度以及绩效的各种政策、管理实践及制度。②是指一切对组织中的员工构成直接影响的管理决策及其实践活动。

综合以上定义，我们不难发现：人力资源管理是指在人力资源的获取、开发、保持和使用等方面所进行的计划、组织、激励和控制等活动。

2. 人力资源管理的基本内容

人力资源管理部门的工作内容实际上是人力资源管理的内容，概括起来看，主要包括以下八个方面。

（1）人力资源规划。根据组织的发展战略和经营计划，人力资源规划主要包括：人力资源现状分析，未来人力资源供需预测，计算人力资源净需求，人力资源招聘、调配、培训、开发及发展计划方案，维持人力资源供需均衡的政策和措施。

（2）职务分析和职务设计。职务分析的基础是职务设计，职务设计决定组织内如何进行专业分工和任务分解，决定不同职位的权限、责任和职能范围。职务分析是对组织中各个工作职位的特性、规范、要求和流程，以及能够胜任该职位工作人员的素质、知识、技能等要求进行描述，形成职务描述和任职说明。职位分析是员工招聘培训、考核、报酬分配等工作的前提，它是人力资源管理的支持性基础环节。

（3）员工招聘与配置。它是根据人力资源规划和职务分析要求，为组织获得所需人力资源的过程。员工招聘是企业人力资源管理中的一个重要环节，它由招募、甄选及录用等系列活动组成。

（4）培训与开发。通过在职培训、素质和潜能的培育与发掘以及职业生涯的管理，帮助员工改善其知识、技能和素质，提高对组织的归属感和责任感，充分发挥其潜能，提高工作满意度，减少事故，降低成本，从而增加人力资源贡献率，提高生产效率和经济效益。

（5）绩效考评。它是指员工在一定时间内对组织的贡献和工作取得的绩效，以及对其在组织中的行为做出测量和评价的过程。绩效考评是控制员工工作绩效的有益手段，可给员工提供工作反馈，促使其进一步改进工作，提高绩效。绩效考评是员工培训、晋升、分配计酬等人事决策的重要依据。

（6）薪酬管理。薪酬管理包括基本工资、绩效工资、津贴、激励工资（奖金、分红、股权激励）等的分配和管理，它是人力资源管理活动中最为敏感、最被人关注、技术性最强的内容部分。薪酬管理是组织吸引和留住人才，激励员工努力工作，发挥人力资源效能的最有力的杠杆之一。

（7）劳动关系管理与社会保障。劳动关系是劳动者与用人组织在劳动过程和经济活动中发生的关系。一个组织的劳动关系是否健康和融洽，直接关系到人力资源管理活动能否有效开展，直接关系到组织人力资源能否正常发挥作用。根据相关法律法规，正确处理劳动争议是劳动关系管理的重要内容。社会保障是国家和社会为保护弱者，维护社会公正，以达到社会和谐与社会安全的制度与措施，主要指养老、失业、医疗和工伤保障制度。另外，还要依法实施各种劳动保护制度，确保劳动过程中职工的安全和身心健康，避免工作场所的各种有害因素对劳动者的伤害，维护员工的劳动力水平。

（8）帮助员工的职业生涯发展。人力资源管理部门和管理人员有责任鼓励和关心员工的个人发展，帮助其制定个人发展计划，并及时进行监督和考察。这样做有利于促进企业的发展，使员工有归属感，进而激发其工作积极性和创造性，提高企业效益。人力资源管理部门在帮助员工制定个人发展计划时，必须考虑它与企业发展计划的协调性或一致性。只有这样，人力资源管理部门才能对员工实施有效的帮助和指导，促进个人发展计划的顺利实施并取得成效。

3. 人力资源管理的基本职能

现代人力资源管理是以组织中的人为对象的管理，它的基本职能有以下六种。

（1）获取。人力资源管理工作的第一步是获取人力资源。它主要包括人力资源规划、职务分析、员工招聘和录用。人力资源管理部门必须根据环境制定人力资源战略规划，进行工作分析，通过招聘、选拔、录用及配置等活动，为企业获取所需的人力资源。

（2）保持。主要指建立并维持有效的工作关系。它包括组织同化、企业文化传播、信息沟通、人际关系和谐、矛盾冲突的处理和化解。人力资源管理工作要注重员工之间、个人与组织之间关系的协调和发展；注重员工对组织的认同感；注重改善劳资关系和工作环境，从而有效地提高员工的工作质量和生活质量并提高满意感。

（3）开发。开发是提高员工能力的重要手段。包括组织和个人开发计划的制定、新员工的工作引导和业务培训、员工职业生涯的设计、继续教育、员工的有效使用以及工作丰富化等。开发是对组织员工的知识、技能和素质的培养与提高，以增强和提高员工的工作能力，并使员工的潜能得到充分发挥，最大限度地实现其个人的价值和人力资源对组织的贡献率。

（4）报偿。报偿或报酬是人力资源管理的核心。它主要包括制定公平合理的薪酬方案、提供福利与服务、经济性和非经济性报酬分配、各种物质和精神激励物的运用等。报偿是人力资源管理中最具有激励与效力的职能，它根据公平性、经济性、效率性、发展性的原则来行使，其目的是为了增强员工的满意感，激发员工的积极性，提高工作效率和组织效率。

（5）调控。它是指对员工实施合理、公平的动态管理的过程，主要包括员工绩效考评、素质评估和以此为依据的人事调配和员工流动（晋升、调动、奖惩、解雇、离退）等活动。

（6）维护。它是指人力资源管理活动中维护劳动者的合法权益，保证员工在工作场所的安全与健康，保障就业和应得收入，从而维护人力资源的持续劳动能力等职能性活动。它主要包括劳动关系、劳动保护、平等就业和公平对待、员工安全与健康等。

以上各项职能是相互联系、相互作用的整体，人力资源管理不是各种职能的简单集合，而是通过这些职能来协调和管理组织中的人力资源，从而有效地实现组织目标。

10.2 人力资源计划

为了实现组织发展战略，必须将组织的经营战略转化为对人力资源的相应需求和系统安排。因此，制定好人力资源计划是组织的一项非常重要和有意义的工作。

10.2.1　人力资源计划概述

1. 人力资源计划的含义

人力资源计划（Human Resource Planning，HRP）也称人力资源规划，其概念也有广义和狭义之分。广义的人力资源规划是对人力资源管理工作进行筹划和安排，是企业根据外部环境和内部条件而统筹安排各项人力资源管理活动的过程。狭义的人力资源规划是指组织为了实现包括个人利益在内的经营目标或经营规划，从整体的和量化的角度对人力资源的供求进行预测，并制定相应的人力资源政策和措施，从而使得人员需求量和人员拥有量在组织的未来发展过程中相互平衡，实现人力资源合理配置，有效激励员工的过程。

2. 人力资源计划的程序

人力资源计划的程序即人力资源规划的过程。人力资源计划作为人力资源管理的一项基础性工作，也应遵循一定的程序，分阶段进行。人力资源计划包括五个步骤：信息收集、人力资源需求和供给预测、人力资源规划的制定和实施、人力资源规划的控制和评估，如图 10－1 所示。

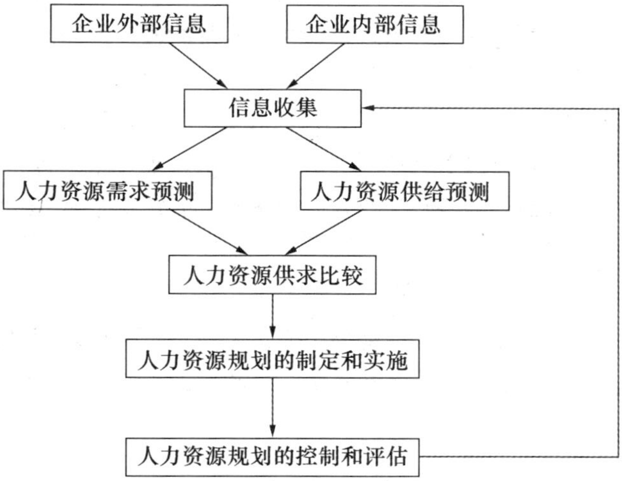

图 10－1　人力资源计划的程序

（1）调查、收集和整理各种相关信息。人力资源计划所涉及的信息包括企业外部信息和企业内部信息。企业外部信息除政治、法律、经济、社会文化和科学技术等宏观环境因素外，还包括行业内部竞争状况、替代与潜在进入者的威胁等产业环境因素；企业内部信息主要包括企业的战略计划、产品结构、消费者结构、企业产品的市场占有率、生产和销售状况、技术装备的先进程度、人力资源现状等。人力资源规划的首要任务就是相关信息的收集，它是人力资源需求和供给预测的基础。

（2）人力资源需求和供给预测。人力资源需求预测包括长期预测和短期预测，以及总量预测和各个岗位需求预测，它主要是根据组织战略规划和组织的内外条件选择预测技术，然后对人力资源需求的数量、质量和结构进行预测。人力资源供给预测包括组织内部供给预测和外部供给预测。内部供给预测是根据企业经营状况的变化，确定出规划的各时间点上企业组织人员的拥有量以及预测规划各时间点上各类人员的可供给量；外部供给预测主要考虑社会的受教育程度、本地区的劳动力供给状况等。人力资源的供求预测，必须建立在分析人力资源需求和供给的影响因素的基础上，采用定性和定量相结合，并以定量为主的各种科学预测方法，对组织未来人力资源供求进行预测。这是一项技术性较强的工作，其准确程度直接决定了规划的效果和成败，它是人力资源规划中最困难，也是最重要的工作。

（3）人力资源规划的制定和实施。首先，根据预测的需求量和供给量，确定人员的数量、质量、结构和分布情况，对比得出人员净需求量。其次，根据净需求量，制定出相应的规划政策，以确保人员的供求平衡。最后，在人力资源规划政策的指导下，确定具体的实施规划。在人力资源规划的实施过程中，事前要充分准备，实施要全力以赴，要不折不扣地按规划执行，而且必须要有专人负责既定方案的实施。要确保这些人拥有保证人力资源规划方案实现的权力和资源，要有关于实施进展状况的定期报告，以确保所有的方案都能够在既定的时间里执行到位，并且保证方案执行的初期成效与预期的情况一致。

（4）人力资源规划的控制和评估。在人力资源规划中，许多不可控的因素可能对企业人员的供求产生影响。所以，必须对规划进行动态的调整，对过程及结果进行监督、评估，并重视信息的反馈，使人力资源规划更加符合企业发展的实际，更好地促进组织目标的实现。

10.2.2 人力资源的供需预测

人力资源的供需预测是一项技术性较强的工作，人力资源管理部门必须采用相应的、科学的预测方法，并将预测建立在分析人力资源需求和供给的影响因素的基础上。

1. 人力资源的需求预测

人力资源的需求预测是根据企业发展要求，对将来某个时期内企业所需员工的数量和质量进行预测，进而确定人员补充更新计划方案、实施培训开发方案。进行人力资源的需求预测，首先要分析影响需求的多种因素，并采取恰当的预测方法，这样才能使组织确定所需人才。

（1）人力资源需求的影响因素。影响人力资源需求的变量虽然很多，但也有主次之分，所以分析的侧重点应该集中于主要因素上。从整个社会的角度即宏观上看，影响人力资源需求的主要因素有经济发展水平、产业结构、技术水平以及国家对人力资源需求的总体规划等；从企业的角度即微观上看，影响人力资源需求的主要因素有企业的业务量或产量、预期的人员流动率、提高产品质量决策、进入新行业的决策、企业的生产技术水平、管理方式的变化、企业的财力资源等。

（2）人力资源需求预测的方法主要有以下几种。

①经验推断法。这种方法是企业的各级管理者根据自己工作中的经验和对企业未来业务量增减情况的直接考虑自上而下地确定未来所需人员的方法。

其具体做法是：先由基层管理者根据自己的经验和对未来业务量的估计，提出本部门各类人员的需求量，由上一层管理者估算平衡，再报上一级的管理者，直到最高层管理者做出决策，然后由人力资源管理部门制定出具体的执行方案。

这是一种非常简便、粗放的人力资源需求预测方法，主要适用于短期的预测。如果企业规模小，生产经营稳定，发展较均衡，它也可以用来预测中、长期的人力需求。

②比率分析法（ratio analysis）。这种方法是根据过去的经验，把企业未来的业务活动水平转化为人力需求的预测方法。

其具体做法是：先根据过去的业务活动水平，计算出每一业务活动增量所需的人员增量；再把对实现未来目标的业务活动增量按计算出的比例关系，折算成总的人员需求增量；然后把总的人员需求量按比例折算成各类人员的需求量。例如，某工厂根据过去的经验，每增加 100 吨的产量，需增加 10 人，预计一年后产量将增加 500 吨，折算人员需求量为 50 人。

这种方法只有在生产率保持不变的情况下才有效。如果生产率上升或下降，根据过去经验所进行的人员需求预测就不太准确了。所以，它主要适用于短期和中期的预测，在长期预测中很少使用。

③德尔菲法。德尔菲法在第 4 章和第 7 章中已介绍过。利用此方法预测人力资源需求的操作步骤如图 10－2 所示。

④回归分析法。回归分析法在第 7 章也已介绍过，这里举例说明如何用一元线性回归分析法预测人力资源需求。一元线性回归分析法，也称为趋势分析法（trend analysis），在回归分析时只考虑一个变量因素。一元线性回归分析法是最简单也是最常用的回归分析法。

2. 人力资源的供给预测

（1）外部人力资源供给预测。当企业内部的人力资源供给无法满足需要，或管理者希望改变企业文化，或企业需要引进某些专业人才时，都需要通过外部的劳动力市场解决人员的补充问题。这就要求企业必须了解外部劳动力市场的供给状况，主要包括三个方面：①宏观经济形势和失业预期。一般来说，失业率越低，劳动力供给越紧张，招聘就越困难。要了解这一方面的情况，可以参考政府机构和金融部门的公开出版物。②当地劳动力的供求状况，包括劳动力供给的数量、质量、结构、层次等。③行业劳动力市场的供求状况，据此可以了解招聘某种专

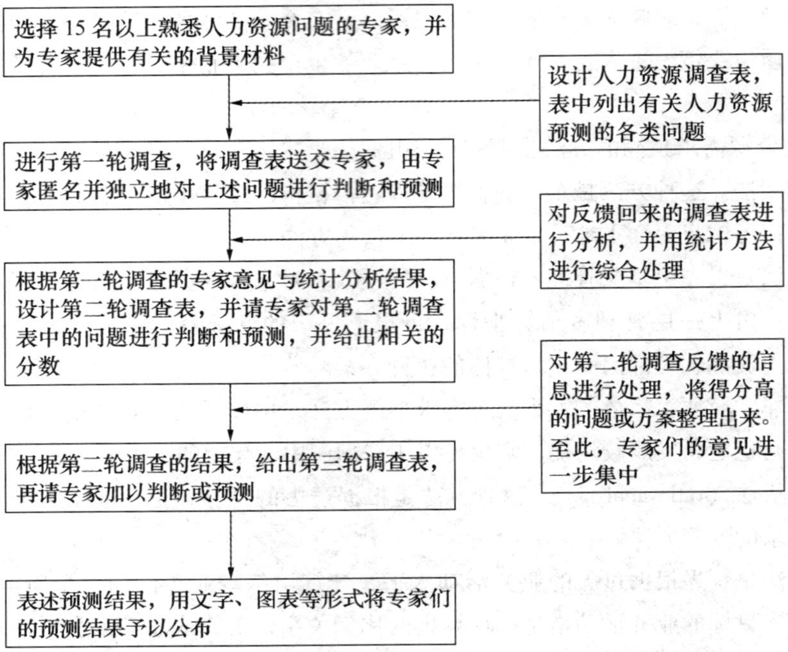

图 10－2　用德尔菲法预测人力资源需求的流程

业人员的潜在可能性。

（2）内部人力资源供给预测。分析内部人力资源供给，主要是了解企业内部人力资源的优劣势，除分析现状外，还要预测未来的状况。内部人力资源供给预测的方法主要有人员核查法、人员替代法和马尔可夫分析法。

①人员核查法。这是对企业现有人力资源质量、数量、结构和在各职位上的分布状况进行检查，掌握企业拥有的人力资源状况。通过核查，可以了解员工在工作经验、技能、绩效、发展潜力等方面的情况，从而帮助人力资源规划人员估计现有员工调换工作岗位的可能性大小，决定哪些人可以补充企业当前的职位空缺。为此，在日常的人力资源管理中，要做好员工工作能力的记录。

②人员替代法。人员替代法是通过一张人员替代图来预测组织内的人力资源供给。人员替代图如图 10－3 所示。在图 10－3 中，人员替代法将每个工作岗位均视为潜在的职位空缺，而该职位下的每个员工均是潜在的供给者。人员替代法以员工的绩效作为预测的依据，当某位员工的绩效过低时，组织将采取辞退或调离的方法；而当员工的绩效很高时，他将被提升替代其上级的工作。这两种情况均会产生职位空缺，空缺职位的工作则由其原来的下属替代。通过人员替代图可以清楚地了解到组织内人力资源的供给与需求情况，为人力资源规划提供了依据。

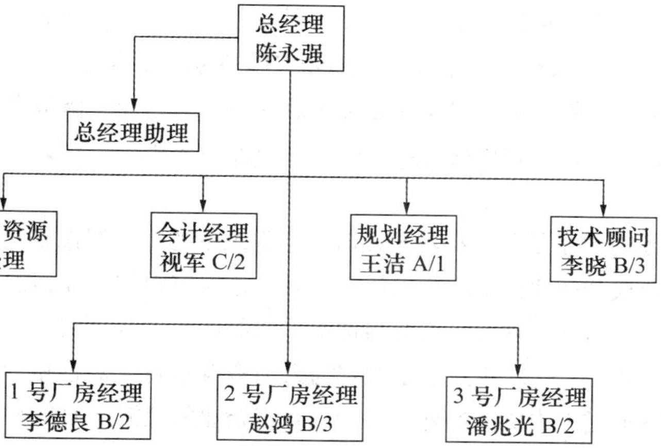

图 10－3　人员替代图

注：框内名字代表可能接替职位的人员，字母和数字的含义分别为：A 可以晋升；B 需要培训；C 不适合该职位；1 优越；2 良好；3 普通；4 欠佳。

3. 人力资源供求的综合平衡

组织人力资源供给与需求预测的结果，一般会出现以下三种可能：一是人力资源供大于求；二是人力资源供小于求；三是人力资源供求总量平衡，结构不平衡。针对这三种不同的情况，组织应采取以下措施。

（1）人力资源供大于求时，应采取的措施有：①扩大经营规模，开拓新产品，实行多种经营等增加人力资源需求。②撤销、合并臃肿的机构，减少冗员。这在一定程度上，可提高人力资源的利用率。③辞退那些劳动态度差、技术水平低、劳动纪律观念不强的员工。④鼓励提前退休或内退。对那些接近退休年龄而未达到退休年龄者，制定一些优惠措施，鼓励其提前退休。⑤加强培训工作，使员工掌握多种技能，增强他们的择业能力，鼓励员工自谋职业。同时，通过培训也可为组织的发展储备人力资本。⑥ 减少员工的工作时间，降低员工的工资水平。如可采用多个员工分担以前只需一个或少数几个就可完成的工作，组织按完成工作量来计发工资。这是西方组织在经济萧条时经常采用的一种解决组织临时性人力资源过剩的有效方法。

（2）组织人力资源供不应求时，应采取的措施有：①内部调剂。可将某些符合条件而又相对富余的人员调往空缺职位，也可通过培训与晋升的方法补充空缺职位。②外部招聘。对组织内部无法满足的某些职位的人员需要，有计划地经由外部招聘来满足。③如果短缺现象不严重，且本组织职工又愿意延长工作时间，则可根据《劳动法》有关规定，制定延长工时并适当增加报酬的计划。④制定聘用非全日制临时工计划。如返聘已退休者，或聘用小时工等。⑤工作再设计。主要是通过工作扩大化，让员工做更多的工作，这样做的结果，不仅能降低员工的单调感和厌烦情绪，而且也提高了人力资源的利用率。⑥ 进行技术创新，增添新设备，以提高员工的劳动生产率。⑦ 减少工作量或将一部分工作外包给其他公司。

总之，以上措施虽然是解决组织人力资源短缺的有效途径，但最有效的方法是通过激励来调动员工的积极性，通过培训以提高员工的业务技能，改进工艺设计以提高劳动生产率，减少对人力资源的需求。

(3) 人力资源总量平衡但结构不平衡时。当组织中的人力资源在总量上是平衡的，但因人员结构不合理，造成某些职位空缺或人员不足时，组织应根据具体情况制定针对性较强的业务计划，如晋升计划、培训计划等，改变结构不平衡的状况。具体措施有：①从企业内部晋升和调整，以补充空缺职位。②对供过于求的普通人力资源进行针对性培训，提高技能后补充到需要的岗位上去。③通过人力资源的外部流动，补充企业的急需人力资源，释放一部分冗员。

10.3 人员招聘

人员招聘是现代组织管理过程中一项重要的、具体的、经常性的工作，也是人力资源管理活动的基础和关键环节之一，它直接关系到组织中各级人员的质量和各项工作的顺利进行，是保持组织生存与发展的重要手段。其具体含义是指组织为了发展的需要，根据人力资源规划和工作分析的要求，采取一些科学的方法，寻找、吸引那些具备资格个人向本企业应聘，并从中选出适宜人员予以录取和聘用的过程。

10.3.1 人员招聘的程序

1. 人员招聘的程序

人员招聘是一项复杂、系统而又连续性的工作，需要组织内部多个部门的参与与协作，同时也容易受到各种环境因素的影响。因此，将复杂的招聘活动规范化、程序化不仅会大大提高招聘活动的效率，而且还会给应聘者以严谨、公平的印象，从而对组织产生好感。

为了更好地了解人员招聘的过程，我们可以从组织和应聘者个人两个不同的角度来进行分析。见图 10－4（a）和 10－4（b）。

10.3.2 人员招聘的途径

1. 内部招聘

内部招聘即优先向组织现有人员传递有关职位空缺的信息，吸引其中具有任职资格、任职能力和任职意愿的员工前来应聘。内部招聘应遵循公开、公正的原则，使每一个员工都感觉获得了平等的机会。常见的内部招聘形式有晋升、平级调动、工作轮换和招回原职工等。

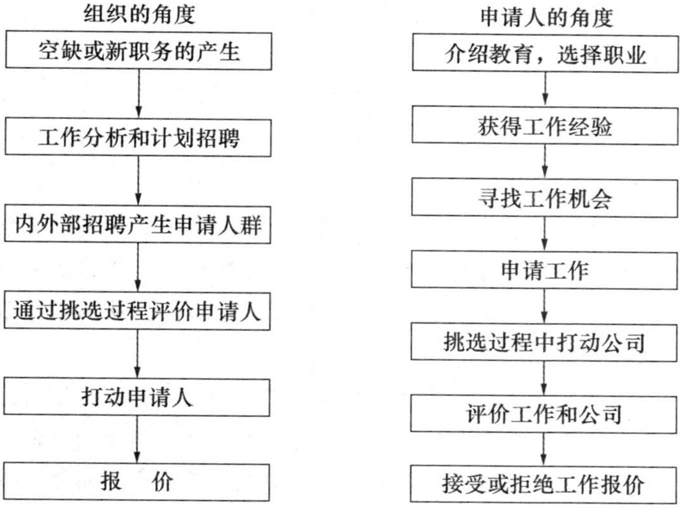

图 10－4（a）组织角度招聘过程　　10－4（b）申请人角度招聘过程

资料来源：吕峰：《人力资源管理》，山西经济出版社 1999 年版，第 85 页。

2. 外部招聘

外部招聘是指从组织的外部筛选和录用公司所需的员工，一般我们所熟悉的、在各种媒体上看到的“招聘”就是指外部招聘。相对于内部招聘而言，外部招聘的来源广泛，更有可能选到有才华的员工。常见的外部招聘来源有学校、竞争者与其他公司、下岗失业者、退休者、老年人、退伍军人和个体劳动者等。招聘的方法有内部人员介绍推荐、毛遂自荐、劳务中介机构、猎头公司、招聘广告、人才交流会、实习以及在各类教育机构组织的校园招聘等等。

【阅读资料 10－1】

内外部人员招聘的优缺点比较

内部招聘和外部招聘是企业获得人力资源（特别是管理人员）的两条途径。有些企业倾向于内部招聘，而有些企业则将外部招聘作为吸收人员的主要途径。两种招聘方式各有其优缺点，企业应该结合自身的具体情况做出正确的选择。

1. 内部招聘的优缺点

（1）内部招聘的优点。①能够产生一定的激励作用，同时完善企业的内部竞争机制。②申请人熟悉企业情况，对一些问题有着较为深刻的认识，在竞聘成功后，能够很快地进入工作角色。③能够节省招聘费用。④便于保持企业政策的一贯性。

(2) 内部招聘的缺点。①难以招聘到高水平的人才。由于企业内部人才有限，现有员工的能力可能无法达到新岗位的要求。②未能竞聘成功的员工可能会失望，一般会将失败归因于不公平的招聘待遇，从而产生挫折感，影响员工士气。③容易产生近亲繁殖现象，在企业内部形成山头林立的小团体。④无法获得外界的经营新思想，企业缺乏创新意识。

2. 外部招聘的优缺点

(1) 外部招聘的优点。①能够带来新的思想，有利于调整企业的知识结构，增强创新精神。②能够节省培训费用。这是因为从外部招聘倾向于有经验的申请人，这些外部招聘来的新员工仅需简单上岗培训就能上岗。③外部招聘能够为组织内部带来竞争压力，是组织成员产生危机感，促使其努力工作。

(2) 外部招聘的缺点。①招聘成本高，招聘活动时间长，尤其是通过猎头公司获取高级管理人员时，招聘费用就更高。②由于对外聘人员的能力缺乏真正的了解，有可能招到名不副实的求职者。③外聘人员有可能不适应新的组织文化，造成水土不服。④外聘人员熟悉新环境需要一段时间，因此进入角色时间较长。

10.3.3 人员的甄选

1. 人员甄选的程序

人员的甄选是人员招聘的关键步骤，是企业获得所需员工的必要手段。挑选方法是否科学，挑选手段是否有效，直接决定了企业能否获得最适合的员工。人员甄选的程序见图10-5。

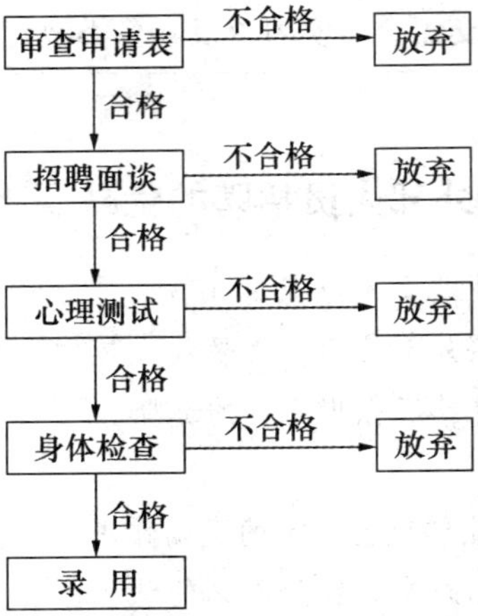

图10-5 人员甄选程序图

2. 人员甄选的方法

人员甄选的方法有多种；如申请表格审查、面试、笔试、身体检查、背景调查与推荐审核等，企业应根据实际情况采用其中的一种或多种。

（1）申请表格审查。企业为了更好地了解申请人信息和比较申请人的情况，需要设计出标准化的申请表格。企业通过对申请人填写后的表格进行筛选，可以用最低的成本进行挑选。在剔除不合格的申请者之后，便可以组织初选合格者进入下一个甄选环节。

（2）面试。面试是人员甄选过程中非常重要的一个环节，它是指由一个或多个面试官主持的、以搜集求职者信息和评价求职者是否具备雇佣资格为目的的面对面的对话过程。企业在挑选申请人的过程中一般都要采用面试的方式。面试中所提的问题一般包括个人的特性、家庭背景、学校教育、工作经验、与人相处的特性以及个人的抱负等内容。

面试的形式有多种，按照所问问题的开放程度可以将面试分为结构化面试、半结构化面试和非结构化面试。所谓结构化面试，指面试时有一套标准的程序，问题多为封闭式问题，由面试者顺序提问。结构化面试一般在初次筛选时使用。非结构化面试是指面试时不拘泥于固定的问题和顺序，面试者可以根据面试时的情境和需要与申请人自由交谈。这种面试方式对面试者的要求较高，需要其具有很强的沟通能力，否则面试气氛容易为被面试者所左右。而半结构化面试则介于两者之间，既包括标准化的问题又有比较宽泛的可以自由回答的开放式提问。这种方式兼具了结构化面试和非结构化面试的优点，因此被广泛采用。

（3）管理评价中心面试。这是一种甄选高级管理人才的技术。在甄选过程中，让候选人在 2～3 天的时间内完成一系列任务，评价专家以隐蔽的方式观察候选人的行为，以此评价候选人的管理潜力。在管理评价中心可能遇到的模拟任务主要有公文处理、无领导小组讨论、管理游戏、个人演说、心理测量及面试等。

（4）笔试。笔试也是一种常见的人员甄选方法，通常在面试之后进行。笔试主要由专业测试和综合测试两部分组成，主要考核应聘者特定的知识、专业技术水平和文字运用能力。这种方法可以有效地测试申请者的基本知识、专业知识、管理知识、综合分析能力、逻辑能力、数学能力、判断能力以及文字表达能力等。

笔试形式主要有七种：多种选择题、是非题、匹配题、填空题、简答题、回答题、小论文，每一种笔试形式都有它的优缺点①。比如论文笔试，它以长篇的文章表达对某一问题的看法，并表达自己所具有的知识、才能和观念等。该方式有下列优点：易于编制试题，能测验书面表达能力，易于观察应聘者的推理能力、创造力及材料概括力。同时它也存在下列缺点：评分缺乏客观的标准，命题范围欠广博，不能测出应聘者的记忆能力。

---

① http：//baike. baidu. com/view/539219. htm。

（5）身体检查。即对申请人的健康状况进行检查，由此判断其是否有不适宜从事本行业的传染病以及身体状况是否能够承受新的工作强度等。

（6）背景调查与推荐核查。核查和证实候选人的背景信息和推荐信息是重要的甄选手段，可以直接证实申请人的工作状况和个人信誉，从而为最终的录用决策提供依据。

10.4 人员培训

10.4.1 人员培训概述

人员培训就是给新雇员或现有员工传授其完成本职工作所必需的基本技能的过程。培训的目的不仅仅局限于基本技能的开发上，更多应看成是创造智力资本的途径，创造出一个有利于人与企业发展的学习型组织。

无论是主管人员还是一般员工，只有通过不断的学习、进步、充实和提高，才能适应组织内外部环境日新月异的变化，才能胜任要求不断提高的各项工作。实践证明，对组织中的员工进行适当的培训，投资回报率是相当高的。

10.4.2 人员培训的方法和类型

人员培训的方法非常多，但为了论述方便，我们可以按照不同的标准，对其进行分类。

1. 按是否离开组织可分为内部培训和外部培训

（1）内部培训。在工作岗位上提供的培训常被认为是很适用于当时的工作的，这种培训节约了将员工送出去培训的费用，通常也能节省邀请外部培训者的开支。但在工作中接受培训也会导致顾客流失和设备损坏，而且如果事情进展不顺利，员工容易泄气。

技术培训通常是在组织内部展开的，他们通常是基于技巧的，例如操作电脑控制的精密仪器。基于广域网和局域网的培训也是正在发展的一种内部培训方法。

（2）外部培训。在内部培训资源有限的情况下，就应该选择外部培训的方法。

当人力资源部门不具备所需培训主题的专业水平，或者没有足够的时间开发内部培训资料，寻求外部专业培训就成为一个趋势。如聘请外部的专家、利用供应商来培训员工、让员工与其他公司的管理者或同行交流等。

2. 按是否离开岗位可分为在职培训和脱产培训

（1）在职培训。对员工进行在职培训是为了使员工通过不断学习掌握新技术和新方法，从而达到新的工作目标要求所进行的不脱产培训。工作轮换和实习是两种最常见的在职培训。所谓工作轮换，是指让员工在横向层级上进行工作调整，其目的是让员工学习多种工作技术，使他们对于各种工作之间的依存性和整个组织的活动有更深刻的体验和更开阔的视野。所谓实习，是让新来人员向优秀的老员工学习以提升自己知识和技能的一种培训方式。在生产和技术领域，这种培训方法通常被称为学徒制度，而在商务领域，则称为实习制度。实习生的工作必须在优秀的老员工带领和监督之下进行，老员工有责任和义务帮助实习生克服困难，使之顺利成长进步。

（2）脱产培训。脱产培训也称离职培训，是指为使员工能够适应新的工作岗位要求而让员工离开工作岗位一段时间，专心致志于一些职外培训。最常见的脱产培训方式包括教室教学、影片教学以及模拟演练等。

3. 按目标和内容不同而进行的分类

（1）专业知识与技能培训。专业知识与技能培训有助于员工深入了解相关专业的基本知识及其发展动态，有助于提高人员的实际操作技能。专业知识与技能培训可以采取脱产、半脱产或业余等形式，如各种短期培训班、专题讨论会、函授、业余学校等。

（2）职务轮换培训。职务轮换是指人员在不同部门的各种职位上轮流工作。职务轮换有助于受训人员全面了解整个组织的不同工作情况，积累和掌握各种不同的工作经验，从而提高他们的组织和管理协调能力，为其今后的发展和晋升打好基础。

（3）提升培训。提升是指将人员从较低的管理层级暂时提升到较高的管理层级上，并给予一定的试用期。这种方法可以使有潜力的管理人员获得宝贵的锻炼机会，既有助于管理人员扩大工作范围，把握机会展示其能力和才干，又能使组织全面考察其是否适应和具备领导岗位上的能力，为其今后的发展奠定良好的基础。

（4）设置助理职务培训。在一些较高的管理层级上设立助理职务，不仅可以减轻主要负责人的负担，而且有助于培训一些后备管理人员。这种方式可以使助理接触到较高层次上的管理实务，使他们不断吸收其直接主管处理问题的方式和经验，在特殊环境中积累特殊经验，从而促进助理的成长。

（5）设置临时职务培训。设置临时性职务，可以使受训者体验和锻炼在空缺职位上的工作情景，充分展示其个人能力，避免“彼得现象”的发生。劳伦斯·彼得曾经发现，在实行等级制度的组织中，每个人都崇尚爬到能力所不及的层次。他把这种由于组织中某些管理人员被提升后不能保持原来的成绩，反而可能给组织效率带来大滑坡的现象归结为“彼得原理”。

4. 按培训对象的不同而进行的分类

（1）新员工的培训。应聘者一旦被决定录用后，组织中的人事部门应该对他将要从事的工作和组织的情况给予必要的介绍和引导，西方国家称之为职前引导。

（2）管理人员的培训。许多培训基层员工的方法同样适用于培训经理和主管们，但有许多方法是专门用于培训管理层的。与培训非管理层的员工相比，管理人员培训的方法在采用的学习原则和传授知识、技能、能力的途径上有所不同。

具体而言，管理人员培训的方法主要有以下几种：①在职经验积累。某些技能和知识只能通过聆听、观察或阅读取得，而有些知识和技能只能通过实践和经验积累获得，锻炼经理们在压力下工作或从错误经验中学习，在职发展的经验积累可能是最有效、使用最广泛的方法。②行为模拟。行为模式综合了数种培训方式，也就是综合了多种学习原则，它展示所需行为方法，给学员机会练习模仿那些行为，并听取他们的反馈意见。③角色扮演。角色扮演包含了假想的态度与行为，通常用于主管与其下属处理一个特殊问题的情景之中。通过扮演他人所处的角色，学员们可以提高理解和交际的能力，学习怎样从另外一个角度看待问题。角色扮演在培训管理人员处理缺勤、绩效评估和矛盾冲突时特别有效。

此外，还可通过案例研究、管理游戏、研讨会等形式或方法，对管理人员进行培训。

（3）非管理人员的培训。培训各类层次的员工有多种方式。一些方式已有悠久的历史，全新方式的兴起则建立在研究人类行为学的基础之上，特别是在学习、激励和人际关系领域。近年来，随着科技的进步，特别是电脑软件的日新月异，在许多场合，这些培训方式与传统的培训方式相比更为行之有效和经济实用。

①在职培训。在职培训是让员工在领班或培训导师的指导下获得第一手经验。对于非管理层员工培训，适用范围最为广泛的就是在职培训。

在职培训的优势在于提供日常生活工作条件的第一手经验，并为经理们提供了与新员工建立良好关系的契机。虽然目前在职培训已被广泛采用，但它仍然未能得以良好地实施。其三大缺陷是：缺乏完善的培训环境、经理们的培训技能拙劣、缺少定义完整的工作表现尺度。为克服这些弊端，培训专家们建议：针对每一在职培训领域，开发实际的目标和衡量标准；为每一位受训者制定具体的培训时间表（包括设定评估与反馈时间）；帮助经理们建立无危险的、引导学习的氛围；培训结束后，进行阶段性评估，以防退步。

②学徒式培训。学徒式培训是一种培训的体系，员工在这种体系中通过岗位与课堂、理论与实践等方面的学习来掌握技能。对那些刚开始工作的员工，特别像机械师、实验室技术员或电工等，通过这一方法，可以针对工作从理论和实践两方面给予指导和经验传授。

③合作培训和实习。与学徒式培训相似，合作培训实际是将在职培训与正式的课堂训练结合在一起。“合作培训”这一术语主要用于高中或大学的业余或全日制实践培训课程上。近些年来，在职培训与正式课堂培训的结合不断增加，学生们既可选择从事技术工作，也可选择大学教育。

实习，即大专院校和各类公司机构合作，为学生提供的接触社会的机会，帮助学生们了解如何在现实的机构内工作。学生们崭新的思想、旺盛的精力、对工作成果的强烈渴求同样使组织获益匪浅。

④课堂培训。课堂培训由最少的培训者指导最多的受训者。此类培训的主要形式包括讲

座、演示、播放录像和影片、计算机教学。它的一个优点是可以在相对较短的时间内传递大量信息。特别是应用声像设备及多媒体技术进行教学时，其效果更加突出。其缺点在于时间和场所比较固定。

需要补充说明的是，以上分类从某种意义上说，是为了阐述的方便，并没有严格的区分标准，不同分类之间也存在着交叉。

10.5 绩效考核和报酬系统

绩效考核是检验其他人力资源管理活动的手段，也是改进人力资源管理系统的重要依据，同时还是薪酬决策的基础。

10.5.1 绩效考核概述

1. 绩效及其特征

员工的工作绩效（performance），是指员工经过考评并被认可的工作行为、表现及结果。对组织而言，绩效就是任务在数量、质量和效率等方面完成的情况；对于员工个人来说，则是上级和同事对自己的工作状况的评价。企业通过对其员工工作绩效的考核，获得反馈信息，据此制定相应的人事决策与措施，调整和改进其效能。绩效具多因、多维和动态的特性。

2. 绩效考核的目的

绩效考核的目的主要是进行行政管理，如制定调迁、升降、委任、奖惩等人事决策；但其目的也有培训开发性的，如考核结果对被考核者的反馈，以及据此结果制定与实施培训计划等。绩效考核的主要目的有如下六种。

（1）绩效考核本身首先是一种绩效控制的手段，但因为它也是对员工业绩的评定与认可，因此，它具有激励功能，使员工体验到成就感、自豪感，从而增强其工作满意感。另一方面，考评也是执行惩罚的依据之一，而惩罚也是提高工作效率、改善绩效不可缺少的措施。

（2）按照按劳分配的社会主义付酬原则，考评之后应论功行赏，所以考评结果是薪酬管理的重要工具。薪酬与物质奖励是激励员工的重要工具。健全的考评制度与措施，能使员工普遍感到公平与心服，从而也增强其工作满意度。

（3）绩效考核的结果又是员工调迁、升降、淘汰的标准，因为通过绩效考评可以评估员工对现任职务的胜任程度及其发展潜力。

（4）考核对于员工的培训与发展有重要意义。一方面，绩效考评能发现员工的长处与不足，对他们的长处应注意保护与发扬，对其不足则实行辅导与培训。对于培训工作，绩效考评不但可以找出培训的需要，据此判定培训措施与计划，还可以检查培训措施与计划的效果。

（5）在考核中，员工的实际工作表现经过上级的考虑与测评，可通过面谈或其他渠道，将结果向被评员工反馈，并听取反映、说明和申诉。这样，绩效考核便具有促进上、下级间的沟通，了解彼此对对方的期望的作用。

（6）考核的结果可提供给生产、供应、销售、财务等其他职能部门，作为制定有关决策的参考依据。

工作绩效考核是人力资源管理的主要职能。国内外许多企业的实践证明，绩效考核也是最棘手的问题，它往往需要投入较大的人力、物力、财力，但不一定能达到预期的效果。根据国内外企业的实践，绩效考核应坚持客观、公平、公正等原则，并做到经常化、全面化和考核后的及时反馈。

10.5.2 绩效考核的程序

绩效考核是企业根据员工的职务说明，对员工的工作业绩，包括工作行为和工作效果进行考察与评估。绩效考核一般分为横向程序和纵向程序两种。

1. 横向程序

（1）制定计划。为了保证绩效考核工作的顺利进行，必须事先制定计划。计划的内容包括：明确考核的目的和对象、内容、时间和方法。

不同的考核目的有不同的考核对象。为晋升职称而进行的考核，对象应该是专业技术人员；为评先进、决定提薪、进行奖励而进行的考核，对象往往是全体员工。

不同的考核目的和对象，考核的重点内容不同。为发放奖金进行的考核，应以考核绩效为主；而提升职务，既要考核工作成绩，更要注意其品德及能力，着眼点是开发潜力。

考核目的、对象和内容不同，考核的时间也应有所区别。思想觉悟及工作能力是不会迅速改变的，考核周期应该长一些，一般每年一次；工作态度及绩效则变化较快，周期可短一些，以便随时调整管理措施。

（2）制定绩效考核标准。确定考核标准对绩效考核来说，具有重要意义。首先，没有客观的考核标准，考核者就无法客观地对被考核者做出正确的评估；其次，如果考核标准不适当，则员工的工作表现和执行任务的情况就无法给予正确的衡量和评价。

一般来说，考核标准包括绩效标准、行为标准以及任职资格标准。这些标准在员工的工作计划、工作目标或工作任务中都应有明确规定。

（3）考核结果的分析与评定。考核结果分析与评价的任务是对员工的德、能、勤、绩等做出综合性的评价。考核的记录要与既定的标准进行对照来做分析与评判，从而获得考核的结论。

（4）结果反馈与实施纠正。绩效考核的结论通常应与被考核者见面，使其了解组织对自己工作的看法和评价，从而发扬优点，克服缺点。但另一方面，还需针对绩效考核中发现的问题，采取纠正措施。因为绩效是员工主客观因素的综合结果，所以，纠正不仅是针对被考核员工的，也要针对环境条件做相应的调整。

2. 纵向程序

纵向程序是指按组织层级进行绩效考核的程序。绩效考核一般先对基层考核，再对中层考核，最后对高层考核，形成由下向上的过程。

(1) 基层考核。基层考核是指以基层为起点，由基层部门的领导对其直属下级进行考核。考核分析的单元既包括员工个人的工作行为（如是否按规定的工艺和操作规程进行工作等)、员工个人的工作效果（如出勤率、产量等)，也包括影响其行为的个人特征和品质（如技能、期望与个人需要等)。

(2) 中层考核。基层考核之后，便会上升到对中层部门的考核，内容既包括中层干部的行为与特征，也应该包括部门总体的工作绩效（如任务完成的效率等)。

(3) 高层考核。考核上升到公司领导层时，主要由公司所隶属的上级机构对公司高层进行考核，其内容主要是经营效果方面的硬指标的完成情况（如市场占有率、利润率等)。

10.5.3 绩效考核的方法

实际运用的绩效考核方法多种多样，都是人们在多年的管理实践中积累并经过管理理论工作者升华、改进的结果。不同的考核方法，其成本及考核人与被考核人为此付出的时间和努力也有或多或少的差别。同时，不同的方法考核绩效的不同方面。因而，在选择考核方法时应视考核对象、考核目的而具体拟订。也就是说，任何一种考核方法都具有其优、缺点，并且有其特定的适用范围。

(1) 民意测验法。民意测验法就是请被考核者的同事、下级及有工作联系的人对被考核者从几个方面进行评价，从而得出对被考核者绩效的考核结果。

(2) 目标考核法。目标考核法是一种主要以工作成果为依据来对员工的绩效做出评价的方法。它是目标管理原理在绩效考核中的具体运用，与组织的目标管理体系以及工作责任制等相联系。作为目标考核主要内容的工作成果由工作目标被实现的程度来体现。这种方法要求管理者首先根据目标管理原理和工作责任制确定各部门及个人的工作目标，然后将员工的绩效同这个预先设定的工作目标相比较，得出超过、达到、有距离、差距很大等结论。

(3) 等级法。等级法是一种传统的方法，在绩效考核活动中使用很广泛。等级评估要求将反映绩效的诸方面内容归纳为若干条目，如对工作的了解、工作的产量和质量、与他人的合作程度、对顾客的热诚、对公司的忠诚、学习能力、安全意识、按照指令行事的能力等；而每一项内容都有优、良、中、差的分级。对员工绩效的各方面有一个相对的评价，各项评价的总和即是对员工绩效的总的评价。

（4）360度绩效评估法。在绩效评估的传统实施方法中，管理者是绩效评估的主宰者，被考评者结果的好坏均取决于上级管理者或管理部门，绩效评估仅仅起到记录卡的作用，没有充分发挥和利用评估结果来增强员工个人及组织的效能。因此，如何使评估结果更加客观、全面和可靠，同时强化评估反馈，已经成为企业绩效管理工作迫切需要解决的问题之一。360度绩效评估以多角度反馈被评估者工作绩效的特点而成为越来越多企业绩效评估阶段的主要实施方法。

360度绩效反馈评价（360-degree feedback）又称多评估者评估（Mutirater assessment）或多角度反馈系统（Mutisource Feedback），是建立在以下两个简单假设基础之上的：一是来源于测量理论，对一个个体从多个角度观察可以得出更多有效和更可靠的结果，因此也更有意义和作用；二是行为及观念的改变贯穿在增强自我意识的过程中，自我意识改变，行为也将发生改变。

在实际使用中，由于使用目的的差异性，360度绩效反馈评价反映出不同的策略目标取向。例如，Frankel（1997）认为360度绩效反馈评价主要致力于四种策略目标：员工的个体发展；同伴的指导和团队的发展；领导的发展；帮助那些由于拥有技术能力而缺乏交流、领导、团队工作等技能的落伍员工。在360度绩效考评模式中，评价者不仅包括被评价者的上级主管，而且包括与其工作密切的人员，如同事、下属、客户等，同时还包括被评价者本人的自评，即其通过不同层面群体搜集对自己的评价信息。

360度绩效反馈评价一方面促使被评价者全面认识自己，为员工的个人发展提供信息，促使管理技能的提高，改善团队工作；另一方面提高绩效评价的效果，激励员工对组织变革的参与，提高培训效果和员工满意度，强化企业文化的建立，促进企业的进一步发展。

10.5.4 员工报酬系统

报酬是员工为企业提供劳动而得到的各种货币与实物报酬的总和。报酬系统是人力资源管理中极为重要的组成部分，一般由基本工资体系、奖金激励体系和员工福利体系三个部分组成。薪金报酬系统因组织而异，但都由组织报酬政策决定，并受组织所在的政府相关法律法规的制约。

1. 基本工资体系

（1）基本工资制度的类型。过去，无论是政府机关，还是企业、事业单位，工资制度都由国家统一规定。经过近多年的改革，企业已经获得内部自主分配权，可以在国家宏观调控的范围内，根据自身情况，选择最适合的工资制度。目前，企业常用的工资制度有以下四种：①绩效工资制。绩效工资制的特点是员工的薪酬主要根据其近期的劳动绩效来决定，员工的薪酬随劳动绩效量的不同而变化，并不是处于同一职务（或岗位），或者技能等级相同的员工都能拿到相同数额的劳动薪酬。计件工资、销售提成工资、效益工资等的薪酬结构，都属于绩效工资制。②工作工资制。工作工资制的特点是员工的薪酬主要根据其所担任的职务（或岗位）的重要程度、任职要求的高低以及劳动环境对员工的影响来决定，薪酬随着职务（或岗位）的变化而变化。岗位工资制、职务工资制等的薪酬结构都属于工作工资制。③能力工资制。能力工资制的特点是员工的薪酬主要根据员工所具备的工作能力与潜力来确定。职能工资、能力资格工资、我国过去工人实行的技术等级工资等的薪酬结构都属于能力工资制。④组合工资制。组合工资制的特点是将薪酬分解成几个组成部分，分别依据绩效、技术和培训水平、职务或岗位、年龄和工龄等因素确定薪酬额。组合薪酬结构使员工在各个方面的劳动付出都有与之相应的薪酬，某员工只要在某一个因素上比别人出色，都能在薪酬上反映出来。岗位技能工资、薪点工资制、岗位效益工资、我国公务员目前实行的职级工资制等的薪酬结构都属于组合工资制。

（2）基本工资体系的设计程序。组织在设计基本工资体系时，应遵从以下基本程序：①薪酬调查。一般而言，薪酬调查由组织的人力资源主管负责，通过选择恰当的部分组织作为调查对象，并争取到这些组织的合作，从调查对象的薪酬内容、基本薪酬情况、工作时间以及相关奖金和福利入手，收集所需的基本资料，最后予以整理和统计，作为决定本组织薪资政策的依据。②确定薪酬总额。薪酬总额的计算，通常考虑的因素有组织的支付能力、员工的基本生活费用、一般的市场行情。其中，员工基本生活费用的衡量要把握两点，一是用于员工基本生活的费用是组织必须支付的薪酬，二是用于员工基本生活的费用应随物价和生活水平的变动而变动。变动时应及时了解政府发布的物价指数情况报告和地区间的物价差异。生活水平高低的确定应有客观的基准，不能无限制地上升或下降。③选择合适的基本工资制度。选择合适的基本工资制度，是指组织应在绩效工资制、工作工资制、能力工资制和组合工资制四种基本制度中做出选择。④选择合适的薪酬结构。所谓薪酬结构，就是指薪酬由哪些项目构成及它们的构成比例如何。在设计基本工资体系时，就要确定基本工资在整个薪酬中所占的比重。⑤成果汇总。通过上述程序，确定组织薪酬的基本管理方法，将这些方法规范化、制度化，最后形成一个文件，就是薪酬制度。

2. 奖金激励体系

企业使用的奖金激励计划多种多样，针对不同类型的员工，要实施不同的激励计划。

（1）针对管理人员的激励计划。管理人员的工作绩效关系到整个企业的兴衰成败，其激励计划包括短期激励和长期激励两个部分。短期激励是对管理人员完成短期目标的奖励，长期激励是奖励为企业长期绩效做出贡献的管理人员。

大多数企业对管理人员实施的短期激励都是以年度奖金的形式出现的，数额根据年度企业业绩的不同而不同，一般以现金的形式支付。年度激励计划与短期的财务绩效直接挂钩，使管理人员能很快地看到自己努力的结果，有助于企业经营效益的快速改善。但其最大的缺点是容易导致短期行为的发生。年度激励计划的薪酬政策适合于对企业的短期发展有着较大影响的基层管理人员，而且短期激励在整个薪酬体系中所占的比重较小。

长期激励更适合于企业的高层管理人员，能使高层管理人员在计划、组织、领导和决策时更加注重长期观念，以促进企业的长期发展和繁荣，在企业长期发展的基础上，鼓励他们与企业共同奋斗。长期激励计划一般具有薪酬延期支付的性质并通过资本增值的形式予以实现，主要包括股票期权、股票增值权、受限股票、虚拟股票、绩效计划五种。对中层管理人员来说，要注意短期激励与长期激励的平衡。

（2）针对销售人员实施的激励计划。营销对企业的重要性不言而喻，因而对销售人员实施何种激励计划，对吸引、维系和激励优秀的销售人员及企业本身都是至关重要的。由于销售人员工作的特殊性，对他们的激励计划主要有佣金制、基本工资加佣金制、基本工资加奖金制、基本工资加津贴制、基本工资加红利制五种形式。

①佣金制。佣金制是直接根据销售额的一定比例来确定销售人员的报酬，它是根据业绩来确定报酬的典型。这种制度将个人收入与绩效直接挂钩，因而对销售人员的激励作用是非常明显的。但佣金制缺乏稳定性，并导致销售人员的短期行为，只注重扩大销售额，而忽视对长期客户的培养。特别值得一提的是，佣金制会给销售人员很大的心理压力，影响他们对企业的归属感。

②基本工资加佣金制。这种制度是指销售人员领取一定数额的基本工资，然后按照其业绩来提取佣金。它保证了销售人员有最基本的工资收入，解决了纯佣金制下的销售人员因收入不稳定而出现的生活不安定、对企业的归属感欠佳等问题。但该制度的缺点是若激励效果不佳，也容易使销售人员产生短期行为。

③基本工资加奖金制。这种制度也是指销售人员领取一定数额的基本工资，然后按照工作的业绩领取奖金。企业通常为销售人员制定一个销售业绩指标，只要完成该目标，销售人员就可以领取一定数量的奖金。

④基本工资加津贴制。在这种制度下，销售人员的薪酬体系与企业中的其他员工基本相同，只是根据其工作性质加上一定的出差津贴、销售津贴等。这种制度可鼓励销售人员更多地培养企业的长期顾客，但因个人收入与工作业绩无关，会影响具有潜在高绩效员工的进取精神。

⑤基本工资加红利制。在这种制度下，销售人员除了领取固定的工资项目外，还可以从企业的利润中分红。这种制度中的基本工资与其他人员完全一样，同时按照销售人员个人（或者部门）直接实现的销售利润额来确定销售人员的红利。

（3）针对专业技术人员实施的激励计划。专业技术人员是指那些用其所掌握的专业知识为企业的发展解决问题或是从事专业技术研究的员工，主要指企业中的研发人员、技术人员、工程师、经济师、会计师等。对于专业技术人员来说，因其报酬一般较高，且成就需要较为强烈，金钱的激励作用并不明显。因此，对专业技术人员，除了用奖金支付、利润分享及企业股票认购等进行激励外，更应该注重为其创造良好的工作条件，更多地提供多种学习和培训的机会。

（4）团队激励计划。现代企业要想在全球竞争中寻求生存和发展，团队是必不可少的，以团队为基础的组织结构直接把团队与组织联系起来，这种结构既可以使组织战略目标保持一致，又可以培养员工的凝聚力。

团队保持竞争力是通过提高产品和服务质量来实现的，同时他们还削减成本，提供更快捷的服务及以最快的速度使新产品上市。通过实施团队激励计划，员工感到自己被赋予了更多的授权，更有能力影响团队的方向。更重要的是，团队激励还可以使组织的其他成员能够直接分享团队绩效改善带来的好处。但是，团队激励无法区分绩效突出的个人与绩效不佳的个人。

3. 员工福利体系

（1）福利的内涵。员工福利，从宏观上讲，是指国家及社会兴办的教育、文化、医疗卫生等事业，各种生活补贴与其他福利设施等；从微观上讲，是指各社会组织主要依靠自己力量举办的集体福利设施、提供的生活补贴等，其目的是减轻所属员工负担，改善员工生活，保证员工正常和有效地进行劳动。这里的员工福利体系，是指组织在国家和社会福利的基础上，提供具有组织自身特色的福利。福利是组织整体报酬体系的一部分，与工资和奖励不同，它的提供与员工的工作绩效及贡献无关。

（2）福利的作用。福利的作用主要表现在以下几个方面：①福利具有维持劳动力再生产的作用。企业中的福利可以满足员工的一些基本生活需求，解决他们的后顾之忧，从而创造一个安全、稳定、舒适的工作和生活环境，有利于员工的体力和智力的恢复。②福利是激励员工的重要手段。福利计划有利于员工的生存和安全需要，增加职业安全感，也会使员工产生由衷的工作满意感，进而激发员工自觉为企业目标而奋斗。③福利有助于提升员工对企业的忠诚度。福利体现了企业对员工生活的关心，可以增强企业的凝聚力和员工对企业的认同感，使员工对企业更加忠诚，与企业结成利益共同体。④福利能够吸引优秀人才。优秀人才是企业发展的关键。现代企业的管理理念是，良好的福利比高工资更能吸引优秀员工加盟，即使是想离职的员工，有时也会因为企业良好的福利项目而放弃跳槽的念头。

（3）福利的形式。福利的形式多种多样，既有以货币形式支付的，又有以实物形式发放的。在企业的管理实践中，几乎没有一个企业能够为其员工提供所有的福利，而是一般从中挑选出一些适合本企业的福利形式。另外，不少企业对不同性质（如正式工、临时工、合同工等）的员工提供不同形式的福利。但应注意，无论采取哪种形式的福利，都必须以公平、合理、能平衡员工的心理要求和推动组织的发展为前提。

福利的形式主要可分安全福利、保险福利、个人福利、带薪休假及其他福利。其他福利主要包括用于改善员工日常生活的项目、员工文化娱乐的项目、教育培训项目等。例如，为减轻员工生活负担和家务劳动而建立的托儿所、幼儿园、浴室、理发室、单身集体宿舍、食堂等。又如，为丰富员工业余生活而举办各种文体活动和提供各种文体设备，包括组织郊游、举办各种联欢会、设立阅览室和图书馆、组织球类和棋类等各种比赛等。

本章习题

一、单选题

1. 企业中最重要的资源是（　　）。

A. 人力资源　　B. 物力资源

C. 信息资源　　D. 关系资源

2. 设置岗位的基本原则是（　　）。

A. 因人设岗　　B. 因事设岗

C. 因人力资源设岗　　D. 因企业结构设岗

3. 人力资源管理的首要任务是（　　）。

A. 培训员工　　B. 岗位分析

C. 招聘员工　　D. 确定人力资源规划方案

4. 主管人员用人艺术之一是要知人善任，这也反映了人员配备工作中的（　　）。

A. 公开竞争　　B. 责权利一致

C. 用人之长　　D. 不断培养

5. 服装厂规定缝纫车间工人每天加工完成30件衬衫，即30件/工日。这是哪种常见的定额形式（　　）?

A. 时间定额　　B. 产量定额

C. 服务定额　　D. 看管定额

6.（　　）是指员工的薪酬主要根据其所担任的职务（或岗位）的重要程度、任职要求的高低以及劳动环境对员工的影响来决定。

A. 绩效工资制　　B. 工作工资制

C. 能力工资制　　D. 组合工资制

7. 组织人员配备的根据是（　　）。

A. 职务的要求　　B. 领导的意见

C. 人事部门的建议　　D. 个人的公关能力

8. 导致组织内部人浮于事，内耗严重的人力资源供求情况是（　　）。

A. 人力资源供求平衡　　B. 人力资源供大于求

C. 人力资源供小于求　　D. 无法确定

二、多选题

1. 人力资源管理与传统人事管理的主要区别在于（　　）。

A. 对人的认识不同　　B. 工作内容不同

C. 管理者的能力不同　　D. 工作性质不同

E. 组织的性质不同

2. 按照所问问题的开放程度可以将面试分为（　　）。

A. 结构化面试　　B. 半结构化面试

C. 非结构化面试　　D. 标准化面试

E. 非标准化面试

3. 内部招聘的优点主要有（　　）。

A. 能够完善内部竞争机制　　B. 申请人熟悉情况，能够尽快进入角色

C. 有利于调动员工积极性　　D. 能节省评价费用

E. 能够保持企业政策的连贯性

4. 人力资源规划的总目标有（　　）。

A. 企业在适当时机，获得适当人员

B. 最大限度地开发和利用人力资源的潜力

C. 有效的激励员工，保持智力资本竞争的优势

D. 实现人力资源的最佳配置

E. 实现对员工的持续培养

三、名词解释

人力资源管理　　人力资源规划　　人员培训　　面试　　福利

四、简答及论述题

1. 试述人力资源管理的基本内容和基本职能。

2. 简述人力资源规划的程序。

3. 外部招聘的优缺点有哪些？

4. 组织人员招聘的途径有哪些？请分别予以简要说明。

5. 什么是绩效考核？绩效考核的目的是什么？

案例讨论

王永庆的“招聘经”

台塑董事长王永庆在台湾是一个家喻户晓的传奇人物，他从白手创业到主持台湾规模最大的台塑企业集团，从贫无立锥之地到台湾首富，是经过一番努力奋斗的。王永庆在主持台塑集团后，对人才的引进尤为重视，并形成了他自己的一套“招聘经”

1. 向社会招聘人才

台塑集团在刚刚起步时，在报纸上公开登出向社会招聘高级技术管理人才的广告，一时间，200 余名专业技术人员前来报名，自荐担任台塑集团的经理、部门主管、总工程师、总会计师等职位。在应聘人员中，有搞了几十年机床设计的高级工程师，也有搞飞机制造、船舶动力装置的高级工程师，还有化工、物理、电器等专业的技术人员。王永庆专门从台北大学聘请来人力资源管理方面的专家组成招聘团，并由自己亲自主持招聘。随后，招聘团对应聘者进行了笔试、口试等选拔测试。

经过几轮激烈竞争的考试，自荐者各自显示出自己的才干。答辩中，原某化工公司的高级工程师黄某对台塑集团的某型产品得到质量金牌未有赞词，却提出了居安思危、改进产品的新思想。他说，目前塑料制品的生产技术欧美居于领先地位，我们要将别人的技术加以消化吸收，形成自行开发、独立设计、制造新产品的能力，争取开创世界一流水平。一番话给招聘团成员留下了深刻的印象，王永庆高兴地说：“我在这里看到了人才流动将会给集团输送多少优秀的管理人才和技术人才啊!”最后经过多方面的考察和调查，包括该名工程师在内的一批人才被集团高薪聘用。

这次向社会公开招聘人才的尝试，给台塑集团带来了新的生机和活力。新招聘的高级技术管理人员到任不久，便与集团领导、技术人员、工人们密切合作，开发出许多新产品，在亚洲市场的竞争中取得了优势，使台塑集团迅速地成长壮大为国际知名的企业集团。

2. 从内部寻找人才

企业的兴衰，人才是关键，所以大多数企业都争相到企业外去招揽人才。王永庆不完全同意这种做法，他认为人才往往就在你身边，因此求财者应首先从企业内部去寻找。他说：“寻找人才是非常困难，最主要的是，自己企业内部管理工作要做好；管理上了轨道，大家懂得做事，单位主管有了知人之明，有了伯乐，人才自然就被发掘出来了。自己企业内部先行健全起来，是一条最好的寻人之道。”

如今大多数企业家，虽然求才若渴，可是，由于企业内部基本的管理工作没有做好，有很多人才而不自知，却在那里大叹求才之难，由于管理未上轨道，根本不知道需要什么样的人才，而盲目到外边寻找人才。对此，王永庆进一步分析指出："企业家对自己企业内有无人才浑然不知，对人才不给予适才适所的安置，人才也是枉然。身为企业家，应该知道哪个部门为何需要此种人才。"例如，这个单位欠缺一个分析成本的会计人员，或是电脑的程序设计人员；究竟是哪种成本分析？需要的是哪一部门的电脑专家？困难在哪里？从哪里去找？如果这些都不清楚，如何去找人才呢？应该说，遇到这种情况，先确定工作职位的性质与条件，再决定何种类型的人来担任最适宜。

基于这个道理，台塑每当人员缺少时，并不是立即对外招聘，而是先看看本企业内部的其他部门有没有合适的人员可以调任，如果有的话，就在内部解决，填写"调任单"，两个单位互相调动即可。负责人事的台塑高级专员陈清标说："通过内部的甄选有两大优点，一方面可以改善人员闲置与人力不足的状况；另一方面则因人员已熟悉环境，训练时间可以节省下来。这种做法的好处是，发挥了轮调作用，将那些不适合现职的人，或对现职有倦怠的人另换一个工作，使其更能发挥所长，而且分工太细组织僵化等现象，也可以从调任中消除掉。"

资料来源：张顺，《成功招聘》，海天出版社 2002 年版，第 124～126 页。

思考讨论题

1. 人员招聘时应该注意哪些问题？
2. 王永庆的招聘理念给我们哪些启示？

第 11 章 领导

内容提示

领导是管理的一项重要职能，也是有效管理的一个重要方面，它能够直接影响到其他管理职能发挥作用。如何有效地进行领导是现代管理者必须掌握的一种基本技能。本章着重讲述领导的概念、人性假设及领导方式，以及几种主要的领导理论和领导艺术等内容。

【开篇引例】

"闲可钓鱼"与"无暇吃鱼"

1. "闲可钓鱼"的王业震

新港船厂是中国船舶工业总公司属下一家较为大型的企业，1982 年 11 月，46 岁的高级工程师王业震出任该厂厂长。当时有职工 6500 人，固定资产 1.2 亿元。在技术上和管理上，借鉴日本三井造船、大阪造船等企业的经验，锐意改革。

企业内部管理体制设两大系统：直线指挥系统和职能系统。日常工作中，上级不可越级指挥，但可越级调查；下级不可越级请示，但可越级投诉。明确每个人只有一个直接上级，而每个上级直接管辖的下属为 3 ~9 人。归厂长王业震本人直接领导的只有 9 人。此外，专设 3 个"厂长信箱"，随时了解职工的意见和建议。一次，某车间工人来信反映某代理工段长不称职，王业震于第二天收阅后批转有关部门查处，经调查属实随即作人事调整，前后仅 5 天时间。

"一个厂长不时时想到为工人服务，就没有资格当厂长。"一次，香港和美国的两艘货轮在渤海湾相撞，由该厂承担抢修业务。在夜以继日的抢修中，王厂长让后勤部门把馒头、香肠、鸡蛋送到现场。任务提前完成后，盈利 80 万元。王业震和厂领导班子决定破例发给参加抢修的职工加班费和误餐补助费 8600 元。

新领导班子对会议作了改革。全厂必须召开的 15 个例会，时间、地点、出席人员都通过制度固定下来。一般会议不超过2小时，每人发言不超过15分钟。王本人每周仅召集两次会：厂长办公会和总调度会。

王业震基本上按时上下班，很少加班加点。每逢出差外出，他就委托一位副厂长代行职权。厂里曾经委派一位中层管理人员去日本监造主机，行前又明确授权让他一并购买主机控制台用的配件。那人到日本后，却接连就价格、手续、归期等事项挂国际长途电话向厂里请示。王业震的答复是："将在外，君命有所不受。你是厂里的全权代表，可以做主，不要遇事请示，那里的事你相机定夺嘛。今后再挂电话来，电话费由你自己付。"

仅仅一年光景，新班子和王业震初试锋芒即见成效。1983年，新港船厂造船4艘、修船137艘，工业总产值、利润、全员劳动生产率分别比上年增长25.6%、116%和20%。

2. "无暇吃鱼"的步鑫生

海盐衬衫总厂坐落在浙江省海盐县武原镇。该厂的前身是成立于1956年的红星成衣社——一个仅有30多名职工的合作社性质的小厂。自1976年起，该厂由门市加工为主的综合性服装加工转为专业生产衬衫。此后，陆续开发出了双燕牌男女衬衫、三毛牌儿童衬衫和唐人牌高级衬衫等产品。到1983年，该厂已拥有固定资产净值107万元，600多名职工，当年工业总产值1028万元，实现利润52.8万元。步鑫生闻名遐迩。

成功容易却艰辛。步鑫生为厂里大大小小的事情，可谓"殚精竭虑"、"废寝忘食"。他性喜吃鱼，却忙得连吃鱼也顾不上了。有一次，食堂里没有别的菜，只有鱼。鱼颇鲜美，正合口味，可是他只吃了几口，因为太费时间，张口将未咀嚼的鱼连肉带刺吐了出来，三口两口扒饭下肚后，急匆匆地走了。他每天工作十五六个小时，从不午睡，每次出差，都是利用旅途小憩，到达目的地立即投入工作。

步鑫生常对厂里职工说："上班要拿出打老虎的劲头。慢吞吞，磨蹭蹭，办不好工厂，干不成事业。"他主持制订的本厂劳动管理制度规定：不准迟到早退，违者重罚。有位副厂长从外地出差回来，第二天上班迟到了3分钟，也被按规定扣发工资。以1983年计，全厂迟到者仅34人次。步本人开会、办事分秒必争，今天要办的事绝不拖到明天。在他的带动下，全厂上下形成了雷厉风行的作风。只要厂内广播一通知开会，两分钟内全厂30名中层以下干部凡是在厂的全都能到齐。开会的时间一般不超过15分钟。

进入1984年，一阵风在中国刮起了"西装热"。步鑫生先是不为所动，继而办起了一个领带车间，但最后终于作出了兴办西装分厂的决策。在与上级主管部门的一次谈话中，前后不过2小时，步鑫生作出了这一重大决策。副厂长小沈闻讯提出异议："不能这样匆忙决定，得搞出一个可行性研究方案。"然而，这一意见被步厂长一句"你懂什么，老三老四"否定了。一份年产8万套西装、18万美元的估算和外汇额度的申请报告送到了省主管部门，在那里又加大了倍数，8万套成了30万套，18万美元成了80万美元，层层报批、核准，6000平方米的西装大楼迅速进入施工，耗资200万元。

无奈好景不长。宏观经济过热急剧降温，银根紧缩，国家开始压缩基建规模。海盐厂的西装大楼被迫停工。与此同时，市场上一度十分抢手的西装也出现了滞销迹象。步鑫生是靠衬衫起家的，年产120万件的产量和“唐人”、“三毛”、“双燕”三大牌号的衬衫令他自豪。但代表本厂水平的“唐人”牌高级衬衫在全国同行业产品评比中落选了。

1985年秋，步鑫生被选送到浙江大学管理专业深造。他并不因此而稍有解脱，企业严峻的经营状况令他放心不下。他频频奔波于厂校两地，在厂的日子远多于在校时间。半年之后，他退学回厂，决心以3年时间挽回企业的颓势。

步鑫生精明强干，他的助手多数也很能干，只是当他从早到晚忙着处理厂里的大事小事时，他的助手似乎插不上手。步鑫生备尝创业的艰辛，终因企业濒临于破产窘境而被免去厂长之职。

“我没有预感到会有这个结局”，步鑫生这样说。他进而补充了一句：“我是全心全意扑在事业上的。”副厂长小刘也不讳言：“到现在为止，我敢说步鑫生仍是厂里工作热情最高的人。”

资料来源：http：//wenku. baidu. com/view/36c46d00bed5b9f3f90f1cdb. html。

11.1 领导概述

领导是管理的重要职能之一，是一个组织发展与衰落的关键因素。领导职能贯穿于管理活动的始终。从事管理工作的不同层次的管理者，都应具备一定的领导素质，都必须掌握一定的领导艺术，更为重要的是都必须采用与组织环境相适应的领导方式。

11.1.1 领导的概念

领导是在一定条件下实现组织目标的行为过程。这种行为和影响力包含有行使组织所赋予的权力，实行监督和控制，但更主要是通过领导者依据组织环境，运用领导技能，采取正确的领导方式和领导行为，团结和带领职工高效率地实现组织目标。领导是领导者为实现组织的目标而运用权力向其下属施加影响力的一种行为或行为过程。有效的领导往往表现为对下属较强的影响力，或者说，表现为下属对领导者强烈的追随和服从倾向。

在组织中，领导者的领导行为主要有以下四个方面的功能和作用。

（1）引导作用。如果类比于生物体，领导者应当是在组织成员的分工中特化为生物头脑部分的个体。领导者应当在较高的层次上对于组织目标、组织环境与组织资源等有更清晰的认识和了解，高瞻远瞩，确立目标，制定战略，对组织和组织成员的活动方向起指引导向的作用。

（2）控制作用。控制功能是指在领导过程中，领导者对于组织成员以及组织活动的各种要素的指挥、驾驭和支配的作用。这种强制力使组织资源得以完成指向组织目标方向的统一运作，从而达到目标。

（3）协调作用。组织作为一个有机系统，各种关系纷繁复杂，各种矛盾交织错综。领导者居于组织高层，俯瞰全局，协调组织中部门与部门、部门与个人、个人与个人的种种关系。协调的目的在于理顺组织内各种要素之间的关系，减低内耗，使组织各部分的合力统一指向组织目标。

（4）激励作用。组织成员的实体都是生理意义上的个人，每个人都有独特的心理空间和复杂的情感世界，以及现实的精神状态。组织的活力最终体现在组织成员对于组织目标的认知和指向倾向。领导的作用在于激励启发组织成员内在的积极性，为组织成员的创造力和职业生涯开辟发展空间，使个人目标和组织目标有机结合。

11.1.2 领导的权力和权威

1. 权力的含义

权力是影响领导与被领导者之间关系的一种重要的力量。从领导者对被领导者来说，权力是影响被领导者行为的一种力量，这种力量有助于被领导者服从和追随领导者。从被领导者对领导者来说，权力还表现为一种依赖关系。一个人对另一个人依赖越大，受其影响的程度就越大，即后者对前者的权力越大。管理者只有更多地控制了下属所要做的事，就会使下属对他产生依赖，进而对下属形成更大的影响力。

领导者通过使用权力和权威影响人们的行为。权力（power），就是影响决策并控制财力的能力或潜力。有权力的人有能力去实施影响，并且频繁地使用它。例如，一个有能力的 CEO 可以对另一个公司的 CEO 施加影响，使之与他做生意。权威（authority），是使人工作的正式权利或控制财力的正式权力。一个人的自身因素，如天赋或魅力，能帮助他们获得权力。

2. 权力的来源

最早的也是目前仍然最常用的对权力的解释之一是对组织中领导权力的五种潜在来源的论述。① 这五种权力分别是法定权、奖励权、强制权、个人影响权和专长权。其中，法定权、奖励权和强制权是组织授予的，随职位的变化而变化；而个人影响权和专长权来自领导者自身，这种权力不会随着职位的消失而消失，所产生的影响力是长远的。

---

① J. R. P. French and B, Rave "The Bases of Social Power", in *Studies in Social Power*, ed. D. Cartwright. Ann Arbor, MI: Institute for Social Research, 1959.

（1）法定权。法定权即指挥下属并使之服从的权力，员工有义务服从这种权力。比如，一位管理者命令其下属放弃一个胜算较大的冒险决定，该下属就会停止冒险行为。因为他不得不服从老板的权威。与之相比，当参谋员工缺乏对直线管理者的命令职权时，参谋员工就对管理者没有法定权。显然，对于直接下属，管理者具有比他们的老板，他们的同级以及组织内外的其他人有更多的法定权。①

这种权力可以通过领导者利用职权向下属发布命令、下达指标直接体现出来，也可以借助组织内部的政策、程序和规则直接体现出来。

（2）奖励权。奖励权指提供奖金、提薪、升职、赞扬、理想的工作安排和其他任何会令人愉悦的东西的权力。它立足于下级追求满足的欲望，即由于被领导者感到领导者有能力使他的需要得到满足，因而愿意追随和服从。例如，管理者努力工作以便达到他们的绩效目标，他们从而就能获得正面的评价以及老板给他们的较大的加薪。领导者控制的奖励手段越多，这些奖励对下属越重要，拥有的影响力就越大。如果公司的政策是使每一个人都得到一个同样的薪水增加量，那么领导者的奖励权将会下降，因为他们不能得到更高的增加量。

（3）强制权。它是指领导者对其下属具有绝对强制其服从的力量，下属不服从领导者的命令或指示，将会受到惩罚。换句话说，强制权力是指给予扣发奖金、降职、批评以及开除等惩罚性措施的权力。例如，管理者采取缺勤政策来约束员工。这种权力的行使与领导者担负的工作和职位相关。如果工会条例禁止严厉惩罚员工，那么管理者将具有较少的强制权。通常，基层管理者具有比中层和高层管理者更少的强制权和奖励权。

（4）个人影响权。个人影响权是指与个人的品质、魅力、资历、背景等相关的权力。它来自于下级的尊敬，即领导者具有良好的品质和作风，受到下级的敬佩，进而使下级愿意接受其影响。例如，年轻的、雄心勃勃的领导者积极学习成功的、有魅力的 CEO 的工作习惯和个人风格；不称职的、不受欢迎的、不受尊重的 CEO 几乎没有什么个人影响权。

（5）专长权。具有专长权的领导者拥有某种专长或知识，人们因为信任、能够向他学习或者能够从这种专长中获得利益而遵从。例如，销售经理会给销售人员一些建议以做成某项交易，于是销售人员会改变他们的销售技巧，因为他们尊重销售经理的专长；另一方面，这位经理可能会在其他领域缺乏专长权，如在财务方面，而他的销售人员不会重视他关于财务问题的建议。

在某个职位上，有权吩咐别人做什么的人，能够奖励、惩罚别人的人，被别人喜欢和羡慕的人，具有专长的人，他们都是组织中有权力的成员。所有这些权力的来源具有潜在的重要性。虽然可以很容易地假设那些具有法定权和控制主要奖惩的人是最有权力的老板，但是个人

---

① G. Yukl and C. Falbe, "Importance of Different power Sources in Downward and Lateral Relations", *Journal of Applied Psychology* 76, 1991: 416 ~423.

权力，诸如专长权和个人影响权也是不容低估的。这些个人权力的来源更与人们按照管理者的期望行动相关。

11.1.3　领导效果的影响因素

领导工作的效率由三个相互作用的因素决定。领导工作的有效性是领导者、被领导者和领导环境这三项变量的函数。

1. 领导者

领导者是领导工作的主体。领导者本身的背景、知识、经验、能力、个性、价值观念以及对下属的看法等，都会影响到组织目标的确定、领导方式的选择以及领导工作的效率。因此，领导者是决定领导工作有效性的重要因素。

2. 被领导者

被领导者是领导工作的客体。被领导者的背景、专业知识、经验和技能，他们的要求、责任心和个性等，都会对领导工作产生重大影响。被领导者的状况，既影响领导方式和方法的选择，也影响领导工作的效率。

3. 领导环境

领导工作是在一定的环境中进行的，领导环境更多的是指组织内部环境。实际上，领导行为的有效性并不取决于领导者所采用的某一特定的领导方式，而是取决于领导方式对特定环境的实用性。与环境相适应的领导方式是有效的；而与环境不适应的领导方式，则往往是无效的。

影响领导方式和领导工作效率的环境因素主要有：

- 工作目标是否明确；
- 工作程序的规范化程度；
- 组织结构的健全化和合理化程度；
- 工作分工是否明确，规章制度是否健全；
- 组织规模的大小；
- 组织中的人际关系状况；
- 组织中信息沟通状况；
- 上级和同级领导者的领导行为方式。

总之，领导者的行为方式多种多样，它们没有绝对的优劣之分，只有与被领导者和工作环境的特点相适应，才能取得预期的领导效果。

11.2 人性假设理论与领导方式

11.2.1 人性假设理论

人是管理的主体，被领导者是影响领导效果的重要因素。因此，关于人性问题的研究从来都是管理者注意的中心问题之一。在西方，早在18世纪，亚当·斯密和李嘉图等经济学家就提出了“经济人”的人性假设。人性假设归纳起来有四种。

1. X理论和Y理论

道格拉斯·麦格雷戈（Douglas M. McGregor，1906－1964）是美国著名的行为科学家，他是20世纪50年代末期涌现出的人际关系学派的中心人物之一。麦格雷戈在1960年10月的美国《管理评论》杂志上发表了“企业的人性方面”（The Human Side of Enterprise）一文，这篇文章是他的代表作，在这里他提出了有名的“X理论—Y理论”：X理论阐论了独裁式的管理风格，而Y理论则阐述了民主式的管理风格。根据人类行为假设，不论人们是否承认都存在着某些管理风格。独裁式的和监督式的管理风格反映了X理论的思想；而参与式的、社团式的管理风格，则体现了Y理论的思想。麦格雷戈在以后的著作中将这个理论进一步发挥，该文1960年以书的形式出版。这个思想对管理实践产生了深刻的影响。

X理论认为：

- 人一般来说天生就是懒惰的，并设法逃避工作；
- 缺乏进取心，宁愿接受别人指挥，不愿意承担责任；
- 安于现状，习惯守旧，反对变革，个人安全第一；
- 缺乏理性，容易受环境和别人的影响做出一些不合时宜的行为。

基于X理论的这种认识，传统的管理理论认为：必须用外部刺激来提高人的积极性，不仅用奖赏的办法而且还必须进行强制监督、指挥，并以惩罚进行威胁，才能使人们完成工作目标。

Y理论认为：

- 人并非天生懒惰，要求工作是人的本能；
- 逃避责任、缺乏进取心是某种外部原因造成的，不是人的本性；在适当的条件下，人愿意而且能够主动承担责任；
- 大多数人对自己参与的工作目标能够“自我指挥”和自我控制，不需要组织的强制和惩罚；
- 参与工作是需要报酬的，但最重要的报酬不是金钱，而是自主、自尊和自我实现需要的满足；

- 大多数人都有丰富的想像力和创造力，都能够处理好工作中遇到的问题；
- 在现代社会生活条件下，一般人的潜能只得到了部分的发挥。

基于这样的认识，管理者便不能局限于发布命令和服从，要关心人，满足人的交往、归属需要，重视员工之间的关系，沟通上下级的感情，培养和形成员工的归属感和集体感。

2. 不成熟—成熟理论

克里斯·阿吉里斯是美国著名的行为学家，曾获哈佛大学和耶鲁大学的名誉博士学位，并在哈佛大学担任教育学和组织行为学的教学工作。他是美国许多举足轻重的大型企业的高级顾问，同时受聘于许多欧洲国家的政府，担任经理人员培训和教育培训的顾问，在国际上有广泛的影响。阿吉里斯勤于著述，先后出版了21部著作，发表了40多篇论文。代表作有《个性与组织》《理解组织行为》《个性与组织的结合》《组织研究》等。1957年6月，阿吉里斯将《个性与组织》中节选的短文在《科学管理季刊》第二卷中发表，这篇名为“个性与组织：互相协调的几个问题”的文章集中体现了阿吉里斯影响最为深远的“不成熟—成熟”理论。

他认为，人的个性发展和人的成长过程一样，往往经历了一个从不成熟到成熟的发展过程，即从被动到主动、从依赖到独立、从少量的行为到多种行为、从错误和粗浅的兴趣到意义深远的兴趣、从目光短浅到目光远大、从不明白自我到明白和控制自我的过程。阿吉里斯还发现，领导方式不好会影响人的成熟。在传统的领导方式中，把成人当成小孩看待，束缚了他们对环境的控制能力。工人在正式组织中被指定从事具体的、过分简单的和重复性的劳动，完全是被动的，依赖性很强，主动性不能发挥，进而阻碍了人们的成熟。

要使人的行为趋于成熟，领导方式应针对下级的不同成熟程度对其分别指导。传统的领导方式适用于领导那些行为不成熟或心智迟钝的人，对成熟的人是不适用的。领导者要创造条件帮助和指导下级行为趋于成熟。为此，扩大职工的工作范围，采取参与式的以职工为中心的领导方式，加大职工的责任，以及更多地依赖职工的自我控制等，给下级在工作中成长成熟的机会，有助于社交、尊重和自我实现等需要的满足，从而激励人们发挥潜力，实现组织目标。

3. 从“经济人”到“复杂人”的四种假设

美国心理学家和行为学家埃得加·沙因（Edgar H. Schein）把自我管理理论产生以来出现的人性假设归纳为四种模式：“经济人”“社会人”“自我实现人”和“复杂人”。

（1）“经济人”假设。“经济人”（economic man）假设认为，在企业里人的行为的主要目的是追求自身的利益，工作动机是为了获取经济报酬。基于这种假设的管理方式是，组织应以经济报酬使人服从和做出成绩；并应以权力和控制体系来保证组织的运转。管理的重点是订立各种严格的工作规范，加强各种法规和管制，以提高效率完成任务。要提高员工的工作士气，要用金钱刺激，同时对消极怠工者严厉惩罚，采取“胡萝卜加大棒”的政策。泰勒就是坚持

“经济人”观点的典型代表。

(2)“社会人”假设。“社会人”(social man)假设的理论基础是人际关系学说。“社会人”的概念是梅奥在霍桑试验中得出的结论。这种假设认为:

- 社交需要是人类行为的基本激励因素,而人际关系是形成人们身份感的基本因素;
- 从工业革命中延续过来的机械化,其结果是使工作丧失了许多内在的意义,这些丧失的意义现在必须从工作的社交关系里寻找回来;
- 跟管理部门所采用的奖酬和控制的反应比起来,职工们会更易于对同级同事们所组成的群体的社交因素做出反应;
- 职工们对管理部门的反应能达到什么程度,当视主管对下级的归属需要、被人接受的需要以及身份感的需要能满足到什么程度而定。

“社会人”假设比“经济人”假设无疑是一大进步,它强调了人的社会性需要,突出了人际关系对个人行为的影响。基于这种假设的管理方式,强调除了应注意工作目标的完成外,更应注意从事此项工作的人们的需要,并设法予以满足;不应只注意指挥、监督等,更应重视员工之间的关系,与员工做朋友和形成员工的归属感;不应只注重对个人的奖励,更应提倡集体奖励制度。在这种理论指导下,产生了职工参与管理的思想,以便满足职工的社会性需要与成就需要,突出自我控制。

(3)“自我实现人”假设。“自我实现人”(self-actualizing man)这一概念是马斯洛提出来的。马斯洛认为,人类需要的最高层次就是自我实现,每个人都必须成为自己所希望的那种人,这种自我实现的需要就是人希望越来越完美的欲望。具有这种强烈的自我实现需要的人,就叫“自我实现人”,或者说最理想的人就是“自我实现人”。该假设是20世纪50年代末由马斯洛、阿基里斯、麦格雷戈等人提出的。这种假设认为:人有好逸恶劳的天性,人的潜力要充分挖掘,才能得以发挥,人才能感受到最大的满足。马斯洛通过对社会知名人士和一些大学生的调查,指出自我实现的人具有15种特征,主要有:敏锐的观察力,思想高度集中,有创造性,不受环境偶然因素的影响,只跟少数志趣相投的人来往,喜欢独居,等等。但马斯洛也承认,在现实中这种人极少,多数人不能达到自我实现人的水平,原因是由于社会环境束缚,没有为人们自我实现创造适当的条件。麦格雷戈总结并归纳了马斯洛等人的观点,结合管理问题,提出了Y理论。

基于“自我实现人”假设的管理方式是:

- 管理重点的改变。“经济人”的假设只重视物质因素,重视工作任务,轻视人的作用和人际关系。“社会人”的假设正相反,重视人的作用和人与人的关系,而把物质因素放在次要地位。“自我实现人”的假设又把注意的重点从人的身上转移到工作环境上,但重视环境因素与“经济人”假设的重视工作任务不同,重点不是放在计划、组织、指导、监督、控制上,而是要创造一种适宜的工作环境、工作条件,使人们能在这种环境下充分挖掘自己的潜力，充分发挥自己的才能，也就是说能够充分地自我实现。

- 管理人员职能的改变。从“自我实现人”的假设出发，管理者的主要职能既不是生产的指导者，也不是人际关系的调节者，而只是一个采访者。他们的主要任务在于如何为发挥人的智力创造适宜的条件，减少和消除职工自我实现过程中所遇到的障碍。
- 奖励方式的改变。“经济人”的假设依靠物质刺激调动职工的积极性，“社会人”的假设依靠搞好人际关系来调动职工的积极性，这都是从外部来满足人的需要，而且主要满足人的生理、安全和归属（交往）需要。麦格雷戈等人认为，对人的奖励可分为两大类：一类是外在奖励，如工资、晋升、良好的人际关系；另一类是内在的奖励，内在奖励是指人们在工作中能获得知识、增长才干、充分发挥自己的潜力等。只有内在奖励才能满足人们的自尊和自我实现的需要，从而极大地调动职工的积极性。正如麦格雷戈所说：“管理的任务只是在于创造一个适当的工作环境——一个可以允许和鼓励每一位职工都能从工作中得到内在奖励的环境。”
- 管理制度的改变。从“自我实现人”的假设来看，管理制度也要做相应的改变。总的来说，管理制度应保证职工能充分地表露自己的才能，达到自己所希望的成就。阿吉里斯在工厂里对一个从事收音机装配工作的班组进行了制度改革的实验。改革之前，组内的12名女工按照工业工程师的设计，有明确的分工，如领班、包装、检验等。实验开始时让这些女工按照她们自己的想法组织生产，产量下降就扣工资；产量提高则增加工资。实验后的第一个月，产量下降70%，6个星期情况更糟，但8个星期后产量开始回升，15个星期后超过了实验前的产量，而且成本下降，质量提高，用户对质量的批评信件比实验前减少96%。在这里应当注意，阿吉里斯的实验结果是否有普遍意义是值得怀疑的。此处举出这个实验，只是为了说明从“自我实现人”的假设出发实行制度改革的趋向。

（4）“复杂人”假设。“复杂人”的含义有以下两个方面：其一，就个体人而言，其需要和潜力会随着年龄的增长、知识的增加、地位的改变、环境的改变以及人与人之间关系的改变而各不相同；其二，就群体的人而言，人与人是有差异的。因此，无论是“经济人”、“社会人”，还是“自我实现人”的假设，虽然各有其合理性的一面，但并不适用于一切人。

“复杂人”（complex man）假设是埃得加·沙因（Edgar H. Schein）的提出的，这种假设认为：

- 人的需要是分成许多类的，并且会随着人的发展阶段和整个生活处境的变化而变化。
- 由于需要和动机彼此作用并组合成复杂的动机模式、价值观和目标，所以人们必须决定自己要在什么样的层次上去理解人的激励。
- 职工们可以通过他们在组织中的经历，学得新的动机。这就意味着一个人在某一特定的职业生涯中或生活阶段上的总的动机模式和目标，乃是他的原始需要与他的组织经历之间一连串复杂交往作用的结果。

- 每个人在不同的组织中或是在同一组织内不同的下属部门中，可能会表现出不同的需要；一个在正式组织中受到冷遇的人，可能在工会中或非正式工作群体中找到自己的社交需要和自我实现的需要。
- 人们可以在许多不同类型的动机的基础上，成为组织中生产率最高的一员，全心全意地参加到组织中去。
- 职工们能够对多种不相同的管理策略做出反应，这要取决于他们自己的动机和能力，也决定于工作任务的性质。换句话说，不会有在一切时间对所有的人都能起作用的唯一正确的管理策略。

11.2.2 领导方式的一般分类

以领导者运用权力的范围和被领导者自由活动程度为标准，把领导方式划分为集权型、参与型和宽容型三种类型。

（1）集权型领导方式。集权型领导方式又被称为独裁或专制的领导方式。就是领导者单独做决策，然后发布指示或命令，明确规定和要求下属或部门做什么和怎么做。对于决策，下属没有参与权和发言权。这种领导方式，又可以分为命令式和说服式两种。

命令式领导的特征是：领导者采取单向沟通方式，以命令的形式向下属布置工作任务；领导者一般不参加集体活动；领导者凭个人的经验和了解，对下属的工作表现做出评价；下属不了解或无法了解组织的整体目标和最终目的；领导者和被领导者相分离，他们之间纯粹是一种命令与服从、指挥与执行的关系。

说服式领导与命令式领导的不同之处，在于领导者做出决策后，不仅向下属人员发出指令，而且还要做说明工作。也就是说，通过双向沟通并进行宣传和教育，使下属了解工作任务要求，了解组织的整体目标。

（2）参与型领导方式。参与型领导方式是在决策工作中，领导者让下属人员以各种形式参与决策。这种领导方式的特点表现在：在领导者与被领导者之间进行双向沟通；职工的民主权利受到尊重，他们的意见能够影响决策；能提高决策的科学水平，减少决策工作的失误；有利于决策的实施和执行。

（3）宽容型领导方式。宽容型领导方式是一种分权式领导方式，就是领导者向下属人员或部门进行高度授权，让下属相对独立地去完成任务和处理问题。它又分为放手型和放任型两种。

放手式领导，是指上级为下级规定工作目标和方向，提出完成任务的大致要求和期限，同时授予下属完成任务所必需的权力，在工作进行过程中只实行宽松的监督和控制。

放任式领导，就是领导者对下属实行高度的授权，下属可以完全独立地去开展工作。具体地说，就是领导者不为下属安排和规定工作任务和目标，下属做什么、如何做、要达到什么目标，完全由自己决定。在工作过程中，领导者也不进行经常性的监督。放任式比放手式还要宽松，是一种适用范围狭窄的领导方式。

11.3 典型的领导理论

按照领导理论出现的时间顺序，可以把现有的领导理论大体分为三类：领导者特质理论（trait theory）、领导行为方式理论（behavioral pattern theory）和权变领导理论（contingency situational theory）。

11.3.1 领导者特质理论

该理论最早期的研究集中于找出领导者实际具有的特性或个人品质，以期预测具备什么样的人格特征或品质的人最适合充当领导者。

1. 传统的领导特质理论

1949年以前，传统的领导特质理论认为，领导者的特性或品质是先天的，天赋是一个人能否充当领导者的根本因素。

（1）心理学家J.R·吉普（J. R. Gibb）认为，天才的领导者应该具备7种个性特点：外表英俊潇洒，有魅力；有言辞；智力过人；具有自信心，心理健康；善于控制和支配他人；性格外向；灵活敏感。

（2）R·斯托格迪尔（R. Stogdill）则认为，领导者应具有16种先天特性：有良心；可靠；勇敢；责任心强；有胆略；力求革新与进步；直率、自律；有理想；良好的人际关系；风度优雅；胜任愉快；身体健康；智力过人；有组织能力；有判断力。

2. 现代领导特质理论

现代领导特质理论反对传统领导特质理论，强调遗传、天赋的片面观点，认为领导者的个性特征和品质是在后天的实践中形成的，并且可以通过培养和训练加以造就。因此，领导是一个动态的过程。

（1）美国的W.J·包莫乐（W. J. Baumol）教授曾对企业家应具备的条件做过研究，他提出一个企业家应具备下面10个方面的条件：

- 合作精神：能赢得人们的合作，愿意与其他人一起工作，对人不是压服，而是感服和说服；
- 决策才能：依据事实而非想像来进行决策，有高瞻远瞩的能力；
- 组织能力：善于组织人力、物力和财力；

- 精于授权：能抓住大事，把小事分给部属去完成；
- 善于应变：权宜通达、机动进取而不抱残守缺、墨守成规；
- 勇于负责：对上下级以及整个社会抱有高度的责任心；
- 勇于求新：对新事物、新环境、新观念有敏锐的接受能力；
- 敢担风险：敢于承担改变企业现状时遇到的风险，并有创造新局面的雄心和信心；
- 尊重他人：重视和采纳别人的合理化意见；
- 品德超人：在品德上为社会和企业员工所敬仰。

（2）日本企业界要求领导者应具有10种品德和10项能力。其中，10种品德为：

- 使命感：无论遇到什么困难，都有完成任务的坚强信念；
- 信赖感：同事之间、上下级之间保持良好的关系，互相信任与支持；
- 诚实：在上下级之间和同事关系中，真心实意，以诚相待；
- 忍耐：具有高度的忍耐力，不随意在下属面前发脾气；
- 热情：对工作认真负责，对同事与下级热情体贴；
- 责任感：对工作敢负责任；
- 积极性：对任何工作都主动，以主人翁的态度去完成；
- 进取心：能在事业上积极上进，不满足现状；
- 公平：对人对事都能秉公处理，不徇私情；
- 勇气：有向困难挑战的勇气。

10项能力是：思维、决策能力；规划能力；判断能力；创造能力；洞察能力；劝说能力；对人的理解能力；解决问题的能力；培养下级的能力；调动积极性的能力。

（3）科特教授在对成功企业的领导者研究后，总结出实施成功领导过程中对领导者个人素质有如下的要求：

- 行业和企业知识。有广泛的行业知识（市场、竞争、产品、技术）；广泛了解公司情况（主要领导人及其成功原因、公司文化、历史、制度）。
- 在公司和行业中有良好的人际关系。在公司和行业中建立了一整套广泛而稳固的人际关系网络。
- 信誉和工作记录。在公司主要活动中，有很高的声望和出色的工作记录。
- 能力和技能。思维敏捷，有很强的分析能力和良好的判断力，以及能从战略上、全局上考虑问题的能力；有很强的人际交往能力，能迅速建立起良好的工作关系，感情投入，有说服力，注重对人及人性的了解。
- 个人价值观。十分正直，能公正地评价所有的人和组织。
- 进取精神。有充沛的精神；有很强的领导动机，它是建立在自信心基础上的对权力和成就的追求。

（4）瓦伦·本尼斯（Warren Bennis）研究了90位美国最杰出和最成功的领导者，发现他们有4种共同的能力：有令人折服的远见和目标意识；能够清晰地表述这一目标，使下属明确理解；对这一目标的追求表现出一致性和全身心的投入；了解自己的实力并以此作为资本。

（5）康格（Conger）和凯南格（Kanungo）研究发现，具有领导魅力的领导的特点是：他们有一个希望达到的理想和目标；为此目标能够全身心的投入和奉献；反传统；非常固执和自信；他们是激进变更的代言人而不是传统现状的卫道士。

表11－1总结了具有领导魅力的领导者的关键特点。有领导魅力的领导与下属的高绩效和高满意度之间有着显著的相关性。为有领导魅力的领导者工作的员工受到激励而愿意付出更多的工作努力，而且由于他们喜爱自己的领导，也表现出更高的满意度。

表11－1　有领导魅力的领导者的关键特点

序号	特 点	描 述
1	自信	有领导魅力的领导者对他们自己的判断和能力有充分的信心
2	远见	他们有理想的目标，认为未来一定会比现状更美好。理想目标与现状相差越大，下属越有可能认为领导者有远见卓识
3	清楚表述目标的能力	他们能够明确地陈述目标，以使其他人都能明白。这种清晰的表达表明了对下属需要的了解，然后可以成为一种激励的力量
4	对目标的坚定信念	他们被认为具有强烈的奉献精神，愿意从事高风险性的工作，承受高代价，为实现目标能够自我牺牲
5	不循规蹈矩的行为	他们的行为被认为是新颖的、反传统的、反常规的。当获得成功时，这些行为令下属们惊诧而崇敬
6	作为变革的代言人出现	他们被认为是激进变革的代言人而不是传统现状的卫道士
7	环境敏感性	他们能够对需要进行变革的环境约束和资源进行客观的评估

资料来源：斯蒂芬·罗宾斯著；孙建敏，李原等译，《组织行为学》，中国人民大学出版社，1997年版，第339页。

11.3.2 领导行为方式理论

20世纪40～60年代，出现了研究领导者的领导方式和领导所应起的作用的一些理论，称为领导行为理论。下面介绍几种有代表性的领导行为理论。

1. 参与管理理论

美国密执安大学社会研究中心在伦西·利克特（Rensis Likert）的主持下，对领导行为方式进行了长期研究。他们以一家拥有上千名职工的保险公司作为研究对象，通过不断调换各部门的领导来观察工作效率的高低变化。研究结果表明，领导行为方式不同，所导致的领导效率也不同。领导效率进而直接影响了组织效率的高低。

利克特在《管理的新模式》一书中，将领导行为方式归结为4种类型：

（1）专制命令型。领导者独断专行，权力高度集中。被领导者毫无发言权，根本没有参与决定和与领导者讨论工作的自由。

（2）温和命令型。权力虽然集中在高层，但领导者采用家长式的居高临下的态度对待员工。领导者有时也会以恩赐的态度对被领导者给予信任和信赖。

（3）协商型。组织重要问题的决策权在最高层，下放次要问题的决策权，经常征询被领导者的意见并能认真听取、积极采用，领导者与被领导者讨论工作比较自由。

（4）集体参与型。能与被领导者处于平等地位讨论问题，通过民主协商和讨论的方式解决问题。领导者完全信任被领导者，决策根据多数人的意见做出。

利克特根据调查和研究的结果认为，民主参与式领导方式最能从内部调动人的积极性，充分发挥他们的潜能。他建议领导者要充分相信被领导者能够胜任工作，并且愿意发挥能力。

参与管理理论实际上是充分启迪和激发每个人内心深处都具有的希望被人尊重、被人承认的需求和渴求成功的愿望。要使每个组织成员都认识到，组织肩负着重要使命，而每个人的工作对于组织来说都是不可或缺的和具有重要意义的，使组织成员感到自己在组织中的价值。

参与管理理论在应用时的关键在于，领导要创造条件，营造适当的组织环境，让组织成员自己从亲身经历和切身体验中感悟到自己受到上级和各方面的支持，感觉到自己的价值，而不是名义上的或间接表现的。这里强调的是组织成员的真实感受和主观体验。

利克特指出，杰出的高效的领导者大多倾向采取参与式管理方式，将组织建成高度协调、高度激励合作的社会系统。领导者最重要的哲理信念是，要把被领导者当做有血有肉的具有独立人格的人，而不是只将他们作为完成工作任务的劳动力，作为“机器上的齿轮和螺丝钉”。这种理论要求领导者同组织成员打交道的行为特点应当是：

（1）真心关心下属，细致周到，态度友好，随时准备提供支持和帮助；将组织利益与员工利益有机地结合，既为组织谋利，也为员工谋利。

（2）对下属保持高期望度，避免强制和敌意。

（3）指导、帮助和教育下属，以使他们能不断提高和发展。

（4）完全信任下属的能力、干劲和诚实。

（5）当下属遇到困难时，及时尽力帮助。

2. 领导行为双因素理论

1948年，美国俄亥俄州立大学工商企业研究所的拉菲·斯托格迪（Ralph M. Stogdill）和卡罗尔·沙特尔（Carrol L. Shartle）对企业领导行为进行了一系列研究。他们发放了含有15个问题的“领导行为描述问卷”调查表，收集到大量对于领导行为的描述，列出了1000多个因素，最后分析确认了领导行为的两个独立维度，即“重视组织维度”（initiating structure）和“关怀维度”（consideration）。

重视组织维度是指领导者运用组织构架所形成的强制力和约束力进行领导的倾向，在领导中强调规章制度、强制命令和规范约束。关怀维度是指领导者在领导行为中对于组织成员的信任、尊重和关怀的倾向，所强调的是领导者对下属的需求、健康、地位、成长的关心，强调领导者和被领导者间关系的融洽与满意。

斯托格迪和沙特尔通过对重视组织维度和关怀维度的研究发现，每一个领导者的领导行为中这两种行为倾向都实际交织存在，但是比例不同。现实中的领导行为都是两种因素的具体组合。为了直观地表示这种组合，他们采用二维坐标系中的四分图予以表示，如图11－1所示。

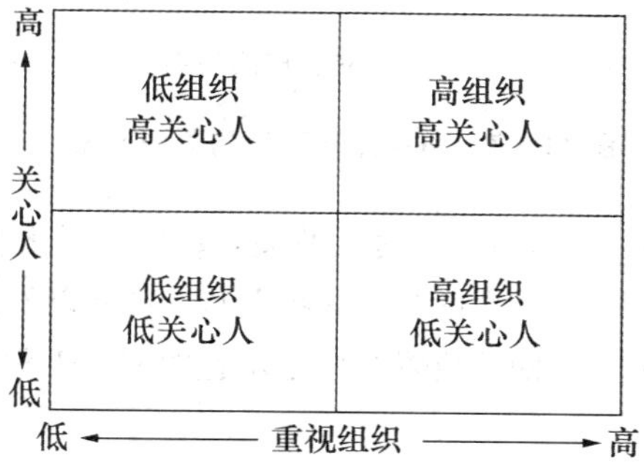

图11－1 双因素模式

从图11－1可以看出有四种不同的领导方式，即高组织和低关心人、低组织和低关心人、低组织和高关心人及高组织和高关心人。一般来说，低组织和低关心人的领导方式不好，而高组织和高关心人的领导方式效果最佳。

3. 管理方格理论

1964年，得克萨斯大学的罗伯特·布莱克（Robert R . blake）和简·穆顿（Jans S. Mouton）在《管理方格》一书中提出了“管理方格”理论。此书出版后长期畅销，印数达100万册，并于1978年再版，改书名为《新管理方格》。作者在书中运用社会学、心理学、人类学、管理学等学科的方法对于方格所代表的领导方式做了深入的探讨和评价，指出最有效的领导方式，并设计出培训管理人员学习方格理论、掌握最佳领导方式的方案，对西方经理阶层和管理界有较大影响。

管理方格理论将领导行为分解为“对工作的关心”和“对人的关心”两个方面，再将这两个方面分为九个级别，表示在图形上，形成纵横81个方格的坐标图，如图11－2所示。

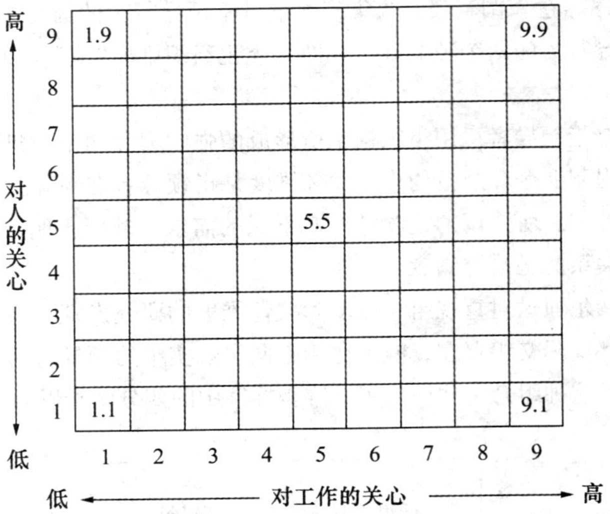

图 11-2 布莱克和穆顿的管理方格

横坐标代表对工作的关心，纵坐标代表对人的关心；以 1 代表程度最低，以 9 代表程度最高；每个方格代表“关心工作”和“关心人”这两个基本要素以不同程度相结合的状态。

在图中所形成的 81 个方格中，四角位置及中心位置的方格表示典型状态的领导方式，以下分别逐一介绍。

（1）1.1 型领导方式。也称为“贫乏式管理”，这一类领导者对人漠不关心，感情淡漠；对工作敷衍塞责，放任自流，得过且过。以维持现状为满足，多一事不如少一事，只做一些维持自己职务最低限度的工作。

（2）1.9 型领导方式。也称为“乡村俱乐部式领导”，这一类领导者对人极其关心，但对工作却漫不经心，忽视工作效果，过分看重下级的态度和感情，竭力培养融洽和谐的气氛，期望得到下级的爱戴和认可，害怕自己失去拥戴和受到抵制，希冀与上级、同事和下级都保持一团和气。

（3）5.5 型领导方式。也称为“中庸之道式管理”，这一类领导者既对工作关心，也对人关心，虽然兼而顾之，但程度适中，缺乏创新精神，乐于维护现状。在领导中尽量不行使正式权力，不轻易下命令，而是更多地采用说服和请求的方式，使人愿意工作。对于工作中的冲突，倾向于采用折中和缩小分歧、调节妥协的方式处理。

（4）9.1 型领导方式。也称为“权威与服从式管理”。这一类领导者对工作极为关心，而对人的关心却十分不够。工作中雄心勃勃，踌躇满志，甚至独断专行，刚愎自用，不遗余力地追求工作业绩，渴望获得成功。强调工作效率而忽视对人的需求的满足，多依靠组织职权使人服从和实现控制。

（5）9.9 型领导方式。也称为“团队式管理”，这一类领导者对人和对工作都极为关心，他高度重视组织中的各项工作，又善于体察和关心组织成员的需求。通过沟通和激励，调动每个成员的自觉积极性，将组织目标与个体成员的个人目标有机地结合，使群体高效率地协调合作，共同为完成工作任务而努力，从而完成组织目标。

在现实中，极端的完全典型的领导方式是很少见的，一般都是处于两种因素交织的某种过渡状态。可以明显地看到，管理方格理论是在领导行为双因素理论的基础上，将领导行为的两个最重要的侧面明确化、细致化而提出的管理理论。这个理论的意义在于通过这种理论分析，能够对现实中具体的领导方式有一种理论上的认识，为寻找最佳的领导方式给出了思考的线索和达到这种状态的努力方向。

4. “领导行为模式连续分布场”理论

1958 年美国加利福尼亚大学的罗伯特·坦南鲍姆（Robert Tannenboum）和瓦伦·施米特（Warren H. Schmidt）在《哈佛商业评论》上发表了《怎样选择一种领导模式》一文，提出“领导行为模式连续分布场”模型，也被称为“独裁—民主序贯图”。坦南鲍姆和施米特指出，对命令型和参与型的领导方式要采取随机制宜的态度，领导者到底采取哪种领导方式，应取决于多种因素。在这两种极端的领导方式中，存在着多种过渡型的领导方式，这些不同的领导方式构成了一个“领导行为模式连续分布场”，见图 11－3。

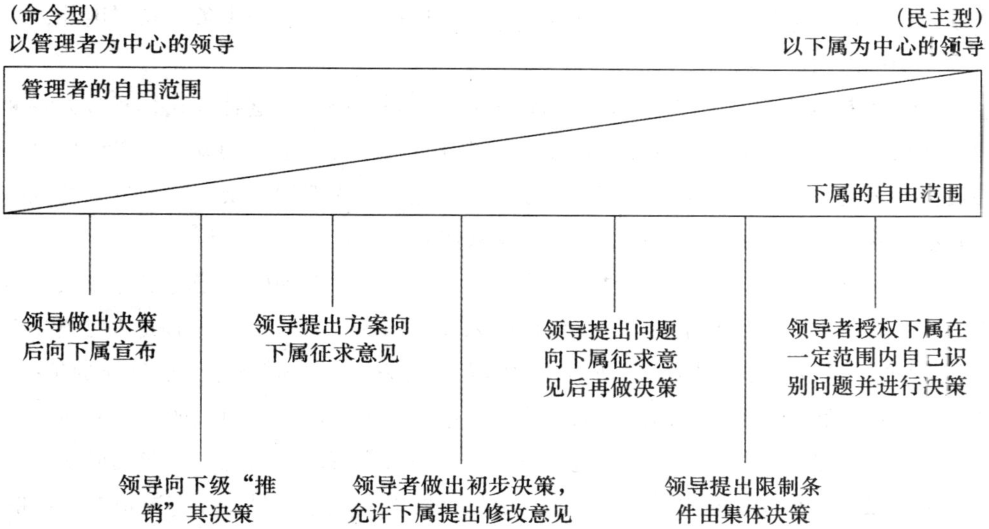

图 11－3 领导行为模式连续分布场示意图

图 11－3 中，从高度专权的左端到高度放权的右端，坦南鲍姆和施米特划分出了七种具有代表性的典型领导模式并予以描述。

（1）领导做出决策后向下属宣布。领导者识别问题确认任务，设计出各种可供选择的方案，并择定其一，然后向下属宣布决策结果，督促实施。可以完全不考虑下属对其决策的想法和感觉，更不允许下属直接参加决策，倾向于采取强制措施推行。

（2）领导向下属“推销”自己的决策。与上一模式类似，领导者独自确定工作任务并做出决策，但他不是强迫命令而是用说服的办法让下属接受，目的是化解反对力量减少阻力，如指明该项决策会给员工带来哪些益处等。

（3）领导提出方案向下属征求意见。这种模式仍由领导者做出决策，但邀请下属提出意见和问题，并对问题和意见做出解释，以利大家接受，和下属一起探讨决策的作用与影响。

（4）领导者做出初步决策，允许下属提出修改意见。这种模式允许下属对决策发挥一些影响，领导者做出初步决策，然后交下属征询意见，欢迎和赞赏下属坦率直言，适当采纳，但牢牢掌握最终决定权。

（5）领导提出问题向下属征求意见后再做决策。与以上模式不同，领导者做出决策前先请组织成员广泛发表意见，领导者的责任是识别问题、确定任务，然后与下属一起分析问题，提出解决办法，众人提出多种可供选择的方案，使领导者有更大的选择余地。当然，最后的选择和决策仍由领导者做出。

（6）领导提出限制条件由集体决策。在这一模式中，决策权已由上级领导个人转移到下属集体手中，但是待解决问题或任务的范围及决策必须遵循的原则、先决条件和限度等，均须由领导者事先明确给出。

（7）领导者授权下属在一定范围内自己识别问题并进行决策。这种模式具有最大限度的群体自由。下级组织成员集体确定目标、任务，自己制定各种可供选择的方案，自己做决策，上级领导者只是事先确定一些界限，他们如果参加决策也是作为普通一员，并不享有特权。这种领导模式在正式组织中很少见，在科研单位常常采用。

坦南鲍姆与施米特认为，在这七种模式中，不能简单地将某种模式定为最好或最差，成功的领导者是各式各样的，他们需要根据具体情况采取不同的领导模式。一个成功的领导者必须敏锐地认识到某一特定时刻影响他行动的种种因素，准确地理解他自己和他领导的每一个人，然后根据这些认识和理解确定自己的行为方式。如果需要发号施令，他便能发号施令，如果需要员工参与和享有自主权，他便能提供这种机会，一切权宜行事。因此，不能把成功的领导者简单地归结为强硬的领导者或放任的领导者，他们共同的特点应当是：在多数情况下能够准确地估量各种影响因素和条件，并据此确定自己的领导方式和采取相应的实际行动。

坦南鲍姆和施米特后来对他们的理论模型做了修改，考虑到组织环境和社会环境因素，强调权力的分享和领导方式具有开放系统的性质，修改后的模型更为全面和合理，但其核心思想并没有改变。

11.3.3 领导权变理论

对领导的研究使人们越来越清楚地认识到有效的领导是由极其复杂的因素综合决定的，它既不仅仅取决于领导者的个性品质，也不单纯取决于某些固定不变的领导方式，并不存在普遍适用和绝对有效的领导方式。现实有效的领导过程受到领导者、被领导者和环境等许多因素的影响，是这些要素的综合作用的结果。基于这样的思考，产生了有关权变的领导理论。

1. 菲德勒权变领导模型

菲德勒（Fred E. Fiedler）是美国著名的心理学家和管理学家，他在20世纪50年代由管理心理学和实证环境分析两方面研究领导学，提出了“权变领导理论”，对领导理论的研究有较大的影响。

菲德勒认为，成功的领导取决于领导者的领导风格与情境因素的相互匹配，研究首先要将领导风格和领导情境因素从错综复杂的领导现象中分离出来，然后再考虑其相互作用的情况。

为了确定领导者的个体领导风格，菲德勒开发了称为“最难共事者问卷”（Least-preferred Co-worker questionnaire，LPC），如表10－2所示。

表10－2 菲德勒的LPC问卷

快乐——8	7	6	5	4	3	2	1	——不快乐
友善——8	7	6	5	4	3	2	1	——不友善
拒绝——1	2	3	4	5	6	7	8	——接纳
有益——8	7	6	5	4	3	2	1	——无益
不热情—1	2	3	4	5	6	7	8	——热情
紧张——1	2	3	4	5	6	7	8	——轻松
疏远——1	2	3	4	5	6	7	8	——亲密
冷漠——1	2	3	4	5	6	7	8	——热心
合作——8	7	6	5	4	3	2	1	——不合作
助人——8	7	6	5	4	3	2	1	——敌意
无聊——1	2	3	4	5	6	7	8	——有趣
好争——1	2	3	4	5	6	7	8	——融洽
自信——8	7	6	5	4	3	2	1	——犹豫
高效——8	7	6	5	4	3	2	1	——低效
郁闷——1	2	3	4	5	6	7	8	——开朗
开放——8	7	6	5	4	3	2	1	——防备

问卷由16组相互对立的形容词构成，在试验中让作答者回忆以往所有共过事的同事，确定一个最难共事者，用这16组形容词逐一对他进行评估。被试者如果以相对积极的词汇描述最难共事者，这时LPC得分较高，说明被试者乐于与同事形成友好的人际关系，即被试者把最难共事的同事也描述得比较有利，菲德勒将这一倾向的领导者确定为关系取向型。相反，如果作答者的LPC分值低，则被试者可能主要感兴趣的是工作，菲德勒将这一倾向的领导者称为任务取向型。因此，菲德勒就根据LPC的调查，将被试者划分为关系取向型和任务取向型两种领导风格。大部分被试者倾向明显，但在实际调查中也有倾向不明朗者，占16%左右，菲德勒承认很难勾勒这些人的个性特点。

对于情境因素，菲德勒认为以下三项维度是确定领导有效性的关键。

（1）职位权力。领导者所拥有的由正式组织赋予的法定权力，如聘用、奖惩、解雇、晋升的决定权。位高权重者的影响力要大。

（2）任务结构。即工作任务的明确化程度，工作任务规定得越具体、越明确，越易于有效的领导。

（3）上下级关系。即领导者与被领导者之间相互信任、信赖和尊重的程度。下属组织成员对领导者越尊崇，越乐于追随，则领导越有效。

菲德勒根据以上三个方面评估情境状况，将上下级关系分为好和差，将任务结构分为高和低，将职位权力分为强和弱，然后再将这三种要素进行组合，共得出8种不同的领导情境类型，如表10－3。这实质上是对现实领导环境的一种典型概括。

菲德勒认为，单纯由领导风格或单纯由情境因素都不能确定领导绩效的好或差。只有当个体的LPC分数与三项权变因素做适当匹配时才会达到最佳的领导效果。

表10－3　　领导方式与组织环境的相关情况

组织环境类型	非常有利			中间状态			非常不利	
上下级关系	好	好	好	好	差	差	差	差
任务结构	明确	明确	不明确	不明确	明确	明确	不明确	不明确
职位权利	强	弱	强	弱	强	弱	强	弱
有效领导方式	任务导向型			关系导向型			任务导向型	

资料来源：张玉利，《管理学》，南开大学出版社1999版，第269页。

一般说来，关系导向型的领导方式在对领导者有利情况为中间状态的环境中效率较高，以工作为中心的领导方式在对领导者非常有利或非常不利的环境中效率最高。所以，不能说哪种领导方式最好或不好，而必须把环境、领导者和下属的情况、工作类型等方面的因素综合起来考虑，不同的情况适合采用不同的领导方式。按照菲德勒的观点，个体领导风格是稳定不变的，如果要提高领导者的领导有效性，就要根据这种领导风格与情境的匹配规律做适当调整：

或者替换领导者，或者改变情境因素以适应领导者。

2. 途径—目标理论

20世纪70年代加拿大多伦多大学的罗伯特·豪斯（Robert J. House）和华盛顿大学的特伦特·米切尔（Terrence R. Mitchell）在《关于领导方式的路径—目标理论》中，提出了有关领导行为方式的“途径—目标”理论。该理论得名于它涉及领导者如何影响追随者对工作目标的理解和他们所遵循的实现目标的途径。①

“途径—目标”理论基于弗鲁姆的“期望理论”和斯托迪格与沙特尔的“领导双因素理论”，其理论的核心在于：领导者的工作是帮助下属达到他们的目标，并提供必要的指导和支持，以确保他们各自的目标与群体或组织的总体目标相一致。

这一理论之所以被称为“途径一目标理论”，是由于其主要内容涉及领导者如何帮助下属认清和设定自己的工作目标以及个人目标，并找到实现这些目标的途径。其原理主要有两条：①领导方式能否被组织成员所接受，并在工作中产生满足感，取决于员工对领导方式的认识和拥护程度。只有组织成员认识到某种领导方式与他们的近期或长期的切身利益有联系时，才会乐于接受。②好的领导方式应当是激励性的，激励作用的大小取决于这种领导方式使员工的需要得到满足的程度，以及这种领导方式能否为组织成员提供良好的机会和良好的工作环境，使得他们获得成功。

这一理论认为，领导者的效率是以他能够激励下属达到组织目标，并在工作中得到满足的程度来衡量的。领导方式可以分为4种类型，实际中要根据权变因素采取具体的领导方式。这4种领导类型分别如下。

（1）指导型领导。这一类型的领导让下属清楚地知道期望他们的是什么，也知道完成工作的时间安排和控制标准，并对如何完成任务给予具体指导。

（2）支持型领导。这一类领导态度友善，平等待人，对于下属的需求十分理解，十分关心他们的生活和幸福。

（3）参与型领导。与下属共同磋商，并在决策前充分尊重和考虑下属的建议。

（4）成就导向型领导。领导善于提出有挑战性的目标，对组织成员充分信任，期望和诱导下属发挥自己的最佳水平。

途径—目标理论认为，同一领导者应在不同的情境下采用不同的领导方式，或可以同时采用几种领导方式，那种把领导者截然划分为指导型、支持型、参与型或成就型的传统分类观念是不正确的。同时，领导者需要考虑组织成员的个人特质和应付环境压力的能力这两种因素对领导方式的影响。

---

① R. J. House, “A Path Goal Theory of Leader Effectiveness”, Administrative Science Quarterly 16, 1971: 321 ~ 339.

组织成员存在个人特质方面的差别，这些特质对于他们的认识水平有很大的影响。不同特质的人对同一问题的认识不同，做出的反应也不同。对于同一种领导方式，组织成员会有不同的接受程度和不同的理解认识。比如，内向型的人更适合参与型的领导方式，而外向型的人更适合于指导型的领导方式。对于自视颇高的员工，应尽量避免指导型的领导方式，而宜于成就导向型的领导方式。组织成员的个人特质类型对于他们接受不同的领导方式关系重大。

组织成员的环境因素可以分为三类：一是员工的工作任务；二是企业组织正式权力系统；三是基层的工作集体。这些环境因素又可产生三种不同的作用：第一种是激励作用，激励员工去完成工作任务；第二种是约束作用，约束员工的行为；第三种是外部环境因素本身提供某种补偿，员工在工作中往往从领导之外的其他来源得到支持和帮助，获得满足感。

途径—目标理论通过这些分析认为：领导者能否成功地激励组织成员的积极性，能否有效地通过领导行为达到绩效，不仅取决于领导者，也与组织成员本身的素质和他们所处的环境与条件都有密切的关系，这是一种权变的关系。

在具体的工作环境中，领导方式应不拘一格，依环境因素的不同而变化，寻求最佳的领导效果。如果工作任务复杂而不明确，岗位责任不清晰，适于运用指导型领导方式，这有助于下属或员工提高满足感和期待感。如果工作简单明了，那么喋喋不休的指导令人生厌。而如果工作任务困难而紧张，下属或员工心存不满时，支持型领导方式更合适，这时员工更需要领导的关心和理解。对于领悟力很强，经验丰富的下属或员工，指导型领导可能被视为多余和累赘，而参与型或成就导向型领导方式效果会更好一些。

途径—目标理论以权变的观点看待领导方式与个人特质和环境因素的关系，其管理效果在实际案例中得到了较好的验证。

3. 赫塞—布兰查德的情境领导理论

美国的管理学者保罗·赫塞（Paul Hersey）和肯尼思·布兰查德（kenneth Blanchard）以权变的观点研究领导的风格与下属状态之间的关系，提出了情境领导理论。

情境领导理论认为，研究领导效果不仅要研究领导者，也要重视被领导者，领导效果最终取决于被领导者接受或拒绝的态度。赫塞和布兰查德指出，领导效果与下属的成熟度有关，依据下属的成熟度选择正确的领导风格才能取得领导的成功。

所谓“成熟度”（maturity），是指个体对自己的直接行为负责任的能力和意愿。成熟度包括心理成熟度和工作成熟度。心理成熟度指个体做事的意愿和动机，工作成熟度是指个体的知识和技能。现实的、具体的人的成熟度都有其自在的状态。心理成熟度和工作成熟度均高的人做事愿望强烈，不需要太多的外部激励，同时也拥有完成工作任务足够的知识、能力和经验，不需要更多的指导。反之，成熟度低的个体，情况正好相反。下属的成熟度可以划分为四种主要类型：

- 第一种类型（M_1），这些人对于执行工作任务既不情愿又缺乏能力，他们既不能被信任又不能胜任。
- 第二种类型（M_2），他们有完成工作任务的愿望和积极性，但能力欠缺，目前尚缺乏完成任务的足够技能。
- 第三种类型（M_3），他们有能力，但对工作任务不感兴趣，缺乏热情。
- 第四种类型（M_4），这些人愿意从事交付给他们的任务，有工作热情，同时又有足够的技能和经验。

赫塞和布兰查德将领导分为任务行为和关系行为两个维度，又将两种维度分为高低两种状态，从而组合成四种领导方式，分别为：

- 命令型领导（S_1），也称为高任务——低关系型。这种领导方式强调指令性，明确指示下属完成工作任务的详细程序和注意事项。
- 说服型领导（S_2），也称为高任务——高关系型。这是一种指导性和支持性并重的领导风格，关注工作任务的同时，也关心下属的生活。
- 参与型领导（S_3），也称为低任务——高关系型，这种领导方式的领导者与被领导者共同决策，充分吸取下属和组织成员的意见和建议。
- 授权型领导（S_4），也称为低任务——低关系型。领导者给予下属充分的自由度，只提供有限的指导和支持，权力下放和分散在下层。

通过以上的分析，赫塞和布兰查德把领导方式与被领导者的成熟度联系起来，构成一种权变关系，如图 11－4 所示。

图中概括了情境领导模型的各种要素及其相互关系。从图中可以知道，在 M_1 下属不成熟的情况下，下属没有能力承担也不愿意承担责任，这时适合于 S_1 高任务——低关系型的领导方式。在 M_2 下属有承担工作任务的愿望和积极性，但缺乏必要的能力的情况下，更适合 S_2 高任务——高关系的领导方式，领导者既要关心工作任务也要对下属关心和给予鼓励支持。在 M_3 下属有能力但缺乏工作热情时，适合采用 S_3 参与型领导方式，这时领导者过多的指寻和约束都没有意义，要使下属在参与协商中获得对工作任务的责任感和积极性。在 M_4 下属高度成熟的情况下，下属有能力承担工作任务，也有足够的工作热情，领导者应当充分放权，使下属自己决策，独立负责，领导者只予以监督即可。这正是 S_4 低任务——低关系的授权式领导。

11.4 领导者的素质与领导艺术

领导是一种极其复杂的活动，现实中的领导活动涉及心理的、物理的、组织内部环境和外部环境等诸多变量因素的影响和制约，很难将领导方式完全概括为某些简单或固定的在实际中处处有效的结构和程序。实践证明，作为领导者，靠上级或组织授予的权力可以发号施令，但

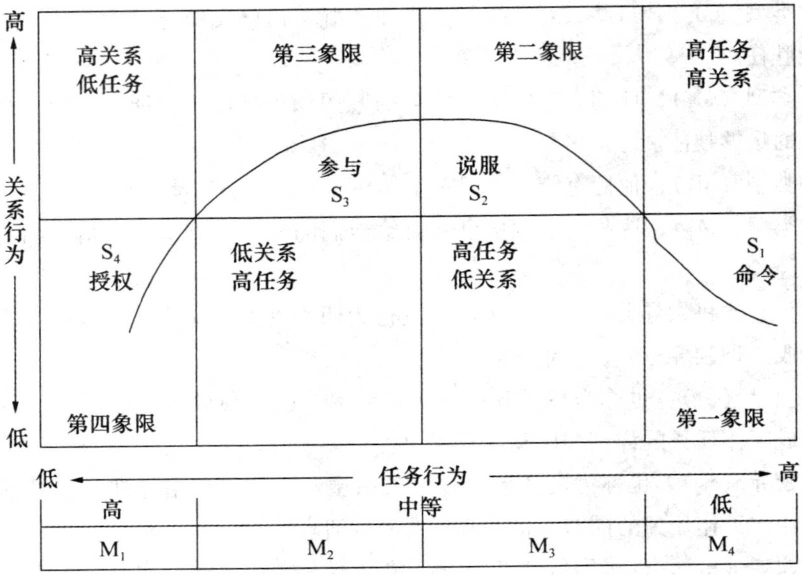

图 10－4 情境领导模型

无法保证对下属产生足够强的影响力，领导效果的取得在很大程度上依赖于领导者自身素质的修炼，需要领导者的悟性、创造性思维与灵感。领导艺术体现在管理活动中的方方面面，下面仅就几个问题做一分析。

1. 科学的授权

领导者肩负重任，日理万机，面对千头万绪的困难问题而能够有条不紊、游刃有余是一种艺术，其核心是授权的艺术。彼得·德鲁克曾说过，授权的真正涵义是不去做别人能做的事，而去做那些必须由自己做的事。授权对于一个组织的发展来讲十分重要。授权可以使高层管理者从日常事务中解脱出来，专心处理组织的重大问题，控制全局；可以提高下属的工作情绪，增强其责任心，并增进效率；可以增强下属的才干，使下属有机会独立处理问题，从而提高管理水平；还可以充分发挥下属的专长，以补救授权者自身的不足。

作为领导者，只应做领导职位上应当做的事情。并不是事情做得越多越有效，有些应当向下属授权交办的事情，自己去忙碌的结果是不仅浪费了自己大量的时间和精力，还会挫伤下属的积极性和责任感。领导者要善于把属于自己职权范围而又可委任下属去完成的某些工作派给下属去做，这有利于领导者集中精力去解决更为重要的问题，提高领导效率。

授权时，授权者要明确授权的目的和权限，使受权者十分明确地知道他们的权力范围。授权，要讲求职位、权力、责任和利益的统一，切不可如楚霸王项羽，每当任命干部，总要将金印在手中把玩良久，舍不得以实权相授；要疑人不用，用人不疑，对于所用之人，要放心、放手、充分信任。对于已经授权给下属的事情，领导者不要过多干预，更不能越俎代庖。戴姆勒－克莱斯勒公司董事长兼联合首席执行官鲍勃·伊顿（Bob Eaton）谈到他的领导艺术时曾指出："我们高层管理者不对日常工作指手画脚，我们把工作留给项目组，作一个领导者而不是管理者。"把注意力放在重点事情上，这是领导的特质。此外，授权时要慎重选择受权者，并在授权后加强监督控制，建立反馈机制，及时检查受权者的工作进展情况以及权力使用情况，出现问题及时解决，必要时可以更换受权者；对滥用权力的要及时予以制止，从而确保目标的实现。

2. 知人善任

领导者应该有知人善任的用人艺术。用人是领导者最富于艺术性的能力。人才是组织实现目标的主导因素，也是最为活跃的因素。一个组织的成功，组织目标的实现，最终都要落实到人的创造性运作。领导者识人用人，将最适当的人才使用于符合组织目标的最恰当的位置，是领导最重要的职能之一。唯才是举、知人善任是领导者最重要的职责，也是最能体现领导艺术的地方。

成功的领导者知人善任。《史记》中，汉高祖刘邦的一段话精辟地说明了人才的重要性和用人的艺术。"夫运筹于帷幄之中，决胜于千里之外，吾不如子房。镇国家，抚百姓，给馈饷，不绝粮道，吾不如萧何。连百万之众，战必胜，攻必取，吾不如韩信，三者皆人杰，吾能用之，此吾所以取天下者也。"刘邦作为领导者，其高明处就在于对这些杰出人才"吾能用之"。楚汉相争，刘邦取得最后胜利不是偶然的，他不仅识才，更重要的是能够使用那些在某些方面才能高于自己的人才，并加以组织、协调、激励，形成合力，最终扫六合，成一统，夺取天下。而项羽的失败在于"有一范增而不能用"，终落得垓下自刎、身首异处的下场。

"不拘一格降人才"是用人艺术的重要内容，汉武帝刘彻曾颁《求茂才异等诏》，中云"盖有非常之功，必待非常之人。故马或奔而致千里，士或有负俗之累而立功名。夫泛驾之马，跅弛之士，亦在御之而已。其令州郡察吏民有茂才异等可为将相及使绝国者。"（《汉书·武帝纪》）这里所体现的用人思想至今仍是用人的重要法则。其一，时势造英雄，人才成就事功，要开创事业，就要发现和使用人才。其二，金无足赤，人无完人，才气超然，能建殊勋的人，往往桀骜不驯，难入俗格，对人才不能求全责备。其三，对于人才，领导者要善于管理、巧于驾驭，用其所长，避其所短。水至清则无鱼，不拘一格广揽人才，方能使事业兴旺，成功实现组织目标。

美国著名的企业经理人李·艾柯卡曾以优异的经营业绩任福特汽车公司总经理，因功高盖主而遭解雇，后出任濒临倒闭的克莱斯勒汽车公司总经理不久扭亏为盈，起死回生，是美国企业界的传奇人物。他认为，领导者对于有缺点的人也可以大胆使用。在这种情况下，领导者应当采取的做法是制定一些规则来规范他们的行为，对他们进行系统培训，然后放手让他们一搏。而不要怕他们犯错误，要允许他们犯错误，允许他们走进你的办公室说："老板，我错了。”这些是至关重要的。艾柯卡认为领导是一门艺术而不是科学，需要相当大的灵活性。一个公司的经理如果故步自封，固执己见，不能倾听和接纳反面意见，不能适应有个性的人，只能以失败告终。

领导者在用人的过程中，在日常的工作过程中，要运用各种激励手段调动下属的积极性；领导者要运用各种有效的沟通手段与下属或他人进行良好的沟通。有关激励和沟通的相关内容详见本书第 12 章和第 13 章。

3. 对时间的有效管理

时间是做任何事情都必须拥有的一种资源，每天的时间对于所有的人都是一个常数，但运用效率不同，所得结果差异也很大。彼得·德鲁克在《有效的管理者》一书中是这样强调时间管理的：“有效的管理者不是从他们的任务开始，而是从他们的时间开始。他们也不是从做计划开始，而是从发觉他们的时间实际花在什么地方开始。然后，他们尝试管理他们的时间，减少用于非生产性需求方面的时间。一个人是不是有效的管理者，最大的区别在于他们是否珍惜时间，此外没有别的办法。”管理好自己的时间，把时间投入到创造价值的工作中，这是每个人都应注意的问题。领导者更是如此。

领导者要树立时间是一种宝贵资源的意识。时间是一种等同于生命的资源，提高工作效率，合理安排时间，就等于延长了生命。领导者对于自己已做、所做和将要做的事情及时间的消耗，都要心中有数，应当养成记录时间使用情况的习惯，定时对于时间消耗予以检查分析，检查时间浪费的主要原因，对于时间使用不合理或浪费时间的环节及时纠正，找出提高时间利用效率的方式和措施。

领导者对于时间使用要精心筹划，学会科学合理地分配时间。领导者每天要做的事情千头万绪，这时要分清轻重缓急，区别主次。领导者必须在众多需要处理的事务中抓住最重要的事情，集中精力将其做好，把有限的时间分配给最关键的工作。时间的分配要考虑到人的工作效率并非全天所有的时间都恒定不变，由于受生物钟和习惯的影响，一天之内不同的时间段的精神状态不同，工作效率差异很大，要把最重要、最需要脑力、最困难的工作安排在一天中工作效率最好的时间段去完成，而把次要的、易于处理的事情留待精力较差的时间段处理。

身为领导，会议要占去许多时间。在召开会议方面，精于算时间账是合理运用时间的艺术之一。开会要计算会议成本，这方面需要注意几点：①可开可不开的会，一般不开。②会前要做充分准备，会议主题要明确，会上要解决的问题也要明确。③控制会议规模，参加的人员和人数要经过斟酌选择，与会议主题无关或关系不大的人员一律不参加。④会议时间要尽量短，避免坐而论道，议而不决的会议。⑤会议之后，责任要落实，会议要有切实的结果。

为了有效地利用时间，领导者必须首先诊断自己的时间，其目的在于知道时间是如何耗用的；然后要分析无效的时间并消除时间浪费。

本章习题

一、单选题

1. 领导与管理工作的关系是（　　）。

A. 领导是管理工作的一项职能　　B. 管理是领导工作的一项职能

C. 两者没有任何关系　　D. 两者没有任何区别

2. 使科学、技巧、艺术和人的属性在实现组织目标过程中有机结合起来的是（　　）。

A. 指导与领导工作　　B. 组织工作

C. 控制工作　　D. 计划工作

3. Y理论的要点之一是（　　）。

A. 多数人的目标与组织目标是相互矛盾的

B. 多数人的工作都是为了满足基本的需求

C. 人是由社会需求引起动机的

D. 在适当条件下，一般人不仅会接受某种职责，而且还会主动寻求职责

4. 领导者有意分散领导权，给部属以极大的自由度，只是检查工作成果，不主动做指导，除非部属有要求，这种领导类型属于（　　）。

A. 专断型领导　　B. 民主型领导

C. 自由型领导　　D. 放任型领导

5. 以下哪种现象不能在需要层次理论中得到合理的解释（　　）。

A. 一个饥饿的人会冒着生命危险去寻找食物

B. 穷人很少参加排场讲究的社交活动

C. 在陋室中苦攻"哥德巴赫猜想"的陈景润

D. 一个安全需要占主导地位的人，可能因为担心失败而拒绝接受富有挑战性的工作

6. 领导者要科学地用人，需要先识人，即发现人所具有的潜在能力。科学用人的艺术主要表现在（　　）等方面。

A. 知人善任、任人唯贤、谦虚谨慎　　B. 知人善任、量才适用、用人不疑

C. 以理服人、体贴下情、量才适用　　D. 以德服人、举贤不避亲

7. 在管理方格理论中，布莱克和穆顿认为最差的领导型态是（　　）。

A. 1.9型　　B. 1.1型

C. 9.9型　　D. 5.5型

8. 领导行为理论中，四分图理论的划分标准是（　　）。

A. 体谅与体制　　B. 目标与体制

C. 体谅与对生产的关心　　D. 体制与对生产的关心

二、多选题

1. 利克特提出的管理方式有（　　）。

A. 专制－权威式　　B. 开明－权威式

C. 协商式　　D. 群体参与式

E. 集权式

2. 正式权力包括（　　）。

A. 法定权　　B. 奖励权

C. 专长权　　D. 强制权

E. 个人影响权

3. 授权的影响因素有（　　）。

A. 组织规模　　B. 责任或决策的重要性

C. 任务的复杂性　　D. 组织文化

E. 下属才能

三、简答及论述题

1. 领导者的权力有哪些？来源于何处？
2. 管理者为什么要进行授权？
3. 试论述 X 理论和 Y 理论。
4. 试论述管理方格理论。
5. 如何成为一名有效的领导者？

案例讨论

一次重大的人事任免

某钢铁公司领导班子会议正在研究一项重大的人事任免案。总经理提议免去公司所属的、有2000名职工的主力厂——炼钢一厂厂长姚成的厂长职务，改任公司副总工程师，主抓公司的节能降耗工作；提名炼钢二厂党委书记林征为炼钢一厂厂长。姚、林二人都是公司的老同志了，从年轻时就在厂里工作，大家对他们的情况可以说是了如指掌。

姚成，男，48岁，中共党员，高级工程师。60年代从南方某冶金学院毕业后分配到炼钢厂工作，一直搞设备管理和节能技术工作，勤于钻研，曾参与主持了几项较大的节能技术改造，成绩卓著，在公司内引起较大震动。1983年他晋升为工程师，先被任命为一厂副总工程师，后又任生产副厂长，1986年起任厂长至今，2009年被聘为高级工程师。该同志属技术专家型领导，对炼钢厂的生产情况极为熟悉，上任后对促使炼钢一厂能源消耗指标的降低起了巨大的推动作用。他工作勤勤恳恳，炼钢转炉的每次大修理他都亲临督阵，有时半夜入厂抽查夜班工人的劳动纪律，白天花很多时间到生产现场巡视，看到有工人在工作时间闲聊或乱扔烟头总是当面提出批评，事后通知违纪人所在单位按规定扣发奖金。但群众普遍反映，姚厂长一贯不苟言笑，没听姚厂长和他们谈过工作以外的任何事情，更不用说和下属开玩笑了。他到哪个科室谈工作，一进办公室大家的神情便都严肃起来，犹如"一鸟入林，百鸟压音"，大家都不愿和他接近。对他自己特别在行的业务，有时甚至不事先征求该厂总工程师的意见，直接找下属布置工作，总工对此已习以为常了。姚厂长手下几位很能干的"大将"却都没有发挥多大的作用。据他们私下说，在姚手下工作，从来没受过什么激励，特别是当他们个人生活有困难需要厂里帮助时，姚厂长一般不予过问。用工人的话说是"缺少人情味"。久而久之，姚厂长手下的骨干都没有什么积极性了，只是推推动动，维持现有局面而已。

林征，男，50岁，中共党员，高中毕业。在基层工作多年，前几天才转为正式干部，任车间党支部书记。该同志脑子灵活，点子多，宣传、鼓动能力强，具有较突出的工作协调能力。1984年出任炼钢二厂厂办主任，1986年调任公司行政处副处长，主抓生活服务，局面很快被打开。1988年炼钢二厂党委书记离休，林征又回炼钢二厂任党委书记。林征长于做人的工作，善于激励部下，据说对行为科学很有研究。他对下属非常关心，周围的同志遇到什么难处都愿意和他说，只要是厂里该办的，他总是很痛快地给予解决。民主作风好，工作也讲究方式方法，该他做主的事从不推三阻四。由于他会团结人（用他周围同志的说法是"会笼络人"），工作能力强，因此在群众中享有一定的威望。他的不足之处是学历低，工作性质几经变化，没有什么专业技术职称（有人说他是"万金油"），对工程技术理论知之不多，也没有独立指挥生产的经历。

姚、林二人的任免事关炼钢一厂的全局工作，这怎么能不引起司领导们的关注？公司领导们心里在反复掂量，考虑着对炼钢厂厂长这一重大人事变动提议应如何表态。

资料来源：http：//wenku. baidu. com/view/36c46d00bed5b9f3f90f1cdb. html。

思考讨论题

通过对姚成和林征的个人情况进行分析，谈谈对两人的任免是否合适？为什么？

第 12 章

激　　励

内容提示

激励是指激发人的动机，诱导人的行为，使其产生一种内在的动力，朝着所期望的目标不断努力的过程。激励理论在管理实践中具有很强的应用价值，它为一个组织制定薪酬制度、福利政策、工作内容等方面提供了理论基础。本章主要讲授激励的概念、典型的激励理论等内容并重点探讨激励理论在管理实践中应该如何应用。

【开篇引例】

通用汽车前总裁的情感管理

通用电气公司前总裁斯通在基层员工管理上非常注重情感管理，并取得了明显的效益。

1980 年 1 月，美国旧金山一家医院里的一间隔离病房外面，一位身体硬朗、步履如风、声若洪钟的老人，正在与护士死磨硬缠地要探望一名因痫疾住院治疗的女士。但是，护士却严守规章制度，毫不退让。

这位护士真是有点“有眼不识泰山”，她怎么也不会想到，这位衣着朴素的老者，竟是通用电气公司总裁，一位被世界电气业权威杂志——美国《电信》月刊选为“世界最佳经营家”的世界企业巨子斯通先生。护士也根本无从知晓，斯通探望的女士，并非是他的家人，而是加利福尼亚州的销售员哈桑的妻子。

哈桑后来知道了这件事，感激不已，每天工作达 16 个小时，为的是以此报答斯通的关怀，加州的销售业绩一度在全美各地区评比中名列前茅。正是这种情感管理，使得通用电气公司事业蒸蒸日上。

这种情感力量是一种内在的自律性因素，它犹如一只“看不见的手”可以深入到人的内心世界，有效地规范和引导员工的行为。如“走动式管理”就是鼓励企业主管走出办公室，走进员工中间，与各层次、各类型员工接触、交谈，进行情感沟通，建立融洽的关系，了解问题，征求意见，贯彻实施企业的战略意图。开放沟通政策为促进员工的关系、鼓励和增加员工参与意识提供了双向沟通的渠道。

12.1 激励概述

在管理实践中，有些管理者经常抱怨下属缺乏进取心和责任心，工作态度不端正等等，也有一些管理者把组织绩效不佳归因于员工的懒惰和“素质不高”。但是，作为一个管理者必须认识到，没有不好的员工，只有不好的领导，做好工作的关键在于如何激励员工。一个管理者如果不懂得怎样激励人，就无法胜任工作。管理者的责任就是要最大限度地调动下属的积极性，创造一个有助于组织发展和个人成长的环境。在这样的环境里，人们为实现组织的目标而努力工作并获得个人成长和发展的机会。

12.1.1 激励的含义

如何使组织的各类成员热情高涨地去为实现组织的目标而工作，这是所有管理者都关心的事情。美国哈佛大学教授威廉·詹姆斯做过一个实验，通过研究发现，在计时工资制度下，一个人如果没有受到激励，仅能发挥其能力的20%～30%，如果受到正确而充分的激励，就能发挥其能力的80%～90%，甚至更高。可见组织的绩效与职工的激励密切相关。也就是说，管理者即使拥有高素质的下属，并为他们提供最好的设备，但对于这些下属不给予适当激励，也无法使下属有出色的表现，也就无法使组织的绩效提高。因而，管理者必须激励下属去努力实现组织的目标，并调动他们的积极性，使他们在工作中能够将潜能发挥出来。

管理学中所谓的激励是指组织激发员工的动机，诱导员工的行为，使其产生一种内在的动力，朝着组织所期望的目标而不断努力的过程。即通过协调组织成员个人动机与组织目标之间的关系，激发、鼓励、保持与强化有利于实现组织目标的个人动机，调动组织成员工作行为积极性，高水平地实现组织目标的意愿，而这种努力要以满足个体的某些需要为前提条件。

我们可以把激励看作是满足人的某种需求的过程，如图12－1所示。从图中可以看出，需求引起动机，动机产生行为，行为又指向一定目标。因此，要研究激励，就要研究需求、动机、行为之间的关系，激励实质上是满足人的需要的过程。

12.1.2 需求、动机、行为之间的关系

心理学家发现，人们之所以会产生某种特定的行为是由其动机所决定的。人们从事某项工作积极性的高低，完全取决于去做这项工作的动机以及动机强弱的程度。我们注意到即使在同一个组织中两个各方面都几乎相同的员工，工作业绩也会大相径庭，究其原因，常常是因为低

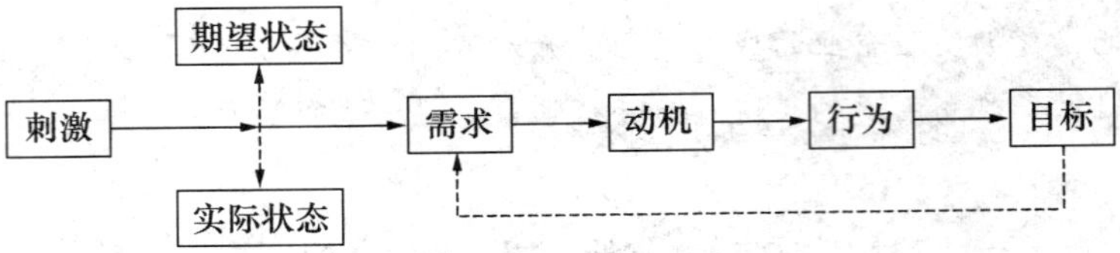

图 12－1　激励过程

工作绩效者的积极性没有被调动起来，即动机没有被激发出来。

动机（motivation）是指推动个体采取行为的内部驱动力，这种驱动力是由于需求没有得到满足而产生的紧张状态引起的，它是一种内在的力量。从心理学的角度来讲，动机是由需求引发的。人之所以愿意做事，是因为做这件事本身可以满足其个人的某种需求。所谓需求，是指人们对某种目标的渴求和欲望，包括基本的需求如生理需求和物质需求，以及高层次的需求如社会需求和精神需求。

【阅读资料 12－1】

需求、动因、动机与目标

需求（need）。人的需求是人们感到某些基本满足被剥夺的状态。人为了生存需求食物、衣服、房屋、安全感、尊重和其他一些东西。这些需求存在于人本身的生理需求和自身状态之中。

动因（drive）。当人们认识到自身需求之后，就会产生动因。动因是指促使人们认识需求的内部刺激或驱动力。在一般的情况下，动因向能感觉到的情绪和生理唤醒的情感状态发展，体验到不安感（tension），这种不安感又影响卷入程度和情感状态。

动机（motivation）。动因和动机差异不大，但动因可发展为动机。动机也是内部驱动力，动机决定行为方向，是特定行为的具体理由。

目标（goal）。目标是动机所指向的对象。有目标的行为是由被激励的动机来决定的。

当个人的需求得不到满足时，就会产生心理上的紧张。例如，一名农村姑娘第一次走出大山来到大都市打工，由于身边没有亲朋好友，加上城里人对人际关系看得比较淡漠，这位姑娘感到非常孤独，这主要是因为她的与人交流和获得归属的需求没有满足。这位姑娘也就由此产生了心理上紧张、压迫的感觉，这种紧张的感觉能够使她产生一种减缓紧张的内在力量——驱动力，这种内在驱动力量使她发生寻求满足的行为，于是希望能通过某种措施找到知心的朋友。由于身边没有可交往的对象，于是这位姑娘通过网络来寻找自己的朋友，她可能在网络世界里找到一个知己，这时原来的紧张就会消除，孤独感没有了，她将这个网络里的朋友作为自己交流的伙伴。

行为是建立在需求和动机基础上的，需求使人产生某种动机，动机诱发人们采取某种行为去满足需求。因此，管理者在对员工进行激励时，首先要通过提供诱因或刺激，在一定程度上影响个人的需求和动机，从而使其产生所期望的行为。为了确保所提供的诱因对员工有吸引力，管理者就必须对员工的各种需求和性质进行研究，了解其真正的需求；同时，管理者要切实有效地激励员工，还必须了解员工在组织中工作的动机是如何形成和得到激发的，更需要了解其动机向特定的行为转化过程中的各方面心理因素及相应的激励措施和对策。

12.2 典型的激励理论

激励作为管理学中一个非常重要的研究内容，很早就引起了许多心理学家、行为学家、管理学家的研究兴趣。他们从不同的角度对激励的因素和激励的行为进行研究，形成了各种典型的激励理论。

12.2.1 早期的激励理论

20 世纪 50 年代是激励理论快速发展的时期，在这个阶段形成了一些典型的激励理论。尽管它们在很多方面存在着局限性，但依然在广泛的领域中具有适用性。这些理论分别是需求层次理论、X 理论和 Y 理论、双因素（激励—保健因素）理论，它们是当代激励理论的基础。由于 X 理论和 Y 理论在本书第 10 章中已经进行了阐述，故本章不再叙述。

1. 需求层次理论

人的需求多种多样，各种需求的强弱对每个人也不尽相同，美国心理学家亚伯拉罕·马斯洛（Abraham H. Maslow）对此进行了深入的研究并做出了合理的解释。他在 1943 年出版的《人类动机理论》中提出了著名的需求层次理论。该理论认为，人的需求分为五个层次，它们分别是：

（1）生理的需求：包括饥渴、栖身、性和其他由于人的生理因素造成的需求。

（2）安全的需求：保护自己免受心理和生理伤害的需求。

（3）社会的需求：包括爱与被爱、友谊、归属和被接纳的需求。

（4）尊重的需求：分为内部尊重因素和外部尊重因素，内部尊重因素是指自尊、自主和对成就的需求，外部尊重因素是指来自外部的认可和地位、关注等。

（5）自我实现的需求：这是一个人追求个人能力极限的驱动力，包括成长、发挥自我的潜能等。

马斯洛把以上五种需求分为两个水平：生理的和安全的需求属于低水平的需求（lower-order needs)；社会的需求、尊重的需求和自我实现的需求属于较高水平的需求（higher-order needs）。区分两个水平需求的标准是看得到满足的原因，较高层次需求满足的因素来源于人的内部，如对个人理想的追求；而较低层次需求满足的因素来源于外部，如食物、工作的稳定性等。

马斯洛认为这五种需求是从低层向高层渐次上升的（见图12-2），当其中的一个需求基本上满足后，其后的需求就成了主导需求，并且只有主导需求才会产生激励作用，那些已经基本得到满足的需求起不到激励作用。

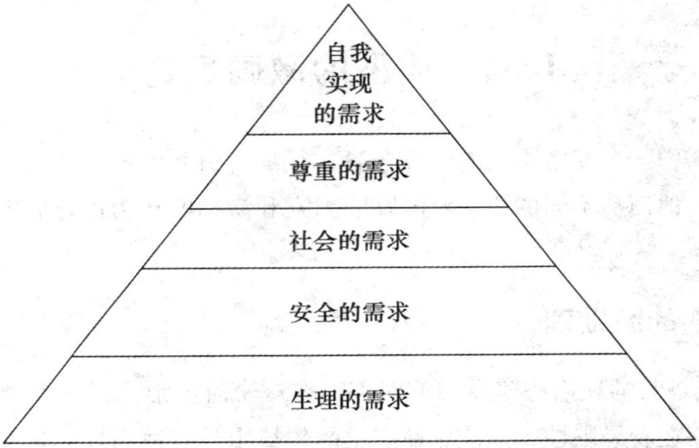

图12-2 马斯洛的需求层次理论

根据马斯洛的需求层次理论，管理者需要知道目前员工的哪些需求已经基本得到了满足，也就是要清楚员工的需求层次，并用其主导需求去激励他。

马斯洛需求层次理论由于其直观和易于理解而得到了广泛的认可，尤其是在从事实际工作的管理者中得到了广泛的应用。该理论对于思考需求和动机提供了一种有用的结构，但是也有其局限性。首先，它具有简单化倾向，忽略了需求强度的因素。例如，一个人在社交、自我尊重、自我实现的需求满足之前，这个人的饥饿在多大程度上得到满足？在古文化中，人们在努力满足食物需求的时候，也创作艺术和进行收藏。比如，山洞油画可以追溯到3万年以前。一些研究人员认为，对美的追求是一种基本需求。此外，马斯洛需求层次在跨国文化中或许是不一致的。有研究支持在东方文化中有不同的需求层次，更多地强调注重社会需求以及所属，较少地注重自我需求以及自我实现。不同的文化对自我有着不同的概念，而对自我的概念有可能影响他们对自我实现的注重。同时，这一理论缺乏实证基础，没有支持其假设的验证性材料。

马斯洛的需求层次理论虽然存在一定的局限性，但在实际的管理工作中还是具有很高的应用价值。管理人员必须清楚下属的主导需求是什么，例如对一个工资水平很高的企业来说，奖金的作用往往不如职称和晋升对下属的激励作用；而对于一个工资水平较低的企业，情况则恰好相反。所以，在管理工作中可以应用该理论，定位员工的主导需求，按照主导需求的内容去激励员工。

2. 双因素理论（激励—保健理论）

双因素理论是由美国的行为科学家弗雷德里克·赫茨伯格提出的。传统理论认为，满意的对立面是不满意，不满意的对立面是满意。在工作中消除那些产生不满意的因素就能够使员工产生满意的感觉，从而使其受到激励的作用。但是心理学家赫茨伯格的研究却颠覆了这一观点。

20 世纪 50 年代后期，赫茨伯格对 200 多名工程师和会计师进行了访谈调查，结果发现人在工作中的满意感是激励人的工作行为的重要力量，而导致满意和不满意的是性质完全不同的两类因素。

赫茨伯格的研究修正了传统的"满意—不满意"观点，他认为：带来工作满意的因素和带来工作不满意的因素是截然不同的，满意的对立面是"没有满意"，而不满意的对立面是"没有不满意"。根据赫茨伯格的观点，导致工作满意的因素同导致工作不满意的因素是截然不同的两种因素。因此，管理者如果只努力改善带来不满意的因素（如工作环境、福利待遇等），只能消除员工的不满、怠工和对抗，并不能使员工变得满意，这类因素叫保健因素。例如，公司普遍的调薪会被员工认为是对合理的生活保障的改善，而不能因此提高工作效率。如果管理者想激励员工，就要强调工作的成就、意义、认可、晋升和责任，只有这些因素的改善，才能够激励员工的工作热情，提高工作效率，这类因素叫激励因素。

激励因素和保健因素彼此独立，并以不同的方式影响着人们的行为，表现在：当人们缺乏保健因素时会产生很大的不满足，但有了它们也不会产生多大的激励作用；激励因素使人们产生满足感，而缺乏它们也不会产生太大的不满足。

管理者利用双因素理论来激励员工时，应确保保健因素是适当的，即有适当的工资和收入保障、安全的工作条件等。通过提供这些因素，可以消除员工的不满，但并不能激励他们。管理者应创造机会为员工提供那些能让他们努力工作的激励因素，包括工作的成就、挑战性的任务等。同时，要防止激励因素向保健因素转化。例如，每个组织都有奖金制度，但很多组织的奖金并不具有激励作用，而是成了一种变相的福利，使奖金从最初设立时的激励因素变成了后来的保健因素。

12.2.2 当代激励理论

早期的激励理论虽然广泛流传，但是在理论层面也受到了很多批评和质疑，经不起严密的推敲。以下介绍当代激励理论，这些理论同早期的激励理论相比，都有确凿的支持性材料，因而在理论层面不容易受到置疑。

1. ERG 理论

耶鲁大学的克莱顿·艾尔德福（Clayton Alderfer）对马斯洛的需求理论进行了进一步的整理并使其同实证研究更为一致，被称之为 ERG 理论。

艾尔德福的 ERG 理论认为，人具有三种核心的需求：生存（Existence）、相互关系（Relatedness）和成长（Growth），因此被称之为 ERG 理论。ERG 理论的第一层需求是生存，涉及那些满足人们基本生活的物质需求，包括并对应着马斯洛需求层次理论的生理和安全层次；ERG 理论的第二层需求是相互关系，即维持重要的人际关系的需要，包括和对应了需求层次理论的社会需求和尊重需求的外在部分；ERG 理论的第三层需求为成长，同马斯洛需求理论的尊重需求的内在部分和自我实现的特征相对应。

但是，艾尔德福的 ERG 理论并不是简单地与马斯洛需求理论相对应，除了用三种需求来替代五种需求外，ERG 理论还证实了：①多种需求可以同时存在；②如果高层次的需求不能得到满足，那么低层次的需求会得到加强。另外，马斯洛的需求理论认为人的需求层次是严格地从低到高阶梯式上升的，而 ERG 理论则认为人的需求不必在低层次的需求满足之后才会产生对更高层次需求的追求，而是三种需求在同时起作用。这就很好地解释了很多追求理想的人在生存或生命受到威胁的时候为什么还要追求自我实现的需要。

此外，同马斯洛认为人会滞留在某一特定的需求层次直至得到满足的看法不同，ERG 理论认为当一个人的较高层次的需求不能得到满足的时候，其较低层次的需求会加强，这就是 ERG 理论的挫折——倒退维度。例如，一个人在追求更好的社会交往的需求不能被满足的情况下，会对工资或工作条件的需求更加强烈。

总之，ERG 理论同需求层次理论都认为，人的需求分为若干层次，较低层次需求的满足会使人产生对较高层次需求的追求；但是，ERG 理论更强调多种层次的需求对人同时产生作用，并在较高层需求不能满足的时候会产生对较低层次需求更强烈的追求。ERG 理论同普遍认识的关于人的个体差异的认识更为吻合。每个人的教育、文化、背景不同，而这些不同会使每个个体需求的内容和排列顺序产生差异。有证据表明，不同文化背景的人会对需求种类的排序产生很大的差异。这与 ERG 理论是一致的。总之，同古典的需求层次理论相比，ERG 理论代表了关于需求层次的一种更为实际和有效的观点。

2. 麦克莱兰的需要理论

美国心理学家 D·C·麦克莱兰（D. C. McClelland）的需要理论认为，人的基本需要有三种：成就需要、权力需要和社交需要。

成就需要是追求卓越，实现目标，争取成功的内驱力。有高度成就需要的人具有追求成就的欲望。他们往往喜欢独当一面，独立自主地解决问题。他们期望自己的事业能超过前人或同辈，因而喜欢富有挑战性的工作，敢于冒风险，且不存侥幸心理。

权力需要是指影响和控制他人的愿望。具有较高权力需求的人对施加影响和控制他人表现出极大的关切，他们一般寻求领导者的地位，对工作热忱，喜欢承担责任，努力影响其他人，喜欢处于竞争性和重视地位的环境。

社交需要是建立友好与亲密人际关系、追求人际关系和谐的欲望。社交需要强烈的人寻求建立并保持和他人的友谊及亲密的感情关系，希望获得他人对自己的好感，乐于参加各种社交活动以寻求知心朋友，乐于帮助和安慰危难中的伙伴。他们往往喜欢合作环境，对人际矛盾和冲突采取折中调和的办法。

麦克莱兰的理论倾向于从个体差异的角度来研究管理的需要，不同需要程度占主导的管理者有不同的管理风格，各有优劣势，因此要做内部区分。麦克莱兰原以为成就需要最重要，但后来证明权力需要更重要。

另外，麦克莱兰认为，高成就需要的人可以通过教育培训获得，对成年人进行成就激励教育，可以大大提高他们的成就需要。成功的领导一般是较高权力需要、较低社交需要，且主动抑制性高。主动抑制性高的人，以社会能接受的方式满足权力需要，人际影响力强但不支配人；主动抑制性低的人，爱与人争执，有冲动的攻击性。

3. 目标设置理论

目标设置理论认为：对于具有一定难度的具体的目标，一旦被接受，将会比容易实现的目标更能激发高水平的工作绩效。

20世纪60年代末，爱德温·洛克（Edwin Locke）提出，指向一个目标的工作意向是工作激励的主要源泉。有关目标设定的研究表明，设定恰当而具有挑战性的目标能够产生强烈的激励作用。虽然我们不能断言让员工参与目标设定的过程总是可取的，但是当你预期到员工在接受较困难的挑战性工作会遇到阻力时，让员工参与目标的设定是最适当不过的。

中度的具有挑战性的目标将激发成就动机，而目标设置理论则认为设定具有一定难度的目标将产生更大的激励作用，这两种说法矛盾吗？答案是否定的。原因包括两个方面：

（1）目标设置理论是针对一般大众的，而成就动机的结论仅仅基于高成就需要者而言。在北美，高成就需要者只占10%～20%，因此，对于大多数人而言，更容易接受目标设置理论。

（2）目标设置理论适用于那些注重承诺并接受工作目标的人。具有一定难度的目标只有被人们所采纳，才会产生更高的工作绩效。

4. 强化理论

强化理论是由美国心理学家、行为科学家B·F·斯金纳（B. F. Skinner）提出的，又称为“行为修正理论”。斯金纳研究了动物和人的行为后发现：人或动物为了达到某个目的，会采取一定的行为。当这种行为的结果对自身有利时，这种行为以后就会重复出现；不利时，这种行为就会减弱或消失。这就是环境对行为强化的结果。由此，就产生了强化理论。

强化是指不断通过改变环境的刺激因素来达到增强、减少或消失某种行为的过程。强化的具体方式包括正强化和负强化。

所谓正强化，就是奖励那些符合组织目标的行为，以便使这些行为得到进一步加强，从而有利于组织目标的实现。正强化的刺激物不仅仅包含奖金等物质奖励，还包含表扬、提升、改善工作关系等精神奖励。为了使强化能达到预期的效果，可以实施不同的正强化方式。一种是连续的、固定的正强化，譬如对每一次符合组织目标的行为都给予强化和每隔一固定时间都给予一定数量的强化。尽管这种强化有及时刺激、立竿见影的效果，但久而久之，人们就会对它有越来越高的期望，或者认为这种正强化是理所当然的。管理者要不断加强这种正强化，否则其作用会减弱甚至不再起到刺激行为的作用。另一种是间断的、时间和数量都不固定的正强化，亦即管理者根据组织的需要和个人行为在工作中的反应，不定期、不定量的实施强化，使每一次强化能起到较大的效果。实践证明，后一种正强化更有利于组织目标的实现。

所谓负强化，就是不鼓励那些不符合组织目标的行为，以使这些行为削弱直至消失，从而保证组织目标的实现不受干扰。负强化一方面包含给予行为当事人某些他不喜欢的东西或是取消他所喜欢的东西，如减少奖酬、罚款、批评、降级、解聘等惩罚手段，另一方面还包含忽视或自然消退，即对于组织中出现的不符合要求的行为进行冷处理，减弱这种行为，达到无为而治的效果。例如：对职工的某种行为不予以理睬，以表对之的鄙视，从而使这种行为得以消除。实施负强化的方式与正强化有所差异，应以连续负强化为主，即对每一次不符合组织的行为都应及时予以负强化，消除人们的侥幸心理，减少直至完全避免这种行为重复出现的可能性。

正强化给人以愉快的刺激，使人们产生一种强大的进取效应。负强化给人以不愉快的刺激，人们对不愉快的刺激具有一种抑制情绪。如果给予同一个人过多的负强化，他往往不从自身找原因，反而认为领导故意跟他过不去，或形成“逆反心理”，偏偏和领导对着干。所以，领导在必须进行负强化时，要特别注意技巧。

为提高激励的效果，管理者在实践中运用强化理论时，必须注意以下四方面的问题：

（1）必须针对行为的结果给予及时的强化。不管是表扬、奖励，还是批评、惩罚，都不能事隔太久才进行。

（2）必须针对行为给予明确的强化信息。应该明确针对某种行为，不能因人而异，不管谁这样做都会得到奖励或处罚。

（3）强化的频率不能太高。经常表扬和老是批评都会降低强化的力度和效果，间断性的强化会更加有效。

（4）正强化比负强化的激励效果更大，要多用正强化，慎用负强化。

5. 公平理论

公平理论是美国心理学家J·S·亚当斯（J. S. Adams）于20世纪60年代提出来的，也称为社会比较理论。这种激励理论主要讨论报酬的公平性对人们工作积极性的影响。该理论认为，一个人的工作动机和动力，不仅受其所得到报酬的绝对值的影响，更要受到报酬相对值的影响。一般情况下，人们会以同事、亲友、邻居或自己以前的情况作为参考，来评价是否得到了公正、公平的待遇。

将“自己”与“别人”相比称之为横向比较。我们以下列公式来说明：

$$Q_P/I_P = Q_X/I_X$$

其中：Q_P 代表对自己（或自己现在）所获报酬的感觉；I_P 代表对自己（或自己现在）所投入量的感觉；Q_X 代表自己对别人（或自己以前）所获报酬的感觉；I_X 代表自己对别人（或自己以前）所投入量的感觉。

这里需要说明的问题是：

（1）投入量包括个人所受到的教育、能力、努力程度、时间等因素。

（2）报酬包括精神和物质奖励以及工作安排等因素。具体表现为：薪金、奖金和福利，以及职务的升降、受到的赏识、尊重等。

如果 $Q_P/I_P > Q_X/I_X$，则说明此人得到了过高的报酬或付出的努力较少。在这种情况下，一般来讲他不会要求减少报酬，而有可能会自觉地增加投入量。但过一段时间他就会因重新高估自己的投入而对高报酬心安理得，于是其产出又会恢复到原先的水平。

如果 $Q_P/I_P < Q_X/I_X$，则此人会对组织的激励措施感到不公平。此时他可能会要求增加报酬，或者自动地减少投入（消极怠工），以便达到心理上的平衡。当然，他甚至有可能离职。

尽管公平理论的基本观点是普遍存在的，但是在实际工作中很难把握。个人的主观判断对此有很大的影响，因为人们总是倾向于过高估计自己的投入量，而过低估计自己所得到的报酬，对别人的投入量以及所得报酬的估计则与此相反。因此，管理者在运用该理论时应该更多地注意实际工作绩效与报酬之间的合理性。当然，对有些具有特殊才能的人，或对完成某些复杂工作的人，应更多地考虑到其心理的平衡。

6. 期望理论

期望理论是美国行为学家维克多·弗鲁姆（Victor Vroom）提出的。该理论认为：一种行为倾向的强度取决于个体对这种行为带来的结果的期望强度以及这种结果对行为者的吸引力，只有当人们在预期他们的行为会给个人带来既定的成果且成果具有吸引力时，才会被激励起来去做某些事情。

这个理论着眼于三种关系，见图12－3。

（1）努力—绩效关系：个人认为通过一定努力会带来一定绩效的可能性。

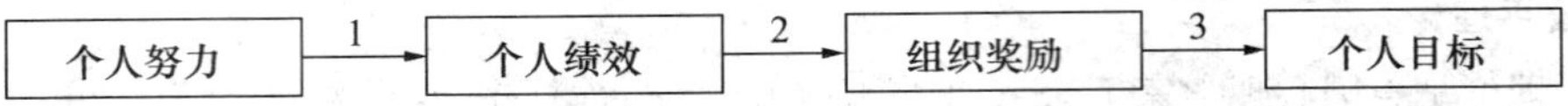

1．努力—绩效关系
2．绩效—奖励关系
3．奖励—个人目标关系

图 12－3　期望理论三种关系图

（2）绩效—奖励关系：个人相信一定水平的绩效会带来所希望的奖励结果的程度。

（3）奖励—个人目标关系：组织奖励满足个人目标或需要的程度以及这些潜在的奖励对个人的吸引力。

一个人从事某项工作的动力（激励力）的大小，取决于“该项活动所产生的成果的吸引力的大小”和“获得预期成果的可能性（即概率）的大小”两个因素。用公式表达为：

$$激励力 = 效价 \times 期望值$$

效价就是“某项活动成果的吸引力”。吸引力不在于预期成果本身，而在于成果能否满足行动者的需要，是行动者个人的主观评价。同样的工作成果或结果对不同的人而言，吸引力的大小是不同的。比如，领导告诉职工，完成某项工作任务，将给予 1000 元的奖金，这 1000 元就是预期成果。对于急需钱或金钱欲望很强的人来说，这一成果的吸引力是很大的，效价很高；对于腰缠万贯或没有金钱欲望的人来说，这一成果的吸引力就很小甚至为零，效价很低。

期望值就是“获得预期成果的可能性”。这往往与行动者自身的能力和环境条件有关系。如果成果很诱人，效价很高，但自己却力所不能及，或周围条件不允许，只能是可望而不可即，期望值就很低甚至为零，随之激励力也很低甚至为零。因此，只有当效价高并且期望值大时，才会产生强烈的激励效果。

在实际的管理过程中，管理者要激励员工去做某件事，首先要了解他的主导需要，设置效价较高的“成果”，这样可以用较低的成本获得较大的动力。同时，帮助职工提高能力，为他们创造必要的条件，提高他们的期望值，从而可以提高激励力。

12.3　激励在管理实践中的应用

在学习了关于激励的各种理论后，人们可能会问：这些理论对管理者有何意义？对于一个企业来说，如果员工没有干劲，干活拈轻怕重，那么，企业的生产就会缺乏效率，从而丧失市场竞争力。

既然激励对于企业管理者来说很重要，那么管理者应如何运用激励理论去激励员工？在这方面，没有一个简单的、放之四海而皆准的统一指南。因为激励理论很多，而组织的情况又是千差万别，管理者应根据组织员工的特点对其进行差异化的激励，激励方式应多样化。以下是几种建立在激励理论基础上的常用的激励方法。

12.3.1 鲶鱼效应与负激励

员工激励中有一种做法叫做“鲶鱼效应”，即采取某种手段或措施，刺激一些企业员工活跃起来，积极投入到竞争中，从而增加企业的活力。

鲶鱼效应源于民间故事。挪威人喜欢吃沙丁鱼，尤其爱买鲜活的。渔民为了避免沙丁鱼在运输途中死去，往往在船舱里放上几条鲶鱼。鲶鱼滑溜无鳞，喜欢四处乱钻乱窜，弄得沙丁鱼不得安生，只好跟着鲶鱼一起游动。这样，不但避免了沙丁鱼的死亡，而且抵达渔港后，还能使其保持鲜活。人们称这种现象为“鲶鱼效应”。

鲶鱼效应实际上是一种负激励，通过困境、竞争等不利因素刺激员工产生强大的动力，采取积极行为，从而实现组织的目标。

《孙子兵法》所云：“置之死地而后生。”心理学研究表明，人在险恶之际，既会不遗余力奋斗发挥潜能，爆发出异乎寻常的勇气，又会自动放弃平素的偏见与隔阂，团结一致共渡难关。中国历史上的“钜鹿之战”可谓困境激励的典范。当时，项羽在困守安阳46天后，率军渡河向北进军钜鹿。过河之后，他命人破釜沉舟，火烧营寨，每个士兵只发三天的粮食，以示此去只能进不能退的决心，使全军感到空前的压力与危机，不战只有死路一条。在这种压力下，将士拼死战斗，团结一致，结果大败秦军。

其实，任何企业员工在处境舒适时，都会产生麻痹大意、不思进取的惰性，而在环境危机时，却能保持不断进取的斗志。因此，一些有远见的管理者会有意识地利用这种负激励效应，适时在组织中创造紧张的氛围，让员工时刻保持危机感。日本松下公司总经理山下俊颜很注重在公司造成危机感和“饥饿精神”，他认为企业越大，衰落危险就越大，并常用一些企业失败的教训提醒员工，使员工在“大好形势下”保持危机与警觉。此外，管理者还可以通过树立标杆的方法，使企业内部员工之间、部门之间开展有序、公平的竞争，实行优胜劣汰。

企业管理者利用鲶鱼效应对员工进行激励时，应该注意以下问题。

首先，要防止“鲶鱼”窝里斗。发挥鲶鱼效应的关键是，管理者能否准确判断其员工处于安分守己、不思进取的状态。如果恰恰相反，所在部门的员工中有一个或几个生龙活虎，锐意进取，本身就有一个良好的鲶鱼效应，这时的管理者仍然“向外不向内”，就可能使组织能人扎堆，内部起哄，人力资源管理效率低下。

其次，要避免“鲶鱼”未到，“沙丁鱼”开溜。企业管理者在运用鲶鱼效应决定是否引进“鲶鱼”时，一定要看有没有实际需要，是否可以将本部门内部的一些有作为的“沙丁鱼”提升为“鲶鱼”。如果盲目引进，就可能使一些有作为的“沙丁鱼”由于看不到希望而另谋高就，出现一面大量引进人才，一面却是人才大量流失的现象。

12.3.2 设置诱因与目标激励

目标在心理学上通常被称为“诱因”，即能满足人的需要的外在物，具有引发、导向和激励的作用。人的行为特点的目的性决定了目标的实现，没有目的的行为是不能实现目标的。因此，领导者在工作中可以将员工内心深处的目标挖掘出来，通过设置诱因，即确定适当的目标，并协助他们制定详细的实施步骤，调动员工的积极性。目标分为个人目标和集体目标，当个人目标和集体目标一致并强烈和迫切地需要实现时，他们就对企业的发展产生热切的关注，对工作产生强大的责任感，这就是目标激励的效果。

个人参加到组织中来是因为组织能提供个人发展所需要的各种奖酬，而这些奖酬就成为激励的诱因。但同一奖酬对不同的人来说具有不同的意义。为了满足不同员工对奖酬内容的不同需要，管理者要利用各种机会听取员工的意见，就某些问题对员工进行问卷调查，了解员工追求的各种奖酬的种类及重视程度，以便对症下药。不过员工对这些奖酬的获得必须与他们的工作绩效紧密联系起来，同时要注意奖酬及时兑现，取信于员工。

除了各种奖酬等经济诱因外，组织还可以通过工作本身为员工提供个人锻炼和发展的机会，如组织提供带薪休假时间和对工作方式选择的自由等，都可能成为很有吸引力的诱导因素。

总之，通过设置目标来更好地发挥激励效果，要做到以下几点。

（1）个人目标与组织目标一致。如果个人目标与组织目标出现偏向，就不利于调动员工的积极性，不利于组织目标的实现。管理者必须通过目标激励，使组织的共同目标转化为成员的自觉行动，使群体产生出最大的协同合力。

（2）目标的难度要适当。要得到目标是“跳一跳够得着”的效果，这样易于激发员工的进取行为，否则目标就成为“镜中花，水中月”，收不到良好的预期效果。

（3）目标在时间上要做到近期与远期相结合。近期目标能够起到立竿见影的激励作用，但其缺点在于使人目光短浅，过分注重短期利益而忽视组织的长远利益。如果只有远期目标，又容易使人产生渺茫感。因此，在目标设置上必须做到长短结合。晋升是一种常用的长期激励方式，晋升前组织要对被晋升者进行长期的业绩评价，其行为要符合组织的长远利益；股票期权也可用于长期激励，通过员工在企业工作中较长一段时间的努力，获得与企业经营业绩相匹配的个人价值。

（4）目标的内容要具体明确。能够有定量化的目标最好，切忌笼统抽象。

12.3.3 金钱与物质激励

物质激励是指通过物质性资源的奖励来刺激员工工作行为的激励手段。常用的物质激励手段包括工资、奖金、实物或其他福利等可以用金钱来衡量的物质。根据需求层次理论可知，这种激励在人们的生活达到富裕之前作用十分明显。如果能将物质激励与员工工作成绩紧密结合起来，它的激励作用将会产生十分显著的效果。

在对员工进行物质激励时，经济学家和绝大多数管理者倾向于把金钱放在高于其他激励因素的地位。但是管理者必须注意，金钱只有当预期获得的报酬与目前个人收入相比差距较大时，才能起到激励作用。例如，很多企业虽然给员工增加了薪水，甚至支付了奖金，但并没有起到足够的激励作用。它们可能可以避免使员工产生不满或另外去找工作，但并没有增加员工对组织的满意度，极大调动员工工作的积极性。因此，管理者在用金钱作为物质激励手段时，必须注意以下几点。

（1）金钱对那些抚养一个家庭的人来说，要比对那些功成名就、在金钱的需要方面已不再那么迫切的人重要得多。金钱是获得最低生活标准的主要手段，虽然这种最低标准随着人们生活的日益富裕而有提高的趋势。

（2）金钱作为一种有效的激励因素，管理者一般在同一组织中采取不同职位提供不同级别薪金的做法。同时，即使级别相当，给予他们的薪水和奖金也必须能反映出个人的工作业绩。

（3）在大多数组织中，金钱实质上是用来作为保持一个组织机构配备足够人员的手段，而不是作为主要的激励因素。组织在行业范围内通过提供具有竞争性的工资和奖金，以吸引和留住员工。

总之，以金钱为主要手段的物质激励在企业管理中起着重要的作用，但是也有其缺陷：首先，物质激励长期使用容易产生依赖性。一旦物质激励被撤销，员工的工作积极性会立即受到影响。因此，要维持这种激励手段需要较高的激励成本。其次，长期使用以金钱为代表的物质激励，会产生边际效应递减现象，致使用于激励的金钱数额不断增加，才能维持原有激励的效果。例如，当以前没有奖金时，发放100元奖金会对员工产生很大的激励作用。如果经过两三年时间后，奖金还是100元，可能就产生不了激励作用。因为随着时间的推移，人们已经习惯于把100元奖金看做自己固有收入的一部分，这时只有提高奖金额度，才能起到激励作用。

12.3.4 参与、工作丰富化与精神激励

与物质激励相比，精神激励也是管理者经常使用的激励方法。精神激励是以精神鼓励为手段的激励方法，其中使员工参与管理和使工作丰富化是组织常用的手段。

参与管理对于整合组织、提高士气具有积极的作用。组织鼓励员工恰当地参与管理，既能激励员工，又能集思广益，为企业的发展获得有价值的知识。参与同时也是一种增加员工对组织的归属感和使员工获得成就感的重要手段。员工通过参与组织决策的制定和组织目标的实现过程，可以更好地了解组织；同时在参与的过程中，员工自觉地将个人目标与组织目标的实现联系在一起，从而获得成就感。所以，现代管理者越来越多地通过鼓励组织成员参与管理来实现对组织成员的激励。

同参与管理一样，工作丰富化也是一种重要的精神激励手段。根据赫茨伯格的双因素理论，诸如挑战性、成就、赞赏和责任等都被认为是有效的激励因素。由此，管理者可以通过促进工作丰富化，使工作具有挑战性和富有意义来激励员工。

工作丰富化具有两层含义：一是职务内容的扩大，二是工作意义的丰富化。由于职务内容的扩大，工作内容也会有更多的变化，从而消除因重复操作带来的单调、乏味感；而工作意义的丰富化则是企图在工作中建立起一种更高的挑战性和成就感，这无疑会给员工带来较高层次的满足感。著名管理学家哈罗德·孔茨认为，可以通过以下方法使工作丰富起来。

（1）在决定某些事情如工作方法、工作顺序和工作速度，或接受还是拒绝材料等方面，可以给员工更多的自由。

（2）鼓励下属人员参与管理和鼓励员工之间相互交往。

（3）让员工对他们的任务有个人责任感。

（4）采取步骤以确保员工能够看到他们的任务对企业的产成品和福利方面是怎样做出贡献的。

（5）把员工的工作完成情况反馈给他们。

（6）在分析和变动工作环境的物质方面时，如办公室或厂房的质量、温度、照明和清洁卫生等，要让职工参加。

12.4 当代激励理论的整合

不同的激励理论都有自己的独特性和局限性，孤立地看待各种理论是片面的。这些理论是从不同的角度来解释同一行为的，许多理论存在着一定的冲突，甚至是正好相反的（如按照期望理论，员工倾向于成功率高的目标，而根据目标设置理论则恰恰相反，该理论认为困难的目标更具有激励作用）。事实上，员工做出的选择可能是复杂的，两方面的因素都可能考虑到。因此，必须将各种理论融会贯通，才可能比较客观、全面的理解和认识激励的作用和过程。下面我们以弗鲁姆的期望理论为基础把前文提到的相关激励知识加以整合，见图 12 – 7。

图 12 – 7 的中心轴是弗鲁姆的激励理论，在这个激励理论的整个过程中，不同的因素会干扰着个体行为动机的强度。首先，个人的行为会受到个人目标的影响，这同目标设置理论是相吻合的。就期望理论而言，如果个体认为努力—绩效、绩效—奖励、奖励—目标间的关系非常紧密的话，那么他的努力程度就会很高，而在这个过程中的各个环节会符合其他的激励理论。

在激励中需要注意的是不要忘记机会和能力所起的作用。个体激励力受到表现机会和个人能力的影响和限制。在此基础上客观地评价系统对个体的作用是明显的，个体如果认为评价系统是公正的，那么个体会付出正常的努力，如果认为评价系统是不利于自己的，不公正的，那么会对个体产生的绩效产生影响，因而会主动地调整努力的程度。这同公平理论是相符合的。

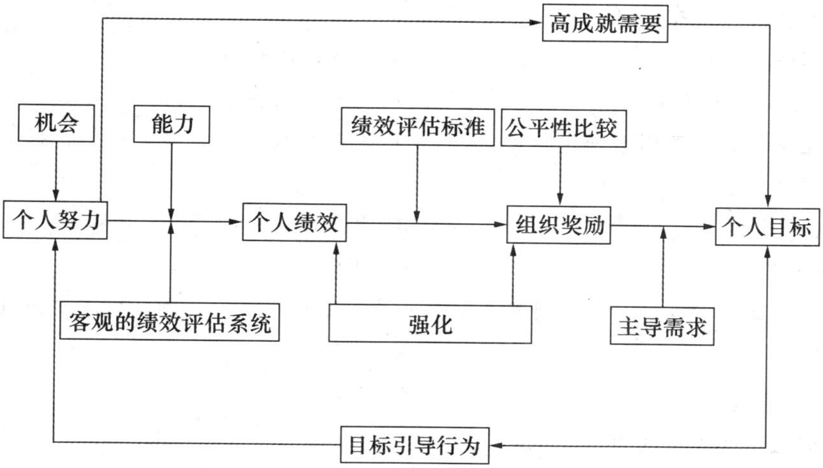

图 12－7 当代激励理论整合

资料来源：斯蒂芬罗宾斯、玛丽库尔特：《管理学》（第7版），中国人民大学出版社2004年版，第467页。

在个人绩效—组织奖励的关系中，受到绩效评估标准和组织强化的影响。在前面我们介绍了强化理论，组织会对有利于组织的行为进行奖励，也就是正强化，对不利于组织的行为进行惩罚——负强化，这些强化会对个体的行为产生积极的或消极的作用；同时，公平理论会在绩效评估标准中再次起到重要的作用，即强化的强度和频度是否公平对个体的作用也很重要。在“组织奖励－个人目标”环节，前面介绍的各个需求理论占到了主要的地位，如马斯洛、麦克莱兰的需要理论和艾尔德福的ERG理论都在此得到很重要的应用。

本章习题

一、单选题

1. 美国哈佛大学的心理学家詹姆斯对职工的研究中发现，按时计酬的职工仅能发挥其能力的20%～30%；而受到激励的职工，其能力可发挥至（　　）。

A. 60%～70%　　B. 70%～80%

C. 80%～90%　　D. 90%～100%

2. 需要理论的提出者是（　　）。

A. 泰勒　　B. 马斯洛

C. 麦克莱兰　　D. 斯金纳

3. 激励的核心作用在于（　　）。

A. 加强领导
B. 提高组织效率
C. 调动人的积极性
D. 满足人的需要

4. 赫茨伯格提出的双因素理论认为（　　）不能直接起到激励的作用，但能防止人们产生不满情绪。

A. 保健因素
B. 激励因素
C. 成就因素
D. 需要因素

5. 按照斯金纳的强化理论，通过事先警告来减少某种不好行为的强化方式是（　　）。

A. 惩罚
B. 正强化
C. 自然消退
D. 负强化

6. 激励过程的出发点是（　　）。

A. 紧张感
B. 目标
C. 不满意
D. 未满足的需要

7. 按照双因素理论，那些能够导致员工不满意的因素属于（　　）。

A. 保健因素
B. 激励因素
C. 工作因素
D. 制度因素

8. 公平理论中所指的相对报酬是（　　）。

A. 自己不同时期的报酬比
B. 自己与别人的报酬比
C. 自己的报酬与付出比
D. 自己与别人的付出比

二、多选题

1. 对于一个自我实现需要占据主导地位的职工来说，比较有效的激励措施是（　　）。

A. 提高工资
B. 颁发奖金
C. 委以重任
D. 改善工作条件
E. 晋升

2. 属于内容型的激励理论主要有（　　）。

A. 期望理论
B. 需要层次理论
C. 双因素理论
D. 强化理论
E. 公平理论

3. 属于过程型的激励理论主要有（　　）。

A. ERG 理论
B. 需要层次理论
C. 双因素理论
D. 强化理论
E. 公平理论

4. 赫兹伯格的双因素理论中的双因素指的是（　　　）

A. 信息因素　　B. 激励因素
C. 人员因素　　D. 保健因素
E. 公平因素

5. 根据马斯洛的需要层次理论，可得如下结论（　　）。
A. 对于具体的个人来说，其行为主要受主导需要的影响
B. 越是低层次的需要对人们行为所能产生的影响也越大
C. 任何人都具有五种不同层次的需要而且各层次的需要强度相等
D. 层次越高的需要对人们行为所能产生的影响也越大
E. 在主导需要得到满足之后才会产生高一层次的需要

三、名词解释

激励　　正强化　　负强化　　保健因素　　鲶鱼效应

四、简答及论述题

1. 当代主要的激励理论主要有哪些？
2. 什么是鲶鱼效应？它在管理实践中有何应用？
3. 举例解释如何通过设置目标来实现企业对员工的激励？
4. 管理者如何运用激励理论对员工进行物质激励和精神激励？

案例讨论

施科长没有解决的难题

施迪闻是富强油漆厂的供应科科长，厂里同事乃至外厂的同行们都知道他心直口快，为人热情，尤其对新主意、新发明、新理论感兴趣，自己也常在工作里搞点新名堂。

前一阶段，常听见施科长对人嚷嚷："咱厂科室工作人员的那套奖金制度，我看，到了非改不可的地步了，是彻底的大锅饭、平均主义。奖金总额不跟利润挂钩，每月按工资总额拿出5%当奖金，这5%是固定死了的，一共才那么一点钱。说是具体每人分多少，由各单位领导按每人每月工作表现去确定，要体现'多劳多得'原则，还要求搞什么'重赏重罚，承认差距'。可是谈何容易，'巧妇难为无米之炊'呀！总共就那么一点点，还玩得出什么花样？理论上是要奖勤罚懒，干得好的多给，一般的少给，差的不给。可是你真的不给试试看？不给你造反才怪呢！结果实际上是大伙基本上拉平，皆大欢喜；要说有那么一点差距，确定分成三等，不过这差距也只是象征性的。照说这奖金也不多，有啥好计较的？可要是一个钱不给，他就认为这简直是侮辱，存心丢他的脸。唉，难办！一个是咱厂穷，奖金拨的就少；二是咱中国人平均主义惯了，爱犯'红眼病'。"

最近，施科长却跟人们谈起了他的一段有趣的新经历。他说："改革科室奖金制度，我琢磨好久了，可就是想不出啥好点子来。直到上个月，厂里派我去市管理干部学院参加一期中层管理干部培训班。有一天，他们不知打哪儿请来一位美国教授，听说还挺有名，来给我们作一次讲演。"

"那教授说，美国有位学者，叫什么来着？……对，叫什么伯格，他提出一个新见解，说是企业对职工的管理，不能太依靠高工资和奖金。又说：钱并不能真正调动人的积极性。你说怪不？什么都讲金钱万能的美国佬，这回倒说起钱不那么灵来了。这倒要留心听听。"

"那教授继续说，能影响人积极性的因素很多。按其重要性，他列出了一长串单子。我记不太准了，好像是，最要紧的是工作的挑战性。这是个洋名词，照他解释，就是指工作不能太简单，轻而易举地就完成了；要艰巨点，让人得动点脑筋，花点力气，那活才有干头。再就是工作要有趣，要有些变化，多点花样，别老一套，太单调。他说，还要给自主权，给责任；要让人家感到自己有所成就，有所提高。还有什么表扬啦，跟同事们关系友好融洽啦，劳动条件要舒服安全啦什么的，我也记不准、记不全了。可有一条我是记准了：工资和奖金是摆在最后一位的，也就是说，最无关紧要。"

"你想想，钱是无关紧要的！闻所未闻，乍一听都不敢相信。可是我细想想，觉得这话是有道理的，所有那些因素对人说来，可不都还是蛮重要的吗?！我于是对那奖金制度不那么担心了，还有别的更有效的法宝呢。"

"那教授还说，这理论也有人批评，说那位学者研究的对象全是工程师、会计师、医生这类高级知识分子，对其他类型的人未见得合适。他还讲了一大堆新鲜事。总之，我这回可是大开眼界啦。"

"短训班办完，回到科里，正赶上年末工作总结讲评，要发年终奖金了。这回我有了新主意。我那科里，论工作，就数小李子最突出：大学生，大小也算个知识分子，聪明能干，工作积极又能吃苦，还能动脑筋。于是我把他找来谈话。"

"别忘了我如今学过点现代管理理论了。我于是先强调了他这一年的贡献，特别表扬了他的成就，还细致讨论了明年怎么能使他的工作更有趣，责任更重，也更有挑战性……瞧，学来的新词儿，马上用上啦。我们甚至还确定了考核他明年成绩的具体指标。最后才谈到这最不要紧的事——奖金。我说，这回年终奖，你跟大伙儿一样，都是那么多。我心里挺得意：学的新理论，我马上就用到实际里来了。"

"可是，小李子竟发起火来了，真的火了。他蹦起来说：'什么？就给我那一点？说了那一大堆好话，到头来我就值那么一点？得啦，您那套好听的请收回去送给别人吧，我不稀罕。表扬又不能当饭吃！'"

"这是怎么一回事：美国教授和学者的理论听起来那么有道理，小李也是知识分子，怎么就不管用了呢，把我搞糊涂了。”

资料来源：黄雁芳、宋克勤，《管理学案例集》，上海财经大学出版社 2004 年版。

思考讨论题

1. 案例中所提到的激励理论，是指管理学中的哪个激励理论？按照这个理论，工资和奖金属于什么因素？能够起到什么作用？

2. 施科长用美国教授介绍的理论去激励小李，结果碰了钉子，问题可能出现在什么地方？根据案例提示的情况，说出你的理由。

3. 你认为富强油漆厂在奖金分配制度上存在的主要问题是什么？可以用什么办法解决？

第 13 章

管理沟通

内容提示

沟通是管理工作赖以进行的手段，无论是计划、组织、领导还是控制、协调都要依赖于有效的沟通来进行，沟通在管理过程中起着重要的作用。在本章我们将学习沟通的概念、沟通的手段、个体如何进行有效的沟通以及沟通与管理者的关系等相关内容。

【开篇引例】

阿维安卡 52 航班的悲剧

1990 年 1 月 25 日晚 7 点 40 分，阿维安卡 52 航班飞行在南新泽西海岸上空 11277.7 米的高空。机上的油量可以维持近 2 个小时的航程，在正常情况下飞机降落至纽约肯尼迪机场仅需不到半小时的时间，这一缓冲保护措施可以说十分安全。然而，此后发生了一系列耽搁。首先，晚 8 点整，肯尼迪机场管理人员通知 52 航班由于严重的交通问题他们必须在机场上空盘旋待命。晚 8 点 45 分，52 航班的副驾驶员向肯尼迪机场报告他们的“燃料快用完了”。管理员收到了这一信息，但在晚 9 点 24 分之前，没有批准飞机降落。在此之间，阿维安卡机组成员再没有向肯尼迪机场传递任何情况十分危急的信息，但飞机座舱中的机组成员却相互紧张地通知他们的燃料供给出现了危机。

晚 9 点 24 分，52 航班第一次试降失败。由于飞行高度太低以及能见度太差，因而无法保证安全着陆。当肯尼迪机场指示 52 航班进行第二次试降时，机组成员再次提到他们的燃料将要用尽，但飞行员却告诉管理员新分配的飞行跑道“可行”。晚 9 点 32 分，飞机的两个引擎失灵，1 分钟后，另两个也停止了工作，耗尽燃料的飞机于晚 9 点 34 分坠毁于长岛，机上 73 人全部遇难。

13.1　沟 通 概 述

组织的管理过程依赖于有效的沟通，沟通在管理活动中发挥着重要的作用。本节主要介绍沟通的概念、沟通的分类、在沟通中存在的障碍以及如何克服等内容。

13.1.1　沟通与沟通的过程

沟通是两个以上的主体将信息、观念和想法，通过一定的符号形式和媒介，相互传递给对方的活动过程。

在管理学的范畴内，沟通应注意以下几个问题。

（1）两个以上的主体，亦即两个以上的人。这是管理学所研究沟通的范围。

（2）沟通的实质是信息、观念和想法在参与沟通的人之间的真正分享，并力图达到对需要沟通的问题的一致性理解和看法。

（3）沟通需要一定的符号和媒介来实现。语言或者文字是沟通的媒介，但并不是全部的媒介，表情、体态等更为有效的体现在沟通的过程中。

沟通是一个过程，可以划分为发送者、接受者和信息的传递三个部分。发送者部分又可以划分为思想、编码两个部分，接受者可以划分为接收、解码、理解三个部分，具体如图 13－1 所示。

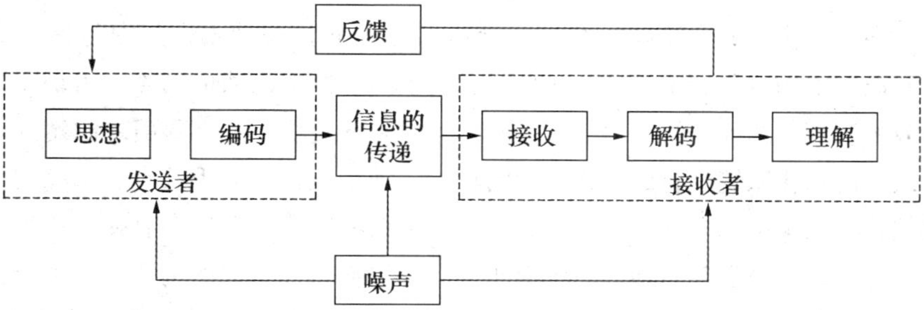

图 13－1　沟通过程模型

由图 13－1 可知，信息沟通始于信息的发送者。发送者有信息需要发送并具备发送的欲望，为了使接受者能够准确的理解和领会其意图，发送者必须进行有效的编码，将其想要发送的信息准确地表达出来。我们经常说“我找不到准确的词语来描述”实际上就是在编码过程中出现了问题，编码可以通过文字、语言、密码等来表达。发送者进行编码后，要通过一定的渠道发送给接受者，如信件、电讯系统、组织的沟通系统等。至此，发送者发送信息的工作已经完成，信息经过一定的渠道使接受者能够准确无误的接收到发送者的编码并力图理解其含义，也就是解码。之后，接收者对解码结果进行理解，从而完成了信息从发送者到接收者的过程。但这并不是沟通过程的结束，接收者在理解后还要对发送者进行信息的反馈。至此才完成了一个完整的沟通过程。反馈同样可以以多种方式和渠道进行，如电讯等。有时候接收者并不对发送者进行反馈，在沟通的具体环境下，没有反馈这一信息本身就是一种信息反馈，发送者在某种程度上能够了解这一信息的意义。

需要注意的是，沟通过程会受到各种噪音的干扰。沟通中的噪音是指那些沟通中影响沟通质量的客观存在的因素。在发送的过程中，语言的翻译造成的歧义、语言本身的歧义都会成为沟通过程中的噪音从而影响沟通质量；在沟通渠道中，随着渠道的不同噪音更加多样化。例如，在利用电子邮件进行沟通的过程中，邮件的丢失、邮件文字编码的错误、附件的丢失都会成为沟通中的噪音，其他的沟通渠道也存在着同样性质的噪音；在接收的过程中，也存在与发送过程中基本相同的噪音。

13.1.2　沟通的类型

一般而言，沟通可以在不同的环境下以多种方式或类型进行。在我们讨论的管理沟通的范畴内，主要关心的是沟通活动影响管理到管理效率的方面。因此，我们可以将沟通划分为正式沟通和非正式沟通两大类。

1. 正式沟通

每个组织无论其正规程度如何，都划分为一定的层级，同时，每一个职位都规定有明确的责任和职权。在正规化程度比较高的组织中会有明确的职位说明书，其中包括了上下级的关系，汇报与听取汇报的对象和渠道，从而形成了一个组织内部沟通的网络。组织正是利用这一网络进行有效的管理。例如，组织内部的文件传达、召开会议、各级部门之间定期的情报交换等都是利用组织的结构系统进行的。在组织的正式沟通中应注意以下几点：①纵向沟通遵从组织的命令链结构，上级可以向直接下级布置任务，下级有问题也可以向直接上级反映。②横向沟通需要加强。组织中由于部门划分，各个职能间的协作需要有效的沟通来保障，而部门的划分阻碍了有效的沟通渠道。因而在当今越来越强调团队协作的今天，横向沟通需要大力加强。③斜向沟通是组织不同职能部门间获取信息的重要渠道。在许多按照直线职能制划分部门的组织中，斜向沟通是不同职能部门贯彻职能意图、获取相关信息的重要途径。

从沟通的拓扑形式上来看，组织的沟通可以分为五种类型：链式沟通、Y 式沟通、轮式沟通、环式沟通、全通道式沟通（见图 13－2）。

（1）链式沟通。信息只是在成员间单线、顺序传递。在这种沟通中，居于两端的成员只能与其内侧的人联系，居于中间位置的人员可以与其两侧相邻的人员联系。这种沟通形式的特点是成员间的联系面窄，平均满意度低，信息经过长距离的传递容易失真。

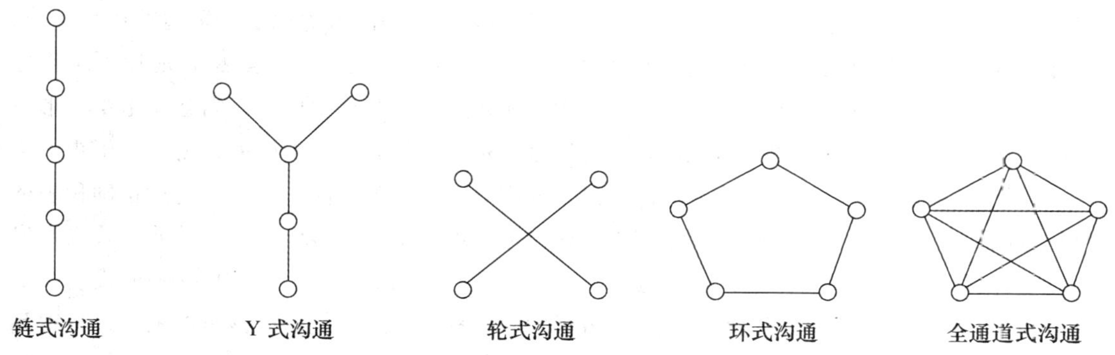

图 13－2　正式沟通的基本类型

（2）Y 式沟通。Y 式沟通经常在管理人员比较繁忙需要有人来处理和过滤信息的时候的情况下采用。在这种沟通结构中，一个人处于沟通的核心位置，所有的信息经过其处理，因而会产生比较大的满足感。例如秘书的职位。

（3）轮式沟通。在轮式沟通中，一个中心人物处于信息交汇的位置，所有的信息都向其传递，且其他成员的信息都来自于该中心人物。这种沟通结构属于控制型沟通网络，特点是准确度高，解决问题的速度快，适用于紧急情况下。

（4）环式沟通。将链式沟通的两端连接起来便成了环式沟通。任何成员都可以同相邻的两端进行沟通和联系。在沟通中成员的地位平等，因而成员的满意度较高；但是由于信息量分散且比较平均，因而集中度较低。这种结构往往在需要提高成员士气时采用。

（5）全通道式沟通。全通道式沟通是开放型的网络系统，成员地位比较接近，且沟通的问题需要充分利用所有人的才智。这种沟通结构利于创造较好的沟通氛围，充分发挥成员的才智，提高决策的准确程度，也有利于提高士气，但是决策的速度会受到一定的影响。

2. 非正式沟通

非正式沟通是指通过组织正式的沟通途径以外的渠道进行沟通的方式，主要是以小道消息的方式实现。大多数的管理者往往认识不到非正式沟通的存在，即使认识到也不会引起多大重视，甚至有些管理人员主张将组织中的非正式沟通消除或是削弱。事实证明，这种做法是不科学的。非正式沟通根本无法根除，若强行压制，那只会适得其反。同时它也难以控制，在组织中容易生成小集体、小团体，破坏组织的凝聚力。

在大多数情况下，员工比较相信非正式沟通中的信息，而对组织正式公布的信息持怀疑的态度。无论这个组织处于稳定发展时期，还是动荡的非常时期，非正式沟通的方式都发挥着不可估量的作用。在稳定时期，它可以给一个组织注入新的活力。激发员工的创造力，提高员工的积极性，塑造一个良好的组织内部环境。但它也可以扭曲现实，破坏员工的工作动力，降低工作效率。在动荡的非常时期，面对着组织的经营不善，市场的激烈竞争，多边的社会环境，员工的心理是非常复杂的。如果没有正确的引导，大多数员工根本无法全身心地投入工作之中。而这个时候，非正式沟通就开始发挥其作用。如果这种沟通是积极的，则会在组织中形成一种积极的合力，从而使大多数员工都相信可以渡过难关。但如果是消极的，则会对组织产生致命的影响。在这种情形下，管理者可以通过正式沟通，如职工大会，给员工传达正确积极的思想，打消他们心中的疑虑，以达到稳定人心，强化组织凝聚力，引导组织中的非正式沟通发挥其积极作用。当然，管理者也可以通过非正式沟通，如基层走动，与员工在非正式场合交流，到职工公寓和他们沟通等。精明的管理者会发现这种非正式沟通是非常重要的，可以得到许多从正式沟通中无法得到的信息。有时候这种信息起着比正式沟通中的信息还要大的作用。许多时候要了解一个组织的内幕，单通过正式沟通似乎达不到所要的效果。例如，要调查某个煤矿的安全问题，从煤矿的管理层次所公布的数据、日志等，很难相信其真实性与完整性。而从煤矿员工或者附近周边群众的口中得到的信息更为真实可靠。因而，非正式沟通的存在能够对正式沟通存在的不足进行有效的补充，但要注意对其进行正确引导。

3. 沟通的其他分类

以上是根据沟通渠道的选择来区分沟通的类型，如果根据沟通内容的性质、重要性和大小，以及沟通发生在组织中的范围和层次，我们可以有以下的沟通分类。

（1）情感沟通。曾经有位著名的美国管理学家说，组织中绝不应该存在恐惧。这讲的就是组织管理中的情感沟通。人类是有自我感觉、情绪、情感、兴趣、爱好、偏好、习惯的动物，是组织管理者手中的智慧型资源。现代人力资源管理科学把人看成是组织综合竞争力和核心竞争力的决定因素，而人因为有情绪、情感具有个人局限和偏好，所以在工作中并不总是理智的。因此，了解和疏导、调节人的情感必然是管理和管理沟通的重要工作。在组织管理沟通中，向同事致以友好的微笑、轻轻地拥抱，或拍打一下亲密同事的肩膀，都是一种情感沟通。情感沟通是组织日常而又重要的基础管理沟通工作，它可以创造和维持良好的人际工作环境，更能普遍提高组织员工的工作热情和绩效。员工与管理者要学习的首项管理沟通技能，就是情感沟通技能。没有这项技能，不会成为合格的员工或管理者。

（2）操作性业务信息沟通。在组织管理沟通中，除了大量存在情感沟通之外，在业务或者说工作层面上，更大量存在着另一种基本的、经常性的、重要的管理沟通，那就是人们对关于自己怎么工作和应该怎么工作及目前工作得如何的基础、基本业务信息的沟通，也就是操作性业务信息沟通。操作性业务信息沟通其实是组织管理中每时每刻发生的，而且是必须发生的良好的工作沟通。组织每天日常的运行，要依靠它来正常有效地维持。

（3）责任、权利、利益沟通。组织是以生产顾客需要的产品与服务，并从中获取利润的经济组织。组织中的任何一个员工，在任何一个较长时段内，都要有比较明确的权利、责任和利益划分。员工在组织中的责任和权利，构成了组织管理中的劳动分工、岗位职责和授权划分。员工在组织中的利益，主要是经济利益和组织地位，这是组织吸引、激励员工为组织目标奋斗的必要条件和关键因素。而权利、责任和利益一般需要用书面的文字形式固定、确认下来，如果员工对其认识模糊，就需要及时进行深入的管理沟通。

（4）决策性业务信息沟通。操作性业务信息管理沟通是基本的、基础的，每天都在发生，维持着组织业务的日常运行。但对组织和管理者来讲，组织还有另一些业务信息沟通也是非常重要的，它们左右组织业务发展的方向、速度、规模，影响组织最终产出的效果，这就是组织决策业务信息的沟通。在组织管理沟通中，决策沟通的重要性必须引起组织最高领导者的高度重视，决策不仅需要一锤定音，决策更需要决策前沟通、决策中沟通和决策后沟通等大量沟通，确保决策的产生和执行尽量减少人为的失误产生。

（5）制度沟通。组织运行和管理的规章制度是组织管理的常规化部分，即例行管理部分（与例外管理区分）。没有例行管理，再好、再强大的组织也要衰退甚至破产。跟组织决策一样，组织制度在制定前、中、后都需要良好沟通。制定前沟通保证制度的针对性和可操作性，即现实性；制定中沟通保证制度的全面与完整及与其他制度的配套性，即制度的科学性；制定后沟通保证制度的准确理解，及时执行，效果监测，即制度的实效性。在所有制度沟通中，都必须有反馈，以便对制度制定、执行过程中的偏差做及时、必要的调整。

（6）组织战略沟通。在现代组织管理理论中，组织战略管理，即确定组织未来的目标和发展方向与发展模式的科学设计，已经成为关注热点。组织战略管理需要大规模的沟通。组织战略沟通可以按其制定、执行过程细分为战略制定前沟通、制定中沟通和制定后执行沟通三部分。所有沟通工作都是战略管理本身的工作，战略管理尤其需要良好有效的战略沟通，才能如愿执行。

（7）组织文化沟通。组织文化的形成发展，既是沟通的手段、目标和结果，又是沟通的环境和背景。我们所用的任何一种沟通方式和工具，都是文化的一部分。同样地，在组织中，我们的沟通工具和方式也是组织文化的重要部分之一。组织精神集中体现了组织所倡导的价值观。组织精神的形成需要漫长的过程，坚持不懈和卓有成效的沟通在组织精神的形成和传播中发挥重要作用。组织文化还包括了组织形象系统。形象需要塑造和传播，而塑造和传播的各个环节都离不开沟通的发生。组织文化沟通是组织内部管理沟通的最高层次。文化的内涵无所不包，虽然它主要是向内的，但它其实也是向外的，即也是组织外部沟通的重要内容。

（8）组织外部沟通。组织并非生存在商业真空中，从更深层的意义上来讲，组织是为满足外部需要而存在的，最终是顾客和市场决定组织的生死，而不是组织自己。因此，组织必须与外界有良好有效的沟通。首先，组织同政府的沟通首当其冲。其次，市场和客户以及供应商、经销商、竞争对手、金融机构，构成了组织必须与之良好沟通的第二大类群体，亦即商业群体。沟通缩短了组织与商业群体之间的距离，加深了组织与市场之间的了解，加快了组织对于市场变化的反应速度，提高了组织的经营管理效率与效能。

（9）公众沟通。组织如果与公众沟通不好，就会危及组织的生存和发展。当今许多组织在公共关系方面愿意下大工夫，如捐赠、做公益广告，都是在进行必要的公众沟通。

上面提到的组织文化中的组织形象系统问题，作为组织文化的外化，组织形象系统是相当重要的。它不仅是对组织内部成员的要求，更是一种面向组织外部世界的一种营销和展现，即外部沟通。目前，组织、政府、个人形象设计与推广，已经成为一种新的现代管理学科。越来越多的人认识到，组织作为一种社会存在，是社会总的大系统中的一员，个体只有与总体进行沟通，达成协调一致，才能生存、发展、提升。

【阅读资料 13－1】

康乐氏橄榄油产品传播策略

2005 年初，康乐氏橄榄油正式进入中国市场。康乐氏虽然是在全球享有盛誉的国际性大品牌，但国内消费者对其还知之甚少，所以采用最低的广告成本，将品牌最大限度地传播出去，成为康乐氏橄榄油专家顾问们绞尽脑汁思索的问题。经过慎重策划，项目团队决定根据产品的功用及市场定位，为产品选择一名形象代言人，并将形象代言人定位为“健康、智慧、美丽”。康乐氏极富创意地在北大、清华两大国内顶尖高校征集女博士来担任形象代言人。消息一经传出，由于社会上对女博士话题的敏感性而在网上引发了网友们的热烈讨论：世界上有三种人，男人、女人和女博士，女博士是灭绝师太，女博士担任形象代言人能否做好科研等等。招募形象代言人的活动，首先就在国内高校及网络上引起了广泛的关注与讨论，成为红极一时的话题，从而有效地传播了康乐氏品牌，因此，选用代言人的过程为康乐氏作了一次成功而又免费的“广告宣传”。

最后，形象清丽可人、阳光健康的北大女博士遇辉，因完美匹配康乐氏“健康源泉、美丽伴侣”的形象定位，脱颖而出。消息一传出，中央电视台、凤凰卫视、《北京青年报》、《中国青年报》、新浪网等各大媒体抓住女博士这个易为普通人误解的特殊群体进行深度挖掘，掀起了对女博士应聘产品形象代言人事件报道的热潮。

康乐氏这个策划的高明之处在于：北大女博士遇辉不仅具有美丽健康的外表，同时更具有高品位的学识和智慧，从而完美地阐释了康乐氏橄榄油的形象和品质。博士本身所代表的学识、修养会与消费者心中对于知识的敬仰产生共鸣，大大增强产品的吸引力和可信度。同时，女博士一直是社会上关注而又存在偏见的人群，选用女博士作为形象代言人这一事件，可谓是“社会意义和商业效益兼备”，从而引起社会的关注，形成了成功的事件营销，使康乐氏橄榄油尚未正式投放市场，其品牌知名度已经迅速扩散到全国。

13.1.3 沟通的障碍

沟通对于管理者来说非常重要，但是管理者所进行的沟通不是每次都能达到满意的效果，这是因为在沟通的各个环节中存在着噪音。噪音就是影响沟通的一切消极、负面因素。通常可以把沟通噪音定义为妨碍信息沟通的任何因素。它存在于沟通过程的各个环节，并有可能造成信息损耗或失真。典型的噪音主要包括发送噪音、传输噪音、接受噪音、系统噪音、环境噪音和背景噪音及数量噪音七大类。这就造成了沟通信息的曲解和丢失，使得沟通不能产生预期的效果。

1. 发送噪音

发送噪音是指发生在沟通过程当中的信息发送环节的噪音。因为信息发送又主要是信息编码的过程，因此，发送噪音也可以叫做编码噪音。如编码错误，或编码能力不佳，致使逻辑混乱、词不达意，或编码太过艰深晦涩等。一旦出现这类错误或不足，沟通的信息发送就会产生噪音，使沟通无法较好达到目标。这是由于信息发送者不具备相应的编码和发送能力，而导致在沟通过程中产生的噪音。另一方面，跟信息接受者一样，信息发送者在信息编码的过程中也会受到个人兴趣、情绪、思想、愿望等的影响和制约。当信息发送者在编码过程中加入错误或过量的个人因素，或根据个人喜好对信息进行了过滤，即对应该全部编码的信息进行了知觉性选择，就会影响到所编码信息的完整性、准确性和及时性，从而产生另一种大的编码噪音。

2. 传输噪音

传输噪音是指发生在沟通过程中的信息传递环节的噪音。人们所要传送的信息经过编码，就要选择适当的沟通渠道来将编好码的信息传输给目标沟通主体。而在传递渠道中，又有可能出现噪音。例如，用电话沟通时，若电话线路不好，对方无法听清你说得很清楚的话；又如，你用书面正式文件进行沟通，但经过多次复印后，该文件部分字迹已不清晰，致使对方无法准确理解；又如，一封重要会议纪要在送到总经理办公室的过程中丢失了，即信息全部遗失；又如，请人传话时，传话者对信息进行了修改或表述不清；等等。这些都是在沟通的信息传递渠道中存在的妨碍沟通的因素，都应该属于传输噪音即沟通渠道噪音。

3. 接受噪音

接受噪音是指沟通过程中信息接受者在接受信息的过程中发生的噪音。因为接受信息的过程主要是对接收到的信息进行解码的过程，因此，也可以把接受噪音理解成为解码噪音。接受者往往容易产生以下两种影响准确沟通的错误，即噪音。

（1）受个人心理结构、心理需求、意向系统、文化教育水平、理解能力、心理期望、社会角色地位、人生阅历等因素的影响，不同的接受者会自觉或不自觉地对所接受到的同样信息做出令人惊讶的不同理解和反应。人们一般把这种反应叫做选择性知觉现象，即信息接受者根据自己的主观愿望、需要和理解，对本来完整传递过来的并成功解码的信息进行过滤，倾向于只接受那些自己愿意或期望接受的部分信息，而对其余部分信息缺乏兴趣或敏感性。

（2）接受者个人解码能力或者说接受不足的问题。在沟通的信息编码、传递及信息代码系统均完好的前提下，依然会有些接受者由于个人智力、经验、思想等方面的局限而无法对人们所准确传递的信息达成理解。

4. 系统噪音

完整的沟通过程实际上构成了一个相当完整和复杂的沟通系统，在系统的各个部分、各个环节，如发送、传递、接受、背景等，都有可能产生和存在噪音。系统噪音指的是沟通系统中的重要部分——沟通的信息代码系统差异或缺陷所引发的沟通噪音。沟通的双方在进行沟通时，必须借助于一种双方都能理解和熟悉的信息符号代码系统。也就是说，发送者进行编码和接受者进行解码所用的信息符号代码系统必须一致，双方的沟通才能实现。系统噪音一种是系统平行噪音，即双方所用的沟通信息符号系统完全不同，双方对对方所传达的信息均无法解码，自然也就无法互相沟通理解。例如，一个英语盲要看英语文件只能是望文兴叹。系统噪音的另一种是系统差异噪音，即双方所用的符号代码系统有同有异，不完全相同，就会造成一方对另一方的信息一知半解，不能恰当领会。由于每个人的情况千差万别，信息符号代码系统又是一种文化性的概念和工具，符号代码系统只有通过人们的学习、理解才能存在于人们头脑中，并被运用于对信息的理解。因此，个体的差异往往会导致人们内在的信息符号代码系统不能完全一致，因此也就在客观上留有产生系统差异噪音的可能性。

5. 环境噪音

环境噪音指的是在沟通过程中影响沟通效果的一切客观外在环境干扰因素。如当人们用语言进行沟通时，周围马达轰鸣，或人声嘈杂，使得讲话声被淹没其中。环境噪音中的环境被严格限定在物理环境，以与社会性的、文化性的背景噪音区别开来。

6. 背景噪音

背景噪音主要是指在沟通过程中由于沟通背景因素而产生的沟通噪音。而沟通背景主要是指沟通过程的心理背景、社会背景和文化背景，而不包括物理背景。显然，沟通双方的情绪状态、沟通态度有偏差时，就会导致信息传递受损或不顺，也就是产生沟通噪音。社会背景指沟通双方的社会角色关系。不同的社会角色，对应于不同的沟通期望和沟通模式。人们之间为了达成良好的沟通，在沟通时必须选择切合自己与对方的沟通方法与模式，一旦选择失误或出现偏差，沟通的社会背景噪音就会产生。文化背景是人们生活在一定的社会文化传统与现实中所形成的价值观、思维模式和心理结构等的总称。在美国，文化强调和重视个人价值，而在东方的中国、日本等国家，文化强调和推崇的是集体价值。东西方文化背景的不同，也会给两国之间沟通者的沟通造成或大或小的干扰和难度。跨国企业和多元文化企业中的文化背景沟通噪音因而大量产生。当不同文化背景的沟通主体在一起共事时，沟通不良还会产生人际冲突和文化冲突，这已经引起许多沟通专家的高度重视。

7. 数量噪音

数量噪音是指在沟通过程中所传递的信息量过大或者严重不足，因此而引起的使对方无法及时全部接受，或分不清信息主次，或因信息量太大而无法及时达成充分理解；或因信息量太小而使沟通缺乏必要，或小题大做，浪费时间和物资。在管理实践中，数量噪音是客观存在的。我国所说的“文山会海”就是典型的数量噪音。在组织中，有的领导有点芝麻大的小事就开个大会，有的员工有点鸡毛蒜皮的事就找领导汇报两三个小时，等等，都是信息数量噪音。信息数量噪音产生的原因在于沟通者对沟通的必要性、意义、信息量和沟通频率缺乏认识和把握。

13.2 管理与沟通

13.2.1 管理沟通在现代管理中的重要地位

在现代信息经济时代，随着组织规模的扩大，地域分布的扩张，组织人员结构文化背景的多样化，客户消费偏好的多样性和变化加快，对组织的管理沟通提出了更高的要求。所有上述变化都要依赖于组织有效的沟通来使组织获得相关的资讯并做出相应的处置。管理沟通在企业管理实践中发挥着越来越突出的关键性的作用。其作用的重要性主要集中体现在以下几个方面。

（1）管理沟通贯穿整个管理实践的全过程。只要管理的主体及对象是相对独立的个人或群体，那么管理沟通就会发生在管理过程的每一个环节。下达一个工作指令需要良好的管理沟通，反映一项工作意见也需要良好的管理沟通。没有管理沟通的存在，管理的全过程就会支离破碎，无法有效衔接。

（2）管理沟通是实施各项管理职能的主要方式、方法、手段和途径。管理的计划职能需要有计划前的信息采集，需要有计划中的信息交流和讨论，也需要有计划后的阐述和分解落实，所有这些活动，也正是管理沟通的活动过程。又如领导，确定企业目标并激励员工去实现目标；又如控制，没有信息的传送和反馈，控制就失去了其真实依据和实施途径，等等。总之，实施管理的各项职能必须运用管理沟通才能达到目标。

（3）管理沟通是企业管理的实质和核心内容。管理作为有效配置和综合利用企业内外所有资源，组织人们制造和生产某些服务或产品的行为过程，获取资源信息并将信息在不同的个体中间进行及时传递，以充分利用好现有资源是其工作的实质和核心内容，而企业内外信息的及时交流就是企业的管理沟通过程与行为。

（4）企业的三大项主要日常管理工作——业务管理、财务管理、人力资源管理，没有一项不是借助于管理沟通才得以顺利进行的。业务管理的核心是在深入了解顾客和市场的基础上，向企业的目标市场和目标顾客群提供适合其综合需要的服务或产品；而了解市场，面向市场，与市场进行互动，就是典型的管理沟通的内容与形式之一。人们现在称之为客户关系管理的部分，更是直接体现出了管理沟通在与客户建立良好、稳固与忠诚关系中的重要性。没有企业向外的管理沟通，也就没有可靠的客户关系。在财务管理中，财务数据的及时获取和整理、分析、汇总、分发、传送，更是企业管理层监督企业运行状态的权威依据。而以上均为典型的管理沟通行为。人力资源管理更是直接以一刻也离不开沟通的人为管理对象，只有良好的管理沟通才能开通人们的才智与心灵之门，人力资源才能真正为企业所用，发挥出其作为企业核心资源的巨大经济威力。

（5）管理沟通是全员参与的活动内容。在管理实践中，从管理的各个层次来看，无论低、中、高层管理行为与过程，都对应着不同层次、方式、内容的管理沟通。因此，管理沟通不仅存在于横向的管理活动的全部过程，而且存在于纵向的管理活动的各个层次。可以说，管理沟通是管理的核心和灵魂。没有沟通，就没有管理；没有沟通，管理只是一种设想和缺乏活力的机械行为。显然，管理沟通必然是维持企业良好管理状态，保证企业正常运行的关键过程与行为。当企业的运行或管理出现了新问题，管理者与被管理者以及管理者与管理者、被管理者与被管理者之间必须通过良好有效的管理沟通，才能找准症结，通过分析、讨论、决策，及时将管理问题解决。

（6）管理沟通不仅是企业管理健康，而且是管理创新的肥沃土壤和必要途径。当今受到企业家信赖的走动管理、目标管理、全面质量管理、企业组织结构扁平化、供应链管理、客户关系管理、职业生涯规划、人力资源开发规划、知识员工管理等一些管理创新，根本目的是提高管理的效能和效率，而管理沟通的效能和效率，也就是企业管理的效能和效率。

（7）管理沟通是创造和提升企业精神和企业文化，完成企业管理根本目标的主要方式和工具。管理的最高境界就是在企业经营管理中创造出一种企业独有的企业精神和企业文化，对组织赋予人性，使管理的外在要求转化为企业员工自己内在的观念和自觉的行为模式，认同企业核心的价值观念和目标及使命，从而形成一股人力资源创造性的合力。企业精神与企业文化的培育和塑造，其实质是一种思想、观点、情感和灵魂的沟通，是管理沟通的最高形式和内容。没有沟通，就没有对企业精神和文化的理解与共识，更不可能认同企业共同的使命。

在现代信息经济时代和经济政治全球化的大背景下，信息大爆炸，电子通信技术飞速发展，地球已经变成了地球村，企业经营管理的历史、地理、政治、经济、文化、社会背景空前广阔了和复杂了。企业面对更大的市场和竞争，也面临更快的技术进步，信息本身被认为已经取代了资本，成为企业最为核心和不可或缺的资源之一。因此，信息的获取和交流成为事关企业生死存亡的大事，管理沟通因此在企业管理实践中与资本、人力资源共同占据着三个最为核心和优先的位置。从这个意义上来讲，现代企业管理就是沟通，沟通的确就是现代企业管理的核心、实质和灵魂。

管理沟通不仅在现代企业管理实践中发挥着关键和核心的作用，而且在现代企业管理理论中也占据着关键和核心的地位，随着企业内外部的环境向全球化、信息化、知识化趋势发展，管理沟通在现代管理学中的核心地位必将取得越来越多管理学家的重视。

13.2.2 管理沟通的原则

管理沟通的方式、方法、渠道、内容是公开的，对于企业需要严格保密的管理沟通其实也是如此。也就是说，对所有该保密性管理沟通小系统内部的沟通成员来说，在该保密性沟通系统内，人人都应该清楚：首先，该管理沟通系统只对系统内成员是开放的；其次，在该系统内自己和别人应怎样做出、做出什么样的信息传送与反馈；再次，在该保密管理沟通系统中，自己只有权利掌握自己有权获取和掌握的信息；最后，按照企业的要求，该保密沟通系统内的信息对系统外成员严格保密。

1. 管理沟通的公开性原则

公开性指的不是企业的所有信息都应该对其成员公开，而是指管理沟通的规则、方式、方法、渠道、内容要求必须公开。没有公开的管理沟通规则，正确的沟通行为过程就会失云方向和指引。管理沟通的公开性受损，将导致企业整体或局部的管理沟通系统产生沟通遮蔽或沟通盲点，致使某些应该参与沟通的企业成员或群体无法知道并确认自己应该参与及怎样参与沟通，管理沟通也就无法正确实施。

2. 管理沟通的简捷性原则

管理沟通的简捷性原则包括两层意思。

（1）沟通的具体方式、方法设计应当尽量简单明了，以便于所有沟通成员掌握和运用。只要利用简单的沟通方式、方法能够沟通良好，并有效达到沟通目标，就不应当采用复杂、繁琐、迂回的沟通方式、方法进行沟通；一两句话就完全能有效地达到沟通效果的沟通，就应该采取口头通知的方式，而不应该闲聊一两个小时来沟通。这一层意思的简捷性，主要指的是具体的沟通方式、方法的简捷性。

（2）管理沟通应当采用最短的沟通渠道或路径进行沟通。如果能面谈就无需叫人转告；又如可设立总经理信箱以取代基层员工将信息通过中层管理者向上层层传递的情况。渠道简捷性的目的在于提高信息传递速度，通过减少渠道环节降低信息损耗或变形的可能性。许多管理者违反这条沟通原则——他们在进行管理时，采用的不是最近的沟通渠道，沟通的最终效果虽然达到了，但浪费了更多时间和精力。在沟通信息时效性紧急的情形下，有可能延误时机，给企业造成巨大损失。

3. 管理沟通的明确性原则

管理沟通的明确性是指管理沟通在公开性的基础上，必须将沟通的各项事宜，如渠道的结构以及沟通的时间要求、地点要求、内容要求、频率要求等，进行明确、清晰的告示，要尽量避免含糊不清。其目的在于使全体沟通成员准确理解企业所期望的管理沟通要求，明白他们在沟通中所担当的角色，即他们所应当履行的沟通职责和义务，从而最大限度地排除沟通成员对沟通要求的模糊和误解，保证管理沟通能够顺畅高效地进行，顺利达到管理沟通的预期目标。

明确性原则要求企业管理者与被管理者修炼和提高准确分辨、总结、表达、传递管理信息的能力。管理信息的沟通应尽量做到言简意赅，深入浅出，便于信息接受者准确把握自己所传递信息的真实内在意义。如领导讲话，切忌夸夸其谈，空洞冗长，言之无物，或者说东道西，讲的内容没有重点，缺乏条理，沟通了半天，下属无法抓住其用意，对于企业资源是种浪费；又如对领导反映情况或对下属下达工作指令，不可反复，啰唆，而应简单扼要，明了清晰。显然，如果管理沟通违反了明确性原则，沟通的效果就不能令人满意。

4. 管理沟通的适度性原则

管理沟通的适度性原则是指管理沟通的渠道设置及沟通频率不能太多，也不能太少；而应当根据企业具体业务与管理的需要，适度适当，以能达到管理目的为基准。有些管理者往往容易产生这样两种心理：不放心下属，担心其没有按照自己的要求工作，所以经常去现场查看或查问下属的工作进展情形，导致不必要的忧虑和管理资源浪费，这是管理沟通过于频繁的情形；或者又过于相信下属会按照自己指令开展工作，因此对下属的工作进展很少过问，造成管理失控，给企业带来损失，这又变成了管理沟通过于稀少的毛病。

5. 管理沟通的完整性原则

同步性原则强调的是管理沟通的互动性，而管理沟通的完整性原则强调的是管理沟通过程的完整无缺。企业在设置管理沟通模式时，必须注意使每一个管理沟通行为过程均要素齐全，环节齐全，尤其是不能缺少必要的反馈过程。只有管理沟通的过程完整无缺，管理信息的流动才能畅通无阻，管理沟通的职能才能够充分实现。管理沟通过程本身不完整，管理沟通必然受阻。

在企业管理实践中，管理沟通多多少少会出现一些过程不完整的情形：①没有信息发送者，或信息发送者不明，信息没人发送，自然没有人能接受；②没有传递的沟通渠道，信息发送者不知道有什么渠道可以向接受者发送信息；③接受者不明，到底信息应该发给谁，没有明确方向；④有渠道，有发送者，有接受者，但没有设定具体的沟通方式。如本来应该通过电话沟通的，他却采用信件沟通，原因是企业没有规定他打个电话就行了；⑤其他一些情形。管理沟通过程不完整，如缺乏反馈，就会使原本设想得很好的管理沟通受阻，对企业管理和管理沟通不利。

6. 管理沟通的连续性原则

管理沟通的连续性原则是指大多数管理沟通行为过程，尤其是例行日常管理沟通，并非一次沟通就可以一劳永逸地完成沟通工作任务，而是要通过反反复复多次沟通，才能较好地履行和完成管理沟通的工作职责。连续性是企业管理工作本身所具有的客观属性，作为管理的信息化表现，管理沟通自然也具有这一客观属性。

7. 管理沟通的效率性原则

正如管理活动本身，管理沟通活动可以衡量而且应当追求其活动效率。管理沟通的效率体现在沟通的各个要素与环节。如编码有编码的效率，发送有发送的效率，渠道有渠道的效率，接受有接受的效率，解码也有解码的效率，就连噪音也有其效率：噪音高，必然影响沟通达到更高效率；噪音低，在客观上有利于提高沟通效率。

8. 管理沟通的效益性原则

与管理一样，管理沟通是需要成本的，而且这些成本如文件纸张、人员、会议费用等，都是可以量化计算的，因此，管理沟通的成本是不难理解、把握的。在实际企业管理中，企业时常会碰到下列一些情形：某些管理与管理沟通活动虽然有益于企业管理，但做起来相当繁琐，需要投入大量的人力、物力；或者企业要进行管理沟通，有几种模式可选择，有的模式成本很高，效果也很好，有的模式成本较高，效果较好，有的模式成本低，但效果一般，等等。以上问题迫使企业必须思考和重视管理沟通效益问题。企业在进行管理和管理沟通时，考察沟通效益是完全可能和必要的。在具体的沟通设置与大的企业总体沟通模式设计上，企业都应该根据自身的发展战略和资源组合能力，对不同效益的沟通方式、模式进行选择和组合，确保整个企业的管理与管理沟通效果最好，效益最大化。要防止盲目地追求管理与管理沟通的大而全，或小而全，或沟通技术的先进。选择企业管理沟通模式，关键在于对本企业的适用性。

本章习题

一、单选题

1. 从管理学的角度来看，我们更关注的信息沟通是（　　）。

A. 人与机器之间的　　　　B. 人与人之间的

C. 通讯工具之间的　　　　D. 机器与机器之间的

2. 非正式沟通渠道传播的消息，又称（　　）。

A. 正式消息　　　　B. 小道消息

C. 负面消息　　D. 虚假消息

3. 人际沟通中会受到各种“噪音干扰”的影响，这里所指的“噪音干扰”可能来自于（　　）。

A. 沟通的全过程　　B. 信息传递过程

C. 信息解码过程　　D. 信息编码过程

4.（　　）沟通障碍是指由于人的感情、价值观或者不好的倾听习惯而产生的沟通障碍。

A. 组织　　B. 个人

C. 集体　　D. 团队

5. 环形沟通模式表示允许其他成员与（　　）成员交流。

A. 对面的　　B. 前面的

C. 相邻的　　D. 所有

6. 如果你是一位公司的总经理，当你发现公司中存在许多小团体时，你的态度是（　　）。

A. 立即宣布这些小团体为非法，予以取缔

B. 深入调查，找小团体的领导人，向他们提出警告，不要再搞小团体

C. 只要小团体的存在不影响公司的正常运行，可以对其不闻不问，听之任之

D. 正视小团体的客观存在性，允许乃至鼓励其存在，对其行为加以积极引导

7. 如果发现一个组织中小道消息很多，而正式渠道的消息较少，这是否意味着该组织（　　）？

A. 非正式沟通渠道中信息传递很通畅，动作良好

B. 正式沟通渠道中信息传递存在问题，需要调整

C. 其中有部分人特别喜欢在背后乱发议论，传递小道消息

D. 充分运用了非正式沟通渠道的作用，促进了信息的传递

8. 管理沟通的（　　）原则，是指大多数管理沟通行为过程，尤其是例行日常管理沟通，并非一次沟通就可以一劳永逸地完成沟通工作任务，而是要通过反反复复多次沟通，才能较好地履行和完成管理沟通的工作职责。

A. 时效性　　B. 效益性

C. 连续性　　D. 适度性

二、多选题

1. 从沟通的形式上来看，组织的正式沟通形式可以分为（　　）。

A. 链式沟通　　B. Y 式沟通

C. 轮式沟通　　D. 环式沟通

E. 全通道式沟通

2. 沟通是一个过程，可以划分为（　　）这三个部分。

A. 发送者　　B. 混乱制造者

C. 接受者　　D. 信息
E. 理解

3. 跨文化沟通的障碍主要体现在（　　）。
A. 言语和非言语表达方式差异　　B. 文化的多样性差异
C. 信仰与行为不同　　D. 不同的价值观造成的差异
E. 肤色和性别的差异

三、简答和论述

1. 完整的沟通过程是什么？
2. 正式沟通有哪几种基本类型？各有何特点？
3. 沟通障碍存在的主要原因是什么？
4. 试论述管理沟通在现代管理中的重要作用。
5. 试论述管理沟通的原则。

案例讨论

小崔的困惑

一个月前，小崔被提拔为一家合资药业公司的产品经理并负责某一线城市的降糖药品的销售管理工作。他进入这家公司已经 2 年了，在开拓市场方面立下了汗马功劳，曾经创造过个人年销售额过千万元的公司全球销售记录。在做业务期间，小崔不需考虑太多，只要把业绩做好了就可以拿到让人羡慕的提成。正是基于小崔优秀的个人销售业绩，公司对小崔进行了提拔。作为产品经理，小崔的工作职责发生了改变，他无须直接与客户沟通，只要做好销售管理工作，并负责培养新人就行了。没想到的是，根据公司的薪酬制度，小崔的收入也转成了行政人员的收入，提成比例大大下降，收入也随之大幅缩水。

小崔很是不解，自然就想到了要求加薪。可是，根据公司制度规定，只有在公司工作满 3 年以后，才能有加薪机会。但小崔认为，凭自己对公司的贡献应该获得破例加薪的机会。于是，小崔在一次去总部述职的时候，也没想太多就直接走进了经理办公室，提出了加薪的要求，经理答应考虑一下。接下来，大概过了一周后，从总部下来一纸调令，要调小崔到总部学习，并派一个人下来接替小崔（这是公司想要撤换一个人的前兆）。小崔愤而辞职。

思考讨论题

1. 案例中小崔的加薪要求为何失败？
2. 请根据所学的管理沟通知识为小崔重新设计一个新的加薪沟通方案。

第 14 章 控　制

内容提示

控制是管理工作的四个最基本的职能之一，也是实现组织目标的重要保障。控制是管理过程不可分割的一部分，为了有效地开展管理工作，任何组织都必须实施管理控制。本章首先介绍控制的含义和内容，然后就控制的原则、基本要求和基本过程进行论述，最后重点介绍控制的方法与技术。

【开篇引例】

戴尔公司与电脑显示屏供应商

戴尔公司创建于1984年，是美国一家以直销方式经销个人电脑的电子计算机制造商，其经营规模已迅速发展到当前120多亿美元销售额的水平。戴尔公司是以网络型组织形式来运作的企业，它联结有许多为其供应计算机硬件和软件的厂商。其中有一家供应厂商，电脑显示屏做得非常好。戴尔公司先是花很大的力气和投资使这家供应商做到每百万件产品中只能有1000件瑕疵品，并通过绩效评估确信这家供应商达到要求的水准后，戴尔公司就完全放心地让他们的产品直接打上“Dell”商标，并取消了对这种供应品的验收、库存。类似的做法也发生在戴尔其他外购零部件的供应中。

通常情况下，供应商将供应的零部件运送到买方那里，经过开箱、触摸、重新包装，经验收合格后，产品组装商便将其存放在仓库中备用。为确保供货不出现脱节，公司往往要贮备未来一段时间内可能需要的各种零部件。这是一般的商业惯例。因此，当戴尔公司对这家电脑显示屏供应商说“这种显示屏我们今后会购买400万～500万台左右，贵公司为什么不干脆让我们的人随时需要、随时提货”的时候，商界人士无不感到惊讶，甚至以为戴尔公司疯了。戴尔公司的经理们则这样认为，开箱验货和库存零部件只是传统的做法，并不是现代企业运营所必要的步骤，遂将这些“多余的”环节给取消了。

戴尔公司的做法就是，当物流部门从电子数据库得知公司某日将从自己的组装厂提出某型号电脑时，便在早上向这家供应商发出配额多少数量显示屏的指令信息，这样等到当天傍晚时分，一组组电脑便可打包完毕分送到顾客手中。如此，不但可以节约了检验和库存成本，也加快了发货速度，提高了服务质量。

资料来源：王凤彬、李东，《管理学》，中国人民大学出版社2011年第4版，第240页。

14.1　控制的含义和内容

14.1.1　控制的含义

“控制”一词起源于古希腊，原意是“掌舵术”，意思是领航者通过命令将偏离航线的船舶拉回到正常的航线上来。因此，从传统的观点来看，控制的主要任务就是“纠偏”。但如今，控制的含义已经超出了原来的仅仅是“纠偏”的范畴。下列学者关于控制的定义，将有助于加深我们对其含义的认识与理解。

斯蒂芬·罗宾斯认为，控制可以定义为：监视各项活动以保证它们按计划进行并纠正各种重要偏差的过程。控制是所有管理者的职责，即便他的部门是完全按照计划运作的。

另一位美国管理大师哈罗德·孔茨认为：“管理工作的控制职能是对业绩进行衡量与矫正，以便企业目标能够实现和为达到目标所制定的计划能够得以实现。”

我国学者蔡世馨等人（1998年）认为，控制作为科学的概念，是指人们根据给定的条件和预定的目的或考核标准，通过改变和创造条件，使事务沿着可能空间内确定的方向发展。南开大学齐善鸿认为，组织中的控制是指管理者按照决策所确定的组织方向和计划所确定的具体执行方案，运用工作标准检查实际工作中的运行情况，及时发现偏差，及时给予纠正，以保证组织活动能够达到组织的目标。

从以上诸多学者的观点中，我们不难看出，控制是与计划紧密相连的一个概念。没有计划工作作为前提，组织的控制工作也就无从展开。同时，控制工作具有很强的目的性，它通过制定工作标准、衡量偏差以及纠正偏差来实现组织既定的管理目标。

【阅读资料14－1】

蝴蝶效应

蝴蝶效应是气象学家爱德华·洛伦兹最早提出来的。其大意为：一只南美洲亚马逊河流域热带雨林中的蝴蝶，偶尔扇动几下翅膀，可能在两周后在美国德克萨斯引起一场龙卷风。

其原因在于：蝴蝶翅膀的运动，导致其身边的空气系统发生变化，并引起微弱气流的产生，而微弱气流的产生又会引起它四周空气或其他系统产生相应的变化，由此引起连锁反应，最终导致其他系统的极大变化。此效应说明，事物发展的结果，对初始条件具有极为敏感的依赖性，初始条件的极小偏差，将会引起结果的极大差异。

14.1.2 控制的内容

控制是管理工作的一项重要职能，其涉及的内容是多方面的。概括起来，组织的控制内容主要包括人员控制、财务控制、作业控制、信息控制以及组织绩效控制。下面分别对上述五项内容进行简单介绍。

（1）人员控制。管理是通过他人来实现组织目标的，为了实现组织目标，管理者必须要依靠下属人员的努力工作。因此，组织成员按照管理者所期望的方式去开展工作是十分必要的。为了保证员工的工作成果与预期目标的一致性，管理者必须实施对人员的控制。

人员控制主要涉及三个方面：首先，管理者应该给下属制定明确的工作目标与标准，同时激励与督促员工去努力完成目标；其次，管理者通过各种方式观察下属的工作情况，并及时纠正所出现的问题；再次，对员工的工作进行分析和评估，根据员工的绩效情况采取不同的控制措施。

（2）财务控制。财务控制是控制的核心内容之一，对任何组织而言都是至关重要的。可能有人会认为，财务控制是营利性组织关注的焦点，而非营利组织没有必要对其进行重视。事实上，如果没有有效的财物控制，非营利组织同样也会面临着危机。据报道，海南省有些地方政府因盲目投资而负债累累，以其现有的财政收入水平来计算，要完全偿还所欠债务，有的乡镇需要好几百年。虽然政府不会因为负债太多而破产，但这将会引起严重的信用危机。因此，财务控制是适用于一切组织的，所有的管理者都应该关心财务问题。

（3）作业控制。作业控制是一切管理控制工作的基础。一个组织的成功，很大程度上取决于其生产产品或提供服务的效率和效果。以一家医院为例，典型的作业控制包括：监督医院的医疗救治水平与服务水平；评价采购能力，以尽可能低的价格购买到所需的医疗器械和药品，并确保其质量；保证医用垃圾的妥善处理等。如果无法对上述工作进行控制，该医院的管理工作必然会出现问题。

（4）信息控制。信息是有效控制的灵魂，没有信息，任何客体对象都无法进行控制。那些不精确的、不完整的、过多的或延迟的信息都将会严重阻碍管理者的控制工作。管理者应该根据信息来适应和调节变化，以确保既定目标的实现。实施信息控制的有效措施是建立一套完整而适用的管理信息系统。关于这一方面的内容，我们将在13.4节详细讨论。

（5）组织绩效控制。组织绩效既是管理者关注的焦点，也是实施控制工作的依据。对组织绩效的控制是建立在全面考核的基础之上的。按照罗宾斯的观点，一个组织的绩效评价可以通过组织目标法、系统法以及战略伙伴法这三种方式来进行。有兴趣的读者可以进一步阅读罗宾斯所著的《管理学》一书。

14.1.3 控制的类型

控制的类型因其划分的依据不同而分为多种。这些依据主要有控制的性质、对象、内容和范围等。例如，我们经常所说的前馈控制、现场控制和反馈控制，就是依据控制点的不同时间所进行的分类；而直接控制和间接控制则是从管理者工作方式的角度来进行的划分。

1. 前馈控制、现场控制和反馈控制

（1）前馈控制。前馈控制又称预先控制，是指管理者根据过去的经验或科学分析，对各种可能出现的偏差进行预测，并在此基础上采取一定的防范措施。前馈控制的重点是防止组织偏离预期的标准，因此它是一种面向未来的控制。例如，一所学校在新生入学之际对他们进行有关学校规章制度的教育，实际上就是为了防止今后违纪事件的发生。同样，在考试开始之前，主考官宣读考场规则，也是一种前馈控制。

前馈控制的优点是能够防患于未然，而且是对事不对人。这样既可以预防未来偏差的出现，也不至于造成人们的对立情绪。因此，前馈控制是一种比较理想的控制方法。但事实上至今仍有许多组织忽视了这一点，他们往往将控制的重点放在对事后的处理上，这不能不说是一种遗憾。虽然古人云：亡羊补牢，为时未晚。但毕竟是损失已经出现，而且天下的事情也不会总那么幸运。许多我们熟悉的企业因前馈控制不力，导致一蹶不振甚至最后破产。由此可见，前馈控制对于企业管理的重要作用。

虽然前馈控制具有上述诸多优点，但它同时也具有一些难以克服的缺陷。前馈控制是面向未来的，但未来毕竟是一个未知的领域。在实际的管理过程中，各种出乎人们预料的意外事件随时都有可能发生，这将大大降低前馈控制的有效性。因此，在控制活动中，现场控制和反馈控制也是不可或缺的重要控制手段。

（2）现场控制。现场控制是一种发生在计划实施过程中的控制，为了顺利实现计划的目标，管理人员直接对计划的执行情况进行现场检查，并及时纠正偏差。由于现场控制是在工作过程中发生的，因此，又被称为实时控制、随机控制、即时控制、过程控制等。现场控制是一种比较及时的控制手段，往往表现为管理人员深入到具体的管理活动中，进行直接的指导和监督，对出现的偏差立即加以纠正。一般而言，现场控制往往是由层次较低的管理人员来承担的，这是因为基层管理人员的主要工作任务是指导业务工作，而业务工作往往需要进行现场的监督与指导。

现场控制的有效性很大程度上取决于主管人员的个人素质、工作作风和领导方式等。主管人员经常使用的现场控制的手段主要有经济手段和非经济手段。一名优秀的主管人员应该将这两种经济手段配合使用，以便达到比较理想的管理效果。

（3）反馈控制。反馈控制是一种针对结果的控制，又被称为事后控制。它是主管人员通过分析工作的执行结果，并将其与控制标准相比较，发现偏差以及造成这种偏差的原因，及时拟定纠正措施并予以实施，以防止偏差继续发展和杜绝此类事件今后再度发生。由于反馈控制是在偏差已经发生的情况下采取的措施，所以它是一种事后控制。传统的控制方法几乎都属于此类。反馈控制最大的缺点是滞后性，从衡量结果、发现偏差到纠正偏差之间存在着时间延迟的现象，这样不仅会延误时机，而且还会增加控制的难度。正因如此，反馈控制可以认为是一种“亡羊补牢”式的控制。

尽管反馈控制存在时滞性的缺陷，但是在许多情况下它却是管理人员唯一可以选择的控制方法。因为很多事件只有在发生之后人们才能看清它的结果。从这一点来说，反馈控制不仅是必要的，而且是必需的。

2. 间接控制和直接控制

根据控制的原因或结果的不同，控制可以划分为间接控制和直接控制两种方式。

（1）间接控制。间接控制是控制计划执行的结果，即管理人员根据计划和预先制定的控制标准对比和考核实际结果，由此发现工作中出现的偏差，分析其产生的原因，并追究有关人员的责任使之改进未来的工作。

间接控制是建立在如下五个假设基础之上的：①工作绩效可以衡量；②人们对工作的绩效具有个人责任感；③追查偏差所需的时间是有保证的；④出现的偏差可以预料并能被及时发现；⑤有关部门或相关人员会采取措施。事实上，这些假设有时是很难成立的。例如，主管人员的决策能力、预见性和领导水平是难以计量的；责任感的高低也是难以衡量的，有些工作的工作成效的高低可能与个人的责任感并没有直接的关系等。因此，间接控制并不是一种理想的控制方法。但是，对于管理人员因缺乏知识和判断力所造成的管理失误，运用间接控制有助于管理人员纠正因管理失误造成的偏差并提高他们的管理水平。

（2）直接控制。直接控制是相对于间接控制而言的，它是通过提高主管人员的素质来进行控制工作的。直接控制的原则是，主管人员及其下属的素质越高，就越不需要进行间接控制，因为他们能够觉察到正在形成的问题，并能及时采取纠正措施①。

直接控制方法的合理性是以下四个较为可靠的假设为依据的：①合格的主管人员所犯的错误最少；②管理工作的绩效是可以衡量的；③管理的基本原理的应用是可以评价的；④在衡量管理工作绩效时，管理的概念、原理和方法是有用的判断标准。直接控制的管理思想可以归结

---

① 单宝玲、辛枫冬主编：《管理学原理》，天津大学出版社 2004 年版，第 334 页。

为：“合格的管理人员出的差错最少，它是通过直接控制管理人员的质量，培养和使用合格的管理人员，从而使管理工作可能犯的错误大大减少。”

相对于间接控制，直接控制主要有以下优点：第一，这种控制方法可以及时揭露管理人员工作中的缺点和错误，为专门培养和训练管理人才提供了依据；第二，由于管理人员的质量得到了控制，这样能够减少工作中偏差的产生，也就有可能减轻间接控制所造成的负担，节省经费开支；第三，直接控制鼓励进行自我控制，可以使纠正措施更加及时、有效；第四，随着管理人员素质的提高，他们的威信也自然提升，下级对他们的信任和支持也会增加，这将有利于整个计划目标的实现。不过，我们也应该注意，采用直接控制的方法并不是在任何情况下都是有效的。只有在管理人员对管理的原理、职能、方法以及管理的哲学有着充分的理解之后，直接控制才是真正使用的。

14.2 控制的原则和基本要求

控制是管理的四个基本职能之一，在管理活动中具有重要的作用，同时它也是一项比较复杂的工作。现实中，有许多组织制定了周密的计划，但由于控制工作不力，最后还是不能达到预期的目标。为了保证对组织活动进行有效的控制，控制工作必须遵循一些基本的控制原则和满足一定的控制要求。

14.2.1 控制的原则

（1）反映计划要求原则。控制的最终目标是实现计划，控制是实现计划的保证。因此，在进行控制工作时，每一项控制活动都必须紧紧围绕计划进行，要根据计划的特点确定控制标准、衡量方法和纠正措施。

（2）控制关键点原则。管理控制的过程是由众多的控制点所构成的，在这些控制点中，总有一些起着决定作用的关键控制点。为了进行有效的控制，管理人员必须要着力发现在整个控制过程中哪些环节和事件是关键控制点。控制关键点的原则要求管理者应特别注意那些有着关键意义的因素，而不是将精力平均分配到每一个细节上。抓住了关键环节，也就等于控制了全局。

（3）及时性原则。高效率的控制系统要求组织能够迅速发现问题，并及时采取措施。这一方面要求控制信息的提供必须准确、及时，另一方面要求管理者能够估计可能发生的变化，使采取的措施与已经变化了的情况相适应。及时性原则就是指一旦管理过程中出现偏差，管理者不仅能够及时予以纠偏，而且还应该使控制措施与将来预计的情况相适应，避免时滞问题的负面影响。

（4）灵活性原则。在管理过程中，出现意外情况是无法避免的。因此，在制定计划时，必须考虑各种可能的情况，这就要求计划要具有一定的弹性。与此相一致的是，在实施控制工作时，应该根据实际情况的变化，采用多种灵活的控制方式和方法。

【阅读资料 14－2】

给员工自由时间——Google 的聪明之道

在 Google 独特的企业制度当中，20% 的“员工自由时间”最为人称道。这个制度让 Google 在条件许可的范围内，最大限度地把工作变成一种兴趣。在 Google 工作的人，感觉不像是在一家公司上班，更像是在一个大学或研究机构做有趣的研究。而 Google 则可以从这些自由员工的大脑中，源源不断地提取新的创意和新的商业计划。当你看到下面这些数据，你就会发现，Google 的做法实在是太聪明了。

有报告说，英国 80% 的员工上班干私事。IDC 的报告说，美国员工每周浪费平均 5.9 个小时的工作时间上网处理私人事务，因此导致美国企业每年损失 1780 亿美元。一份调查结果更恐怖，说美国员工每天消耗在网上闲聊的时间高达 2 小时，造成每年 7590 亿美元的损失。还有调查说，中国员工比其他地区的员工每周多花 7.6 小时的时间来玩游戏或做类似事情，损失数字不详。

Google 的聪明就在于，它知道即使不给员工自由时间，员工也会想办法偷懒，与其偷偷摸摸，弄得两边都不爽，何不让员工公开地、自由地支配一小段时间？更重要的是，员工的感受会完全不同，有了 20% 的自由时间而不是 20% 的偷懒时间，他感到自己被尊重，他感到自己在为兴趣工作。

雇佣关系并不是一种很糟糕的关系，但被雇佣的感受，确实是一种比较糟糕的感受。人的活力、创造力，常常就是在这种雇佣感受之下，趋于泯灭。“对得起那份工资”，已经算是很有职业道德了，但比起那些不要工资也玩儿命的人，谁更有创造力不言而喻。

（5）直接控制原则。直接控制能够明确判定工作的成效以及管理人员是否按照既定的原则行事，而且还能将发生偏差的个人责任确定下来。因此，在管理控制中，必须尽可能地实施直接控制，以便即时发现偏差并采取纠正措施。

（6）经济性原则。控制是一项复杂的活动，需要投入大量的人力、物力以及财力资源，因此，控制活动必须遵循经济性的原则。所谓经济性原则，是指将控制所需的费用与控制活动产生的效果进行经济上的比较，只有当有利可图时才实施控制。有些控制活动虽然成本较高，但控制活动产生的经济利益更加显著，同样是可取的；反之，即使控制成本较低，也不足取。遵循经济性的控制原则，决定了管理者在实施控制时要努力降低控制的各种耗费，提高控制的经济效益。

（7）例外原则。控制的例外原则是指不仅要对关键点进行控制，还要对超出一般情况的特殊点给予充分的关注。

（8）控制趋势原则。控制的趋势原则是指控制系统应该具有预警功能，能在出现各种趋势迹象时，迅速采取措施，跟上趋势或将其消灭在萌芽状态。

很多时候，控制现状比较容易，但控制现状所预示的变化趋势则是非常困难的事情。要使管理控制工作富有成效，控制变化趋势是非常重要的。一般而言，变化趋势是多种复杂因素综合作用的结果，是在一段时间内逐渐形成的，它对管理工作的成效有着长期的影响。趋势容易被现象所掩盖，因此，不易被人们察觉。但当趋势明朗之后再采取控制措施，往往是为时已晚。所以，有效的控制必须遵循控制趋势的原则。

14.2.2 控制的基本要求

（1）控制应该具有目的性。控制的目的性是指控制工作是为了实现一定的组织目标，所有偏离既定目标实现的活动都必须予以纠正。目的性是控制工作的最基本要求。因为，控制作为一种重要的管理职能，它是为组织目标服务的。管理者的任务之一就是要在众多的相互矛盾的目标中，选择出关键目标，并围绕着目标的实现而展开控制工作。因此，控制工作首先必须具有一定的目的性。

（2）控制应该具有客观性。控制的客观性是指控制工作应该切合组织的实际情况，即要求控制标准合理、检测技术和手段符合实际、纠偏措施切实可行。控制的客观性要求可以避免主管人员的主观臆断。

控制的客观性要求控制标准不能过高，也不应太低。控制标准制定的太高或太低都不利于既定目标的实现。客观的控制标准应该是一套富有挑战性、能激励员工努力工作的标准，并且是合理的可以达到的标准。除此而外，为了避免过多的主观因素对管理控制工作的影响，控制标准还应该是明确的，应尽可能的给予量化，以便于衡量和把握。

（3）控制应该具有适应性。控制的适应性是指所有的控制活动都应反映组织所制定的、有待实施的计划；控制应反映组织结构，也应该同职位相适应。

（4）控制应该具有适时性。控制的适时性是指在偏差刚一发生或将要发生时，能够立即判定出来，并迅速查明原因和采取纠正措施。适时控制可以将偏差造成的损失降到较小的限度。它需要建立有效的信息反馈系统作为保障。

（5）控制应该具有适度性。控制的适度性是指控制系统在控制的范围、程度和频率等几方面要做到恰到好处。控制的目标是为了确保计划的实现，而不能为了控制而控制。控制强度太大或太小均不合时宜。例如，有这样两所高校 A 和 B，A 校教务部门对教师的教学工作控制过多，从讲稿、教案、教学进度、教学计划、教学大纲、试卷命题、授课形式均有明确的规定，并配有专人监督考核。其结果是因忽视了不同专业、不同教师的特点，而使教学过于形式化，学生与教师都颇有怨言。而 B 校则走入了另一个极端，教学管理部门对教学活动基本上不采取任何控制措施，听之任之，结果是教学活动异常混乱，该校教学质量之差也是可想而知的。以上两校的情况说明，管理控制必须具有适度性，任何一个极端都不可取。

14.3 控制的基本过程

控制工作是一个系统的过程，其基本过程主要包括制定控制标准、衡量实际工作绩效、纠正运行偏差三个环节，见图 14－1。也就是说，控制是依据一定的标准去衡量实际工作业绩，并采取适当的纠偏措施。因此，控制的首要前提是拟定控制的标准。下面就控制的上述三个基本过程进行介绍。

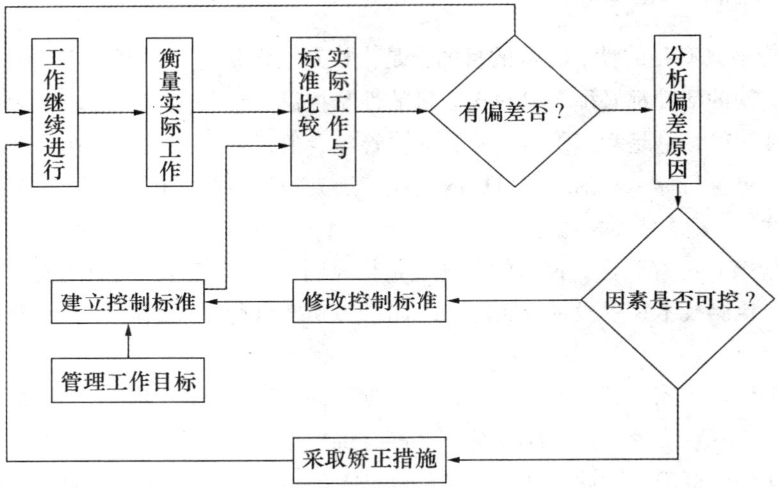

图 14－1 控制工作过程图

14.3.1 制定控制标准

控制标准的制定是进行有效控制的基础，没有事先制定的一套完备的控制标准，衡量实际绩效和纠正偏差也就失去了客观的依据。控制的标准和形式多种多样，控制标准的制定方法也各不相同。因此，在学习拟定控制标准之前，我们有必要首先了解一下什么是控制标准。

1. 控制标准的含义

控制标准是作为一种规范而建立起来的度量尺度，它是衡量工作绩效的准绳。没有控制标准，衡量成果、纠正偏差也就根本无法进行。控制标准一般可以分为实物标准（如工作成果标准和工作质量标准）、货币标准（如费用标准、资金标准和收入标准）、计划标准、无形标准以及目标标准等。控制工作中的标准一般是复合标准，即由各种标准组合而成。

2. 控制标准的形式

控制标准的形式主要有定性标准和定量标准两种。其划分的依据主要是看这种标准是否可以被量化。能够被量化的标准即为定量标准，否则我们称之为定性标准。

（1）定量标准。定量标准主要包括实物标准、货币标准、时间标准和综合标准。其中，实物标准有明确的数量，是计划工作的主要表现形式。如企业的产量、高等院校的招生人数、医院救治病人的次数等。货币标准包括成本标准、资金标准、利润标准等，适用的范围比较广泛。如一国货币的供给量、财政收入、政府转移支付金额，以及企业的总成本、单位产品成本、总收益、税后利润以及净现值等。时间标准表现为工时定额、工程周期等一系列的时间指标，它为工作提供了时间限定。综合标准主要表现为某一行业或工作的比例情况，如产品的市场占有率等。

（2）定性标准。定性标准是指那些难以准确量化的指标，主要是指质量标准，一般可分为工作质量标准和产品质量标准。如学校教师的教学能力、组织中管理者的工作水平等。

3. 制定控制标准的关键环节

制定控制标准一般要设计以下两个关键环节。

（1）选择控制对象。控制标准的具体内容取决于控制对象，因此在制定标准时应当首先选择控制对象。控制对象是控制的客体，确定控制对象即明确哪些事物、哪些环节需要加以控制。一般来说，组织的活动都有最终的成果，组织成果往往体现了计划的目标。因此，人们习惯于将组织活动的最终成果作为首选的控制对象。

（2）选择控制的重点。任何组织都不可能也没有必要对所有的活动进行控制，只能在影响组织活动成果的众多因素中选择若干因素或环节作为重点控制对象。这些重点控制对象就是我们经常提到的控制关键点。关键点一般是计划实施过程中起决定作用的因素，或者是容易产生偏差的因素。不同组织和不同活动的关键点有着很大的不同。例如，企业控制的关键点可能是获利能力、市场地位和生产率；学校控制的关键点则是教师的教学能力、科研水平；而政府控制的关键点则为经济发展、政治稳定、社会福利、科技进步等。不同的组织应该结合实际情况选择具体的控制关键点。

4. 制定控制标准的方法

制定控制标准的方法一般有如下三种。

（1）统计方法。即利用历史资料，在统计分析的基础上建立控制标准。这些历史数据可以是本企业的历史统计，也可以是同行业其他企业的历史资料。据此建立的标准，可以是历史数据的平均值，也可以是高于或低于平均值的某个数。统计方法的优点是简便易行、成本较低，但缺点也比较明显。由于历史与现实之间毕竟存在一定的差距，因此，准确性较差。

（2）评估法。组织利用各方面的人员和专家，运用评估的方法制定标准。这种方法适用于新从事的工作，或对于统计资料缺乏的工作。利用这种方法制定控制标准时，要综合各方面管理人员和专家的意见，以确保制定一个相对先进合理的标准。其优点是简单易行，适用面广，缺点是人为性太强。

（3）工程标准法。该方法是通过对工作情况进行客观、定量的分析来制定标准。如动态研究、工作定额、产出标准等。与前两种方法相比较，该方法的优点是科学性强，缺点是成本高，耗时较长。

14.3.2 衡量工作绩效

衡量工作绩效是控制工作的第二个环节，其主要内容是将实际工作与控制标准相比较，从中发现两者的偏差，并做出判断，为进一步采取控制措施提供全面准确的信息。衡量工作绩效需要注意三个问题：一是衡量的要求，二是衡量的项目，三是如何衡量。

1. 衡量的要求

如果偏差能在出现之前即被发现，管理者可以预先采取措施予以避免，这是一种理想的控制和纠偏方式。然而，事实上要做到这一点是一件非常困难的事情。并非所有的管理者都能够具有远见卓识的素质，同时也并非所有的偏差都能在产生之前为人们所预见。由于这种条件的限制，最满意的方式应该是必要的纠偏措施能够在偏差出现伊始便迅速采取行动。这有赖于管理者对偏差信息的掌握程度。为了能够及时、准确地提供能够反映偏差的信息，管理者在衡量工作业绩时应首先明确衡量的一系列要求。

（1）通过衡量工作绩效，检验控制标准的客观性和有效性。衡量工作绩效是以预定的标准为依据的，依据标准来衡量工作绩效，这个过程本身也是对标准的客观性和有效性的检验。

一般来说，偏差的产生主要有以下三个方面的原因：标准执行不力、外部环境发生重大变化和标准本身不合理。人们无法阻止外界环境发生变化，因此由此产生的偏差是难以避免的。但另外两种原因引起的偏差是可以控制的。如果是标准执行过程中出现了问题，管理者可以通过衡量绩效给予纠正。如果是标准制定的不合理，管理者也可以通过衡量，及时发现问题并修改和更新标准。如果在衡量过程中发现预定的标准脱离实际，或是在设计标准时忽视了一些重要的因素，或者过多地考虑了一些次要因素、表面因素而导致标准的客观性与有效性存在问题，就应该通过衡量对标准加以修正，并重新制定科学的控制标准。

（2）衡量的对象应该具有代表性。在控制活动中，由于种种原因，不可能也没有必要对所有对象进行衡量。一般的做法是选择其中的一部分进行衡量。例如，企业通过随机抽样而不是检查所有产品来对质量进行控制。采取这种检查方法的优点是耗时少，费用低，但不一定非常准确。因此，这就要求衡量的对象应尽可能代表整体的状况特征，否则，衡量的可靠性就会受到影响。

（3）确定合适的衡量频度。正如本章前文所述，控制过多或不足都会影响控制的有效性。所谓的“过多”或“不足”，不仅“体现在控制对象和标准数目的选择上，而且还表现在对同一标准的衡量次数或频率上”①。“对影响某种结果的要素或活动过于频繁的衡量，不仅会增加控制的费用，而且可能引起有关人员的不满，从而影响他们的工作态度；而检查和衡量的次数过少，则可能使许多重大的偏差不能及时发现，从而不能及时采取措施”②。因此，选择适当的衡量频度对控制工作至关重要。

到底采取什么样的衡量频度，这主要取决于被控制活动的性质。例如，企业对产品质量的控制常常采取较高的衡量频度，而高校对教师的科研工作的衡量频度则要低得多。

（4）建立信息反馈系统。衡量绩效的工作有时需要专职的检测人员辅助管理者进行工作，因此应当建立有效的信息反馈网络，以便使信息能够被及时收集起来并传递给管理人员。然后，管理人员将依据这些信息与预定的控制标准进行比较，来发现问题和采取纠正措施。另外，这个信息反馈系统还应能及时将偏差信息传递给相关的部门和个人，以使他们及时知道自己的工作情况，了解偏差出现的原因以及如何避免偏差。反馈系统的建立，不仅有利于保证计划的实施，而且能防止组织成员把衡量和控制视为上级检查工作、进行惩罚的手段，从而避免对立情绪的产生。

2. 衡量的项目

管理者应该对那些决定实际成效成败的关键项目进行衡量，而不是选择那些易于衡量的项目作为衡量对象。这就是说要找出衡量的关键点。衡量什么是一个比较关键的问题，它在很大程度上决定了组织所追求的目标。

3. 衡量的方法

管理控制采取何种衡量方法，应当依据具体情况来选择。一般来说，衡量的方法主要有以下四种。

（1）主管人员听取下属的口头汇报。它的优点是快捷和反馈及时，缺点是容易出现信息失真情况，影响控制的效果。

（2）书面汇报。主管人员通过备忘录、电子邮件、传真、工作总结、会计报表、有关统计报表等了解计划进展的情况。其优点是资料保存长久，易于查询。缺点是信息反馈速度较慢。

（3）管理人员通过亲自考察来获取第一手信息。这种方法要求管理者应具有较为丰富的管理经验和果断的决策能力，能够发现问题并及时加以控制。

（4）借助信息技术进行衡量。管理者可以通过建立和使用管理信息系统收集、处理和传送

---

①② 周三多主编：《管理学》，高等教育出版社2000年版，第255页。

信息。这种方法能够降低成本、提高效率，但对信息系统的可靠性要求较高。

14.3.3 纠正运行偏差

纠正运行偏差是控制工作的最后一个环节。在组织依据衡量的标准，利用各种方法对工作绩效进行衡量之后，就应该将衡量的结果与既定的标准进行比较，通过比较与分析发现偏差，并采取适当的措施。纠正运行偏差主要包括以下几个关键的活动。

1. 通过比较，确定实际工作绩效与标准之间的偏差

在很多情况下，由于原先制定的标准不合理或是由于外部环境发生了重大变化，必然会使实际工作结果与既定的标准之间存在一定的差异。另外，由于计划工作的执行不力，同样也会导致偏差的产生。但是，有一点必须要明确的是，不是所有的偏差都会影响组织活动的最终成果。“有些偏差可能反映了计划制定和执行的严重问题，而有些偏差则可能是由一些偶然的、暂时的、局部的因素引起的，因而不一定会对组织的最终成果产生影响”①。所以，在比较工作完成之后，主管人员还应该进一步对偏差的性质以及偏差产生的原因进行进一步的分析。

2. 分析偏差的性质和产生的原因

偏差依据其对管理工作是否有益，可以分为有利偏差和不利偏差两种。有利偏差是指那些符合组织发展趋势的偏差，如由于科学技术的进步以及员工素质的提高，使得劳动生产率高于既定的标准。不利偏差则是指对组织实现既定目标有害的偏差。如一家医院由于服务水平下降，使得顾客投诉率上升，医院经济效益滑坡，从而无法实现既定的指标等。

在采取纠偏措施之前，另一项重要的工作就是要分析偏差产生的真正原因。如果找不出原因，纠偏措施根本无法制定和实施。一般而言，偏差产生的原因主要有以下几种。

（1）标准本身的科学性、合理性和操作性较差，使得有关人员在工作过程中难以把握，从而导致偏差的产生；

（2）标准本身没有什么问题，但在标准制定之后，未能就标准的细节进行认真的培训，致使相关人员对标准的掌握不够明确，影响了标准的执行，因而在实际工作中产生了偏差；

（3）标准的制定忽视了执行人员的参与，这使得标准很难为下级所接受，执行人员的积极性受到了影响，工作中出现偏差的可能性也随之增加；

（4）标准中未能体现出相应的“管理标准”，致使主管人员在执行标准时责任不清、利益不清；

（5）外界环境发生了重大的变化，如政局动荡、战争爆发以及重大的自然灾害发生等，使组织的预定目标不可能实现。例如，2004 年 12 月 26 日爆发的印度洋海啸，使得许多受灾国家

---

① 林祖华等主编：《现代管理学》，中国时代经济出版社 2004 年版，第 252 页。

的旅游业受到沉重的打击，在相当长的时期内这些从事旅游业的企业目标都将无法实现。

3. 采取适当的纠正措施

在对偏差原因进行了彻底的分析之后，管理者就应该确定所要采取的纠偏措施。具体的方法有两种：一是立即执行临时性的应急措施。例如，企业的生产因供应商的原材料供应出现了问题，企业应立即寻求新的供应商或是与原有的供应商进行磋商，以解决此问题；二是采取永久性的根治措施。在上述短期危机解决之后，企业可以制定新的供应商合作机制，以彻底避免类似的问题出现。

一般来说，采取控制措施可以从以下几个方面着手：①改进工作方法。工作方法不当往往是达不到原定标准的主要原因。这需要组织加强对员工的培训，不断提高组织成员的管理素质和技术水平。②改进组织和领导工作。控制职能是与组织、领导职能密切联系而又相互影响的。组织方面出现的问题有：一是计划制定之后，组织实施工作没有做好；二是控制工作本身的组织体系不健全，不能对已产生的偏差及时加以纠正。这两种情况下，都应该对组织工作进行改进。此外，偏差如果是由执行人员的能力不足或积极性不高而导致的，那就需要通过改进领导方式和提高领导艺术来纠正偏差。③调整或修正原有的计划和标准。当实际工作中出现较大的偏差时，说明原有的标准可能是不合时宜的，此时管理者就应该对原有的计划或标准进行适当的调整。

采取纠偏措施应该注意以下几个方面的问题：

（1）当没有偏差时，管理者不需要采取任何纠偏措施，否则，只能是适得其反。当然，对于这样一个成功的控制循环也应分析其原因，以便总结经验，为今后的控制活动提供帮助。另外，管理者还应该向有关的工作人员及时反馈信息，并在必要时对他们进行适当的奖励以激励他们今后继续努力。

（2）如果发现偏差，应该采取双重优化的措施。第一重优化是指在偏差出现之后，组织通过判断采取纠偏措施带来的效果是否大于不纠偏所造成的损失来决定是否采取行动。有时，最好的方案是不采取任何行动，否则可能得不偿失。第二重优化是指在此基础上，在多个纠偏方案中选择一种最佳的方案来组织实施。

（3）要注意消除人们对纠偏措施的疑虑。任何纠偏措施都会在不同程度上引起组织的结构、关系和活动的调整，从而可能会影响某些组织成员的利益，因此，人们对纠偏措施往往态度不一。有的赞成、支持，有的怀疑、反对，尤其是涉及重大调整的追踪决策时，人们的反映将会更加激烈。在这种情况下，管理者应该设法消除人们的疑虑，尽量争取这些人的支持，避免可能出现的人为障碍。

14.4 控制方法与技术

随着组织规模的不断扩大，管理活动的范围越来越广，工作分工越来越细，产业信息越来越多，控制工作也变得越来越复杂。在这样的环境下，管理控制的方法与技术也在不断改进和发展。尤其是科学技术的发展，为管理者开展控制工作提供了更多的手段与方法。现在，控制的方法和技术不仅包括传统的预算控制、审计控制、盈亏控制等，而且以运筹学、控制论、信息科学和电子计算机技术为理论基础的新的控制方法也得到了广泛的研究和应用。本节首先介绍两种常用的控制方法，即预算控制和成本控制，然后就管理信息与控制展开论述。

14.4.1 预算控制

预算是一种传统的控制手段，但如今，它依然是一种应用最为广泛的控制方法与手段，在组织控制活动中发挥着重要的作用。

1. 预算的概念

预算是一种用数字编制的反映组织在未来某一时期的综合计划，它是按照财务项目或非财务项目来说明组织的预期成果。预算“通过财务形式把计划数字化，并把这些计划分解落实到组织的各层次和各部门中去”。预算不仅要与计划相联系，而且还要与组织系统相适应，只有这样才能达到实施管理控制的目的。预算控制要根据预算规定的收入与支出标准来检查和监督各个部门的活动，以保证各项活动或各个部门能够在既定的预算约束下实现预期的目标。对于组织来说，预算可以使每个成员了解自己未来的工作任务和职责，协调组织的内部活动，明确各部门的工作权限，并有利于组织成员间的相互沟通，为组织取得良好的经济效益和社会效益奠定基础。

2. 预算的种类

预算的种类多种多样，随着组织具体情况的不同而有很多的类别。归纳起来主要有以下六种。

（1）收支预算。收支预算是以货币来表示的组织收入和支出计划。其中，收入预算主要是指在某个计划期内的有关收益及其来源，如产品销售收入、租金、专利收入、利息及其他收益等。销售预算是最基本的收入预算，它是销售预测的详细正式说明，也是预算控制的基础。支出预算是指计划期内各种经营费用支出的预算。以企业为例，在生产经营过程中会有许多的费用发生，如材料费、管理费、销售费等。企业应根据会计科目中的某些费用编制单独或综合的预算。

（2）实物预算。实物预算是一种以实物为计量单位的预算，这里的实物主要包括时间、空间、原材料和产品产量等。由于以货币来表示的收支预算会受到商品价格波动的影响，因此在某些阶段采用实物数量单位来计量会比采用货币更准确。常用的实物预算单位是：直接工时数、原材料的数量、库存数量、占用的平方米数以及产量等。

（3）投资预算。投资预算是指某一企业在特定的时间内固定资金运用的情况。“投资预算包括投资于机器设备、厂房建设等各项设施以及增加固定资产的各项支出”。一般来说，企业投资支出的数额较大，回收期较长，因而具有较大的风险。因此，企业在进行投资预算时一定要非常慎重，应提前做好调查和论证工作，以保证投资预算的科学性。

（4）现金预算。现金预算是对企业未来生产与销售活动中现金的流入与流出所进行的预算，一般是由财务部门编制。现金预算只能包括那些实际包含在现金流程中的项目。赊销所得的应收账款在用户实际支付之前不能列入现金收入；赊购所得的原材料在未付款之前也不能列为现金支出；而需要在今后逐年分摊的投资费用却应列入当年实际支出的现金账户。通过现金预算，可以帮助企业发现资金的闲置或不足，从而为管理人员制定赢利性投资计划以及偿还到期债务提供所需的信息。

（5）资产负债表预算。资产负债表预算是对企业会计年度末的资产、负债、净值等财务指标所进行的预测。它通过将企业各部门和各项目的分预算汇总在一起，用以说明如果企业的各种业务活动达到预先规定的标准，在会计期末企业的资产与负债会呈现何种状况。管理人员通过对预算表的分析，可以发现某些分预算的问题，从而有助于适当地对措施及时予以调整。同时，管理者还可以通过将本期预算与上期实际发生的资产负债情况进行比较，从中发现企业财务状况可能会发生的一些不利变化，从而预先采取行动。

（6）零基预算。零基预算是一种重要的动态预算方法，我们将在下文中详细论述。

3. 预算控制的一般程序

预算控制应遵循一定的工作程序，有计划、按步骤地进行。这样能够保证预算的质量和工作效率。预算控制的一般程序如下。

（1）建立预算制度。主要工作包括估计预算制度的效益和限制、满足建立预算制度的组织条件、选择预算的类型、决定预算的期限以及分类。

（2）制定组织总预算。总预算是对组织中各种计划的准确而又全面的描述，是考虑各种因素后的多项内容的预算。总预算的制定是下属各部门制定预算的基础。

（3）层层分解预算并上报。在总预算制定之后，组织将其分解给直属部门，再由直属部门进一步分解为它们的下属部门，直到不能再被分解为止。下属部门依据总预算制定本部门的分预算并呈报给上级部门。

（4）确定预算方案并下达。在确定预算方案之前，组织高层对各部门的分预算方案进行审核，在确定之后将最终的预算方案下达给下属各级部门。

（5）组织贯彻落实。预算控制的最后一个程序是贯彻落实，在此过程中，主管人员必须经常检查和分析执行情况，必要时可以修改预算，使之更加切合实际，更能适应组织的发展。

4. 零基预算

零基预算是由美国德州仪器公司的彼得·菲尔最早提出。这是一种编制预算时以零为基数的预算方法，其基本思想是：在编制预算时，必须对每项费用都予以重新审核，要以目前的需求和发展趋势作为核查的基准。零基预算方法又称为“日落法”，即“每年年终，现有的各个部门就像太阳落山一样宣告结束，当新的一年开始时，各个部门必须向专门的审议机构证明自己确有存在的必要，才能像旭日东升那样重新开始”①。

零基预算的具体做法是：首先由组织的高层管理者要求下属各部门根据计划期内的战略目标确定具体的目标和业务活动，据此提出相应的费用计划方案，并说明每一项费用的理由与数额；其次，按“成本——收益”分析方法比较每一项费用及相应的效益，评价每项开支的重要程度，并区别对待；最后，结合计划期内可用资金来源分配资金，落实预算。

零基预算的优点是：①提高了预算的准确性，减少了盲目性；②使计划和控制更加富有弹性，提高了组织的应变能力；③能够及时纠正因管理决策失误所产生的偏差。零基预算强调的是“做正确的事”，而不是“正确地做事”。它突出了组织目标对全部管理活动的指导作用以及计划职能与控制职能间的联系。

零基预算不受传统的和现行的预算限制，能够充分调动各级管理人员的积极性和创造性，并促使企业精打细算合理使用资金，提高资金的使用效率。其不足之处是编制工作量大，成本较高，而且在估计时具有一定的主观性。

14.4.2 成本控制

1. 成本控制的概念

成本控制是组织控制工作的重要内容，也是现代成本管理工作的重要环节，是落实成本目标、实现成本计划的有力保证。不同组织的成本控制有着不同的内涵。以企业为例，“成本控制是指在企业经营过程中，按照既定的成本目标，对构成产品成本的一切耗费进行严格的计算、调节和监督，及时揭示偏差，并采取有效措施纠正不利差异，发展有利差异，使产品实际成本被限制在预定的目标范围之内”②。科学地进行成本控制，可以不断降低成本耗费，提高组织的管理水平。它的主要作用在于：一方面可以及时限制各项成本的发生，使成本不超过事先制定的标准，促使组织降低成本，增加利润；另一方面，组织通过对成本进行日常控制，按计

---

① 单宝玲，辛枫冬主编：《管理学原理》，天津大学出版社 2004 年版，第 346 页。

② 王庆成主编：《财务管理学》（第三版），中国财政经济出版社 1999 年版，第 350 页。

划支出，可以保证组织更好地完成成本计划。

成本控制的标准多种多样，根据成本形成的不同阶段和成本控制的不同对象，可以划分为目标成本、计划指标、消耗定额、费用预算等。不过，需要注意的是，企业在一定时期制定的成本控制标准，并不是一成不变的。在执行过程中，要经常注意各种标准的先进性和适用性，应该根据实际情况对标准进行适当的改进和修正。

成本控制一般包括以下几项基本程序①。

（1）根据定额制定成本控制标准，并据以制定各项降低成本技术组织措施。成本标准是对各项费用开支和资源消耗规定的数量界限，是成本控制和成本考核的依据。如果没有这个标准，成本控制根本无法进行。

（2）执行标准，即对成本的形成过程进行计算和监督。组织应该根据成本指标，审核各项费用开支和各种资源的消耗，实施降低成本的技术组织措施，保证成本计划的实现。

（3）确定差异。核算实际消耗脱离成本指标的差异，分析成本发生差异的程度和性质，确定造成差异的原因和责任归属。

（4）消除差异。组织群众挖掘增产节约的潜力，提出降低成本的新措施或修订成本标准的建议。

（5）考核奖惩。考核成本指标执行的结果，把成本指标的考核纳入经济责任制，实施物质奖励。科学地组织成本控制，可以用较少的物化劳动和活劳动耗费，取得较大的经济效益，不断降低成本，提高成本管理水平。

2. 成本控制的方法

制定控制标准是进行成本控制的前提，除此之外，进行成本控制还需一定的控制方法。只有运用合理的控制方法，才能达到控制的目的。成本控制的方法很多，不同的成本项目可以采取不同的控制方法。比较常用的成本控制方法主要有以下几种。②

（1）程序控制是预期量随着时间的推移按预计发生变化的反馈控制，虽然会受到各种外来因素的干扰，但预期量按照预先所确定的规律变化，控制的目的是促使预期量实现。

（2）跟踪控制是预期量随着另外一个不确定量的变化而变化的反馈控制。例如，在材料由采购部门统一采购的情况下，车间材料费用不但受本车间材料耗用水平的影响，还受到采购价格的影响。因此，要求企业在设计材料控制系统时，应设计出跟踪材料采购价格高低的程序。

（3）定值控制是指预期量是确定的数值，并不随着时间的推移而变化的反馈控制。由于预期量是常数，控制的主要目的是采取措施确保预期控制目标的实现。当出现不利于预期目标的

① 王庆成主编：《财务管理学》（第三版），中国财政经济出版社1999年版，第350页。

② 聂兴凯编著：《如何进行成本管理》，北京大学出版社2004年版，第113页。

干扰因素时，就应当采取适当的措施以消除偏差，如固定资产的折旧。

（4）最优控制是指在一定的条件下，通过实施控制使被控指标达到优化。由于受到外界的干扰，最优控制通常并不能达到，而只能在现有的条件下达到比较理想的控制。

（5）适应控制是指在经常变化的外界条件下，为了达到预期的目标，系统地修订所确定方法的控制方法，即系统应该具有良好的适应性。

（6）前馈控制是根据预测可能出现的偏差，在导致偏差的问题尚未出现之前采取措施予以控制，避免偏差的出现。

（7）防护型控制是指在成本控制系统和程序中建立若干规章制度和约束条件来控制弊端和偏差的发生。

14.4.3 管理信息与控制

管理信息是指那些进入管理信息系统，能够对管理活动产生影响的信息。它是组织中管理者与被管理者、管理者与管理者之间以及被管理者与被管理者之间进行沟通和协调的媒介。在任何一个管理系统中，管理者都要借助信息来进行管理。实际上，管理者就是不断地把信息转化为具体行动的活动。

依据管理信息的不同功能，可以将其主要划分为战略计划信息、管理控制信息和作业信息三类。其中，战略计划信息是指那些关系到管理系统高层决策的外部信息；管理控制信息主要是指那些影响管理过程的内源信息（注：内源信息是指在系统内部产生和流动的、主要是关于系统内部各要素和内部环境方面的信息）；作业信息是有关管理系统日常活动的信息，主要包括一些程序性的信息。

1. 管理信息系统在控制中的作用

管理信息系统是一种基于计算机和通信两方面技术而综合发展起来的管理技术。从20世纪70年代以来，通信技术与计算机技术逐渐结合起来，使信息处理逐渐形成一个系统。信息系统的功能是通过数据收集、传输、储存、信息解释与显示以及信息的分发等5个子系统来实现的。管理信息系统在控制中的作用主要表现在以下几个方面。

（1）管理信息系统为组织实施管理控制提供必要的信息。控制是管理的四个基本职能之一，从某种意义上来讲，管理就是按照某一目标，对一个系统“进行相对封闭的控制，即从各有关方面获得信息，对这些信息进行加工，然后发出控制指令，驾驭系统沿着既定轨道运行，达到预期目标”①。由此可见，如果没有活动结果以及关于计划和决策的信息，管理控制工作根本无法展开。而现代管理信息系统以计算机技术和通信技术为基础，能够准确、及时、快速地

---

① 刘熙瑞，张康之主编：《现代管理学》，高等教育出版社2000年版，第218页。

为主管人员的决策提供详尽、全面、准确的信息。所以，从这个角度上来说，管理信息系统为组织实施管理控制提供了必要的信息支持。

（2）管理信息系统促使组织的控制方法更加科学。控制的方法有多种，前面已经做过介绍，这里不再赘述。下面我们重点论述一下管理信息系统对组织控制方法的影响。

传统的控制方法一般是采取定性的方法，但是这种方法存在很大的局限性。特别是在变量相互关系复杂、变化因素多、变化持续时间长的背景下，这种控制方法的有效性就更加难以保证。而现代管理信息系统利用先进的信息技术和通信技术，充分结合管理的需要，能够快速、准确地收集大量的资料为管理控制提供决策依据。总之，管理信息系统促使控制方法由定性向定量发展，从而使组织的控制方法更加科学化。

（3）管理信息系统可以使主管人员从繁琐的事务性工作中解脱出来，从而提高控制工作的效率。利用现代信息技术，可以使部分需要人工进行处理的工作由管理信息系统来完成。例如，管理信息系统中的高层主管支持子系统（ESS），就是专门用于辅助高层管理者获取和运用有关信息，并将这些信息用于控制组织的活动，从而使高层能够有更多的时间去思考组织发展的战略问题。另外，中下层主管人员的许多控制工作也可被管理信息所取代，使他们有更多的精力去考虑具体的工作过程中的问题。因此，无论是从高层的角度，还是从中下层管理者的角度，管理信息系统都是其提高控制工作效率的有效的工具。

2. 管理信息系统的开发和信息流程

管理信息系统的建立是以组织高层管理者在决策中所要求达到的目标，以及各职能部门所提供的业务活动目标为依据，按照完成管理活动所应遵循的顺序而建立起来的。这个系统的建立过程，一般称为系统开发。管理信息系统的开发分为以下三个阶段。

（1）系统分析。系统分析是系统开发的第一个阶段，也是最重要的阶段。其工作量约占整个系统开发工作量的30% ~40%。系统分析的质量在很大程度上决定了系统开发的成败。系统分析阶段的主要任务是根据组织的具体情况，规定出所设想的管理信息系统应该做什么以及应该具有什么样的功能。它决定了系统的目标及需要。系统分析所面临的问题是：什么是所需要的信息、谁需要这样的信息、什么时候需要、什么地方需要、信息是什么形态、这样的信息能否得到、从什么地方能够得到、资料应该什么时候使用、用什么方法收集等。在系统分析阶段，分析人员要做大量的调研、分析、综合对比工作，因而要求系统分析小组的成员和系统分析的其他人员不仅要具备管理科学、系统科学和计算机科学等专业知识，还应该具有很强的组织和沟通能力，能够与用户各部门的有关业务人员协同完成系统分析工作。

（2）系统设计。系统设计阶段的主要任务是把系统分析阶段所提出的方案转化为计算机可以实施的具体方案，即将“逻辑模型”转化为“物理模型”。它是以详细的系统规划作为将来实施的依据。系统设计一般面对的问题是：有多少资源（其中包括人力、物力、财力、设备和技术）可以应用、如何适当地利用这些资源等。系统设计是一个较为复杂的工作，一般是由系统设计人员、系统分析员和程序员组成工作小组来共同完成的。

（3）系统实施。系统实施是管理信息系统开发的第三个阶段，其主要任务是以被批准的系统设计方案为依据，购置或制造必要的硬件设备，编制或购买必要的软件，培训操作人员，进行数据准备，最后完成老系统向新系统的转换。它一般面对的问题是：人员需要什么样的培训、谁应该接受培训、应该如何测试系统、应该采取哪些必要的措施来转换现有的系统使之成为新的系统、什么时候才算实施完成等。

3. 管理信息系统开发的基本条件

开发管理信息系统必须首先具备以下几个基本的条件。

（1）建立管理体系。没有管理体系，信息将无法输入，无法处理，当然也就无法输出。

（2）配备专门的人才，培训组织成员。开发管理信息系统需要多方面的知识，将这些知识结合起来才能有利于系统的开发。

（3）选用计算机主机和外围设备。计算机硬件是管理信息系统进行工作的物理基础，这里需要明确的是，计算机及外围设备必须根据系统的要求进行配置，它的选用应该在系统开发之中，而不是在开发之前；否则将会造成不必要的损失。

本章习题

一、单选题

1. 控制的前提和依据是（　　）。

A. 领导　　B. 计划

C. 组织　　D. 指挥

2. “治病不如防病，防病不如锻炼身体，”这一说法体现了（　　）的重要性。

A. 事后控制　　B. 事中控制

C. 现场控制　　D. 预先控制

3. 控制活动过程中，管理人员所在的部门、所处的管理层次不同，实施控制的主要任务也不尽相同。一般来说，（　　）主要从事例行的、程序性的控制活动。

A. 中层和基层管理人员　　B. 高层管理人员

C. 重点部门管理人员　　D. 科研部门管理人员

4. 为了保证组织目标得以实现，就需要有控制职能。纵向看，各个管理层次都要重视控制职能，（ ）。

A. 愈是高层的管理者，控制要求的时效性愈短，综合性愈弱

B. 愈是高层的管理者，控制要求的时效性愈短，综合性愈强

C. 愈是高层的管理者，控制要求的时效性愈长，综合性愈强

D. 愈是基层的管理者，控制要求的时效性愈长，综合性愈强

5. 现场控制是指某项活动（ ）。

A. 在开始前实施的控制　B. 在进行中实施的控制

C. 在发生变化后实施的控制　D. 产生后果后实施的控制

6. 过程控制是（ ）。

A. 前馈控制　B. 现场控制

C. 反馈控制　D. 程序控制

7. 车间主任老王在生产现场看到新招的大学生小刘违规操作设备，他立即前去纠正，这种控制方式属于（ ）。

A. 现场控制　B. 反馈控制

C. 事先控制　D. 间接控制

8. 最理想的控制标准是（ ）。

A. 实物标准　B. 定量标准

C. 定性标准　D. 时间标准

9. 现场控制的方法主要适用于（ ）。

A. 企业家　B. 高层管理者

C. 中层管理者　D. 基层管理者

10. 预先控制是指某项活动（ ）。

A. 在开始前实施的控制　B. 在进行中实施的控制

C. 在发生变化后实施的控制　D. 产生后果后实施的控制

二、多选题

1. 组织开展控制工作的主要目的是（ ）。

A. 加强对员工的控制　B. 适应环境的变化

C. 限制偏差的累积　D. 降低成本

E. 处理组织内部复杂的局面

2. 控制工作要满足（ ）。

A. 要有重点　B. 要灵活

C. 要及时、准确　D. 要经济可行

E. 要领导喜欢

3. 控制的基本类型有（　　）。

A. 直接控制　　B. 间接控制

C. 预先控制　　D. 现场控制

E. 反馈控制

4. 制定控制标准的方法主要有（　　）。

A. 统计法　　B. 评估法

C. 工程标准法　　D. 定性法

E. 定量法

5. 管理控制的三要素是（　　）。

A. 控制标准　　B. 成本控制

C. 偏差信息　　D. 纠正措施

E. 管理目标

三、名词解释

控制　　预先控制　　现场控制　　反馈控制　　零基预算

四、简答及论述题

1. 为什么说控制是管理的一项重要职能？
2. 控制的基本原则是什么？
3. 控制的基本程序是什么？
4. 什么是预算？预算的一般程序是什么？
5. 成本控制与预算控制有何差别与联系？

案例讨论

控制迷局——××医院的个案研究

××医院地处中小城市F，成立于20世纪80年代中期，系当年为扩大规模提高医疗水平，在市政府的主持下由市内几家小型专业医院合并而成，是当时市内唯一的综合性医院。成立后不久，医院在张院长的带领下，通过引进人才，购买先进的医疗设备等手段，借助改革开放的春风，在90年代初期获得了极大的发展。通过10年的发展，到1993年，医院拥有建筑面积10000平方米，固定资产接近8000万元；下设内科、外科、骨科、妇产科、五官科、外科等8个病区共150余张床位；技术力量也较为雄厚，人才济济，医、药、护、技人才齐全，全院员工351人，教授、主任医师25人，副主任医师20人、主治医师30人。由于××医院医疗水平较高，价格也不是很高（相对于其他城市），加上F市位于省会城市附近，交通极为方便，因此，除本地人之外，还吸引了很多邻近城市（甚至是省城）的病人前来治疗，可以说风光一时。为此，张院长还被多次评为地方的劳动模范和先进工作者，张院长本人也颇为满意自己的工作。尽管当时医院内部管理也存在一定的问题，比如成本核算不合理，导致药价和医疗费较高，医护人员考核不科学，带有“吃大锅饭”现象，但是这一切都被医院的快速发展以及来往的人气给掩盖了。

1995年以后，情况发生了变化。一方面，由于国家医疗体制的变化，企业职工的关系逐渐明晰，原来的医疗费用实报实销的模式被逐渐打破，职工生病至少不再是享受“免费的午餐”，而是或多或少的需要自己掏一部分钱，这就使得职工进行理性地计算：是去医院还是自己去市场买药呢？不同医院之间是否也有价格、服务差异呢？另一方面，也是最为重要的，F市内出现了一些私人的诊所和民营的小医院，这些诊所或医院虽然有的并不完全合法，医疗条件也较差，但是凭借其机制灵活、价格低等优势，成了医院有力的竞争对手，尤其是在中小疾病的治疗方面直接分流了医院的病人。1995～1997年医院连续3年各项医疗收入大幅下跌，很多科室中的治疗任务不足及各种医院管理中的问题也随之暴露出来。具体表现在以下方面。

（1）由于医院收入下降，医生的收入直接受到影响，为了弥补与过去的差别，很多医生开始变相地向病人索取、收受红包或其他补偿，病人及其家属对此意见很大，甚至有人向报社和市长反映过，这直接影响了医院的声誉，造成了相当大的社会负面影响，从而进一步减少了来医院治疗的人数。

（2）同样是为了提高个人收入，很多医生和医院药材的采购人员不顾医德，与医药器材厂家的销售代表相勾结，有意无意地为病人开一些价格高却并不一定适用的药品，从中赚取药材厂家的回扣。由于医生的收入与药材的销售直接挂钩，使得医生有很强的动机为病人开贵药、多开药，对同种疾病的治疗费用大幅上升，进而又造成了上门求医人数的减少。

（3）由于缺乏合理的绩效考核、工资分配机制，干多干少之间并没有太大的收入差距，直接影响了医护人员的积极性，大家都在想办法偷懒。医疗过程中，医生、护士互相推诿，医护人员的服务态度越来越差，出现了多次医护人员与病人及家属之间的冲突，给医院形象造成了很大的损失。

（4）由于医院内部激励不足，而外界很多民营医院又开出高薪聘请有能力、有经验的医师，医院的人才正在加速流失。医院的医疗水平大幅下降，甚至出现了手术无人敢做、仪器无人会用的怪事。

（5）高浪费、高损耗导致了高成本，使得医院的治疗费和医药费居高不下，没有实现组织规模大所应有的规模经济，反而是规模不经济。而且由于采取的是老的计划经济下的财务体系，医院没有一个有效的成本控制系统，这使得张院长在内的管理层无法分析出究竟是什么环节导致了成本的提高。

上述这些问题互相交织，相互促进，使得医院走向了一个怪圈：问题导致医院低效，低效又促使更多的问题产生，从而进一步促使医院组织效率下降。

看着往日风光和人气“无可奈何花落去”，张院长看在眼里，急在心里。他也曾试图通过一些改革方法来打破这个怪圈，使医院走向健康发展的良性循环，比如为避免医生、药材采购人员与药材厂家相互勾结，他特别规定了所有药材采购必须经过他本人的签名；还规定了不准接受病人家属红包，不准与病人及家属争吵等工作守则等等。但是这些规定不仅没有收到预期的效果，甚至还带来了很多负面影响。如医院内开始有人传言，张院长将采购权集中在自己手里，无非是想自己大捞一把；不准收红包使得医生收入降低得更明显，加速了人才流失。张院长为此相当苦恼，不知道自己的做法究竟错在何处？要解决这些混搅在一起的问题应从何处入手？

资料来源：周三多、贾良定主编，《管理学——原理与方法》，复旦大学出版社2011年版，第281～283页。

思考讨论题

1. 该医院的内部控制系统完善吗？都存在哪些问题？
2. 谈谈你对解决上述控制系统中存在问题的基本思路。

第 15 章

创业管理

内容提示

创业活动始于创业者与创业机会的匹配，是创业者对资源进行优化整合，从而创造出更大经济或社会价值的过程。创业是推动社会发展和进步的强大动力。本章主要讲述创业的含义、创业的本质、创业者、创业机会识别、成立新企业以及管理新企业等内容。

【开篇引例】

芭比娃娃诞生记

露丝·汉德勒是世界玩具市场上畅销最久的玩具——“芭比娃娃”的创立者，后创建了美泰玩具公司，是美国最成功的女性企业家之一。

2002 年 4 月 28 日，各大报刊纷纷转发一条惊人的消息：芭比娃娃的创造者、85 岁的露丝·汉德勒女士去世了。半个世纪以来，露丝创造的芭比娃娃几乎成为全世界小女孩的心爱之物。随着这个大眼睛、长头发的玩具娃娃的畅销，今天的“芭比”已经不仅是一个玩具，它是美国女性的一个象征，是美国文化的一个象征，正如遍布全球的麦当劳、肯德基一样。作为创造这个品牌的露丝，她用自己一生的努力，给了全球的女性以梦想和希望。

1916 年，露丝·汉德勒出生在美国科罗拉多州首府丹佛市。她的父母原是波兰人，为了逃兵役，像无数个到美国寻梦的移民一样，他们乘坐又热又脏的蒸汽船，来到了大洋彼岸。

露丝的父亲是一位铁匠，靠一点微薄的收入，来养活露丝和她的九个姐妹，母亲整日里为家庭操劳，但是生活的困苦似乎并没有给这个大家庭带来太多的伤害，父亲和母亲对孩子们从不发脾气。露丝·汉德勒曾经回忆说，作为最小的孩子，她在成长过程中从不缺乏宠爱。而正是因为在这么多的爱中长大，她才会有孩子的童心，设计出可爱的“芭比”。

19 岁时，露丝刚上大学二年级，她个子不高，却充满好奇心。出于对电影的好奇，她只身来到了好莱坞，但她来到这个充满诱惑的地方，不是为了当电影明星，而是为了学习工业设计。幸运的是，她在大名鼎鼎的派拉蒙公司摄影片场找到了一份工作。在这里，她遇到了自己一生的爱人埃利奥特·汉德勒，他们很快相爱，并在不久后结婚。

1942 年，踌躇满志的汉德勒夫妇在一间车库里创办了他们的公司，最初的产品是木制画框，埃利奥特研制样品，露丝负责销售。

一次偶然的机会，汉德勒试着用制作画框剩下的废料制作小型的家具，发现销路不错，于是公司又多了一项业务，为儿童游乐室设计制造家具。几年后，公司开始赚钱，主业也转向了生产玩具。1945 年，汉德勒夫妇与朋友曼特森开办了一家公司，后来它成为生产布娃娃最有名、最成功的公司。这家公司取名为美泰（MATTEL），MATT 取自曼特森的名字，而 EL 来自埃利奥特的名字。

当时，露丝已经有了一个女儿，作为一个母亲和一个做玩具的商人，她十分重视孩子们的想法。一天，她突然看见女儿芭芭拉正在和一个小男孩玩剪纸娃娃，这些剪纸娃娃不是当时常见的那种婴儿宝宝，而是一个个少年，有各自的职业和身份，让女儿非常沉迷。“为什么不做个成熟一些的玩具娃娃呢?”露丝脑中迸发出了灵感。

虽然有了灵感，但实现的路程却是艰辛的。在芭比娃娃诞生之前，美国市场上给小女孩玩的玩具大多都是可爱的小天使，圆乎乎、胖乎乎的，类似著名童星秀兰·邓波尔的银幕形象，这是大人对孩子们玩具的想象，但从大孩子们的兴趣来看，这种玩具却略显“幼稚”，他们需要的是跟自己年龄相仿的玩伴，而不是一个小宝宝。

到底要把自己的娃娃做成什么样子呢？露丝苦苦思索，正好这时，她需要到欧洲出差。于是，露丝来到了德国。在这里，她看到了一个叫“丽莉”的娃娃，丽莉十分漂亮，首制于 1955 年，是照着《西德时报比尔德》中一个著名卡通形象制作的。丽莉是用硬塑料制成的，高 18 ~ 30 厘米。她长长的头发扎成马尾拖至脑后，身穿华丽的衣裙。身材无可挑剔，各种体征应有尽有，而且穿着非常“暴露”。

于是，露丝买下了三个“丽莉”，带回了美国，她告诉公司的男同事，自己想设计出一种“成熟”的玩具。但是他们认为“丽莉”衣着太暴露了，是满足男人幻想的产物，并不适合给孩子们。

露丝并没有气馁，她想，为什么我不能将这两点结合起来呢，孩子们需要的是一个长大的，但却不是暴露的娃娃。小女孩不光需要跟自己年龄相仿的玩偶，更需要一个她长大后的理想形象。于是，“芭比”的样子在露丝的脑子里越来越成熟了。在公司技师和工程师的帮助下，芭比娃娃就这样诞生了！

以一个女人的细心，露丝又请了服装设计师夏洛特·约翰逊为芭比设计服装。1958 年，他们获得了生产芭比的专利权。这种娃娃将会改变一个时代，她与以往的娃娃都不一样。她是个大人，四肢修长、清新动人，虽然身材很好，但被漂亮的衣服紧紧地包裹着，她的脸上还流露出如玛丽莲·梦露般的神秘，虽然只有11.5英寸高。最后，露丝把自己的女儿芭芭拉的昵称“芭比”给了这个可爱的娃娃。

资料来源：http：//baike. baidu. com/view/6817. htm。

15.1 创业概述

所有的企业都要经历从无到有的过程，在这个过程中无不凝聚着创业者的智慧与心血。本节主要讲述创业的含义、特点与类型，以帮助读者对创业有一个较为全面的认识。

15.1.1 创业的含义

“创业”一词由来已久。《孟子·梁惠王》中就有“君子创业垂直，可继也”。诸葛亮曾说：“先帝创业未半，而中道崩殂。”这里所指的创业与现代社会中我们所理解的创业有着较大的区别，它多是指“事业的基础、根基”，如《辞海》对其的解释就是“创立基业”。

如今，创业被普遍用于描述开创某项新事业的活动，与其联系最多的词汇往往是“开始、创建、创造；新事业、新企业、新产品、新市场”等。此外，与之相联系的还有“追逐机会、风险承担、追逐利润、创造价值”等，见表 15－1。

表 15－1　创业定义中包含的关键词

序号	对创业定义的不同理解	序号	对创业定义的不同理解
1	开始、创建、创造	10	价值创造
2	新事业、新企业	11	追求成长
3	创新，新产品、新市场	12	活动过程
4	追逐机会	13	已有企业
5	风险承担、风险管理、不确定性	14	首创活动，做事情、超前认知与行动
6	追逐利润、个人获利	15	首创变革
7	资源或是生产方式的新组合	16	所有权
8	管理	17	责任、权威之源
9	统帅资源	18	战略形成

资料来源：Morris M，Lewis P，and Sexton D. Reconceptualizing Eutrepreneurship：an Input-output perspective. SAM Advanceed Management Journal，1994，Winter（1：21－31.）。

由表 15－1 不难看出，由于理解问题的角度不同，人们为创业所下的定义也有较大的不同。常见的定义如下。

“创业是一个发现和捕捉机会并由此创造出新颖的产品或服务和实现其潜在价值的过程”。

“创业是一种无中生有的历程，是创业者依自己的想法及努力工作来开创一个新企业，包括公司的创立、组织中新单位的成立，以及提供新产品或者新服务，以实现创业者的理想”。

“创业是创业者通过发现和识别商业机会，组织各种资源提供产品和服务，以创造价值的过程”。

“创业是一种创建企业的过程，或者说是创建企业的活动”。

“社会上的个人或群体为了改变现状、造福后人，依靠自己的力量创造财富的艰苦奋斗过程”。

“创业是一种思考、推理和行为方式，这种行为方式是机会驱动、注意方法和领导平衡。创业导致价值的产生、增加、实现和更新，不只是为所有者，也是为所有的参与者和利益相关者”。

“创业是不拘泥于当前资源条件的限制对机会的追寻，将不同的资源组合以利用和开发机会并创造价值的过程”。

……

尽管上述关于创业的定义描述各异，但归纳起来，可概括为以下几点：首先，创业是一个创造价值的过程；其次，创业是一项创新的过程；再次，创业是一种承担风险的过程；最后，创业还是一个创造财富的过程。

15.1.2 创业的特点与本质

通过对众多有关创业的定义的研究，可以从中提炼出成功的创业应该具备的一些基本特点①。

（1）机会导向。创业活动的显著特点是机会导向。机会的最初状态是未精确定义的市场需求，或者未得到利用或充分利用的资源和能力。创业活动的机会导向进一步决定了创业活动的顾客导向，这也是创业与发明、创新不同的重要环节。要识别创业机会，就必须深入理解顾客需求，对顾客的需求做细致入微的研究分析。这不同于简单的市场细分，而是要把握顾客的本质需求。有调查显示，大多数成功的创业者往往是那些对顾客有深入了解的人，他们创建的新事业往往是对原来工作的升华，是在原来工作基础上的创新，他们对顾客需求的感知是长期工作中的认真思考。

（2）创造性地整合资源。创业的本质是资源整合。创业活动强调在资源不足的情况下把握机会，这并不等同于不重视资源；相反，这样的定义恰恰是在提醒创业者必须创造性地整合资

---

① 张玉利：“新经济时代的创业与管理变革”，载《外国经济与管理》，2005年第1期，第2~6页。

源。对于创业者来说，资源的种类很多，自身所具备的知识、社会关系网络、专长、组织领导才能、沟通能力、对市场和顾客需求的洞察能力等都可能成为有助于其创业成功的重要资源。资源流动是经济全球化的重要特征，资源整合可以突破空间、组织和制度等方面的限制，而在更加广阔的范围内开展，这也是创业活动活跃的重要原因。要成功地整合资源，创业者必须有创新的思维，要兼顾各方利益相关者的利益，达到多赢、共赢的境界。

（3）价值创造。创业活动的机会导向和顾客导向的实质是创造价值。首先，价值创造意味着要向顾客提供有价值的产品和服务，透过产品和服务使消费者的需求得到实质性的满足。改革开放以来，不少人利用消费者购买力增强、生活质量要求提高、商品知识不足等特点，做虚假广告，诱导顾客购买，尽管也获得了很可观的经济收益，但却无法做到持续经营和健康发展。其次，价值创造强调的是对社会和经济发展的贡献，强调对人们物质和精神生活的丰富。只有突出价值创造的创业活动才有生命力，才更有助于生存和发展。

（4）超前行动。创业活动的机会导向特征决定了创业活动必须突出速度，并做到超前行动。机会具有时效性，甚至可能稍纵即逝，持续存在的事件往往不是机会，至少是创业者无法在短期内把握的机会。现实生活中，创业者一旦有了创业的想法，往往会在比较短的时间里快速付诸实施，然后在实践中不断摸索、改进，寻求发展。在许多情况下，进行周密的市场调查，制定严密的工作计划和严格的预算等等，是大企业的做法，并不适合创业者创业。

（5）创新和变革。创业的本质是创新，是变革。现实生活中，大多数的创业行为，往往都是在做别人已经做过的事情。海尔不是第一家生产冰箱的企业，正大早在希望之前就在我国大陆生产和销售饲料，联想销售计算机之前许多中国人已经使用计算机，巨人推出脑黄金的时候人们早就知道保健品是什么，他们把平凡的事情做成了不平凡的业绩。取得成绩的背后是创新，这其中有技术创新，更有制度创新和管理创新。对于创业者来说，光有创新是不够的，但没有创新的创业活动就难以生存和发展。同时，创新与变革紧密关联。创业者不改变自己长期形成的思维模式，难以识别创业机会，也无法做到创新。对于创业者及其所创建的企业来说，创业与发展的过程永远是不断变革的过程。

15.1.3 创业者

1880年，法国经济学家萨伊（Say）首次给出了创业者的定义。他将创业者描述为“将经济资源从生产率较低的区域转移到生产率较高区域的人”，并认为创业者是经济活动过程中的代理人。著名经济学家熊彼特（1934）则认为创业者应为创新者。当前，国内外学者将创业者的定义分为狭义和广义两种。狭义的创业者是指参与创业活动的核心人员，广义的创业者是指参与创业活动的全部人员。在创业过程中，狭义的创业者将比广义的创业者承担更多的风险，也会获得更多的收益。

创业是一项极具风险性的活动，其成功与否不仅与创业环境密切相关，还与创业者本身有着最为直接的关系。一般而言，创业者需要具备以下几个方面的优秀素质①。

（1）心理素质。所谓心理素质，是指创业者的心理条件，包括自我意识、性格、气质、情感等心理构成要素。作为创业者，他的自我意识特征应为自信和自主，他的性格应刚强、坚持、果断和开朗，他的情感应更富有理性色彩。成功的创业者大多是不以物喜、不以己悲。

（2）身体素质。所谓身体素质，是指身体健康、体力充沛、精力旺盛、思路敏捷。现代小企业的创业与经营是艰苦而复杂的，创业者工作繁忙、时间长、压力大，如果身体不好，必然力不从心，难以承受创业重任。

（3）知识素质。创业者的知识素质对创业起着举足轻重的作用。创业者要进行创造性思维，要作出正确决策，必须掌握广博知识，具有一专多能的知识结构。具体来说，创业者应该具有以下几方面的知识：用足、用活政策，依法行事，用法律维护自己的合法权益；了解科学的经营管理知识和方法，提高管理水平；掌握与本行业本企业相关的科学技术知识，依靠科技进步增强竞争能力；具备市场经济方面的知识，如财务会计、市场营销、国际贸易、国际金融，等等。

（4）能力素质。创业者至少应具有如下能力：创新能力；分析决策能力；预见能力；应变能力；用人能力；组织协调能力；社交能力；激励能力。

当然，这并不是说创业者必须完全具备这些素质才能去创业。创业者本人要有不断提高自身素质的自觉性和实际行动。提高素质的途径：一靠学习，二靠改造。要想成为一个成功的创业者，就要做一个终身学习者和改造自我者。

【阅读资料 15－1】

还原乔布斯：一个时代的传奇

作为标志性的个人计算机革命的卓越领导者，史蒂夫·乔布斯在最近的 30 年当中，可以当之无愧地称为硅谷王者。从 Macintosh、iPod，到 iTunes 和 iPhone，他发出独特的“非同凡想”口号已经获得了世人的认可。

从被领养到大学辍学，再到个人创业以及患上癌症，史蒂夫·乔布斯在个人生活以及职业生涯当中一些具有重大意义的瞬间还原出了一个时代的传奇。

1955 年关键词：领养

乔布斯出生于1955 年2 月24 日，旧金山。出生后不久就被 Paul 和 Clara Jobs 领养。乔布斯度过整个童年的房子旁边的车库就是第一台 Macintosh 计算机的诞生地。他的亲生父母，Joanne Simpson 和 Abdulfattah Jandali，在乔布斯出生时还只是一对未婚的研究生情侣。在抛弃

① 百度百科，http：//baike. baidu. com/view/2309. htm。

乔布斯之后不久他们结了婚，并育有一个女儿，也就是乔布斯的亲生妹妹，美国知名小说家 Mona Simpson。

1972 年关键词：辍学

熟悉他的人应该知道，乔布斯在进入大学之后的一个学期就选择了辍学。离开校园之后的他为了寻求精神启示，来到了万里之外的印度，并向当地人讨教有关佛教的文化知识。在返回美国时，他已成为一名虔诚的佛教徒，并剃光了自己的头发。

1978 年关键词：孩子

就像他的亲生父母一样，乔布斯也有过未婚生子的经历。1978 年，乔布斯的女朋友——画家 Chrisann Brennan 为他生下了一个女儿。然而当时的乔布斯却拒绝承认此事，声称自己“不孕不育”，不可能有自己的孩子。所以，Brennan 只能无奈地独自抚养这个女儿，甚至还需要依靠当地的福利制度才能度日。

不过最终乔布斯还是承认了这个名为 Lisa Brennan-Jobs 的女儿。Lisa 在 2000 年从哈佛大学毕业之后成为一名作家。

1981 ~ 1982 年关键词：“民谣女皇” Joan Baez

在一部非官方的《乔布斯传记》《*The Second Coming of Steve Jobs*》当中，作者 Alan Deutschman 曝出了乔布斯曾和这位出生于 1941 年，被誉为“民谣女皇”的乡村女歌手约会。不过乔布斯从未承认他与 Baez 的关系。在另一部非官方的传记《*iCon：Steve Jobs*》当中，作者也曝出了乔布斯有可能已与这名歌星结婚的内幕。不过文中谈到“考虑到她的年纪，他们似乎不太可能育有孩子”。

1982 年关键词：公寓

1982 年，乔布斯在纽约买下了一套公寓——位于中央公园西的 San Remo 公寓楼。在他的邻居当中，有著名影星戴米·莫尔（Demi Moore）、世界级导演史蒂芬·斯皮尔伯格（Steven Spielberg）以及影视名人史蒂夫·马丁（Steve Martin）。

曾有报道，乔布斯花了数年时间来装修这套公寓的北塔，但从来没有看到他本人搬入。最后他把这套公寓卖给了 U2 的歌手 Bono。

1984 年关键词：Mac 强势登场

1984 年 1 月，苹果推出了内存为 128K RAM 的 Macintosh 电脑。随着在市场上的大受欢迎以及科技的发展，128K 的内存已经不能满足消费者需求，因此苹果很快推出了 512K RAM 内存的 Macintosh 电脑。

Mac 也是全球首款使用图形用户界面驱动的个人计算机，该技术是我们今天看到的所有 PC 个人电脑界面的基础。

1985 年关键词：NeXT

1985 年，乔布斯由于与苹果当时的 CEO 约翰·史考利不和，被后者踢出了这个由自己亲手创建的公司。离开苹果后乔布斯并没有一蹶不振，而是另起炉灶，创立了 NeXT 电脑公司。虽然 NeXT 在硬件设计上并没有什么过人之处，但是其软件却在计算机行业中一鸣惊人，最终驱使苹果在 1997 年收购了 NeXT，并且请回了乔布斯。

当初在 NeXT 公司中所设计的软件最终也演变成苹果今天运行于 Mac、iPhone、iPod touch，以及 iPad 的 OSX。

1991 年关键词：爱情与婚姻

1991 年 3 月 18 日，史蒂夫·乔布斯与劳伦·鲍威尔在美国优胜美的国家公园的 Ahwahnee 酒店举行了婚礼。有意思的是，这场婚礼的主持并非任何一名有名气有身份的大人物，而是一个普通的禅宗和尚。

他们在婚后育有三个孩子，Reed Paul、Erin Sienna 和 Eve。

1995 年关键词：玩具总动员

尽管在计算机业务上已经取得了成功，但是乔布斯真正的“大动作”还是在 20 世纪 90 年代的一部电影——《玩具总动员》。1986 年，他从著名制片人、《星球大战》的导演乔治·卢卡斯的手中买下了皮克斯动画工作室。到了 1995 年，《玩具总动员》成为票房大片，北美地区的票房达到 1.91 亿美元。皮克斯工作室在当年的首次公开募股当中，乔布斯投入了 6000 万美元，持有 80% 的股份，最终获得了超过 6 亿美元的账面利润。

2004 年关键词：癌症

2004 年 7 月，乔布斯接受了胰腺癌手术。在此期间，苹果首席运营官蒂姆·库克暂代 CEO 的位置管理着公司的大小业务。与此同时，皮克斯的总裁 Ed Catmull 也对苹果的业务进行着监督。经过手术的乔布斯于两个月之后回到了苹果。

2008 年关键词：商业模式

乔布斯对于披头士文化的狂热为众人熟知。当电视新闻杂志《60 分钟》以“商业模式”来向乔布斯提问时，他如此回答：“我的商业模式就是披头士，他们是四个相互制约、相互补足、相互平衡的家伙。我要说的是，团队永远大于个人，商业上所取得的任何丰功伟绩并不是由一个人来完成的，它们得益于整个团队的合作。”

2008 年关键词：死亡的传言

2008 年 8 月，彭博社错误地以一篇 2500 字的讣告公布了乔布斯的死讯。在一个月之后的一次主题演讲当中，乔布斯引用了马克·吐温的名言对此事作出了回应：“关于我已死亡的流言只是运用了夸张的修辞手法。”当时已经是乔布斯胰腺癌手术后的第四年。6 个多月之后，他又进行了一次全肝移植手术。到了 2011 年的 1 月，苹果向外正式宣布了乔布斯因病休假的消息。

2011 年关键词：穿黑衣的男人

在过去十年甚至更长的时间内，乔布斯在公众视线出现时总是那一身着装：黑色高领毛衣，Levi's501 牛仔裤以及新百伦 991 运动鞋。

这一身“制服”也成为如今互联网上讨论的源头——他总是身着同一套衣服，所以每天可以减少一个决定的烦恼——或者是：这已经成为他的个人品牌——又或者是一个冷笑话：为什么史蒂夫·乔布斯一直穿着那件黑色高领毛衣？因为西装对他而言扣子太多了。

2011 年关键词：专利

作为引领苹果主要设计方向的英雄，乔布斯在他的整个职业生涯当中涉及了一些不可思议的项目。实际上，乔布斯可以被归纳为超过 230 个专利的主要发明人或联合发明人，涉及项目从计算机和便携式设备到用户界面、扬声器、键盘、电源适配器以及电梯。乔布斯最初在养父母在加州的车库里发起了计算机革命，并带着这些专利一步步地把苹果打造成全球最令人羡慕的、最有价值的科技企业。

15.2 创业机会识别

创业的成功或许有一些偶然的因素，但不能将此归结为所谓的运气。事实上，只有那些勇于冒险并善于把握机遇的创业者才会成为最后的胜利者。

15.2.1 创业机会的定义

创业机会属于广义的商业机会的范畴，但又不同于一般的商业机会。创业机会在于能经由重新组合资源来创造一种新的目的与手段（服务什么以及如何服务）间的关系。有关创业机会的定义很多，如美国百森商学院的迪蒙斯教授认为，创业机会是可以为购买者或者使用者创造价值或增加价值的产品或服务，它具有吸引力、持久性和适时性。英国雷丁大学的卡森教授则认为，创业机会是可以引入新产品、新服务、新原材料和新组织方式，并能以高于成本价出售的情况。

相比较而言，纽约大学柯兹纳教授的定义则要更为全面一些。柯兹纳认为，创业机会是未明确市场需求或未充分使用的资源或能力，它不同于有利可图的商业机会。其特点是发现甚至创新的：“方法 - 目的关系”来实现创业租金，对于“产品、服务、原材料或组织方式”有极大的革新和效率的提高。

15.2.2 创业机会的分类

创业机会的分类方法很多，下面简要介绍下按照创业机会来源和“目的 - 手段关系”两种标准进行的创业分类。

1. 根据创业机会的来源分类

按照创业机会的来源进行分类，可将创业分为问题型机会、趋势型机会和组合型机会三种。

问题型机会是指现实中存在的未被解决的问题所产生的一类机会。如罗红创办好利来蛋糕店就是源于此。1990 年，身在四川雅安的罗红为了给妈妈过生日，寻遍了整个城市也没能买到生日蛋糕，由此萌生了开一家蛋糕店的想法。

趋势型机会就是在变化中看到未来发展的方向，预测将来的潜力和机会①。这种机会一般容易产生在环境动荡的时期，如经济变革、政治变革、人口变化、社会制度变革、文化习俗变革等。美国米勒啤酒公司就是基于对消费者饮用啤酒习惯变化的前瞻性预测，率先成功推出了口味清淡的啤酒，一举占领了全国市场。

组合型机会是指将现有的两项以上的技术、产品、服务等因素组合起来，通过实现新的用途和价值而获得的创业机会。如风靡全球的芭比娃娃就是一个典型的成功案例。

2. 根据目的－手段关系的明确程度分类②

根据目的－手段关系的明确程度，可以将创业机会划分为识别型（目的－手段关系明确）、发现型（目的－手段关系有一方不明确）和创造型（目的－手段均不明确）三种类型。见表 15－2。

表 15－2

手段＼目标	明　确	不明确
明　确	识别型机会	发现型机会
不明确	发现型机会	创造型机会

识别型机会是指当市场中的目的－手段关系十分明显时，创业者可以通过目的－手段关系的连接来识别机会。例如，当供求之间出现矛盾或冲突，供给不能有效地满足需求或者根本无法实现这一要求时辨别出新的机会。常见的机会类型大都属于这一类型。

发现型机会指目的或手段任意一方的状况未知，等待创业者去发现机会。

创造型机会指的是目的和手段皆不明确，因此创业者要比他人更具先见之明，才能创造出更有价值的市场机会。

---

① 约翰·W·马修斯:《创业测试》，中国人民大学出版社 2004 年版，第 27 页。

② 张玉利:《创业管理》，机械工业出版社 2010 年版，第 43～44 页。

在商业实践中，这三种类型的创业机会有可能同时存在。一般来说，识别型机会多半处于供需尚未平衡的市场，创新程度较低，这类机会并不需要太繁杂的识别过程，只要拥有较多的资源，就可以进入市场获利。但把握创造型机会非常困难，它依赖于新的目的－手段关系，而创业者拥有的专业技术、信息、资源规模往往都相当有限，更需要创业者的创造性资源整合能力和敏锐的洞察力，同时还需要承担巨大的风险。而发现型机会最为常见，也是目前大多数创业研究的对象。

15.2.2　识别创业机会的常见方法

创业机会无处不在，但大多数人很难能够真正抓住它。因为这不仅需要有一双发现机会的慧眼，而且还需要在发现机会时能够迅速采取正确行动的能力。正如马克·吐温所说的："我极少能够看到机会，往往在我看到机会时，它已不再是机会了。"由此可见，成功的创业者的确在某些方面具有常人所不具有的一些禀赋。随着研究的不断深入，人们发现其实创业机会的识别是有一定的规律和技巧的，掌握一些必要的有关创业机会的知识，能给人们的行动提供有益的思路和指导。

1. 影响创业机会识别的因素

影响创业机会识别的因素主要有以下三种。

（1）创业者的先前经验。在特定产业中的先前经验有助于创业者识别出商业机会。创业者一旦投身于自身所熟悉的产业进行创业，将比那些从产业外观察的人更容易看到产业内的新机会。

（2）认知因素。对机会不同寻常的敏感性是成功创业者不同于常人的又一重要因素。有些人认为，创业者有"第六感"，他们能看到别人错过的机会。多数创业者以这种观点看待自己，认为他们比别人更具警惕性。

（3）社会关系网络。个人社会关系网络的深度和广度影响着机会识别，能够为创业者带来更多的承载创业机会的有价值的信息。调查显示，有近半数的首次创业的创业者说，他们通过社会联系得到了商业创意。

2. 识别创业机会的常见方法

（1）用新的眼光去调查。首先可以通过对现有文献、资料的调查，找到创业者所需要的相关信息，从中发现感兴趣的问题，并进一步通过与顾客、供应商、销售商交谈和采访他们，直接与这个世界互动，了解正在发生什么以及将要发生什么。

这种调查可以提供解决问题的新方法，通过调查接受新的想法、新的信息、新的统计数据、新人和这个日益变化的世界。同时要注意观察，把想法记录下来，想法越多，就越有可能找到最适合的业务和目标市场。

（2）通过系统分析发现机会。实际上，绝大多数的机会都可以通过系统分析得到。人们可以从企业的宏观环境（政治、法律、技术、人口等）和微观环境（顾客、竞争对手、供应商等）的变化中发现机会。借助市场调研，从环境变化中发现机会，是机会发现的一般规律。

问题分析从一开始就要找出个人或组织的需求和他们面临的问题，这些需求和问题可能很明确，也可能很含糊。一个有效并有回报的解决方法对创业者来说是识别机会的基础。这个分析需要全面了解顾客的需求，以及可能用来满足这些需求的手段。

（3）从顾客建议发现机会。一个新的机会可能会由顾客识别出来，因为他们知道自己究竟需要什么。所以，顾客就会为创业者提供机会。顾客的建议多种多样，其中最简单的，他们会提出一些诸如“如果那样的话不是会很棒吗”这样的非正式建议，留意这些，有助于你发现创业机会。

（4）通过创造获得机会。这种方法在新技术行业中最为常见，它可能始于明确的市场需求，从而积极探索相应的新技术和新知识；也可能始于一项新技术发明，进而积极探索新技术的商业价值。索尼公司开发随身听（Walkman）就是一个很好的例子。索尼公司觉察到人们希望随身携带一个听音乐的设备，并利用公司微缩技术的核心能力从事项目研究，最终开发出划时代的产品——随身听，30 年来卖出了几亿台，获得了空前的成功。

15.3 成立新企业

新企业的成立要经过一系列的过程，需要对企业形式进行选择，要按照相关流程进行申报注册。此外，在注册过程中还要接受各种形式的审核与审查。

15.3.1 企业形式的选择

1. 个人独资企业

个人独资企业是按照《中华人民共和国个人独资企业法》（以下简称《个人独资企业法》）在中国境内设立的，由一个自然人投资，财产为投资个人所有，投资人以其个人财产对企业债务承担无限责任的经营实体。《个人独资企业法》中所讲到的自然人是指中国公民。《个人独资企业法》规定设立个人独资企业必须具备以下条件。

（1）投资人必须是一个自然人，且只能是作为自然人的一个中国公民。

（2）有合法的企业名称。个人独资企业名称不得使用“有限”、“有限责任”“公司”字样，个人独资企业名称可以叫做厂、店、部、中心、工作室等。

（3）由投资人申报的出资。对于出资数未作限制，只是规定要有出资。设立个人独资企业，可以用货币出资，也可以用实物、土地使用权、知识产权或者其他财产权利作为出资，但不能用个人劳务作价出资，也不能用个人信誉或者名誉作价出资。采用实物、土地使用权等作价时要折算成货币数额，投资人申报的出资也要与企业生产经营规模相适应；投资人可以以个人财产出资，也可以以家庭财产作为个人出资，但要在设立或变更登记说明书上予以注明。

（4）有固定的生产经营场所和必要的生产经营条件。

（5）有必要的从业人员，即要有与生产经营范围、规模相适应的从业人员。

个人独资企业的优点在于设立门槛较低，工商部门对资金没有什么要求，经营场地的要求较为宽松；企业主拥有完全的自主权；税负较低，企业主可独享全部净利润。同时，企业信息一般不要求公开，以利于保守商业秘密。

个人独资企业的主要缺点是，一要负无限连带责任。根据《个人独资企业法》第十八条规定："个人独资企业投资人在申请企业设立登记时明确以其家庭共有财产作为个人出资的，应当依法以家庭共有财产对企业债务承担无限责任。"该法的第三十一条又规定："个人独资企业财产不足以清偿债务的，投资人应当以其个人的其他财产予以清偿。"二是个人独资企业信誉不高、地位较低；三是由于资金来源单一，一般个人独资企业实力不强；四是企业的寿命有限。企业的存在完全取决于企业主，一旦业主终止经营，如市场竞争失败或自然死亡（除非有子女继承），企业生命也会由此终止。

2. 合伙制企业

合伙制企业是指由两人以上按照协议投资，共同经营、共负盈亏的企业。合伙制企业财产由全体合伙人共有，共同经营，合伙人对企业债务承担连带无限清偿责任。2007 年 6 月 1 日后，我国施行了新的《中华人民共和国合伙企业法》，对原有的法规进行了修订，增加了有限合伙企业。

新法中规定：普通合伙企业由普通合伙人组成，合伙人对合伙企业债务承担无限连带责任；有限合伙企业由普通合伙人和有限合伙人组成，普通合伙人对合伙企业债务承担无限连带责任，有限合伙人以其认缴的出资额为限对合伙企业债务承担责任。

设立普通合伙企业，应当具备下列条件。

（1）有两个以上合伙人。合伙人为自然人的，应当具有完全民事行为能力。

（2）有书面合伙协议。

（3）有合伙人认缴或者实际缴付的出资。

（4）有合伙企业的名称和生产经营场所。

（5）法律、行政法规规定的其他条件。

设立有限合伙企业，应当具备以下条件。

（1）有限合伙企业由两个以上五十个以下合伙人设立。

（2）有限合伙企业至少应当有一个普通合伙人。

（3）有限合伙企业名称中应当标明"有限合伙"字样一系列内容。

（4）合伙协议中，还应当载明下列事项：普通合伙人和有限合伙人的姓名或者名称、住所；执行事务合伙人应具备的条件和选择程序；执行事务合伙人权限与违约处理办法；执行事务合伙人的除名条件和更换程序；有限合伙人入伙、退伙的条件、程序以及相关责任；有限合伙人和普通合伙人相互转变程序。

合伙制企业的优点在于组建较为简单和容易，扩大了资金来源和信用能力，提高了经营水平与决策能力。缺点主要有普通合伙人承担无限连带责任、稳定性差、易造成决策上的延误。无论是业主制还是合伙制，它们都有一个共同的特点，即企业不具有法人资格。一般把这两类企业统称为自然人企业。

3. 公司制企业

公司制企业是指一般以营利为目的，从事商业经营活动或某些目的而成立的组织。根据我国《公司法规定》，其主要形式为有限责任公司和股份有限公司。两类公司均为法人组织，投资者可受到有限责任保护。

公司制企业的优点主要有：①永续经营。一个公司在最初的所有者和经营者退出后仍然可以继续存在。有限债务责任。②公司债务是法人的债务，不是所有者的债务。所有者的债务责任以其出资额为限。③所有权的流动性强，股权转让容易。④具有较高的信用，在资本市场上更易融资。

公司制企业的缺点：①双重课税。公司作为独立的法人，其利润需交纳企业所得税，企业利润分配给股东后，股东还需交纳个人所得税。②组建公司的成本高。《公司法》对于建立公司的要求比建立独资或合伙企业高，并且需要提交各种报告。③存在委托代理问题。经营者和所有者分开以后，经营者称为代理人，所有者称为委托人，代理人可能为了自身利益而伤害委托人利益。

15.3.2 企业登记注册

开办企业必须要到工商行政部门登记。只有依照相关程序进行登记注册，企业经营活动才是合法的，才能受到法律的保护，否则即属于非法经营，一旦被查处，企业要付出很高的代价。

个人企业和合伙制企业的登记注册相对比较简单，下面主要介绍公司登记注册时应注意的问题。

1. 公司设立登记所要提交的文件

公司设立登记所要提交的文件主要有：公司董事长或执行董事签署的《公司设立登记申请书》，全体股东指定代表或者共同委托代理人的证明，公司章程，具有法定资格的验资机构出具的验资证明，股东的法人资格证明或者自然人身份证明，载明公司董事、监事、经理姓名、住所的文件以及有关委派、选举或者聘用的证明，公司法定代表人的任职文件和身份证明，

《企业名称预先核准通知书》，公司住所证明等。

2. 公司登记注册程序

公司登记注册程序包括两种：一是公司进行的申请登记注册程序，二是公司登记机关对公司进行的核准登记注册程序。

法律、行政法规对设立公司规定必须报经审批的，在公司登记前应依法办理审批手续；公司的经营范围中属于法律、行政法规限制的，应当依法经过批准。因此，公司登记注册程序有时包括第三种程序，即设立审批程序或审批程序。

公司申请登记程序是指公司向登记机关申请登记的程序。根据《公司登记管理条例》规定，公司申请登记分为设立登记、变更登记和注销登记三种。下面仅介绍申请设立登记程序。

不管是有限责任公司还是股份有限公司，设立公司时都应当申请名称预先核准。

（1）有限责任公司设立登记。设立有限责任公司，应当由全体股东指定的代表或者共同委托的代理人向公司登记机关申请设立登记。设立国有独资公司，应当由国家授权投资的机构或者国家授权的部门作为申请人，申请设立登记。法律、行政法规规定设立有限责任公司必须报经审批的，应当自批准之日起90日内向公司登记机关申请设立登记；逾期申请设立登记的，申请人应当报审批机关确认原批准文件的效力或者另行报批。

申请设立有限责任公司，应当向公司登记机关提交有关文件和证件。

（2）股份有限公司设立登记。设立股份有限公司，董事会应当于创立大会结束后30日内向公司登记机关申请设立登记。

申请设立股份有限公司，应当向公司登记机关提交有关文件和证件。

（3）分公司设立登记。公司设立分公司的，应当自决定做出之日起30日内向公司登记机关申请登记；法律、行政法规规定必须报经有关部门审批的，应当自批准之日起30日内向企业登记机关申请登记。分公司的经营范围不得超出公司的经营范围。

设立分公司，应当向公司登记机关提交有关文件和证件：公司法定代表人签署的设立分公司的登记申请书；公司章程以及由公司登记机关加盖印章的《企业法人营业执照》复印件；营业场所使用证明；公司登记机关要求提交的其他文件。如经营范围中有法律、行政法规规定必须报经审批的项目，应提交国家有关部门的批准文件。

15.4 管理新企业

15.4.1 企业创立初期容易出现的问题

1. 资金紧张

企业创立初期，创业者往往低估对现金和经营资金的需求，这与创业者过于乐观、目标制定过高有关。另外，企业在初创期，各方面都需要较大的投入，尤其是当销售快速增长时，为支撑这种增长，就需要大量的资金，这时初创企业难免会遇到资金周转方面的困难。

2. 制度有待完善

企业创立初期，许多制度还不尽完善，有不少问题是伴随着经营活动而不断产生的。因此，企业要不时面对毫无准备的各种例外情况，如客户投诉、员工消极怠工、竞争对手恶意竞争、经销商不履行承诺等。这些问题很难在企业初创时都考虑到，只有不断积累经验和教训，找到最佳的解决办法，并据此制定相应的规章、制度，才可能会在今后方便地处理类似的问题。

3. 因人设岗

在初创期，企业由于经营规模普遍较小，很多人的角色是重叠的。如一个小餐馆的老板可能既是所有者、管理者，同时又是采购员、服务员、会计兼出纳，甚至还会是厨师。这时企业是围绕人而不是围绕工作本身进行组织建设的。随着企业规模的扩大，创业者的精力和能力都不再适应现有的经营需求，需要适度放权或是进行组织再设计，因事设人。如果创业者不能很好地接受这种角色的转变，很可能使企业的发展遇到严重的瓶颈。

表 15－3　　创立初期企业出现的正常与非正常现象

正常现象	不正常现象
所承担的义务没有因风险而丧失	风险使承担的义务消失殆尽
短期内现金支出大于收入	长期内现金的支出大于收入
辛勤的工作加强了所承担的义务	所承担的义务丧失
缺乏管理深度	过早授权
缺乏制度	过早制定规章制度和工作程序
缺乏授权	创业者丧失控制权
“独角戏”但愿意听取不同意见	刚愎自用，不听取意见
出差错	不容忍出差错
家庭支持	缺乏家庭支持
外部支持	由于外部干预而使创业者产生疏远感

资料来源：伊查克·爱迪思，《企业生命周期》，中国社会科学出版社 1997 年版，第 40 页。

【阅读资料 15－2】

宜家创始人坎普拉德的早期创业历程

宜家，一个全世界熟知的名字，很多人心目中的收购天堂。这家 1943 年由一名瑞典中学生创办的个人企业的创业基因是什么？借助《宜家创业史》，我们一道回顾创始人英格瓦·坎普拉德（Ingvar Kamprad）的创业历程。

英格瓦从小就拥有商人的特质，爱做交易。上中学的英格瓦与他所能接触到的任何人进行交易。在他学校的床底下有一个纸板盒，里面放着腰带、皮夹、钟表和铅笔等物。他的生意很好，所以他决定，在中学毕业时创办一家企业。他以书面形式向管理部门申请了一家店铺，因为他刚满 17 岁，还未成年，他便拜托舅舅给他签字。

1943 年 7 月 28 日，他的贸易公司的名字被登记在案了。他取了自己姓名、艾尔姆塔里德农庄和阿根纳瑞德牧区的首字母，这样就构成了公司的名字：IKEA。

1947 年，英格瓦到了服兵役的时候，但他又不想放弃他的邮购生意，于是征得上级同意，不必每天晚上待在兵营。他租了一个独户人家的地下室，把它布置成可以睡觉的地方，不久他还有了一部自己的电话。那时宜家的货品主要包括缝纫用品、尼龙袜、贺卡、种子、钢笔和皮夹等。不久，增加了便宜的相框，还有钟表和低廉的化妆品。

基础兵役服完后，英格瓦被调到了一所军官学校。在那里，他成功地成为一家文具公司驻瑞典的总代理人，负责将他们的圆珠笔和钢笔卖给瑞典的零售商。

通过军官考试后，英格瓦搬回到父母身边。从那时起，他想以艾尔姆塔里德农庄为出发点经营自己的生意。首先，他继续从国外进口商品，再把它们卖给零售商，他还印刷了多份名为《宜家新商品》的广告单，他的父母则帮助他处理雪片般涌来的订单。

宜家公司在创始初期是一家真正的家族企业，父亲费奥德负责管理订单和账单，母亲负责接电话并帮忙包装，他们很忙，即使在晚上也忙个不停。后来，英格瓦亲手盖了一座小屋，用于储存包裹。他后来写道：“我的第一个邮购室，总面积不过一平方米，但却是全行业最经济的。”

英格瓦购进的第一件家具是一个无扶手的简易沙发椅。英格瓦能很好地记住价格和账户号码，却难以记住商品号，此外，在销售过程中，他会很直观地与顾客进行情感上的交流。于是一个想法冒了出来：为这张沙发椅起一个好听的女孩名。就这样，“露德”诞生了，顾客对家具的需求量迅速增大。

受“露德”成功的激励，英格瓦顺利地扩大了家具生意。早期客户订得最多的是睡椅或床椅，吊灯的销路也不错。莫肯湖周边林木茂盛，周边有许多家具加工厂，因此不愁找不到产品制造商。他从一开始就把自己的想法体现在家具的外形设计上。为此，他从瑞典一知名纺织厂购买了用做填充物的布料，家人和农场助手花了很多晚上来剪裁这些布料。

1948 年，这位 22 岁的宜家创始人雇佣了第一位职员，这位叫恩斯特·埃克斯特罗姆的男士做的是会计工作。英格瓦想要把自己的企业做大，为了宣传他的商品，他在农场阅读率很高的农民报纸——这份发行量达 28 万多的《农民邮报》上刊登商品的简介。

英格瓦下决心要做一名更大意义上的企业家。他觉得，只有定价低才能够成功。

在商品简介中，有一段他写给顾客的序言，指出商店里的东西之所以这么贵，是因为有中间商的存在。他很灵活地结合农民们的日常经验说道："请你们比较一下自己宰一公斤猪肉和在商店里买同样重量猪肉的价格吧。"英格瓦的广告宣传成功了，订单数量飞涨。

但低价策略并不能获得决定性的胜利，宜家刚打出价格特别低廉的柜子和烫衣板时，其他邮购商便立即以更低的价格应对。随着价格的下降，产品质量也下降了。收到的投诉信也越来越多。

经过长时间的思考，英格瓦想到一个办法，即把商品拿出来展览，让顾客参观家具店，借此赢得顾客的信任。"人们可以过去现场看那些家具，并比较不同定价产品的质量。"英格瓦如是说。宜家的这场长期展览在位于铁路枢纽上的瑞典第二大城市阿尔姆胡特举行。

第一场宜家博览会于1953年3月18日开幕，家具摆满了两层楼。这家年轻的企业凭借崭新的理念迎来了它的辉煌时代。把邮购业务和家具店结合起来，28岁的英格瓦改革成功！第一次家具展开幕后的那段时间，被晚年的英格瓦形容为"一份持久而有趣的工作所带来的沉醉状态"，就像他记忆中的那样，"每到周末便会来一群人在我们家具展上疯狂抢购，晚上我们则全体围坐在办公室的书桌旁清点运费单和账单"。

宜家不断进行着实验。在宜家早期的目录中，就有一种需要顾客亲手组装的桌子，它有个名字叫"马克斯"。

英格瓦在一生中几乎抵挡住了对于一个亿万富翁来说所有物质上的诱惑。除了他在20世纪70年代开的一辆保时捷，英格瓦一生中添置的最值钱的物品就是在法国购买了一个葡萄园。英格瓦从不参加社交，洛桑最大的日报《24小时》从未拍到过英格瓦参加派对或庆典的图片。

15.4.2 创立初期的企业管理

前文已分析了企业创立初期存在的各种问题，企业要据此制定出相应的管理策略。下面分别从人力资源、市场营销等方面进行介绍。

1. 创立初期的人力资源管理

企业创立初期人力资源管理的特点主要是组织结构简单，权力高度集中。决策权主要集中在创业者手中，因而决策简单，效率高，行动迅速，能够对外界环境变化做出快速反应。但当组织规模扩大时，决策者应适当分权，否则会阻碍企业的进一步发展。

2. 创立初期的市场营销管理

在创立初期，将产品或服务快速出售是企业最重要的任务，如此才能为企业的生存或进一步成长奠定基础。在此阶段，企业即使不赚钱也要保证较快的销售增长速度，所以往往会出现销量很大却没有利润的情况。此时，企业应该运用所有的资源，优先投入到营销活动中。随着企业的逐步成熟，创业者要对先前的销售行为进行规范，进一步整合相关资源，尽快实现销售利润与收入同步增长，实现由销售向营销阶段的转化。

3. 创立初期的其他职能管理

创立初期的企业系统相对集权，有可能使子系统之间严重失衡；缺乏计划和控制系统下高度的灵活性甚至是随机性，没有实施专业化的土壤；另外，如果各个部门之间协调不好会降低工作效率①。因此，在计划方面，创立初期的企业应更多注重的是对市场机会的开发和把握，通过市场机会来确定经营方向。在领导方面，应充分发挥创业者的人格魅力并采用有效的激励手段，率领员工朝着共同的目标而努力。在控制方面，应尽量减少计划执行中的偏差，同时要根据环境的变化适时调整计划，使控制工作更加科学、有效。

企业初创期的管理并没有所谓的定式，适合的就是最好的。创业者在不断探索过程中，通过管理经验的不断积累，并结合企业的实际情况逐步形成符合自身特点的管理风格。

本章习题

一、单选题

1. 创业是与为别人打工相对的，是（　　）。
   A. 合伙开创事业　　B. 个体经商
   C. 自我雇佣　　D. 他人雇佣
2. 1880 年，法国经济学家（　　）首次给出了创业者的定义。
   A. 萨伊　　B. 巴图姆
   C. 法约尔　　D. 图尔敏
3. 创业活动的显著特点是（　　）。
   A. 机会导向　　B. 价值创造
   C. 超前行动　　D. 顾客导向
4. 开办企业必须要到（　　）登记，只有依照相关程序进行登记注册，企业经营活动才是合法的。
   A. 税务部门　　B. 审计部门

① 张玉利：《创业管理》，机械工业出版社 2010 年版，第 166 页。

C. 工商管理部门　　D. 综合执法部门

5. 企业（　　）人力资源管理的特点主要是组织结构简单，权力高度集中。

A. 创立初期　　B. 成长期

C. 成熟期　　D. 创立末期

二、多选题

1. 创业定义中包含的关键词有（　　）。

A. 追逐机会　　B. 管理

C. 价值创造　　D. 所有权

E. 统帅资源

2. 成功的创业应该具备的特点主要有（　　）。

A. 机会导向　　B. 价值创造

C. 超前行动　　D. 顾客导向

E. 财富导向

3. 设立普通合伙企业，应当具备的条件有（　　）。

A. 有两个以上合伙人　　B. 有书面合伙协议

C. 有合伙人认缴或者实际缴付的出资

D. 有担保的企业　　E. 股东不能超过 5 人

三、名词解释

创业机会　　个人独资企业　　合伙制企业　　公司制企业

四、简答及论述题

1. 为什么创业的定义至今尚未统一，你是如何理解的？
2. 创业者应具备哪几个方面的优秀素质？
3. 普通合伙人和有限合伙人主要有哪些区别？
4. 企业在初创阶段往往会出现哪些问题？为什么？
5. 试论述创立初期的企业管理。

案例讨论

野地里的婚纱照

很多情侣一旦有了结婚的想法，首先想到的就是拍一套婚纱照。甚至在很多人眼里，婚纱的重要性和意义甚至超过了结婚证。可你听说过吗？有一组婚纱照，让人看一眼就想结婚。这组照片最早出现在 2004 年天涯网上，迅速成为当月点击率最高的热门图片。许多网友都在打听这组照片底出自谁人之手，甚至在网上发出了寻人启事。突然有一天，一个网友回帖说，照片可能是在自己的家乡四川拍摄的。有网友开始在成都的各大影楼寻找这组照片的摄影师，但是却毫无结果。这组照片到底是谁拍的呢？就在大家快要失去信心的时候，有人竟然认出了照片中的新郎和新娘。这对新郎新娘就是成都人，对自己照片被放在网上特别是有这么多人喜欢感到高兴。新郎告诉大家，照片是成都V2视觉摄影工作室（http://www.v2.net.cn）的大光拍摄的。这个摄影师和影楼成都人都没有听过。

V2视觉摄影工作室及其创办人大光

V2视觉摄影就坐落在成都市三圣街的一个普通居民楼里。60平方米住宅改成的小照相馆，5套破旧的婚纱，客厅当化妆间，密封的阳台就是客人的更衣室。摄影师大光，30多岁，不怎么爱说话，但一说话就笑的小伙子，18岁开始就在影楼打工，一打就是12年。29岁时，他借了一台相机，又借了钱，租下了这套房子，小小的照相馆勉强开张了。可是开张3个月，几乎没什么生意。终于有一天，他接到了一个1999元的大订单。这个订单的主人正是前面的新郎和新娘。

大光接的第一“大单”

出“大价钱”的新郎和新娘指定要去赶羊沟拍红叶。赶羊沟，四川雅安保兴县一个还没有开发的原始森林，距离成都300多公里，其中还有40多公里的山路。这一来回，至少需要3天时间。好不容易盼来1999元大单，原本以为能赚点生活费，结果却没想到，钱赚不到还得往里搭钱，这订单到底是接还是不接?

“本来平常就没什么生意，如果拍的话可以做样本，也可以招揽其他的顾客。”大光回忆当时决定接单的理由。做出决定，打听好路线，带着自己所有的家当，一行人挤在一辆家用小轿车里就出发了。

第二天，天快擦黑的时候，一行人终于赶到了赶羊沟。在护林站求住了一宿，天一亮，就兴冲冲地出了门。可是没走几步，大家就傻眼了：眼前只有几个少得可怜的红叶。大家只好背上化妆箱和装满婚纱的大包徒步寻找红叶，可是走了一个多小时，根本没有发现合适的拍摄景点。大家都觉得走不动了，就说要不然回去算了，反正也拍不到什么东西了。

大光觉得心有不甘，他一个人继续往前走，走到一个山口，突然眼前一亮，他看见了一片美丽的花海，跟电影中的一模一样。

“我当时也是很兴奋，根本想不到其他东西，就是拍拍拍，什么动作好看就拍什么，没动作坐在那也拍，就是想把这个景完全给装进去。”大光回忆说。

大光一口气拍了200多张，一直到天色暗下来，大家才恋恋不舍的收工。回到护林站后，新郎迫不及待地打开了随身带来的笔记本电脑，照片一张张的打开，大光惊呆了，他觉得这是自己拍出过的最美照片。可是看看新郎，却站在一边面无表情，一言不发。

新郎看了半天没说话，大光心里就七上八下的，他不知道新郎怎么这个表情？原来，看着眼前漂亮的婚纱照，新郎一下子惊呆了，眼睛都没眨一下。“真漂亮，真的真漂亮。我从来没有拍过这么漂亮的照片。”新郎回忆当时的感受。新娘更是爱不释手，一张一张挨着看。

生意火暴

谁能想到这么美的照片竟然是大光意外得来的，照片传到网上后引起的反映更是让大光意外。

找到大光的消息很快就在网上传开了，一时间，咨询的电话铃声不断，一个个的订单也随之而来，仅仅一个星期他就接到了厚厚的一摞。大光粗略一算，如果两天拍一对，这些订单至少也得拍九个月。

大光的妻子说：“当时觉得我们太幸运了，因为这些都是之前没想到的。”

网络真是太不可思议了，原本默默无闻的大光就这样一下子火了！火了的不光是大光和他的影楼，赶羊沟也跟着火了，很多摄影师蜂拥而至。但是大光渐渐对赶羊沟失去了兴趣，他想另辟蹊径，寻找一个新的摄影基地。碰巧有客人提出，能不能到一个叫四姑娘山的地方去拍摄。这对大光来说正中下怀，他大腿一拍，那就走呗！

四姑娘山自古就有“蜀山皇后”和“东方圣山”之称，人称“中国的阿尔卑斯”。更让人称奇的是，山顶冰雪覆盖，沟谷绿草如茵，鲜花盛开，一座山就可以展现春、夏、秋、冬四季不同的景色。一趟就能拍出四季不同的风光婚纱照，那该是多好的创意啊。但是当大家兴冲冲驱车近300公里，来到四姑娘山脚下的时候，却又一次傻了眼：冬天那边封山了，进不去。

乘兴而来，去失望而归，大光心里充满了内疚。就在打道回府的路上，看着窗外俊美秀丽的雪山，大光突然来了灵感。要是拍摄一组雪景婚纱会是怎样的效果？虽然没有绝对的自信，大光还是决定试一试。

大光拍摄的雪景婚纱照同样获得了客户的赞扬，在客人的鼓励下，大光将信将疑地把照片发到了网上，没想到竟然引来了网友的高度赞扬。没几天，就有一个客人找上门来，指定要拍雪景，大光便又一次带着客人向着八郎雪山进发了。但是他怎么也没有想到这次雪山之行差点让他命丧黄泉——拍照拍到天快黑的时候，大家才收工下山，在一个急转弯的地方，车子突然失去了控制。车在悬崖边停住了，大光走下车，跪在地上拜了三拜，他要感谢老天把自己的命留了下来。

大光回忆说：“后怕，因为看到山下面那个悬崖，根本看不到底，当时觉得就是害怕，真的害怕，从来没那样怕过。”

这组用生命换来的照片发到网上后，好评如潮，订单像潮水般的从四面八方涌来。看到这一叠从天而降的订单，大光觉得这可能是一个赚钱的好路子，于是在网上发布了2005年空档的预约通知。通知发布后的10多分钟，空档预约全部被定完了，打电话的，打手机的，网上QQ的，顾客利用各种方式预约。

花海照、雪山照让V2的订单一路飘红，在国内声名鹊起，名不见经传的大光迅速成为国内婚纱摄影界有名的大腕。V2摄影工作室也从三圣街60多平方米的小居民楼中搬到成都最繁华的春熙路。为了能让更多的顾客拍上大光式的婚纱照，他又精心培养了7名摄影师。就在他挽起袖子准备大干一场的时候，有一件事却让他痛彻肺腑。究竟是什么事呢?

骨干员工离开

搬家后，V2的价格也从1999元涨到了4999元，可是预约电话还是一个接一个。看着旅游式婚纱市场前景如此巨大，全国各地模仿V2的影楼也像雨后春笋般地冒了出来，V2的摄影师成了人见人爱的香饽饽。看着自己的员工被别人纷纷挖走，大光不怒反笑。他自信地说，挖我的人，那证明我们的水平高啊。可是突然有一天，一个摄影师的离去，让一向坚强的大光哭了。

大光说："当时我的脑袋里一片空白，他是我的徒弟，是我花了很多心血注入很多感情的人。"

离开的人是大光以前打工时候认识的一个兄弟，V2火爆后，兄弟就来投奔了他。对这个徒弟，大光是格外的优待，倾注了无数的心血。一年后，原本基本功极差的徒弟成了V2独当一面的名牌摄影师。其他摄影师纷纷离开后，徒弟向大光发誓，只要V2在，他就不会离开。可就在发誓后的第二天，大光却接到了徒弟发来的辞职短信："师傅，很对不起，经过慎重的考虑，我还是要离开。"

大光觉得自己的感情受到欺骗，"因为他是一个很重感情的人，他很看重朋友义气。"大光的妻子说。

徒弟的离去，给了大光莫大的打击，他伤心得整夜睡不着觉。

业务拓展

徒弟的突然离去，让大光好长时间缓不过劲来。他把所有的精力都投入到了摄影创作中，不断开发出了新的项目，雨景婚纱照、海底婚纱照、夜景婚纱照……

为了拓宽选景范围，大光和妻子又跟随一对新人走到了泰国，站在酒店的落地大窗前，看着眼前清澈碧蓝的游泳池，大光突发奇想——拍摄一组水下婚纱照片应该会很好看。想法刚说出来，就得到了新婚夫妇的拥护。一行人换好衣服，兴奋地冲向了游泳池。

没想到这说起来容易做起来难，在水下很难作表情，不时被呛水，好不容易表情摆好后，发型又被水冲乱了。大光比较胖，沉不下去。他让妻子把他摁下去拍，拍一张起来换口气，再摁下去，从中午十一点折腾到夕阳西下，才拍了20多张照片。

大光的辛苦并没有白费，这组照片一推出，立刻吸引了大批国外顾客的注意，一对对顾客远渡重洋慕名而来。

看着顾客这么喜欢自己的作品，甚至不远万里来到中国，大光一下子打开了思路：自己的特长就在摄影上，何不找个职业经理人打理，只要作品常新，自己就能立于不败之地，那些让自己头疼的事情就留给擅长的人去做吧。但找职业经理人哪那么容易！

招募职业经理人

正在大光发愁上哪找人的时候，办公室的大门开了。看着进来的人，大光顿时乐开了花，真是“众里寻她千百度，蓦然回首，那人却在灯火阑珊处”。刘佳，国外一个广告公司的职业经理人，定居海外。2005 年专门从新加坡飞抵四川拍了一套婚纱照。拍照结束后，两人成了很好的朋友。

大光把自己的想法告诉她，表示想请刘佳当经理人，刘佳说要考虑一下。

过了一个月，没有一丝音讯。两个月后，就在大光准备另寻他人的时候，却接到了刘佳的电话。刘佳决定放弃国外的工作，回到成都帮大光做 V2。虽然工资不到国外的 1/5，但慎重考虑后的刘佳还是接受了大光的邀请。

刘佳回忆当时的决定：“我觉得其实在国外的话，你就会特别的爱国，特别希望中国好起来。其实现在中国在国际上给人的感觉，就是中国制造的比较多，但是要说中国创造的话没有人认可，但是我觉得 V2 可以称得上是中国创造，所以我宁愿回来帮他把 V2 做大。”

有了自己的职业经理人，大光空出了更多的时间从事创作。深圳、厦门、哈尔滨、泰国、韩国、新加坡、雅典等世界各地都留下了 V2 的身影，V2 的生意经营更是如日中天。

资料来源：http：//www. cctv. com/program/cfgsh/02/index. shtml。有删改。

思考讨论题

1. 主持人王凯先生曾这样评价 V2：“一个默默无闻的摄影师，一个生意惨淡的小照相馆，却另辟蹊径，创造出独特的花海婚纱照、雪山婚纱照、海底婚纱照和雨景婚纱照，一跃成为国内婚纱摄影的先锋。甚至引来了全国乃至世界各地的新人不远万里来到中国。其实 V2 的成功不正说明了那句话，‘只有中国创造才能拥有更加持久的生命力嘛！’”你同意王凯先生的总结吗？请陈述理由。

2. 你认为大光取得成绩主要靠的是什么？请结合教材内容尝试归纳，先列举出你认为可能的因素，从中分析关键的因素。同时也请分析其中的偶然因素和必然因素。

3. 上网看看大光的成功带来了多少人模仿，请为大光做一次竞争分析。

第 16 章

管理创新

内容提示

快速变化的管理环境要求组织不断地进行变革和管理创新。这不仅需要组织有勇于创新的意识，还需要遵循管理创新的基本规律和原则。本章主要介绍管理创新的作用、特征、原则、过程、内容等知识，同时对企业的技术创新和组织创新也做了较为系统的阐述。

【开篇引例】

华北制药技术创新战略的定位

华北制药作为一个大型医药企业，在多年的实践、改革与探索中，形成了引领企业不断壮大的发展战略，这就是：根据市场需求有计划地培育华药的核心竞争力；坚持以高技术和先进适用技术改造传统产业，坚持以高新技术开拓新产业；实施创新人才激励机制；优化配置内部科技资源；强化产学研，充分调集社会和国际科技资源；确保重大技术创新项目的研究进度，加快产品研制速度；完善新药筛选体系，加大原始创新的力度；促进技术开发与市场开发有效互动，使重点产品和主营产品市场竞争优势得到提升和拓展。

正是遵循着如上清晰、系统的企业战略发展思路，使华北制药这个建国之初就建立的老企业不断焕发出勃勃生机。

资料来源：田岚："华北制药技术创新之路"，载《中国创业投资与高科技》，2004 年 10 期。

16.1 管理创新的作用与特征

创新理论的创立者熊彼特在《经济发展理论》（熊彼特，1912）中指出，创新是指企业家实行对生产要素新的结合。创新包括以下 5 种情况：①创造一种新产品或将原有产品赋予新的功能；②采用一种新的生产方法；③开辟一个新的市场；④获得重要物料的新供给来源；⑤实行一种新的企业组织形式等。后来，彼得·德鲁克将创新概念推广到管理，提出社会创新之说，他认为：创新就是赋予资源以新的创造财富的能力。企业的管理创新，具有多层面、全方位、全过程、全员性、新颖性、无规则、高风险等特征，因而使得企业进行管理创新的空间巨大，形式多样。

16.1.1 管理创新的作用

对于社会经济的细胞——企业来说，创新是它的活力之源，是其在激烈市场竞争中求生存、求发展的必然选择，更是其立身之本。管理创新的作用表现在以下六个方面。

（1）管理创新是企业发展的必由之路。20世纪中叶以来，随着科学技术的飞速发展和科技成果的广泛应用，科学社会化的速度明显加快，以技术创新为核心的技术进步在经济增长中的作用更加突出。过去，中国在计划经济时代，长期走的基本上是一条高投入、低产出，高产值、低效益，主要靠新建、引进、外延扩大再生产的路子。而实际上，真正要使企业发展，唯一的出路是：将国内外一切先进的东西为我所用，并加以创新发展，同时在管理上下工夫，不断推出适应市场需求的新产品。为此，不大力搞好技术创新，努力提高产品的技术含量；不大力搞好组织管理创新，努力提高企业管理水平是不行的。

（2）管理创新是企业改善市场环境的重要手段。首先，通过产品创新，企业能加速新技术、新材料在产品生产中的应用，提高产品质量，使产品功能更好地满足需要，使企业产品的竞争力提高，改变用户对企业产品的看法，从而改善现有市场条件；其次，当企业技术创新成果是适销对路的新产品时，它会给企业带来新的用户，形成新的市场，从而使企业可以在更广泛的市场中进行选择；最后，不断创新并获得成功的企业，一般是首次进入新市场领域，它具有领先者的优势，在很大程度上决定着产品的价格、市场规模等。

（3）通过工艺创新，企业能加速新工艺在企业中的应用，降低产品成本，提高生产效率。由于改进产品或工程设计，开发或推广新工艺、新技术，改进或更新服务，提高工具系统的寿命等途径，可以节约原材料消耗，也可能缩短生产周期或在相等的时间内生产更多产品，用较少劳动力生产更多产品或减少工人劳动时间而生产同样多数量的产品。

（4）管理创新是企业全方位提高企业素质的最有效方式之一。第一，通过技术创新，可以改善研制条件，提高研制能力，提高基本素质（包括要素素质和企业内部结构素质）；第二，通过组织创新和管理创新，可以提高对外适应能力，并通过对外部环境的有效影响，改善企业行为素质（即企业系统内部要素对环境变化的适应性和与外部因素交互作用的特性）。

（5）管理创新是提高企业竞争力的根本途径。现代企业要在市场上建立和维持持久的竞争优势，就必须找出本企业比竞争对手做得更好的、最有优势的、关键的价值活动，培育企业独特的、很难被竞争对手模仿的能力，这正是企业的核心能力。而核心能力也有生命周期，要防止企业核心能力的刚性，要不断抛弃过时的、陈旧了的核心能力，不断培育新的核心能力，这一切都离不开创新。例如，美国英特尔公司在 1985 年开始研制 386 计算机芯片，1986 年 386 芯片全面上市，成为全球 386 芯片唯一供应商，而 1989 年英特尔公司推出 486 芯片，不久又推出 586 芯片，1997 年又推出奔腾系列芯片。由此，英特尔公司不断地培育新的核心能力，并且带动了个人计算机市场的发展变革。

（6）创新的作用具有连动效应。例如，当通过产品创新使一种新产品成功地进入市场后，随着该产品销售量的增加，该企业其他相关产品的销售量也随之增加。创新的连动效应已成为企业进行创新的主要原因。

16.1.2　管理创新的特征

（1）管理创新具有高风险性。管理创新的风险性主要来自于两个方面。首先是市场需求的风险，当出现全新产品的创新时，市场方向无从确定，也就无法确定需求。比如，计算机刚出现时，有人估计全美只有几十台的需求，这显然同实际情况相差万里。市场不确定性的来源，还可能是不知道如何将潜在需要融入创新产品的设计中去，以及未来产品如何变化以反映用户的需要。当存在创新竞争时，市场的不确定性风险还指创新企业能否在市场竞争中战胜对手。其次是管理创新的技术不确定性所带来的风险。有不少产品构思，按其设计的产品要么无法制造，要么制造成本太高，因此这种构思和产品都没有什么商业价值。

（2）管理创新具有高回报率。我们知道，风险与收益是成正相关变动的，高风险性必然会有高的回报率。企业无论是在生产经营思路、业务流程、组织设置、制度状况方面的创新，还是在技术、产品、市场等方面的创新，都能给企业带来较高的经济回报。不管是哪方面的创新，最终都会通过企业的产品或服务体现出来，只要企业不断地进行创新，就会创造出优于竞争对手的产品或服务，从而提高企业的市场占有率，获得更多的利润。另外，由于创新产品在某些方面具有独特的优势，企业一般通过高价策略获取较高的利益，对于全新产品更是如此。

（3）管理创新具有复杂性。传统的创新理论认为，创新过程是一种“线性模型”，即一种“创新链”。在这种线性模型中，知识的流动被描绘得相当简单：基础研究——应用研究——新技术、新产品的开发。这种创新链是线性的、静止的。创新的过程被解释为只要增加上游的基础研究的投入，就可以直接增加下游的新技术、新产品的产出。但在实际活动中，创新有许多的起因和知识来源，可以在研究、开发、市场化和扩散等任何阶段发生。创新是诸多因素之间一系列复杂的、综合的相互渗透而共同作用的结果。创新不是一个独立的事件，而是由许多小事件组成的一个螺旋式上升的轨迹，是一个复杂的系统工程。

（4）管理创新具有时效性。“人无我有，人有我优”才称得上创新，只有抓住一个“快”字，才可能起到先发制人的效果。因为随着科学技术的不断发展，产品更新换代的速度越来越快，产品的生命周期将变得越来越短，这就对创新在速度上提出了更高的要求。例如，在欧美等资本主义国家，由于新产品不断出现，产品的生命周期出现普遍缩短的趋势，生命周期平均不到10年。日本产品的生命周期平均只有5年，家用电子产品则仅1~3年。据统计，作为反映现代工业技术水平最敏感的产品——汽车，在20世纪30~40年代，一种车型的生命周期长达14~20年，50年代平均为10年左右，70年代平均5年左右，进入80年代后，生命周期更短，不少汽车公司几乎每年都要更新车型。

另外，许多管理思想、组织结构方面的创新，是根据企业内外环境的变化所做出的选择。所以，只有在一定环境条件下所做出的创新才有意义，也就是说创新受到时间和速度的约束。

（5）管理创新具有受抵制性。管理创新活动常常受到来自各方面的排斥、压力和抵制。习惯于原有生活方式和思维方式的人们往往不欢迎任何变动和变革。“创新恐惧症”已成为现代组织——企业、学校、政府的一种通病。在一种特定的社会环境中，对于那些公司最高管理层的人们，这里存在着无数条理由来使他们希望这个环境能够延续下去。在这种状况下，没有麻烦，没有威胁，也没有紧迫感，一切都显得平平稳稳。不过，这也意味着任何一项新产品的创新就其本质而言，都是一场推进创新力量和抵制创新力量之间的你争我夺。而管理者所面临的挑战就是如何在这些力量中间保持平衡。另一方面，我们应该对华而不实的或仅仅象征意义的新产品创新，以及与新产品战略目标不相一致的新产品持抵制的态度。这种抵制不应受到阻挠。

16.2 管理创新的原则和过程

16.2.1 管理创新的原则

为了使创新工作能够顺利进行，提高创新工作的效率，创新主体在创新过程中必须遵循一定的原则。

（1）反向思维原则。反向思维原则是指与一般人、一般企业思考问题的方向不同。别人不想或没有想的，认为是正常的事情，喜欢创新的人却加以思考，这就是一种反向思维；别人对某一问题通常是这样考虑的，然而有创新的人从其他角度去考虑，这又是一种反向思维。通过这样一些反向思维，通常可以得到许多创新的灵感。

企业家应该培养自己反向思维的能力，尽量去发现创新意向，这样才是创新成功的真正起点。

（2）交叉综合原则。交叉综合原则是指创新活动的展开或创新意向的获得，可以通过各种学科知识的交叉综合得到。目前，科学发展的趋势是综合和边缘交叉，许多科学家都把目光放在这两个方面，以求创新。管理作为一门科学，它的创新发展过程也呈现了这一态势。

（3）扬弃原则。管理创新的扬弃原则，是指在自己现有的特色管理或在别人先进的管理思想、方式、方法上进行发扬或抛弃（抛弃是指在别人的基础上逆其发展趋势而行），有新意地进一步提高。也就是在别人的基础上，大胆探索得出新的管理思路、方式、方法，简单地说，就是对现有的基础理论进行有创意的提高。在管理的诸多创新领域，许多企业利用该原则获得创新的成果。

例如，在商业企业中，传统的售货方式是售货员站柜台，向顾客介绍商品进行销售，这是一种站柜员的管理方式。但后来发现，顾客在此方式下购买商品会受到售货员态度的影响而减少购买量，且不方便顾客自己仔细观看和挑选。于是，有商家抛弃站柜台的方式，并且创造了当今流行的自选商场。

扬弃原则由于是在原有的基础上展开，故只需对原有的基础问题加以分析研究，把握深层原因，同时注意自己的特点和长处，进行深层思考，就可以发掘出许多新的创意. 进行管理创新。

16.2.2　管理创新的过程

创新是对旧事物的否定，是对新事物的探索。对旧事物进行否定，创新必定要打破原先的制度，破坏原先的秩序，不遵守原先的章程；对新事物进行探索，创新者只能在不断的尝试中去寻找新的秩序、新的方法，在最终的成果取得之前，可能要经历无数次反复，无数次失败。因此，创新看上去是杂乱无章的。但这种“杂乱无章”是相对于旧制度、旧秩序而言的，是相对于个别创新而言的。就创新的总体或“创新一般”来说，它们必然遵循一定的程序和规律。就一般而言，管理创新工作大体上可分为以下六个步骤。

1. 准备阶段

创新既具有偶然性，又具有必然性。创新不是纯粹靠偶然的机遇，我们知道“机会不会留给没准备的人”，在偶然的背后一定有必然的因素起作用。也就是说，创新需要具备一定的条件。

（1）要有广博的知识和经验的积累。知识和经验的积累是人们进行创新的基本条件。不管你要从事哪种创造与革新，你首先要具备有关对象的知识和经验。创新不是无中生有，而是在已有知识和经验的基础上升华。一个对发明对象无知的人，发明成果不可能从天而降。也就是说，一个人的发明创造不可能超出他的知识范畴，因为一个人的知识范畴是他思维不可逾越的障碍。著名发明家爱迪生曾说：“天才？1% 的灵感？99% 的汗水。”这“99% 的汗水”就是知识和经验的积累。并且，这种知识和经验的积累要形成合理的结构：既要有扎实的专业知识，又要有广博的相关知识。因为创新从某种意义上来说是对知识和信息的重组，而仅在本专业知识领域重组是不够的，还要到相关领域甚至完全不同的领域中去重组，才能获得创新的灵感。

（2）要有主客观压力。客观压力即竞争的、发展的需要，它越紧迫，就越能使人们去想办法满足它，就越容易产生创新的思维火花和创新行动。

主观压力实质上就是创新者发自内心的强烈的创新愿望和动机。人的行为是受自己的愿望和动机驱使的。如果没有创新的主动性、积极性和自觉性，就不会有创造性。对创新者来说，始终需要的是“身心健康”和“斗志旺盛”。只有身心健康并且斗志旺盛的人，才能在创新过程中不畏艰险，知难而进，不屈不挠地去争取最后的成功。

（3）真正的好奇心经常会带来一些意想不到的创新。当你已经在某一领域研究甚深，强烈的好奇心会驱使你去思考一些在别人看来司空见惯的现象和现有理论无法解释的现象。如果能顺着这些现实深入地探究其背后的原因，往往会有令人惊奇的新发现。比如，苹果成熟了掉到地上在一般人看来是再寻常不过的事，但苹果掉到牛顿的头上，却引起了的牛顿的好奇：苹果为什么掉到地上而不飞到天上去？通过对这件事的深入研究，牛顿发现了重力，后来又发现了万有引力规律。于是，物理学领域一项重大的创新出现了。总之，好奇心是指引人们探究未知领域的重要力量，强烈的好奇心是创新必不可少的。

（4）要有敢于推陈出新的勇气。创新者应该认识到，一切事物都是不断向前发展的，人类对世界的认识是在不断否定中不断升华和提高的，不敢否定“旧的”，“新的”就不可能出现，所谓“不破不立”。因此，在事实的基础上要敢于置疑旧有的“金科玉律”，要敢于突破甚至否定那些被一般人视作神圣不可侵犯的所谓“理论”、“原则”。要知道“真理永远只是相对的”，在创新者眼里没有不可突破的禁区。如果爱因斯坦不敢触动牛顿的质量守恒定律，就不可能有后来的质能关系方程。总之，敢于推陈出新的勇气是创新者必须具备的心理条件。否则，创新的幼芽必将被教条主义所扼杀。

2. 寻找机会

创新是对原有秩序的破坏。原有秩序之所以要打破，是因为其内部存在着或出现了某种不协调的现象。这些不协调对系统的发展提供了有利的机会或造成了某种不利的威胁。创新活动正是从发现和利用旧秩序内部的这些不协调现象开始的，不协调为创新提供了契机。

旧秩序中的不协调既可存在于系统的内部，也可产生于对系统有影响的外部。就系统的外部来说，有可能成为创新契机的变化主要有以下四种。

第一，新知识、新技术的诞生，从而可能影响企业资源的获取、生产设备和产品的技术水平。

第二，人口的变化。人口的变化包括人口数量的变化和人口结构的变化，人口数量的变化可能影响劳动市场的供给和产品市场的需求；人口结构的变化是指人口的家庭生命周期、人口的家庭结构、人口的收入状况、受教育结构等的变化，这种变化有时虽然相对缓慢，但对消费结构的影响是深远的。如中国的家庭结构越来越小型化，人口出现老龄化趋势，使得家庭的消费结构出现了重大的变化，也培育出许多知名的品牌和新产业，如娃哈哈、海尔“小神童”。

显然，人口结构的变化，可以为企业的创新带来重大的机遇。

第三，消费观念和偏好的转变。现代消费者购买产品除了追求其基本效用外，同时追求更多感情的东西，购买的是一种感觉、一份联想，这必将给许多企业的营销创新带来机遇。

第四，宏观环境的变化。迅速增长的经济背景可能给企业带来不断扩大的市场，而整个国民经济的萧条则可能降低企业产品需求者的购买能力。

就系统的内部来说，引发创新的不协调现象的原因有：一是生产经营中的“瓶颈”，可能影响了劳动生产率的提高或劳动积极性的发挥，因而始终困扰着企业的管理人员。这种卡壳环节，既可能是某种材料的质地不够理想，且始终找不到替代品，也可能是某种工艺加工方法的不完善，或是某种分配政策的不合理。二是企业意外的成功或失败。当企业面临意外的内部或外部事件时，它可能成为创新的一种机会来源。意外意味着在该事件中包含有与以前的认识和理解不相同的东西。这些不同的东西可能会为你的创新带来启示。或者说当现有的观点、理论不能揭示客观事物的新发展或者现有方法不能解决人类所面临的新问题，也就是人们遭到了意外的成功或失败，就需要人们在观点、理论和方法上予以创新。

3. 提出构想

敏锐地观察到了不协调现象的产生以后，还要透过现象究其原因，并据此分析和预测不协调的未来变化趋势，估计它们可能给组织带来的积极或消极后果，并在此基础上，努力利用机会或将威胁转换为机会，采用头脑风暴法、德尔菲法等提出多种解决问题、消除不协调使系统在更高层次实现平衡的创新设想。

4. 迅速行动

组织内部环境瞬息万变，解决不协调的构想提出后必须立即付诸行动。由于外部环境的不确定性以及决策时掌握的信息有限，人们决策时提出的构想可能还不完善，但这种构想毕竟是在考虑到变化了的内外环境的基础上提出来的，有可能能够解决组织上所面临的新情况、新问题，必须迅速把它付诸行动。

5. 不断完善

创新的过程是不断尝试、不断失败、不断完善、不断提高的过程。因此，创新者在开始行动以后，必须坚定不移地继续下去，决不能半途而废，要不断地探索，不断地总结行动中的经验教训，对当初的构想不断地修正、完善。否则，便会前功尽弃。要在创新中坚持下去，创新者必须有足够的自信心，有较强的忍耐力，能正确面对尝试过程中的失败，善于及时从失败中总结经验教训，不因暂时或局部的受挫而气馁，知道创新的成功在屡屡失败后会“姗姗来迟”。伟大的发明家爱迪生曾经说过：“我的成功乃是从一路失败中取得的。”创新者应从这句话中得到启示。创新的成功在很大程度上取决于“最后五分钟的坚持”。

16.3 管理创新的基本内容

16.3.1 观念创新

创新已成为当今时代的主旋律，而一切创新都来源于人们观念的创新。观念不创新，就很难有技术的创新、制度的创新和管理的创新。观念创新是一切创新的前提，它对企业创新有着极为深远的影响。创新就是打破旧的规则、秩序、平衡，是对现有秩序的破坏，所以，创新就可能会与固有的文化、观念产生很大的冲突。因此，在进行创新之前，首先要解决观念创新问题，否则根本接受不了，即使去实施，也不会收到很好的效果。古人云，“不谋全局者，不足谋一城；不谋万事者，不足谋一事。”说的就是“思路决定出路”。而思路的形成离不开观念的创新。享誉国内外的海尔首席执行官张瑞敏把海尔成功的秘诀概括为“第一是创新，第二是创新，第三还是创新”。海尔的创新就是将原有的成功经验统统打破，不断地打破原有的平衡，重塑自我，超越自我。这种创新首先来源于观念创新，是从砸冰箱开始的。1985 年，张瑞敏接到消费者来信说海尔产品有缺陷。经调查发现库内还有 76 台质量有缺陷的冰箱。当时对人们来讲冰箱是非常昂贵的东西，一台冰箱的价格相当于一名职工两年的工资。很多人希望把冰箱处理给大家，但张瑞敏认为要改变大家的观念，就宣布谁干的就由谁把冰箱砸掉，同时宣布：“这次是我的责任，扣我的工资，以后谁出问题就扣谁的工资”。这一砸震醒了海尔人追求质量、追求卓越的思想意识，从此激起了海尔人“要么不干，要干就争第一”的雄心壮志。试想，如果当年海尔没有这种敢于与旧观念挑战的意识，没有观念创新精神，为一时利益所蒙蔽，会有今天海尔的成功吗？因此，观念创新是一切创新的前提和向导。

16.3.2 制度创新

制度是组织运行方式、管理规范等方面的一系列的原则规定，制度创新是从社会经济角度来分析企业系统中各成员间的正式关系的调整和改革。企业具有完善的企业制度创新机制，才能保证技术创新和管理创新的有效进行。如果对旧的落后的企业制度不进行创新，就会成为严重制约企业创新和发展的桎梏。

企业制度创新主要包括产权制度创新、经营制度创新和管理制度创新三个方面的内容。

（1）产权制度是决定企业其他制度的根本性制度，它规定着企业最重要的生产要素的所有者对企业的权利、利益和责任。不同的时期，企业各种要素的相对重要性是不一样的。在主流经济学的分析中，生产资料是企业生产的首要因素，因此，产权制度主要指企业生产资料的所有制。目前存在的相互对立的两大生产资料所有制——私有制和公有制（或更准确地说是社会成员共同所有的“共有制”）——在实践中都不是纯粹的。私有制正越来越多地渗入“共有”的成分，被“效率问题”所困扰的共有制正或多或少地添进“个人所有”的因素（如我国目前试行中的各种形式的“股份制”）。企业产权制度的创新也许应朝着寻求生产资料的社会成员“个人所有”与“共同所有”的最适度组合的方向发展。

（2）经营制度是有关经营权的归属及其行使条件、范围、限制等的原则规定。它表明企业的经营方式，确定谁是经营者，谁来行使生产资料的占有权、使用权和处置权，谁来确定企业的生产方向、生产内容、生产形式，谁来保证企业生产资料的完整性及增值，由谁来向企业生产资料的所有者负责以及负什么责任。经营制度的创新方向应是不断寻求企业生产资料最有效利用的方式。

（3）管理制度是行使经营权、组织企业日常经营的各种具体规则的总称，包括对材料、设备、人员及资金等各种要素的取得和使用的规定。比如，企业的人员招聘和培训制度、管理者选拔和竞聘制度、财务制度、收入分配和奖惩政策、绩效考评制度、员工守则、福利制度、工伤退休政策等。制度安排的首要特征是公平、公正、公开。管理者不能因个人的喜怒哀乐而随意解释和执行。

产权制度、经营制度、管理制度这三者之间的关系是错综复杂的。一般来说，一定的产权制度决定相应的经营制度。但是，在产权制度不变的情况下，企业具体的经营方式可以不断地进行调整；同样，在经营制度不变时，具体的管理规则和方法可以不断改进。而管理制度的改进一旦发展到一定程度，则会要求企业经营制度做相应的调整；经营制度的不断调整，则必然会引起产权制度的变革。因此，反过来，管理制度的变化反作用于经营制度，经营制度的变化会反作用于产权制度。

企业制度创新的方向是不断调整和优化企业所有者、经营者、劳动者三者之间的关系，使各方面的权利和利益得到充分的体现，使组织的各种成员的作用得到充分的体现。

16.3.3 文化创新

企业文化通过员工价值观与企业价值观的高度统一，通过企业独特的管理制度体系和行为规范的建立，使管理效率得以提高，使企业得以卓越发展。

事实上，在企业中，我们应该看到两部分，其一是可见的部分——战略、组织结构、技术、人员、设备、资金、正式的权力、企业指挥命令链、管理制度等；其二是隐藏的部分——态度、非正式交往、人际冲突与矛盾、文化（习惯、道德、观念）等。大多数人仅仅只能够看到第一部分，而看不到第二部分。但是，决定公司命运的恰恰是这些隐藏部分。这就像一艘大船，看得见的因素是水面上的部分，隐藏在水下面的部分是很难看见的，而决定船舶是否会沉没的恰恰是隐藏在水下的部分。隐藏的部分，事实上就是企业文化。

16.3.4 知识创新

知识经济是一种运行在网络上的经济，知识经济的出现，使传统经济运行的四环节——生产、流通、分配、消费发生根本变化；知识是社会财富分配的主要依据，网络传播是知识产品流通的主要形式，获得和使用知识将进入消费领域，而这一切，取决于知识的生产，即以智力创新为价值取向。于是，知识创新作为一种新资本形态，取代农业经济的土地资本和工业经济的金融资本，上升为知识经济中的一种主要的资本形态。

从宏观角度来说，知识作为一种新的资本形态，具有无限的扩张力，对21世纪的经济增长起着重大影响。知识创新的成果构成技术创新的基础和源泉，是促进科技进步和经济增长的革命性力量。比尔·盖茨在不到20年的时间里创造了500亿美元的财富，雄辩地证明了一点。事实上，市场对于高智力产品，总是给予极高的回报，因为知识资本的创新在现代经济增长中发挥着越来越大的作用。

在农业经济时代和工业经济时代，财富的积累依靠土地、能源、资金，出现过钢铁大王和石油大王，但他们成为百万富翁一般要积累上50~100年，即要经过几代人的努力，与比尔·盖茨相比，他们在财富积累的速率上显得漫长得多。为什么如此漫长？从哲学的观点看：在人类的认识论的“物质—能量—信息”历程中，他们经营的资本是物质和能量，而比尔·盖茨经营的资本是信息和知识，是人对知识的创新作为资本介入经济领域的结果。

在这个意义上，我们可以说，传统经济关注的是“物质和能量”及其改造或转化，知识经济关注的是“知识和信息”及其处理和创新。因此，到了21世纪，富裕国家和贫穷国家的差别，不是占有的自然资源或货币存储的多寡，而是这个国家在全球范围内创新知识的占有率。我们几乎可以说，没有贫穷的国家，只有无知的国民；没有落后的社会，只有无知的社会；没有失业的人群，只有无知的个人。当然，所有“无知”并不是指知识的积累和记忆，而是指知识的创新和生长。

从微观角度来说，知识创新是企业在市场竞争中占领市场制高点的重要因素之一。在信息社会，产品的生命周期越来越短，企业的产品必须不断地超前于消费的需要，每天生产的都是“未来的产品”。产品的创新性是企业生存的命脉，否则企业难以生存。企业生存于面向未来的市场之中，靠什么超前？靠的无疑是人的智力和创造性，因为只有创造性才是面向未来的。这意味着人对知识的创新在市场中的特殊价值。

16.3.5 环境创新

环境是企业经营的土壤，同时也制约着企业的经营。环境创新不是指企业为适应外界环境变化而调整内部结构或活动，而是指企业通过积极的创新活动去改造环境，去引导环境朝着有利于企业经营的方向变化。例如，通过企业的公关活动，影响社区、政府政策的制定；通过企业的技术创新，影响社会技术进步的方向。就企业来说，市场创新是环境创新的主要内容。

16.3.6 市场创新

市场创新主要是指从满足需要到引导和创造市场需求。人们一般认为新产品的开发是企业创造市场需求的主要途径，其实市场创新的更多内容是通过企业的营销活动来进行的。即在新产品的材料、结构、性能不变的前提下，可以通过以下途径来寻求新的用户：寻求产品新用途，开发新的细分市场；重新树立产品形象，寻求新的顾客；转移阵地，寻求新的地域市场；刺激现有顾客增加使用量；赋予产品以一定的心理使用价值，影响人们对某种消费行为的社会评价，从而诱发和强化消费者的购买动机，增加产品的销售量等方法。

【阅读资料 16－1】

IBM 公司的三次兴衰

IBM（国际商用机器公司）曾是美国四大工业公司之一，营业额高达到六七百亿美元，职工人数多达 40 余万人。但 20 世纪 80 年代末开始，它逐渐陷入困境，1991～1993 年间累计亏损达 162 亿美元，几乎是每天亏损掉 1480 万美元。

令人惊奇的是，时隔三年，IBM 公司即在 1996 年实现了 770 亿美元的营业收入，在收支相抵和扣除所得税后净赚 60 亿美元。IBM 公司东山再起有何奥秘？

20 世纪 20 至 30 年代，IBM 借助其强大的销售力量，以及向商界出租打孔计算设备而推销配套打孔卡的经营办法，很快成为最有实力的商用设备企业。二次大战临近结束时，世界上第一台电子计算机问世了，宣告了电子数据处理时代的到来。恰在这时，沃森的两个儿子进入 IBM。小沃森认识到电子计算机取代机械计算的前景，说服父亲及公司投资开发了 700 系列、650 系列电子计算机，并以其强大的销售服务及高层经理对销售的支持，超越先行者占领了计算机市场。50 年代末，IBM 已成功地占有了计算机市场 75% 份额。

1971 年小沃森退休，利尔森接管公司。到 1973 年，弗兰克·卡里接任了公司董事长。计算机行业面临着一个复杂多变的市场。但是，IBM 高层经理得意于公司的巨大成功，并没有意识到市场的潜在威胁。特别是：第一由于技术进步使大型机市场寿命周期缩短，迫使 IBM 每两三年就得更换租赁或售出的产品，从而使开发成本的回收愈来愈难。IBM 放弃了产品租赁策略，改为全额销售。但这一策略的实施，实际上为顾客选择其他厂家打开了缺口。第二，成本低的日本计算机开始进入美国市场。面对这一竞争，IBM 在 80 年代中期先后投资 400 亿美元降低产品制造成本，同时极力使 IBM 作为产品差异化。第三，从 20 世纪 70 年代初开始换代的 370 系列大型机，虽然被对手视为赶超目标，但基本只是原 360 系列机器的升级，无重大技术突破。没多久市场上就出现了 370 系列的兼容机制造厂商，它们以很低的价格同 IBM 竞争。

1965年，与IBM竞争的数据设备公司（DEC），先行开发出了小型计算机，但IBM因受大型机视野制约，没有投入资源进行小型机的技术开发。直到1986年，IBM才研制出AS/400小型机参与竞争，但小型机市场的领先地位已被DEC占据了。更为麻烦的是，更大的挑战来自于迅速兴起的个人电脑。1977年，苹果计算机公司先声夺人，向市场投放了内存少、没有数据库、运行速度慢、计算能力差但价格低廉的个人电脑，这更加剧了IBM大型机的悲哀。

面对这种形势，IBM作出了一项重大决策，即成立了由50人组成的个人电脑开发小组，给予场地、资金和人力支持，并责成该组负责人直接向董事长本人汇报工作。其结果，科研开发小组在短短不足一年的时间里，就研制出了远胜于苹果机的IBMPC电脑，并很快成为世界个人电脑的行业标准，紧接着，1981年8月，IBM的第一代PC机开发成功。研究小组又着手进行扩展型的XT个人电脑和提高型的AT个人电脑开发，接连取得了出乎预期的成功。到1984年，IBM个人电脑营业额已达到40亿美元，1985年占据了市场份额的80%。

但是，IBM迅速发展壮大的个人电脑，因为核心软件和硬件全靠外购（如依靠微软为其提供DOS操作系统，英特尔提供中央处理器芯片），为别的厂家通过仿效追赶自己提供了机会。另外，IBM的个人电脑从1985年起改由原通用产品分部经理比尔·洛接管，1988年又易手给来自大型机分部的吉米·坎内维诺。这样，IBM也就由面向市场的营销者、创新者变成了守业者。对于走下坡路的IBM，致命的一击则来自公司领导拒不接受386芯片技术上的决策失误。

1985年末，386芯片生产出来，IBM仍然拒绝采用。IBM拒绝采用386来更新产品有它的考虑：当时286在市场上是畅销货，而286芯片属于老产品，价格低，利润颇为丰厚，如果产品换代，不但配套原件和外围设备要重新设计，整个生产线也需要彻底改造。

由于386芯片价格很高，IBM电脑整机的利润就会大大下降。另外，此前只有大型计算机才使用32位元技术。如果IBM带头在微机上使用32位元技术，将对自己的大型机形成挑战。从自身利益出发，IBM作出了只在老产品上作技术延伸改进，而不采用革命性技术的决策，利用自己在电脑市场上的统治地位和微机技术标准制定者的身份，阻碍386技术的推广。

当IBM把送上门来的新技术拒之门外时，康柏、宏碁等公司却抓住了机遇，激烈地向IBM的霸主地位提出了挑战。1986年，康柏公司推出了使用386芯片的新一代计算机，紧接着，德尔计算机公司以其独特的邮件销售方式使个人电脑售价大幅度降低。而后，康柏和盖特韦200等公司又加入了新一轮竞争。面对严峻的挑战，IBM公司逐渐丧失了竞争力和获利能力。

到了20世纪80年代中期以后，IBM往日的辉煌已经不存在。1984年，IBM获得65.8亿美元的税后净收益，销售利润率达14%。这是美国所有公司至今为止最高的盈利记录，同时代表着 IBM 事业的顶峰。此后，IBM 便逆转直下。面对海外低成本制造商和国内兼容机厂商的价格竞争压力，从大型机分部提拔上来担任公司总裁的约翰·埃克斯迅速采取了大量精简员工（万余人退休自然减员和给部分员工高额补贴，促其自动辞职）、增强销售力量（5000名销售员）、重用产品租赁策略和重构组织结构等措施。但却未取得预期效果。

1991 年 IBM 在亏损 28.6 亿美元后，1992 年又出现了商界少见的 49.7 亿美元的大亏空。1993 年 1 月，埃克斯在宣布了将公司的红利分配削减 55% 后，不得不提出辞职。

身置衰落境地，IBM 董事会经过两个多月的多方寻找，选择了年纪 54 岁并无计算机行业经验但有 27 年管理经历的纳比斯科公司董事长路易斯·郭士纳担任新一届董事长兼最高执行官（CEO）。股票投资者对郭士纳的上任怀有重重疑虑。郭士纳从 1993 年 4 月接管起便大规模更换公司高层经理，以“外来者”取代公司原首席财务审计官、市场营销副总裁、磁盘驱动器业务负责人和人事部门负责人等，为公司注入了新鲜血液。

与一般人认为的新任 CEO 会继承其前任的分权改革做法相反，郭士纳重申 IBM 商标的价值和集中使用营销力量的必要。他反对将公司的 13 个分部都改组为独立的单位，而是强调各部门间资源、技能和思想在更大程度上的共享。

为此，郭士纳与新班子花了近一年时间，研究如何对 IBM 进行“再造工程”。与此同时，郭士纳重新强调了技术创新对于高技术企业发展的重要性，明确指出，技术创新不应围绕公司产品展开，而应着眼于顾客和市场的需要。

IBM 公司 1996 年向市场投放的一种新大型机，三个月内就被抢购一空。在为全球各大公司提供计算机及各种信息产品方面，IBM1995 年取得了 540 亿美元的营业收入，1996 年营业额继续增长达 8%，达到 583 亿美元。1996 年，IBM 公司总营业额达到了 770 亿美元。尽管公司近 2/3 的营业收入来自销售利润率较低的个人电脑、工作站和计算机服务业，但 IBM 还是取得了 60 亿美元的税后净收益。

16.4 企业技术创新与组织创新

16.4.1 技术创新

技术创新是企业创新的主要内容，企业中出现的大量创新活动是有关技术方面的。在科学技术快速发展的今天，产品的生命周期在日渐缩短，即产品的更新换代速度越来越快，企业要在激烈的市场竞争中处于主动地位，就必须不断地进行技术创新。与企业生产制造有关的技术创新，其内容也是非常丰富的。从生产过程角度来分析，可以将其分为以下几个方面。

1. 要素创新

企业的生产过程是一定的劳动者利用一定的劳动手段作用于劳动对象使之改变物理、化学形式或性质的过程。参与这个过程的要素包括材料、设备及企业员工三类。

（1）材料创新。材料是构成产品的物质基础，材料费用在产品成本中占有很大的比重，材料的性能在很大程度上影响产品的质量。材料创新的内容包括：开辟新的来源，以保证企业扩大再生产的需要；开发和利用量大价廉的普通材料（或寻找普通材料的新用途），以保证和促进产品质量的提高。随着科学的发展，人们对材料的认识渐趋充分，利用新知识和新技术制造的合成材料不断出现，材料创新的内容也正在逐渐地向合成材料的创造这个方向转移，为企业的原材料创新提供了广阔的前景。

（2）设备创新。现代企业在生产过程中广泛地利用了机器和设备体系，设备是现代企业进行生产的物质技术基础。马克思曾经说过："各种经济时代的区别，不在于生产什么，而在于怎样生产，用什么劳动资料生产。"设备的技术状况是企业生产力水平具有决定意义的标志。因此，不断进行设备的创新，对于改善企业产品的质量，对于减少原材料、能源的消耗，对于节省劳动的使用都有着十分重要的意义。

设备创新主要表现在下述几个方面：通过利用新的设备，减少手工劳动的比重，以提高企业生产过程的机械化和自动化程度；通过将先进的科学技术成果用于改造和革新原有设备，延长其技术寿命，提高效能；有计划地进行设备更新，以更先进、更经济的设备来取代陈旧的、过时的老设备，使企业建立在先进的物质技术基础上。

（3）要素组合方法的创新。利用一定的方式将不同的生产加以组合，是形成产品的先决条件。要素的组合包括生产工艺和生产过程的组织两个方面。

工艺创新包括生产工艺的改革和操作方法的改进。生产工艺是企业制造产品的总体流程和方法，包括工艺过程、工艺参数和工艺配方等；操作方法是劳动者利用生产设备在具体生产环节对原材料、零部件或半成品加工的方法。生产工艺和操作方法的创新既要求在设备创新的基础上改变产品制造的工艺、过程和具体方法，也要求在不改变现有物质生产条件的同时，不断研究和改进具体的操作技术，调整工艺顺序和工艺配方，使生产过程更加合理，现有设备得到充分利用，现有材料得到更充分的加工。工艺创新与设备创新是相互促进的，设备的更新要求工艺方法做出相应的调整，而工艺方法的不断完善又必然促进设备的改造和更新。

生产过程组织包括设备、工艺装备、在制品以及劳动在空间上的布置和时间上的组合。各种生产要素在时空上的组合，不仅影响在制品、设备、工艺装备的占用数量，从而影响生产成本，而且影响产品的生产周期。因此，企业应不断地研究和采用更合理的空间布置和时间组合方式，以提高劳动生产率、缩短生产周期，从而在不断增加要素投入的前提下，提高要素的利用效率。20 世纪最伟大的企业生产组织创新，莫过于美国的福特将泰罗的科学管理原理与汽车生产实践相结合而产生的流水生产线。流水线的问世，引起了企业生产率的革命。

2. 产品创新

产品是企业的象征。企业应根据市场需要的变化和消费者偏好的转移，及时地调整企业的生产方向和生产结构，不断开发出用户欢迎的产品，这样企业才能保持持久的竞争优势，充满生命力。

产品创新包括新产品的开发和老产品的改造。这种开发和改造是指对产品的结构、性能、材质、技术特征等某一方面或几方面进行改造、提高或独创。它既可以是利用新原理、新技术、新结构开发出一种全新型产品，也可以是在原有产品的基础上，部分采用新技术制造出适合新用途、满足新需要的换代型新产品，还可以是对原有产品的性能、规格、款式、品种进行完善，但在原理、技术水平和结构上并无突破性的改变。

产品创新是企业技术创新的核心内容，它既受制于技术创新的其他方面，又影响其他技术创新效果的发挥：新的产品、产品的新结构，往往要求企业利用新机器设备的新工艺方法；而新设备、新工艺的运用又为产品的创新提供了更优越的物质条件。

上述几个方面的创新，既是相互区别的，又是相互联系、相互促进的：材料创新不仅会带来产品制造技术的革命，而且会导致产品物质结构的调整；产品的创新不仅是产品功能的增加、完整或更趋完善，而且必然要求产品制造工艺的改革；工艺的创新不仅导致生产方法的更加成熟，而且必然要求生产过程中利用这些新工艺方法的各种物质生产手段的改进。反过来，机器设备的创新也会带来加工方法的调整或促进产品功能的更加完善，工艺或产品的创新也会对材料的种类、性能或质地提出更高的要求。总之，上述各类创新虽然侧重点各有不同，但任何一种创新都必然会促进整个生产过程的技术改进，从而带来企业整体技术水平的提高。

16.4.2 组织创新

企业机构的设置和结构的形成要受到宏观环境因素的影响，因此，企业在不同的时期，随着经营活动的变化，要求组织的机构和结构不断进行调整。

1. 传统的企业组织结构及其特征

传统的科层式组织是建立在亚当·斯密分工理论基础之上的，其部门之间分工明确，形成了金字塔形组织结构。这种建立在专业化分工基础上的金字塔形组织结构在工业革命时期的专业化、标准化生产或重复性工作中发挥了巨大的作用。

传统的科层式结构发挥作用并取得成功是以一定的环境条件和假设为前提条件的。这种结构在企业中的广泛应用是以市场环境为背景的：消费者的诸多需求尚未得到充分满足；这些需求基本上是无差异的；消费需求以及影响企业经营的其他环境因素基本上是稳定的，或虽有变化，但变化具有连续性的特征，从而基本是可以预测的。

在知识经济的今天，传统的组织结构赖以成功的上述背景已经发生变化：消费者日趋成熟，消费者有关消费知识的渐趋丰富使得消费需求愈来愈具有多样化和个性化的特点；影响企业的经营环境不仅日益复杂，而且愈来愈不稳定，其变化不仅无法控制，而且也愈来愈难以预测。为了满足个性化的需求，要求企业生产组织更具有弹性。这样，传统结构的弊端日趋明显，如各职能部门之间缺乏快速统一的沟通协调机制；森严的等级制度极大地压制了员工的主创精神；信息沟通渠道过长，容易造成信息失真以及由不相容目标所导致的代理成本的增加，决策者也无法对顾客的需求和市场的变化做出快速反应。科层式组织导致了企业里严重的官僚主义，企业服务的顾客被抛在一边，这些都严重制约了企业的进一步发展。而在知识经济和全球信息化环境下，企业的经营管理具有全球性、平等性、共享性、知识性、虚拟性、创造性、自主性等特征，企业间的“竞争已进入无边界的竞争时代”。在这种环境下，企业的竞争焦点集中于创新能力、反应速度、定制化产品、客户化服务，组织的管理“速度”成为决定胜负的一个关键砝码。

显然，传统的科层式组织结构已不能适应急剧变化的环境——激烈的市场竞争和多变的顾客要求，因此，将面临巨大的挑战。而信息技术的发展为新模式的诞生提供了极为有利的软硬环境，新的组织模式将在这种背景下孕育而生。信息技术促进着组织创新的进行，而组织又不断进行着自身的改造与创新，去适应信息时代的经营环境，在这种良性的双向互动中企业的发展被推向新的高度。

2. 组织的结构创新

（1）扁平化。组织结构的扁平化是指组织通过精简管理层次、再造工作流程、增加授权、扩大管理跨度等措施减少组织层次的过程。其目的是提高组织的运作效率，增加组织的灵活性与适应性。传统的直线型结构、职能型结构、直线职能型结构、事业型结构等都是传统的金字塔式的层次结构。这些结构主要依靠高层主管的权威和由上向下的垂直指挥链来运作，优点是分工明确，可以发挥专业化优势。这种组织结构曾经发挥了极大的作用，给诸多组织带来了成功。然而，随着时间的推移，组织庞大的肌体、繁多的层次结构，严重影响了组织的活力和竞争力，主要表现在：企业的各职能部门尤其是营销、生产、研发、财务、后勤等管理部门往往各自为政、协调困难，信息流程长且传递效率低。内部的官僚作风严重，信息沟通缓慢，对环境变化的反应迟钝，压抑成员的工作积极性和创造力，人员成本消耗过大等。大型组织普遍认识到，要改变被动局面，精简机构，减少结构的中间层次，从根本上改变金字塔式的框架结构，是组织改革的必由之路，这便是组织结构的扁平化。

信息技术的广泛应用，首先使内部组织的有效市场化成为可能，它打破了官僚主义的官本位，破除了科层组织信息沟通不畅的弊端，使结构更加精简、扁平，但这种组织结构不是一般意义上的“扁平化”，而是根据企业再造的思想将企业内部业务流程和企业间业务流程的重新设计与整合。在进行企业再造的过程中，企业的各子系统就生产、营销、研发、财务、后勤服务等业务部门的功能重新调整，它们之间的关系也因此而改变。

（2）柔性化。所谓组织的柔性化，是指组织的各个部门、各个成员都是可以根据组织内外环境的变化而进行灵活调整和变动的。在知识经济时代，外部环境的变化速度加快，企业的竞争日趋激烈，任何一个企业依靠自身的力量很难垄断市场，为了避免恶性竞争，保存自身实力，有效地整合企业外部资源，抓住有限的市场机会，企业新的经营方式和组织方式不断涌现。如虚拟企业、战略联盟和网络化组织等组织形式和概念相继出现。

虚拟企业是以核心企业为龙头，为实现某种市场机会，将拥有实现该机会所需资源的若干企业集结而成的一种网络化的动态组织。当市场机会不存在时，虚拟企业则自行解体。

战略若联盟是指多个具有对等经营实力的企业，为达到共同拥有市场、共同利用资源等战略目标，通过各种协议、契约而形成的优势互长、风险共控的网络组织。

网络化组织是按工作流程构成的一个具有固定连接的业务关系为基础的小单元联合体。它既可以是企业内部的工作单位的联合，也可以扩充到外部联盟企业。

网络化组织主要表现出如下特征：第一，它是由各工作单位组成的联盟，而非严格的等级排列。这些工作单位相互依赖，在关键技术和如何解决难题上相互帮助，它们的地位与核心机构平等。核心机构只选择与调整企业的战略方向，设计各部分共享的组织基础，创造促成向心力的企业文化，保证各部分的相互合作，而各项工作则由各工作单元来完成。第二，企业成员在网络组织中的角色不是固定的，而是动态变化的。网络中的工作单元可能是稳定的，但单元之间的关系则是为了完成一定的项目而设计的。一旦项目完成，单元之间的关系则可能需要重组。由于企业活动的项目及其进展情况是不断变化的，因此网络结构也需要不断地调整。第三，企业成员在网络中的权力地位不是取决于其职位（因为职位大多是平行的，而非纵向排列的），而是来自他们拥有的不同知识。

总之，为了适应科学技术和经营环境的急剧变化，企业经营战略与组织必须求变和创新，以灵活性、敏捷性为特征，一切要面向全球一体化的市场，以顾客满意为导向。因此，柔性化组织结构模式将引导 21 世纪企业组织潮流。柔性化组织模式是一个超越组织边界的概念，它是围绕核心企业，融合虚拟企业、战略联盟、网络化组织的基本组织方式，通过对信息流、物流、资金流的控制，将供应商、制造商、分销商、零售商，直到最终用户连成一个整体的、动态的功能网络结构模式，以适应复杂性、动态性、交叉性的经营环境，更好地满足用户需求。

本章习题

一、单选题

1. 创新理论的创立者是（　　）。

A. 熊彼特　　B. 韦伯

C. 德鲁克　　D. 波特

2. 企业文化通过员工价值观与（　　）价值观的高度统一，通过企业独特的管理制度体系和行为规范的建立，使管理效率得以提高，使企业得以卓越发展。

A. 政府　　B. 股东

C. 金融机构　　D. 企业

3.（　　）是从社会经济角度来分析企业系统中各成员间的正式关系的调整和改革。

A. 技术创新　　B. 制度创新

C. 工艺创新　　D. 组织创新

4. 在信息社会，产品的生命周期（　　），企业的产品必须不断地超前于消费的需要。

A. 越来越长　　B. 越来越短

C. 没有变化　　D. 无规律可循

5. 传统的科层式组织是建立在（　　）分工理论基础之上的，其部门之间分工明确，形成了金字塔形组织结构。

A. 亨利·法约尔　　B. 莉莲·吉尔布雷斯

C. 弗雷德里克·泰勒　　D. 亚当·斯密

二、多选题

1. 企业制度创新主要包括（　　）等方面的内容。

A. 产权制度创新　　B. 经营制度创新

C. 管理制度创新　　D. 技术制度创新

E. 人力资源制度创新

2. 管理创新的原则有（　　）。

A. 正向思维原则　　B. 逆向思维原则

C. 彻底抛弃原则　　D. 交叉综合原则

E. 扬弃原则

3. 管理创新的主要特征有（　　）。

A. 高风险性　　B. 高回报率

C. 复杂性　　D. 时效性

E. 受抵制性

三、简答及论述题

1. 创新主要涉及哪些方面？企业中各类创新活动有何特点？
2. 管理创新过程包括哪几个阶段？
3. 为什么说创新应该成为企业永恒的目标？
4. 什么是技术创新？技术创新与发明是什么关系？
5. 试论述组织的结构创新。

案例讨论

3M 公司的创新之路

全世界有超过 50% 的人每天直接或间接地接触到 3M 公司的产品。3M 平均每 2 天开发 3 个新产品，并且对现有产品不断更新换代。3M 在华 50% 的销售额来自于过去 4 年开发出的新品，10% 的销售额来自于过去 1 年开发出的新品。

3M 的创新并不局限于有形产品，而是融入了商业模式、管理模式之中。对于一个以知识创新为生存依托的公司而言，有强烈的创新意识和创新精神的知识员工是实现公司价值的最大资源。

在 3M 公司内部流传着这样一句话："为了发现王子，你必须与无数只青蛙接吻。"什么意思呢？传说王子被施巫术变成了一只青蛙，而化解巫术的唯一办法便是公主对这只青蛙施以香吻。然而，香吻易施，王子难寻，芸芸众蛙，究竟哪一只才是王子所变的呢？公主没有选择，只能见一只吻一只，见两只吻一双。终于，在吻过千百只青蛙后，才把王子吻了出来。

"亲吻青蛙"形象地描述了 3M 的创新过程：每一次成功之前，通常会经历无数次失败。根据媒体的相关报道，在 3M，有超过 60% 的新产品最终都失败了，而且这个数字还不包括产品研发出来前在其研发实验室经历的不计其数的失败。追究失败的原因，不外乎包括无法克服的科技障碍及发现想象的市场并不存在等。

3M 的成功绝非偶然，植入它体内的那种"宽容失败"的基因，正是它能存活百年的生存智慧，亦是它能荣耀百年的根本所在。

宽容氛围

3M 公司可能是除了火星以外最容易引起人们探险欲望的地方。从"Post-it 报事贴便条纸"、道路上的交通标识到汽车的太阳膜，再到口罩，3M 拥有的 6 万多种产品似乎在生活中无处不在。更令人惊奇的是，这家公司的新产品数量正以每年 500 种以上的速度递增。

培植一个适合于创新的土壤，创意的种子才会生根发芽。

3M 有非常宽容失败的环境，这一点对于提倡冒险精神的创新型企业尤为重要。"宽容失败”的心态从3M高层领导一层层地传递到最底层员工。在3M，失败不再被看作是件令人难堪的事，有时，研究人员还往往将自己失败的结果向其他部门介绍宣传，从而让失败之花给3M带来丰硕的果实。多年来，3M从来没有因为员工希望多做点事情，结果没有做好而被惩罚的例子。相反，那些“做一天和尚撞一天钟”、“不求有功，但求无过”的人，往往会成为裁员时的首选对象。

3M的宽容并没有仅仅停留在一种虚无的氛围上，在具体实施中，3M形成了三条极具操作性的管理策略。

（1）弹性目标原则。弹性目标是培养创新的一种管理工具，方法就是制定雄心勃勃的但要切合实际的目标。3M公司制定的目标数量并不多，其中有几个与财政收支状况有关。还有一个目标就是专门用于加大创新步伐的，每年销售额至少应该有35%来自于过去4年所发明的新产品。

（2）视而不见原则。3M公司的管理人员必须要有一定的容忍能力，因为即使你屡次想要取消明显是不切实际的研究计划，研究人员也可能会顽固地坚持己见。

（3）授权原则。授权是在员工已做好创新的思想准备之后让他们开始工作，但创新主要靠他们自身的动力。当他们在发明创造时，公司就要及时给予帮助。这里的技巧在于如何才能不破坏他们这种内在的动力。

拯救创意

一个新产品从创意到产品，再到热销，其过程往往并非一帆风顺，失败很可能如影随形。对于那些暂时看起来还是“失败”的创意，或者是“失败”的产品，3M都有巧妙的拯救措施，让其一部分起死回生。

1984年，“起源基金”成立。它是3M为那些被正常申报程序判死刑的创意提供第二次机会的奖金。最初，这个基金为每个项目赞助5万美元，并根据项目本身的大小，申请金额在几万美元内变动。据统计数据，短短十几年间，“起源基金”已经为3M公司内的70多个项目提供资助，总金额超过350万美元，其一些项目大获成功。

3M公司工程师派伯尔发明新砂纸就是一个典型的例子。派伯尔需要资助购置设备以生产出新砂纸原型，但他无法通过正常渠道获得资助，后来“起源基金”帮了他的忙，基金委员会决定资助这一项目5万美元。结果，项目的成功超出了人们的想象，迄今为止已为3M公司带来数以亿计的销售收入。

拯救产品

为3M赢得巨大利益和声誉的“Post-it报事贴便条纸”，就是一个拯救失败产品的最佳案例。

1968年，3M的科学家斯宾塞·西尔弗在新产品实验中弄出了一种胶，但这种胶粘什么都粘不牢，随便一撕就会掉。3M 以粘接剂技术闻名于世，该工程师却弄出了这样一种粘不牢的胶带，无疑是一项巨大的失败。但西尔弗却不这么认为，他拼命尝试着将这种胶用到各种东西上，但一直未获成功。西尔弗一直未放弃，他多次在公司内部宣传这个技术，希望得到其他员工的共鸣。

5 年后，一位负责产品开发的研究员艾特·佛莱在教堂做礼拜的时候，看到唱诗班的人会把一条纸片放在圣经里做书签，但是纸片常常滑落下来。这激发了佛莱的灵感：西尔弗的胶不正是可以用在这里吗？于是，报事贴便条纸的创意在教堂的唱诗班诞生了。1980 年，报事贴便条纸正式走向了市场。

在面世之初，报事贴便条纸的销量还不尽如人意。"心急"的发明者佛莱先把样品拿到公司 14 楼，给公司领导们的秘书使用，同时他又请当时 3M 的 CEO 给美国 500 强的 CEO 每人写封信，请他们的秘书试用。不可思议的是，3M 的 CEO 果真不厌其烦地在 500 封信上签上自己的大名。没过多久，报事贴便条纸便在美国 500 强公司风靡起来，随之，全美小型公司亦步亦趋。

如今，报事贴便条纸每年可以为 3M 带来超过 3 亿美元的收入。

自主团队的保护人

3M 的项目团队是流动的，人员来自各个专业，且完全自愿。只要谁有好的构思，他就可以在公司内招募帮手，并且向任何一个部门求助资金。

在 3M 公司，一个人只要参与新产品创新事业的开发工作，他在公司里的职位等级与薪酬类别自然就会随着产品的营业成长而改变。比如说，他也许一开始只是个生产第一线工程师，领这一职位等级最高或最低的薪水，一旦他的产品打入市场后，就可晋升为产品工程师。当产品每年的销售总额达到 100 万美元时，这个产品成为具有充分资格的产品，而这时他的职称与支薪等级都有了重大的改变。等到该产品销售额突破 500 万美元大关的时候，他就可以做到整个产品线的工程技术经理了。假如该项产品破了 2000 万美元大关，就可升格为一个独立的产品部门，他若是开发该产品的主要技术人员，这时就自然成为该部门的工程经理或是研究发展主任了。

3M 还有一个很著名的做法，就是鼓励"Honest Mistake"，也就是对于员工创新的失败非常宽容，允许他们犯错误。主管会和员工一起坐下来，检讨问题出在哪里，怎样改进，下一次如何制定更完整的计划。这样一个宽松的环境，也有利于激发创新精神。

自主团队是 3M 最具活力的创新单元，也是 3M 能数十年如一日保持极强创新能力的基石。支撑起自主团队制度的就是 3M 的保护人制度。每一个创新团队创立之初，都会有一位具有影响力的高层支持者作为保护人，协助其获得所需资源，并排除创新过程的企业内部阻力，使创新团队能够安然度过最艰辛的创业初始期。这位保护人不仅要帮助创新者获取资源，而且在项目失败的时候还要为其提供保护。在3M，每一位成功的创造者都有一个来自高层领导的保护人。

一旦某个项目成功，该项目团队的所有成员都会得到应有的奖励，包括薪酬以及级别等。但更值得关注的是3M对待创新失败或没有达成目标的员工的态度。

3M有一个完善的内部员工发展计划，即每位员工都必须制定自己一年的目标，对应目标将取得什么样的成绩。上级主管部门将根据这个发展计划，定期检查计划实施的情况，按照5级标准给每位员工打分。如果没有按期完成计划，上级主管部门将帮助员工分析问题、重新调整计划安排，以保证员工能够完成年终目标。每年年终，上级主管部门都会对每个员工的发展计划进行批复。对于没有完成一年计划的员工，3M将提供1~6个月的延期，给予员工补救的机会。3M不喜欢炒员工鱿鱼，希望每个员工都能成功，并且提供足够的成功机会。3M期望每一个员工都是成功的，如果员工失败了，也说明了公司在工作上的失败。

资料来源：http://www.mlmjzx.com/arti/wenzhang.asp? id=20912，有删改。

思考讨论题

3M公司的创新案例对我国企业有哪些启示？

参考文献

[1] 杨文士等编著，管理学（第三版）. 北京：中国人民大学出版社，2009
[2] [美] 彼得·德鲁克. 齐若兰译. 管理的实践. 北京：机械工业出版社，2010
[3] 陈传明、周小虎，管理学原理. 北京：机械工业出版社，2006
[4] 贾怀勤，管理研究方法. 北京：机械工业出版社，2006
[3] 李海峰、张莹主编. 管理学——原理与实务. 北京：人民邮电出版社，2010
[4] 娄成武、魏淑艳主编，现代管理学原理. 北京：中国人民大学出版社，2012
[5] 芮明杰编著. 管理学原理. 上海：格致出版社，2006
[6] 何娟主编. 人力资源管理. 天津：天津大学出版社，2002
[7] 李维刚、白瑷峥主编，管理学原理. 北京：清华大学出版社，2007
[8] 方振邦主编. 管理学基础. 北京：中国人民大学出版社（第二版），2011
[9] 王利平编著. 管理学原理. 北京：中国人民大学出版社（第三版），2009
[10] 汪洁主编，管理学基础. 北京：清华大学出版社，2009
[11] 刘冬蕾、赵燕妮主编. 管理学原理. 北京：中国林业出版社，2012
[10] 朱秀文等编著. 管理概论. 天津：天津大学出版社，2003
[12] 孙慧中主编. 管理学原理. 北京：中国财政经济出版社，2002
[13] 赵丽芬编著. 高级管理学. 北京：清华大学出版社，2009
[14] 王凤彬、李东编著. 管理学（第四版）. 北京：中国人民大学出版社，2011
[15] 倪杰主编，管理学原理. 北京：清华大学出版社，2011
[16] 赵丽芬编著. 高级管理学. 北京：清华大学出版社，2009
[17] 张勤国、朱敏主编. 管理学. 上海：立信会计出版社，2003
[18] 张顺主编. 成功招聘. 北京：海天出版社，2002
[19] 吕峰编著，MBA 人力资源管理. 太原：山西经济出版社，1999

[20]［美］哈罗德·孔茨，海因茨·韦里克著．张晓君等编译．管理学（第十版）．北京：经济科学出版社，1998
[21]［美］斯蒂芬·罗宾斯．管理学．北京：中国人民大学出版社，2008
[22] 周三多等．管理学—原理与方法（第五版）．上海：复旦大学出版社，2009
[23] 张玉利主编．管理学原理（第二版）．天津：南开大学出版社，2004
[24] 郭咸纲．西方管理学史．北京：中国经济出版社，2003
[25] 蔡世馨，史若玲主编．管理学．大连：东北财经大学出版社，1997
[26] 周三多．管理学．北京：高等教育出版社，2000 年
[27] 张德，企业文化建设，清华大学出版社，2009 年
[28] 斯蒂芬·P·罗宾斯，玛丽·库尔特，管理学，北京：中国人民大学出版社，2008 年
[29] 莱斯利·W·鲁，劳埃德·L·拜厄斯，管理学：技能与应用，北京：北京大学出版社，2006 年
[30] 埃德加·沙因，组织文化与领导力，北京：中国人民大学出版社，2011 年
[31] 约翰·P·科特，詹姆斯·L·赫斯克特，企业文化与经营业绩，北京：中国人民大学出版社，2004 年
[32] 朱姝，论组织文化的功能与作用，经营管理者，2011 年 15 期
[33] 朱国春．核心竞争力与企业家文化．北京：中国物资出版社，2003
[34]［美］迈克尔·波特著．陈小悦译．竞争优势．北京：华夏出版社，1997
[35] 王迎军，柳茂平编著．战略管理．天津：南开大学出版社，2003
[55] 张国梁主编．企业文化管理．北京：清华大学出版社，2010
[36] 徐光华等主编．管理学—原理与方法．北京：清华大学出版社，2004
[37] 张佩云主编．人力资源管理．北京：清华大学出版社，2004
[38] 赵曙明等．人力资源管理．北京：电子工业出版社，2003
[39]［美］加里·德斯勒．人力资源管理．北京：中国人民大学出版社，1999
[40] 吴照云．管理学（第四版）．北京：经济科学出版社，2004
[41] 傅毓维，张凌主编．预测决策理论与方法．哈尔滨：哈尔滨工程大学出版社，2003
[42] 赵伊川主编．管理学教程．北京：中国商务出版社，2004
[43] 郭跃进主编．管理学．北京：经济管理出版社，2003
[44] 陈劲编著．管理学．北京：中国人民大学出版社，2010
[45] 张义珍，江占民．管理学．北京：中国物价出版社，2000
[46] 魏宏森，曾国屏．系统论——系统科学哲学．北京：清华大学出版社，1995
[47] 甘华鸣．管理方法．北京：中国国际广播出版社，2002
[48]［美］约瑟夫·M·普蒂，海因茨·韦里奇，哈罗德·孔茨著．丁会平，孙先锦译．管理学精要．北京：机械工业出版社，1999
[49]［美］安德鲁·J·杜伯林著．胡左浩等译．管理学精要．北京：电子工业出版社，2003
[50]［美］托马斯·S. 贝特曼著．王雪莉等译．管理学——构建竞争优势．北京：北京大学出版社，2000
[51] 陈文安，穆庆贵主编．新编企业管理．上海：立信会计出版社，2002
[52]［美］弗雷德里克·泰勒．科学管理原理．北京：团结出版社，1999
[53] 刘熙瑞，张康之主编．现代管理学．北京：高等教育出版社，2000
[54] 魏江，严进编著．管理沟通．北京：机械工业出版社，2010

[55] 张光辉，戴育滨、张日新. 创业管理概论. 大连：东北财经大学出版社，2006

[56] 张玉利. 管理学创业管理. 北京：机械工业出版社，2006

[57] 林祖华等主编. 现代管理学. 北京：中国时代经济出版社，2004

[58] G. Yukl，Leadership in organizations，3rd ed. Englewood Cliffs，NJ：Prentice Hall，1994

[59] Stephen P. Robbins and Mary Coultar. Management（Fifth Edition）. New Jersey：prentice – Hall International，InC.，1996（清华大学出版社影印本）.

[60] Hennz Weihrich，and Harold Koontz，Management：A Global Perspective，tenth edition，McGraw – Hill，Inc. 1993.

[61] R. J. House. "A Path Goal Theory of Leader Effectiveness"，Administrative Science Quarterly 16，1971.

[62] James H · Donnelly，Jr.，James L. Gibson，and John M. Ivancevich，Fundamentals of Management，8th ed. Richard D. Irwin，Inc.，1992：5

参考答案

第1章　管理与管理学习题答案

一、单选题

1. A　2. B　3. C　4. A　5. D　6. D　7. C　8. C　9. B　10. A

二、多选题

1. AD　2. ACDE　3. BDE

三、名词解释

1. 管理是在特定的组织中，在内外环境的约束下，为了有效利用组织资源和实现组织目标，而进行的计划、组织、协调、控制、激励和领导等工作的总称。

2. 管理者是指在组织中告诉别人该做什么以及怎样去做，他们通过协调其他人的活动，达到与别人一起或者通过别人实现组织目标的目的。

3. 操作者是直接从事某项工作或任务，不具有监督其他人的职责的组织成员。例如，汽车装配线上的作业工人，快餐店中的厨师和服务人员等。

4. 技术技能是指熟悉和精通某种特定专业领域的知识，如工程、计算机、财务、会计或制造等。对于基层管理者来说这些技能是十分重要的，因为他们直接管理操作者，经常需要处理操作者所从事的工作。

5. 人际技能是指成功地与他人进行沟通的能力。人际技能包括对下属的领导能力和处理不同小组之间关系的能力。

6. 概念技能是管理者对复杂情况进行抽象和概念化的技能。具有概念技能的管理能够深刻识别组织中的问题，制定有效的行动方案并且进行有效的实施。

四、简答及论述题（略）

第2章　管理理论的形成与发展

一、单选题

1. B　2. A　3. B　4. A　5. D　6. C　7. C　8. B　9. D　10. B

二、多选题

1. ABD　2. ACE　3. AE

三、简答及论述题（略）

第3章　管理与环境习题答案

一、单选题

1. D　2. A　3. D　4. A　5. C

二、多选题

1. ABCDE　2. ABDE　3. ABCE　4. ABCDE　5. ABCD

三、名词解释

1. 宏观环境（macro-environment），又称组织的一般环境（general environment），是指在国家或地区范围内对一切产业部门和企业都将产生影响的各种因素或力量。

2. 微观环境（micro-environment），又称具体环境，是指那些对组织的影响更频繁、更直接的环境，是与某一具体的决策活动和处理转换过程直接相关的各种特殊力量，是那些与组织目标的制定与实施直接相关的环境。

3. 组织内部环境是指那些对组织影响最频繁、最直接的环境，也可以认为组织内部环境就是组织的一部分，它直接影响组织的日常运营、生存和发展。

4. 后向一体化就是企业通过收购或兼并若干原材料供应商，拥有和控制其供应系统，实行供产一体化。后向一体化是指企业利用自己在产品上的优势，把原来属于外购的原材料或零件，改为自行生产的战略。

5. 组织使命表明了组织存在的价值，它是指导和规范组织全部活动的依据，组织的一切活动都必须服从和服务于它的使命。

四、简答及论述题（略）

第4章　决策习题答案

一、单选题

1. D　2. A　3. A　4. C　5. B　6. C　7. D　8. B

二、多选题

1. ABCDE　2. ABCDE　3. ABC　4. ABC　5. ACE

三、计算题

方案一：$1200\times0.7-0.3\times150=795$（万元）

方案二：
- 0.8（好）
  - 0.85（好）
  - 0.15（差）
- 0.2（差）
  - 0.1（好）
  - 0.9（差）

$0.8\times(0.85\times1200-0.15\times150)+0.2(0.1\times1200-0.9\times150)-100=895$（万元）

所以选择方案二。

四、简答及论述题（略）

第5章　计划习题答案

一、单选题

1. D　2. B　3. D　4. D　5. A　6. C　7. A　8. C

二、多选题

1. AC　2. ABCDE　3. ACD　4. ABD

三、名词解释

1. 计划是指为了实现企业的经营方针和经营战略，使企业能够适应未来变化的环境，正确地选择未来行动，而对这种行动做出的科学决策和统筹安排。

2. 战略是为了实现组织或企业长远目标所选择的发展方向、所确定的行动方针，以及资源分配方针和资源分配方案的一个总纲。

3. 滚动计划法是一种将短期计划、中期计划和长期计划有机地结合起来，根据近期计划的执行情况和环境变化情况，定期修正和调整未来计划并逐期向前推移的一种动态编制计划的方法。

4. 长期计划通常指5年以上的计划。长期计划描述了组织在较长时期的发展方向和方针，规定了组织的各个部门在较长时期内从事某种活动应达到的目标和要求，绘制了组织长期发展的蓝图。

5. 所谓改变航道原则，是指主管人员为保证计划顺利完成，定期地检查现状和预期前景，并根据情况的变化调整或者重新制定计划工作的原则。

四、简答及论述题（略）

第6章　目标及目标管理习题答案

一、单选题

1. B　2. A　3. D　4. A　5. B　6. C　7. D　8. D

二、多选题

1. ABCDE　2. ACDE　3. ABCDE　4. ABCD

三、简答及论述题（略）

第7章　预测习题答案

一、单选题

1. D　2. A　3. B　4. B　5. C　6. B　7. B　8. A

二、多选题

1. ADCDE　2. ABD　3. CDE

三、简答及论述题（略）

第8章　组织习题答案

一、单选题

1. B　2. C　3. B　4. A　5. A　6. B　7. D　8. B　9. C　10. A

二、多选题

1. ABDE　2. ABCD　3. ABC

三、简答及论述题（略）

第9章　组织文化习题答案

一、单选题

1. C　2. A　3. C　4. C　5. B　6. D

二、多选题

1. ABCDE　2. BCE　3. ABC

三、简答及论述题（略）

第10章　人力资源管理习题答案

一、单选题

1. A　2. B　3. D　4. C　5. B　6. B　7. A　8. B

二、多选题

1. ABD　　2. ABC　　3. ABCDE　　4. ABCDE

三、名词解释

1. 人力资源管理是指在人力资源的获取、开发、保持和使用等方面所进行的计划、组织、激励和控制等活动。

2. 广义的人力资源规划是对人力资源管理工作进行筹划和安排，是企业根据外部环境和内部条件而统筹安排各项人力资源管理活动的过程。

3. 人员培训就是给新雇员或现有员工传授其完成本职工作所必需的基本技能的过程。培训的目的不仅仅局限于基本技能的开发上，更多应看成是创造智力资本的途径，创造出一个有利于人与企业发展的学习型组织。

4. 面试是人员甄选过程中非常重要的一个环节，它是指由一个或多个面试官主持的、以搜集求职者信息和评价求职者是否具备雇佣资格为目的的面对面的对话过程。

5. 员工福利，从宏观上讲，是指国家及社会兴办的教育、文化、医疗卫生等事业，各种生活补贴、其他福利设施等；从微观上讲，是指各社会组织主要依靠自己力量举办的集体福利设施、提供的生活补贴等，其目的是减轻所属员工负担，改善员工生活，保证员工正常和有效地进行劳动。这里的员工福利体系，是指组织在国家和社会福利的基础上，提供具有组织自身特色的福利。

四、简答及论述题（略）

第11章　领导习题答案

一、单选题

1. A　2. A　3. D　4. C　5. C　6. B　7. B　8. C

二、多选题

1. ABCD　　2. ABD　　3. ABCDE

三、简答及论述题（略）

第12章　激励习题答案

一、单选题

1. C　2. B　3. C　4. A　5. D　6. D　7. A　8. B

二、多选题

1. CE　　2. BC　　3. DE　　4. BD　　5. AE

三、名词解释

1. 激励是指组织激发员工的动机，诱导员工的行为，使其产生一种内在的动力，朝着组织所期望的目标而不断努力的过程。

2. 所谓正强化，就是奖励那些符合组织目标的行为，以便使这些行为得到进一步加强，从而有利于组织目标的实现。正强化的刺激物不仅包含奖金等物质奖励，还包含表扬、提升、改善工作关系等精神奖励。

3. 负强化，就是不鼓励那些不符合组织目标的行为，以使这些行为削弱直至消失，从而保证组织目标的实现不受干扰。

4. 保健因素是指那些能够为组织工作带来不满意的因素（如工作环境、福利待遇等），这些因素的改善只能消除员工的不满、怠工和对抗，但并不能使员工变得满意。

5. 鲶鱼效应是指采取某种手段或措施，刺激一些企业员工活跃起来，积极投入到竞争中，从而增加企业的活力。

四、简答及论述题（略）

第13章　管理沟通习题答案

一、单选题

1. B　2. B　3. A　4. B　5. C　6. D　7. B　8. C

二、多选题

1. ABCDE　2. ACD　3. ABCD

三、简答及论述题（略）

第14章　控制习题答案

一、单选题

1. B　2. D　3. A　4. C　5. B　6. B　7. A　8. B　9. D　10. A

二、多选题

1. BCDE　2. ABCD　3. ACD　4. ABC　5. ACD

三、名词解释

1. 控制是指管理者按照决策所确定的组织方向和计划所确定的具体执行方案，运用工作标准检查实际工作中的运行情况，及时发现偏差，及时给予纠正，以保证组织活动能够达到组织的目标。

2. 预先控制是指管理者根据过去的经验或科学分析，对各种可能出现的偏差进行预测，并在此基础上采取一定的防范措施。

3. 现场控制是一种发生在计划实施过程中的控制，为了顺利实现计划的目标，管理人员直接对计划的执行情况进行现场检查，并及时纠正偏差。

4. 反馈控制是一种针对结果的控制，又被称为事后控制。它是主管人员通过分析工作的执行结果，并将其与控制标准相比较，发现偏差以及造成这种偏差的原因，及时拟定纠正措施并予以实施，以防止偏差继续发展和杜绝此类事件再度发生。

5. 零基预算是指编制预算时以零为基数的预算方法。其基本思想是在编制预算时，必须对每项费用都予以重新审核，要以目前的需求和发展趋势作为核查的基准。

四、简答及论述题（略）

第15章　创业管理习题答案

一、单选题

1. C　2. A　3. A　4. C　5. A

二、多选题

1. ABCDE　2. ABC　3. ABC

三、名词解释

1. 创业机会是未明确市场需求或未充分使用的资源或能力，它不同于有利可图的商业机会，其特点是发现甚至创新的："方法－目的关系"来实现创业租金，对于"产品、服务、原材料或组织方式"有极大的革新和效率的提高。

2. 个人独资企业是按照《个人独资企业法》在中国境内设立的，由一个自然人投资，财产为投资个人所有，投资人以其个人财产对企业债务承担无限责任的经营实体。

3. 合伙制企业是指由两人以上按照协议投资，共同经营、共负盈亏的企业。合伙制企业财产由全体合伙人共有，共同经营，合伙人对企业债务承担连带无限清偿责任。

4. 公司制企业是指一般以营利为目的，从事商业经营活动或某些目的而成立的组织。根据我国《公司法》规定，其主要形式为有限责任公司和股份有限公司。两类公司均为法人组织，投资者可受到有限责任保护。

四、简答及论述题（略）

第16章　管理创新习题答案

一、单选题

1. A　　2. D　　3. B　　4. B　　5. D

二、多选题

1. ABC　　2. BDE　　3. ABCDE

三、简答及论述题（略）

高等院校经济管理“十二五”规划教材·营销系列

书名：现代营销学（第2版）
作者：李东进　秦　勇　主编
书号：978-7-80234-742-7
定价：35.00元
简介：本书以通俗易懂的方式叙述现代企业营销的基本原理和概念，并结合我国企业营销发展的新趋势，从企业产品的渠道、价格、市场环境、促销、消费者行为等方面对现代企业的营销活动进行了较为深入的探讨。

书名：现代广告学（第3版）
作者：李东进　秦　勇　著
书号：978-7-80234-709-0
定价：36.00元
简介：本书充分借鉴国内外广告学最新研究成果，讲述了广告学的基本原理、概念和实务，还结合我国广告业发展的新趋势，对新媒体广告、电影（电视）植入式广告以及名人广告等热点广告问题进行了较为深入的探讨。

书名：国际营销教程
作者：陈祝平　编著
书号：978-7-80234-452-5
定价：32.00元
简介：本书系统地比较了国际营销与国内营销、国际贸易的区别，讲述了国际环境、国际市场策划、国际产品策划、国际渠道策划、国际沟通和国际定价等内容。适合高校经济管理类本科和研究生（包括MBA）学习用书，也可供工商企业管理层阅读和参考。

书名：市场营销学教程
作者：吴　涛　编著
书号：978-7-80234-452-5
定价：32.00元
简介：为了更好地适应高等院校市场营销学课程的教学需要，这次修订对原书进行了大幅度的调整，重新撰写了一些章节，包括更换书名。本教程旨在提供一本以案例教学为导向，突出本土企业营销管理实践，侧重实践应用能力的市场营销学教科书。

书名：市场调研与预测
作者：胡祖光　王俊豪　吕筱萍　编著
书号：978-7-80087-829-5
定价：30.00元
简介：本书从市场调研、市场预测、数据处理与分析三大方面系统阐述了市场调研的基本概念、方式方法和技术、调研资料分析、数据统计软件的应用以及市场预测的方式方法等。

书名：品牌管理
作者：陈祝平　著
书号：978-7-80087-803-9
定价：28.00元
简介：本书通过大量的中国本土企业的品牌实战案例，从心理学和经济学两个角度全面分析了品牌管理的各种问题，包括品牌资产的概念和结构、品牌形象和定位、品牌设计、品牌渠道和品牌传播等内容，具有很强的实用性。

书名：消费者行为学
作者：孟祥林　编著
书号：978-7-5177-0210-8
定价：38.00元（估）
简介：本书设十四章，每章均安排理论、案例、故事三个部分。理论部分介绍消费者行为学的基本概念和基本原理，让读者学习后掌握较为系统的理论知识。案例和故事的目的在于让读者在潜移默化中接受理论知识，强化本书的可读性。

高等院校经济管理“十二五”规划教材·人力资源管理系列

书名：绩效管理
作者：付维宁　编著
书号：978-7-80234-726-7
定价：38.00元
简介：本书主要讲述绩效评价、绩效执行、绩效反馈、绩效计划、公关部门的绩效管理。本书可作为人力资源管理专业本科学生、正在从事或有兴趣从事人力资源管理的企业及社会人员的学习用书，也可作为高等职业院校、大专院校、成人院校企业管理专业的培训教材。

书名：劳动关系管理
作者：尚　珂　左春玲　著
书号：978-7-80234-710-6
定价：35.00元
简介：本书从宏观和微观两个角度，不仅讲述了劳动关系与劳动关系管理、劳动关系主体与劳动力市场等宏观理论，还详细讲述了企业劳动合同管理、企业劳动标准实施管理、企业集体合同管理、企业劳动争议管理等内容。

书名：人才测评教程
作者：寇家伦　编著
书号：978-7-80234-453-2
定价：40.00元
简介：本教材的第1版《人才测评》于2006年出版。本书是原书的第2版。为了更好地适应高等院校人力资源专业课程的教学需要，本次修订对原书进行了大幅度的调整，并且重新撰写了一些章节。

书名：人力资源管理教程（第2版）
作者：伍争荣　主编　缪仁炳　副主编
书号：978-7-80234-462-4
定价：36.00元
简介：为了更好地适应人力资源管理环境发生很大变化后的教学研究工作，特别是新的《劳动合同法》颁布实施后劳动关系领域新的变化，并反映理论的前沿和实践的进步，本书对第1版进行了一定程度的调整、补充和完善。

书名：组织行为学
作者：肖余春　主编
书号：978-7-80087-882-4
定价：36.00元
简介：本书运用心理学、社会学、人类学、经济学等知识，分别从个体行为、群体行为和组织系统等方面探讨研究一定组织中人的心理和行为的规律性，从而提高管理者对人的行为的预测和引导能力。

书名：人才测评技术（修订版）
作者：宋　荣　谷向东　宇长春　主编
书号：978-7-80234-853-0
定价：38.00元
简介：本书不仅介绍了人才测评的基本概念和基本原理，还全面系统地介绍了心理测验、面试、笔迹分析、无领导小组讨论、公文筐、角色扮演、360度反馈技术等目前国内企业所采用的人才测评技术。全书用大量的人才测评案例，对实际人才测评工作具有很强的实用性。

高等院校经济管理“十二五”规划教材·管理与MBA系列

书名：管理经济学
作者：戴庚先等　编著
书号：7-80087-860-0
定价：39.00元
简介：本书创造性地将Excel运用到管理经济学的决策分析当中，全面阐述了管理经济学的理论、方法和应用，系统讲述了管理经济学的数学模型、供应与需求理论、生产理论与决策分析、成本理论与分析、企业利润、生产结构分析、博弈论与竞争策略等内容。

书名：管理学原理（第3版）
作者：李东进　秦　勇　主编
书号：978-7-5177-0193-4
定价：35.00元
简介：这是本教材第三次修订，在保持前两版总体风格、特色和体系架构的基础上，对全书内容作了一定的更新。除了着重强调管理策略的重点——决策、计划、预测、组织、领导、激励、控制等外，还增加了组织文化和管理创新两章内容，使整个教材的知识体系更趋完整和合理，更适应我国管理学教学的需要。

书名：公共关系学
作者：秦　勇　编著
书号：978-7-5177-0209-2
定价：39.00元（估）
简介：本教材追求简明、实用的写作风格，讲述了公共关系的定义与特征、公共关系的工作流程、公共关系广告、公共关系专题活动、公共关系危机管理、公共关系的CIS战略，以及网络公共关系等内容，内容丰富，结构清晰，实用性很强。

高等院校经济管理“十二五”规划教材·财务管理系列

书名：高级财务会计
作者：蒋德启　主编　王铁林　副主编
书号：978-7-80234-575-1
定价：35.00元
简介：本教材重点安排能够提升学生实战能办的内容——合并财务报表和中期财务报告的编制，以及企业清算会计、衍生金融工具会计、外币会计、物价变动会计、租赁会计等相关知识。在介绍这些内容时，加入了很多真实企业的案例。

书名：小企业会计准则释义与运用
作者：蒋德启　刘　诚　主编
书号：978-7-80234-749-6
定价：32.00元
简介：本书是第一本系统阐释小企业会计准则的书。它从基本理论、流动资产、非流动资产、负债的核算、所有者权益、收入、费用、利润及其分配、外币业务、财务报告等方面对小企业会计准则进行释义，并且相应地列举了大量案例，以供学习者的吸收、消化。

高等院校经济管理“十二五”规划教材·电子商务系列

书名：电子商务实务教程
作者：李东进　秦　勇　主编
　　　　于　洁　朴世桓　副主编
书号：978-7-80234-888-2
定价：35.00元
简介：本书介绍了电子商务的技术基础、电子支付、电子商务物流、网络营销、网络采购等内容，前瞻性地勾画出了电子商务专业理论知识的基本框架，旨在帮助读者理解电子商务商业模式和价值创造的原理。

高等院校经济管理“十二五”规划教材·国际商务系列

书名：商务沟通教程
作者：王慧敏　编著
书号：978-7-80087-826-0
定价：28.00元
简介：本书是一本以能力培养为主线的理论与实务相结合的商务沟通教材。全书包括商务沟通概述、商务沟通的一般技巧、招聘与面试、演讲的技巧、会议沟通技巧、谈判技巧、与客户的沟通技巧、管理沟通、书面沟通等内容。本书具有很强的实用性。

书名：国际贸易实务
作者：王慧敏　编著
书号：978-7-80234-519-5
定价：35.00元
简介：本书突出案例教学、启发式教学，主要讲述国际货物运输、国际货物运输保险、进出口商品价格核算、国际贷款的收付、国际货物买卖合同的签订、进出口交易的基本业务程序等内容，使学生在解决问题的过程中掌握课程教学内容。

书名：商务礼仪教程
作者：王慧敏　吴志樵　周永红　编著
书号：978-7-80234-229-3
定价：32.00元
简介：本书系统地介绍了商务活动中的服饰妆容礼仪、语言行为礼仪、往来礼仪、交际礼仪、办公室礼仪、通讯礼仪、会议礼仪、谈判礼仪、求职礼仪、涉外礼仪等方面的知识。本书可以作为大学本科和高职院校学生的教材，也可以作为普通大众了解礼仪知识的通俗读物。

书名：报关实务
作者：王慧敏等　编著
书号：978-7-80234-354-2
定价：32.00元
简介：本书详尽地介绍了报关从业人员需掌握和了解的各种进出口货物的报关程序、进出口商品的归类与税费的征收，以及进出口货物报关单的填制等相关知识。还根据教学的实践安排了练习题和案例分析，以培养学生的思维能力和动手能力。

高职高专连锁经营管理专业规划教材

书名：连锁企业经营管理
书号：978-7-80234-570-6
作者：孙前进　孙　静　编著
定价：30.00元
简介：本书概述了连锁企业经营的原则与管理策略、商业网络与连锁门店选址、特许经营、采购与库存、配送与配送中心管理、信息管理、员工招聘与培训以及供应链管理等内容。通过学习，使学习者掌握连锁经营的相关知识，并不断提高驾驭现代连锁企业的技能与素养，成为更优秀、更适合连锁企业需要的人才。

书名：连锁门店开发与选址
书号：978-7-80234-571-3
作者：李晓晖　弓秀云　编著
定价：29.00元
简介：连锁门店的开发肩负着支撑连锁企业扩大规模、提高效益、提升竞争力的重要责任，而门店选址就是选择目标市场。本书通过九个模块分别讲述了连锁门店的经营战略、选址体系、CIS设计、内部和外部设计的原则与技巧、扩张策略，以及开业、庆典的策划等内容。这些都是成功开发并有效管理一个门店所必须的知识与技能。

书名： 连锁企业信息系统与管理
书号： 978-7-80234-573-7
作者： 孙前进　杨　洋　编著
定价： 32.00元
简介： 本书在介绍连锁企业信息系统的概念与特点、类型与模式等知识的基础上，系统介绍了连锁企业营销与物流系统网络、信息系统关键技术与电子货币、连锁企业总部和门店信息系统与管理、供应链信息系统与管理、物流配送中心信息系统与管理、电子商务与客户信息管理以及连锁企业信息系统运营维护及发展研究，并且还介绍了典型连锁企业信息化案例。

书名： 连锁企业采购与配送管理
书号： 978-7-80234-574-4
作者： 胡贵彦　编著
定价： 34.00元
简介： 本书是以连锁企业的采购和配送为主线，具体讲述了连锁企业采购和配送的流程、采购计划、供应商管理、招标采购、采购风险管理和绩效评估、配送中心与库存管理、进出货管理、配载及配送路线的优化等内容。力图使从事连锁企业的相关人员能够以最短的时间全面系统地掌握连锁企业采购和配送方面的知识和技能。

书名： 连锁企业门店管理
书号： 978-7-80234-572-0
作者： 尚　珂　隆　意　顾丽萍　编著
定价： 30.00元
简介： 本书以门店管理实务为主，按照门店经营环节，从商品进货、陈列、销售、现场服务、收银、投诉、安全管理，以及员工、客户关系管理等方面全面阐述了连锁零售企业门店运营的流程、作业标准、管理规范等，在保持知识的完整性和系统性的同时，重点突出了对实践的指导和应用。

高职高专旅游管理类规划教材

书名： 旅行社经营管理实务
作者： 陈道山　主编
书号： 978-7-80234-421-1
定价： 35.00元
简介： 本书将旅行社的经营管理分为四大模块，即基础模块、实务模块、支撑模块、发展趋势模块，每个模块下又分为若干项目，详细讲述了旅行社的基本知识、旅行社经营管理基础等内容。

书名： 酒店经营与管理
作者： 李辉作　于　涛　主编
书号： 978-7-80234-421-1
定价： 35.00元
简介： 本书以酒店经营与管理的理论及管理内容为框架，通过模块的形式，讲述了酒店经营管理概述、酒店接待业务管理、酒店内部管理和酒店日常管理等内容，建立起了酒店经营与管理的完整体系。其内容上"宽"、"新"、"实"并举，注重内容的科学性、系统性、创新性和实用性。

书名： 导游实务
作者： 仪孝法　冯　静　主编
书号： 978-7-80234-389-4
定价： 32.00元
简介： 本书系统地阐述了合格的导游员应具备的素质、知识和技能。全书理论与实践相结合，侧重对学生实践技能的培养，主要体现在导游服务各种操作规程的介绍上，有很强的实用性和操作性。

书名： 旅游学概论
作者： 苟胜东　主编
书号： 978-7-80234-424-2
定价： 26.00元
简介： 本书讲述了旅游的产生与发展、旅游的概念与特点、旅游者、旅游资源、旅游业、旅游组织、旅游市场以及旅游的影响等八个模块。这八个模块以旅游的自身性质和特点为主线，既有纵向旅游发展历史的介绍，也有横向旅游业的组成部分、旅游组织的讲述，使大家对旅游业发展有一个清醒的认识。

书名： 旅游市场营销
作者： 樊雅琴　主编
书号： 978-7-80234-423-5
定价： 35.00元
简介： 本书分别介绍了旅游市场营销导论、旅游市场营销环境分析与运筹、旅游购买行为分析、旅游市场调研与预测、旅游目标市场营销等内容。

书名： 旅游资源学
作者： 杨学峰　主编
书号： 978-7-80234-426-6
定价： 35.00元
简介： 本书系统阐述了旅游资源的概念，旅游资源形成的基本条件、基本特征、分类等基本理论，分析了地理、水体、大气及太空等自然旅游资源的成因、特征、主要类型等。

书名： 人力资源战略与规划
书号： 978-7-80234-038-1
作者： 寒　武　编著
定价： 28.00元
简介： 本书介绍了人力资源战略与规划的产生、人力资源战略及其制定与实施、人力资源规划、人力资源供求分析、操作技巧和成功案例的学习，可使读者充分掌握人力资源战略设计及人力资源规划的模式与方法，从而构建起一个完整的人力资源战略与规划体系。

书名： 劳动关系管理（修订版）
书号： 978-7-80087-983-8
作者： 左祥琦　编著
定价： 32.00元
简介： 本书可以作为专业的培训和教学教材外，还适合人力资源管理者、企业高中级管理人员、劳动行政部门的官员、各级工会干部、劳动法的研究人员、劳动争议仲裁员、负责审理劳动争议案件的法官，以及其他与劳动领域有关的从业人员。

书名： 薪酬福利管理
书号： 978-7-80087-963-0
作者： 胡昌全　编著
定价： 35.00元
简介： 作为“中国注册人力资源管理职业资格认证”的指定培训教材之一，本书以什业薪酬管理为主线，对薪酬体系与结构、付薪策略与原则、福利与保险做了完整深入的分析。

书名： 人才测评
书号： 978-7-80087-969-2
作者： 寇家伦　编著
定价： 36.00元
简介： 本书向读者全面介绍了人才测评技术的发展历程、基础理论与实践方法，重点阐述了人才测评技术中信用效度最高的评价中心技术的实践操作，向读者完整地呈现了组织人才测评活动的各个环节及关键控制点。

书名： 人力资源信息化管理
书号： 978-7-80087-962-3
作者： 洪　玫　编著
定价： 28.00元
简介： 本书能够帮助读者更好地理解e-HR究竟是什么，它在企业人力资源管理工作中能做哪些事情，以及如何选择和实施这项技术来实现预期的收益。

书名： 员工任用
书号： 978-7-80087-954-8
作者： 闫凤芝　编著
定价： 28.00元
简介： 本书从员工任用的角度，讲述人力资源规划、职位分析、员工招聘甄选、员工入职和辞职管理等内容，在传播人力资源管理技术的同时，将人力资源管理的理念与读者进行分享，从而引导读者全面、系统、实际地看待和解决企业的问题。

书名： 职业生涯管理（第2版）
书号： 978-7-80234-653-6
作者： 杜映梅　编著
定价： 35.00元
简介： 本书系统地介绍了职业生涯管理的相关理论知识，并提供了丰富的案例和测试，以期为广大读者提供具有高度可操作性的指导。

书名： 绩效管理（第2版）
书号： 978-7-80234-654-3
作者： 杜映梅　编著
定价： 35.00元
简介： 本书是作者对近年来国内外关于绩效管理的方法和在企业管理实践中的经验进行总结、提升而形成的关于绩效管理的操作理念，主要可供企业的实际管理工作者和从事人力资源管理工作的人士作为工作的参考，也可作为企业管理类教学和科研的参考书，对人力资源管理感兴趣的人士亦可作为自学之用。

书名： 企业培训
书号： 978-7-80087-961-6
作者： 于　虹　编著
定价： 25.00元
简介： 本书内容由三部分组成。第一部分重点介绍培训的涵义、目的、形式和企业培训管理的内容及培训体制的完善等内容，第二部分围绕着企业培训体系构成的核心内容展开说明，第三部分从培训前的准备、课程的开发方法、培训师授课技巧及企业培训中的经典游戏等方面做了介绍。